Stefan Schneider

Auslegung der International Financial Reporting Standards am Bilanzierungsobjekt Softwareentwicklung

GABLER EDITION WISSENSCHAFT

Hallesche Schriften zur Betriebswirtschaft
Band 17

Diese Schriftenreihe soll als Forum für wissenschaftliche Arbeiten der neugegründeten und 1993 wiedereröffneten Wirtschaftswissenschaftlichen Fakultät der Martin-Luther-Universität Halle-Wittenberg auf dem Gebiet der Betriebswirtschaftslehre dienen. Die zahlreichen betriebswirtschaftlichen Professuren wollen mit der Herausgabe dieser Halleschen Schriften zur Betriebswirtschaft das breite Spektrum ihrer wissenschaftlichen Arbeitsgebiete dokumentieren. Die Publikationen umfassen insbesondere betriebswirtschaftliche Dissertationen und sonstige ausgewählte wissenschaftliche Arbeiten der halleschen Fakultätsmitglieder.

Stefan Schneider

Auslegung der International Financial Reporting Standards am Bilanzierungsobjekt Softwareentwicklung

Mit einem Geleitwort von Prof. Dr. Ralf Michael Ebeling

Deutscher Universitäts-Verlag

Bibliografische Information Der Deutschen Bibliothek
Die Deutsche Bibliothek verzeichnet diese Publikation in der Deutschen Nationalbibliografie; detaillierte bibliografische Daten sind im Internet über <http://dnb.ddb.de> abrufbar.

Dissertation Universität Halle-Wittenberg, 2005

1. Auflage Januar 2006

Lektorat: Brigitte Siegel / Stefanie Loyal

Der Deutsche Universitäts-Verlag ist ein Unternehmen von Springer Science+Business Media.
www.duv.de

Umschlaggestaltung: Regine Zimmer, Dipl.-Designerin, Frankfurt/Main
Druck und Buchbinder: Rosch-Buch, Scheßlitz
Gedruckt auf säurefreiem und chlorfrei gebleichtem Papier
Printed in Germany

ISBN 3-8350-0197-3

Geleitwort

Zur Auslegung der International Accounting Standards bzw. der International Financial Reporting Standards können auch Verlautbarungen anderer Standardsetter herangezogen werden. Auf Grund der gleichen bilanztheoretischen Basis kommen dafür insbesondere die sog. US-GAAP in Betracht. Stefan Schneider untersucht in seiner Arbeit, die von der Wirtschaftswissenschaftlichen Fakultät der Martin-Luther-Universität Halle-Wittenberg als Dissertation angenommen wurde, ob IAS 38, der die Bilanzierung von immateriellen Vermögenswerten regelt, bezüglich der Aktivierung von Softwareentwicklungskosten auf diese Weise ausgelegt werden kann.

Der Autor kommt zu dem Ergebnis, dass bezüglich seiner Fragestellung nicht auf die Regelungen gemäß US-GAAP zurückgegriffen werden kann, sondern eine originäre Auslegung von IAS 38 durchzuführen ist. Diese Auslegung wird von ihm überzeugend geleistet. Die zwischen den beiden Normensystemen bestehenden Unterschiede bezüglich des Zeitpunktes der Aktivierung von Softwareentwicklungskosten werden durch eine vom Autor durchgeführte Analyse der Jahresabschlüsse ausgewählter Softwareentwicklungsunternehmen bestätigt.

Stefan Schneider hat mit seiner Dissertation nicht nur ein konkretes Bilanzierungsproblem gelöst, sondern vor allem die methodische Vorgehensweise bei der Auslegung internationaler Rechnungslegungsstandards herausgearbeitet. Fragen der Auslegung dieser Standards werden sich in der Bilanzierungspraxis auch bezüglich anderer Bilanzierungsobjekte stellen. Die Arbeit ist deshalb allen zu empfehlen, die sich mit der Lösung derartiger Fragen befassen.

Prof. Dr. Ralf Michael Ebeling

Vorwort

Ich spreche an dieser Stelle all jenen meinen herzlichen Dank aus, die mit der Entstehung dieser Arbeit in Verbindung gestanden und mich während dieser Zeit unterstützt haben.

An erster Stelle gebührt dieser Dank meinem akademischen Lehrer und Doktorvater Herrn Prof. Dr. Ralf Michael Ebeling. Er hat das Thema meiner Arbeit beständig unterstützt und mir in den Diskussionen wertvolle Anregungen gegeben. Ganz herzlich danke ich gleichsam Herrn Prof. Dr. Gerhard Kraft und Frau Prof. Dr. Annette G. Köhler für die Übernahme der weiteren Gutachten. Ebenso möchte ich Frau Monika Zetsche und dem Team des Lehrstuhls für die gelungene Organisation meiner Disputation danken.

Besonders herzlich bedanke ich mich bei Herrn Dr. Georg Flascha für die Förderung meiner Dissertation und für die Unterstützung, die ich in den vergangenen Jahren von ihm erfahren habe. Ich bedanke mich auch bei meinen Kolleginnen und Kollegen der Leipziger Niederlassung der KPMG für die stets angenehme und auch spannende Zusammenarbeit in dieser Zeit.

Das Gelingen der vorliegenden Arbeit kommt maßgeblich auch meinen Eltern zu, die mich während meines gesamten Studiums und meiner Zeit als Doktorand gefördert und gefordert haben. Vorbild war und ist die akademische Laufbahn meines Vaters Dr. Werner Schneider. Beiden möchte ich an dieser Stelle für die fortwährende Unterstützung besonders herzlichen Dank sagen.

Nicht zuletzt gebührt der Dank meiner lieben Freundin Anja, die mit Ihrer unendlichen Geduld und Unterstützung gerade in der letzten Phase der Promotion ganz maßgeblich zum erfolgreichen Abschluss dieses Vorhabens beigetragen hat.

Stefan Schneider

Inhaltsverzeichnis

Tabellenverzeichnis

Abbildungsverzeichnis

Abkürzungsverzeichnis

Abb.	Abbildung
Abs.	Absatz
Abschn.	Abschnitt
AcSEC	Accounting Standards Executive Committee
ADAPSO	Association of Data Processing Service Organizations
AG	Aktiengesellschaft
AICPA	American Institute of Certified Public Accountants
AIN	Accounting Interpretation(s)
AktG	Aktiengesetz
Anh.	Anhang
Anm.	Anmerkung
APB	Accounting Principles Board Opinion
App.	Appendix
APS	Accounting Principles Board Statement(s)
ARB	Accounting Research Bulletin(s)
AU	U.S. Auditing Standard(s)
bearb.	bearbeitet
BITKOM	Bundesverband der Informationswirtschaft, Telekommunikation und neue Medien e.V.
BGBl.	Bundesgesetzblatt
BMI	Bundesministerium des Innern
BörsG	Börsengesetz
BörsZulV	Börsenzulassungsverordnung
bspw.	beispielsweise
bzw.	beziehungsweise
CON	Statement(s) of Financial Accounting Concepts
CPU	Central Processing Unit
DAX	Deutscher Aktienindex
Diss.	Dissertation

DRSC	Deutsches Rechnungslegungs Standard Committee
DRS	Deutscher Rechnungslegungs Standard
DV	Datenverarbeitung
ED	Exposure Draft
EDV	Elektronische Datenverarbeitung
EG	Europäische Gemeinschaft
EG-RL	Richtlinie der Europäischen Gemeinschaft
EITF	Emergency Issue Task Force
EK	Eigenkapital
ERP	Enterprise Ressource Planning
EStG	Einkommensteuergesetz
EU	Europäische Union
e.V.	eingetragener Verein
EWG	Europäische Wirtschaftsgemeinschaft
f.	folgende
FAF	Financial Accounting Foundation
FAS	Financial Accounting Standard(s)
FASB	Financial Accounting Standard Board
FER	Fachkommission für Empfehlungen zur Rechnungslegung
ff.	fortfolgende
FIN	Financial Accounting Standard Board Interpretation(s)
Fn.	Fußnote
FRR	Financial Reporting Release(s)
FTB	FASB Technical Bulletin
GAAP	Generally Accepted Accounting Principles
gem.	gemäß
GmbH	Gesellschaft mit beschränkter Haftung
GoB	Grundsätze ordnungsmäßiger Buchführung
GuV	Gewinn- und Verlustrechnung
HGB	Handelsgesetzbuch
Hrsg.	Herausgeber

hrsg. v.	herausgegeben von
HTML	Hypertext Markup Language
IAS	International Accounting Standard(s)
IASB	International Accounting Standards Board
IASC	International Accounting Standards Committee
IBM	Industrial Business Machines
i.d.F.	in der Fassung
IEC	International Electrotechnical Commission
IEEE	Institute of Electrical and Electronics Engineers
IFAC	International Federation of Accountants
IFRIC	International Financial Reporting Interpretation Committee
IFRS	International Financial Reporting Standard(s)
Inc.	Incorporation
IOSCO	International Organization of Securities Commissions
ISA	International Standard(s) on Auditing
ISO	International Organization for Standardization
IT	Informationstechnologie
ITK	Informations- und Telekommunikationstechnologie
i.V.m.	in Verbindung mit
k.A.	keine Angabe
Kap.	Kapitel
KapAEG	Kapitalaufnahmeerleichterungsgesetz
KonTraG	Gesetz zur Verbesserung von Kontrolle und Transparenz im Unternehmen
KPMG	Klynfeld Peat Marwick Goerdeler
Ltd.	Limited
m.E.	meines Erachtens
MDAX	Midcap-Index
Nr.	Nummer
NYSE	New York Stock Exchange

o.	oder
OECD	Organisation for Economic Co-operation and Development
OEM	Original Equipment Manufacturer
o.V.	ohne Verfasser
PA	Practice Alerts
Plc.	Public Limited Company
PublG	Publizitätsgesetz
RGBl.	Reichsgesetzblatt
Rn.	Randnummer
Rz.	Randziffer
SA	Securities Act of 1933
SAB	Staff Accounting Bulletin(s)
SEA	Securities Exchange Act of 1934
SEC	Securities and Exchange Commission
SFAC	Statement(s) of Financial Accounting Concept(s)
SFAS	Statement(s) of Financial Accounting Standard(s)
SIC	Standard Interpretation Committee
SMAX	Small Cap Index
SOP	AICPA Statement(s) of Position
Sp.	Spalte
Tab.	Tabelle
TPA	Technical Practice Aids
Tz.	Textziffer
u.	und
u.a.	unter anderem (andere)
UrhG	Urheberrechtsgesetz
US, U.S.	United States
v.	vom
VDI	Verein Deutscher Ingenieure

vgl.	vergleiche
WphG	Wertpapierhandelsgesetz
WWW	World Wide Web
z.B.	zum Beispiel
zugl.	zugleich

Symbolverzeichnis

n_i	Anzahl der Unternehmen, die nach IFRS Rechnung legen
n_u	Anzahl der Unternehmen, die nach US-GAAP Rechnung legen
n_{is}	Anzahl der Unternehmen, die nach IFRS Rechnung legen und aktivierte Softwareentwicklungsaufwendungen ausweisen
n_{us}	Anzahl der Unternehmen, die nach US-GAAP Rechnung legen und aktivierte Softwareproduktions- beziehungsweise Softwareentwicklungsaufwendungen ausweisen

1. Einleitung

1.1 Problemstellung

Die kapitalmarktorientierte Rechnungslegung in Deutschland befindet sich seit etwa zehn Jahren in einem stetigen Wandel[1]. Insbesondere durch die Gründung des Handelssegmentes „Neuer Markt“[2] und mit der Verabschiedung des Kapitalaufnahmeerleichterungsgesetzes (KapAEG)[3] fanden internationale Rechnungslegungsnormen Eingang in die Rechnungslegung an den Kapitalmärkten Deutschlands. Mit Inkrafttreten der Verordnung der Europäischen Kommission im September 2002[4] sind ab dem Jahre 2005 nunmehr an allen Kapitalmärkten der Europäischen Union ausschließlich die International Financial Reporting Standards (IFRS)[5] verpflichtend anzuwenden[6]. Ab dem Geschäftsjahr 2005 müssen somit rund 7.000 an den Börsen der Europäischen Union notierte Unternehmen nach den International Financial Reporting Standards Rechnung legen[7]. Dieser einschneidende Schritt in die Rechnungslegung der Unternehmen und seine Auswirkungen auf den Kapitalmarkt in Deutschland markiert den bisherigen Höhepunkt eines grundlegenden und strukturellen Wandels der kapitalmarktorientierten Rechnungslegung des letzten Jahrzehnts[8].

Die einleitenden Worte zeigen, dass für Unternehmen, die am Kapitalmarkt in Deutschland notiert sind, der Bruch mit nationalen Rechnungslegungsgrundsätzen indes nicht neu ist. Die Notwendigkeit transparenter und damit effizient funktionierender Kapitalmärkte erkennend, erleichterte der Gesetzgeber mit Verabschiedung des Kapitalaufnahmeerleichterungsgesetzes

---

1 Vgl. hierzu aus der großen Anzahl veröffentlichter Aufsätze im deutschen Schrifttum unter anderen Busse von Colbe, W. (1995), S. 390; Ballwieser, W. (1997), S. 391; Göbel, St. (1999), S. 293; Küting, K. (2000a), S. 38f.; Fuchs, M./ Stibi, B. (2000), S. 1; Hütten, Chr./ Lorson, P. (2000), S. 521; Hahn, K. (2001), S. 1267.

2 Vgl. d'Arcy, A./ Leuz, Chr. (2000), S. 385.

3 Vgl. BGBl. (1998 I), S. 707.

4 Vgl. Europäische Union (2002), Verordnung (EG) Nr. 1606/ 2002 des Europäischen Parlaments und des Rates vom 19. Juli 2002 betreffend die Anwendung internationaler Rechnungslegungsstandards.

5 Dem neuen Vorwort zu den IFRS zufolge werden alle ab dem Jahre 2002 verabschiedeten Rechnungslegungsstandards des IASB International Financial Reporting Standards (IFRS) heißen. Bestehende Rechnungslegungsstandards werden weiterhin unter der Bezeichnung IAS geführt, wobei darauf hingewiesen wird, dass unter dem von nun an verwendeten Begriff IFRS auch die bereits bestehenden IAS zu subsumieren sind. In der vorliegenden Arbeit werden bereits bestehende Verlautbarungen mit der Originalbezeichnung IAS benannt während die Rechnungslegungsgrundsätze als solches IFRS heißen. Vgl. dazu IASB (2003), Preface, Abschn. 5.

6 Vgl. hierzu ausführlich Ernst, Chr. (2001), S. 823; Busse von Colbe, W. (2001), S. 199.

7 Vgl. Helbling, C. (2001), S. 296; Heintges, S. (2003), S. 621.

8 Vgl. Hahn, K. (2001), S. 1268.

im Jahre 1998 die Rechnungslegung für bestimmte börsennotierte Unternehmen[9]. Die Aufstellung eines handelsrechtlichen Konzernabschlusses neben dem für einen ausländischen Kapitalmarkt oder dem Neuen Markt erforderlichen Abschlusses nach internationalen Rechnungslegungsgrundsätzen war nun nicht mehr erforderlich[10]. Eine bis dahin bestehende Notwendigkeit der Aufstellung eines dualen Konzernabschlusses entfiel mit dem befreienden Konzernabschluss und trug so zur Reduzierung des Aufwandes der Rechnungslegung[11] und zur Reduzierung der Verwirrung der Abschlussadressaten bei[12].

Welche grundlegenden strukturellen Veränderungen und welche Probleme in der Rechnungslegung kommen nun mit der verpflichtenden Anwendung der IFRS auf die betroffenen Unternehmen zu? Vorrangiger Zweck der IFRS ist es, die Adressaten der Rechnungslegung bei der wirtschaftlichen Entscheidungsfindung zu unterstützen und zwar durch die Vermittlung transparenter und vergleichbarer Informationen über die Vermögens-, Finanz- und Ertragslage eines Unternehmens[13]. Der Kreis potenzieller Adressaten dieser Rechnungslegungsinformationen wird an erster Stelle auf Eigenkapitalgeber, die Investoren, eingegrenzt. Die Investoren sollen mit Hilfe der vermittelten entscheidungsrelevanten Rechnungslegungsinformationen ihre getroffenen Anlageentscheidungen beurteilen und künftige Anlagealternativen evaluieren[14]. Durch die Benennung nur eines Rechnungslegungszwecks und der Eingrenzung des Kreises relevanter Adressaten sollen Konflikte zwischen mehreren Zielen der Rechnungslegung vermieden werden[15]. Weiterhin ist es zwingender Anspruch an ein kapitalmarktorientiertes Rechnungslegungssystem, vergleichbare Informationen zu generieren[16]. Zwei Dimensionen der Vergleichbarkeit sind dabei zu betrachten. Einerseits sollen Rechnungslegungsinformationen eines Unternehmens im Zeitablauf vergleichbar sein. Erreicht werden soll dieses durch die stetige Anwendung der Regelungen. Andererseits sollen Rechnungslegungsinformationen verschiedener Unternehmen vergleichbar sein. Dazu ist es erforderlich, wirtschaftlich gleiche Sachverhalte auch bilanziell gleich

---

9 Vgl. Krawitz, N./ Albrecht, Chr./ Büttgen, D. (2000), S. 541.

10 Vgl. Budde, D. W./ Steuber, E. (1999), S. 505.

11 Vgl. Hütten, Chr./ Lorson, P. (2000a), S. 614f.

12 Vgl. Breker, N./ Naumann, K. P./ Tielmann, S. (2000), S. 153.

13 Vgl. IASB (2003), IAS 1, Abschn. 5.

14 Vgl. Knorr, L./ Ebbers, G. (2001), S. 1467.

15 Vgl. grundlegend zu konfligierenden Jahresabschlusszielen Coenenberg, A. G. (2003), S. 15f., S. 20.

16 Vgl. Havermann, H. (1994), S. 658; Ballwieser, W. (2001), S. 160; Behr, G./ Leibfried, P. (2001), S. 1130.

abzubilden[17]. Gerade die zuletzt genannte Dimension der Vergleichbarkeit erscheint problembehaftet. Ein wesentlicher Grund dafür sind neben gewährten Wahlrechten[18] subjektive Ermessens- und Gestaltungsspielräume[19], die anders als explizit gewährte Wahlrechte nicht oder nur schwer von den Adressaten aus Rechnungslegungsinformationen herausgelesen werden können[20].

In Anbetracht des bisher Gesagten erscheint vor allem ein Problemkreis interessant. Aufgrund der historischen Entstehung und Entwicklung der IFRS – die Literatur spricht von einer von den Mitgliedern getragenen Konsenslösung[21] – fehlt es den Rechnungslegungsstandards des International Accounting Standards Board (IASB) noch an Detailliertheit. Zwar existiert mit den heute verabschiedeten IFRS ein nahezu komplettes Set an Standards zur Rechnungslegung[22], sieht man vom Fehlen eher sehr spezifischer Branchenlösungen einmal ab[23]. Die IFRS stellen aus heutiger Sicht jedoch noch kein geschlossenes Normensystem dar[24]. Ein Fehlen eindeutiger oder expliziter Regelungen zur bilanziellen Abbildung bestimmter Sachverhalte erfordert infolgedessen eine Auslegung der IFRS[25]. Benannt werden jedoch mehrere Auslegungstechniken; die Folge ist eine sich auch im Schrifttum wiederspiegelnde Unschärfe in der Auslegung der IFRS[26]. Durchführbar sind nach IAS 8, Abschnitt 11, der Rückgriff auf IFRS, die sich mit ähnlichen Fragen beschäftigen, die Verwendung des Rahmenkonzeptes der IFRS als Deduktionsgrundlage und nach IAS 8, Abschnitt 12, das Heranziehen von Verlautbarungen anderer Standardgeber. Spannend erscheint insbesondere die letztgenannte Alternative deshalb, da dem Rahmenkonzept der Anspruch Deduktionsgrundlage zu sein, abgesprochen wird[27]. Und auch von der Verwendung veröffentlichter Standardentwürfe, die sich mit ähnlichen Fragen wie dem auszulegenden

---

17 Vgl. Pellens, B. (2001), S. 141; Boecking, H.-J. (2002), S. 928.

18 Vgl. Schildbach, Th. (1998), S. 56f.

19 Vgl. Kußmaul, H. (2000), S. 385.

20 Vgl. Ballwieser, W. (2001), S. 160.

21 Vgl. stellvertretend Becker, Chr. (2000), S. 310f.

22 Vgl. Knorr, L./ Ebbers, G. (2001), S. 1461.

23 Vgl. Atteslander, J./ Hallauer, Ph. (2000), S. 1359; Bertschinger, P. (2001), S. 781.

24 Vgl. Hütten, Chr./ Lorson, P. (2000c), S. 993.

25 Vgl. Wollmert, P./ Achleitner, A.-K. (2002), Rn. 18.

26 Vgl. Küting, K./ Hayn, S. (1995), S. 1642; Achleitner, A.-K./ Kleekämper, H. (1997), S. 122; Coenenberg, A. G. (2001), S. 605; Epstein, B. J./ Mirza, A. A. (2002), S. 345; Wollmert, P./ Achleitner, A.-K. (2002), Rn. 18; Engel-Ciric, D. (2002), S. 783f.; Wagenhofer, A. (2003), S. 137f.; Keitz, I. v. (2003), S. 1803.

27 Vgl. Hayn, S. (1994), S. 719; Wollmert, P./ Achleitner, A.-K. (1997a), S. 209.

Bilanzierungsproblem beschäftigen, distanziert sich die Literaturmeinung[28]. Eine einheitliche Auslegung der IFRS erscheint so im Lichte der denkbaren Unterschiede in den Vorgehensweisen fraglich. Wirtschaftlich gleiche Sachverhalte würden danach zu unterschiedlichen bilanziellen Abbildungen in nach IFRS aufgestellten Rechenwerken führen und die Vergleichbarkeit beeinträchtigen.

Betrachtet man dagegen die United States-Generally Accepted Accounting Principles (US-GAAP), die gleichermaßen wie die IFRS als kapitalmarktorientiert gelten[29] und als *das* angloamerikanische Rechnungslegungssystem klassifiziert werden[30], so lässt sich ohne Zweifel ein viel höherer Grad an Detailliertheit erkennen[31]. Der hohe Detaillierungsgrad ist auf die historische Entwicklung der US-GAAP zurückführen. Kapitalmärkte und damit eine kapitalmarktorientierte Rechnungslegung haben in den USA eine weitaus längere Tradition als vergleichsweise in Europa und speziell in Deutschland[32]. Die Entwicklung und Pflege der US-GAAP umfasst also einen wesentlich längeren Zeitraum als den der IFRS[33]. Zudem werden die US-GAAP als regelbasiertes Rechnungslegungssystem beschrieben[34], welches seine Ursprünge im US-amerikanischen Rechtssystem des Case Law hat[35]. Am Entwicklungsprozess sind zugleich mehrere Organisationen neben dem heutigen offiziellen Standardgeber, dem Financial Accounting Standards Board (FASB), beteiligt[36]. Somit lässt sich die nahezu unübersichtliche Fülle an Einzelfallregelungen zu fast jeder erdenklichen Bilanzierungsfrage erklären. Gleichwohl können auch die Entwickler der US-GAAP auf aktuelle Bilanzierungsprobleme nur reagieren. So gibt es selbst dort noch nicht abschließend geregelte Bereiche[37].

---

28 Vgl. bspw. Wollmert, P./ Achleitner, A.-K. (2002), Rn. 23.

29 Vgl. stellvertretend KPMG (2003), S. 2.

30 Vgl. Nobes, Chr./ Parker, R. (1991), S. 294.

31 Vgl. Küting, K./ Hayn, S. (1995), S. 1642; Preißler, G. (2002), S. 2390; Born, K. (2002), S. 639.

32 Vgl. KPMG (2003), S. 4f.

33 Vgl. Fischer, N./ Iannaconi, T. E./ Lechner H. W. (2001), S. 2861; Janke, G. (2003), S. 397.

34 Vgl. Preißler, G. (2002), S. 2390.

35 Vgl. Heyd, R. (2003), S. 86.

36 Vgl. Niehus, R. J./ Thyll, A. (2000), Rn. 22f.

37 Vgl. am Beispiel der Bilanzierung von Mehrkomponentenverträgen Küting, K./ Turowski, Ph./ Pilhofer, J. (2001), S. 316.

Unter Berücksichtigung der Literaturmeinung, dass die IFRS und US-GAAP als Vertreter der so genannten angloamerikanischen kapitalmarktorientierten Rechnungslegung einander ähnlich sind[38], erweist sich folgende Frage der näheren Diskussion als würdig: Können spezifische Regelungen der US-GAAP zur Auslegung der IFRS herangezogen werden? Diese Frage – im folgenden Abschnitt in einer These formuliert – soll die vorliegende Arbeit beantworten.

1.2 Ziele der Arbeit

Zentrales Ziel dieser Arbeit ist es, im Hinblick auf die noch bestehende Unschärfe hinsichtlich der Auslegungsmöglichkeiten der IFRS den zuvor aufgezeigten und diskussionswürdigen Weg der Auslegung auf seine Anwendbarkeit hin zu erörtern. Es wird festzustellen sein, ob somit die Unsicherheiten bezüglich der Auslegung der IFRS gemildert werden können. Im Rahmen der vorliegenden Arbeit wird diese These am Bilanzierungsobjekt Softwareentwicklung diskutiert. Das Bilanzierungsobjekt ist den angewendeten Rechnungslegungsnormen der IFRS entsprechend im Abschluss abzubilden und kann eine hohe Komplexität annehmen[39]. Die sachgerechte bilanzielle Abbildung wiederum hängt dann in hohem Maße von der Detailliertheit der Abbildungsregeln ab. Für die Erfassung dieses Bilanzierungsobjektes mangelt es den vorhandenen und anwendbaren IFRS[40] an eindeutigen beziehungsweise expliziten Regelungen[41]. Dazu nun im Detail.

Beim Bilanzierungsobjekt Softwareentwicklung stellt sich die Frage, wann die zu entwickelnde Software als Immaterialgut im Entwicklungsprozess einen immateriellen Vermögenswert nach IFRS darstellt, der in der Bilanz zu aktivieren ist. Hinsichtlich der allgemein gehaltenen anzuwendenden Aktivierungskriterien in den IFRS sind hier insbesondere technische Aspekte des Entwicklungsprozesses aus der Sicht der Wissenschaftsdisziplin Softwareentwicklung und Aspekte des Softwarerechts zu berücksichtigen, um konkrete Schlussfolgerungen zum Erfassungszeitpunkt in der Bilanz ziehen zu können.

---

38 Vgl. Meek, G. K. (2000), S. 197; Raffournier, B. (2000), S. 92; Epstein, B. J./ Mirza, A. A. (2002), S. 2.

39 Vgl. allgemein zur Komplexität typischer Bilanzierungssachverhalte von Technologieunternehmen Roth, F./ Foley, M. (2001), S. 1163.

40 Vgl. IASB (2003), IAS 38 „Intangible Assets".

41 Vgl. Pellens, B. (2001), S. 461; Kahle, H. (2003), S. 266.

Zu Fragen der Bewertung im Ansatzzeitpunkt geben die IFRS selbst detaillierte Regeln vor[42] und auch die Sekundärliteratur enthält genügend Antworten[43], auf die entsprechend zurückgegriffen werden kann. Eine Auslegung ist hier nicht erforderlich, da die Bewertung im Ansatzzeitpunkt ausschließlich verursachte Kostenarten betrachtet[44], der zu Grunde liegende Entwicklungsprozess hinsichtlich seines technischen Wesens hierbei gerade keine Rolle spielt.

Nun existieren in den United States-Generally Accepted Accounting Principles für die Abbildung dieses Bilanzierungsobjektes explizite und eindeutige Regelungen eines Standardgebers[45]. Die im Schrifttum[46] häufig vorgeschlagene Möglichkeit des Heranziehens dieser expliziten und eindeutigen Regelungen zur Auslegung der IFRS soll im Rahmen der vorliegenden Arbeit überprüft werden. Damit einher geht die besondere Eignung zu einer vergleichenden empirischen Analyse zur Anreicherung der Diskussion der These. Zu diesem Zweck werden die nach IFRS und US-GAAP aufgestellten Einzel- und Konzernabschlüsse der Geschäftsjahre 2001/ 2002 von Softwareentwicklungsunternehmen am Neuen Markt der Frankfurter Wertpapierbörse untersucht.

Die Diskussionswürdigkeit der These ist durch die International Financial Reporting Standards selbst und durch die herrschende Literaturmeinung gegeben[47]. Letztere sieht in dem beschriebenen Weg der Auslegung eine Möglichkeit, bestehende Regelungslücken fallweise zu schließen[48]. Die Normen der US-GAAP sollten sich demnach für eine Auslegung der IFRS besonders eignen, weil vor allem die Grundkonzeptionen beider Rechnungslegungssysteme im Schrifttum als einander ähnlich angesehen werden[49]. Dennoch muss im Verlauf der

42 Vgl. IAS 38, Abschn. 53-54.

43 Vgl. bspw. Wohlgemuth, M./ Ständer, U. (2003), S. 210.

44 Vgl. Baetge, J./ von Keitz, I. (2002), Rn. 74-76.

45 Vgl. für eigenentwickelte Software zur anonymen Vermarktung FASB (2003), FAS 86 "Accounting for the Costs of Computer Software to Be Sold, Leased, or Otherwise Marketed"; für eigenentwickelte Software zum internen Gebrauch AICPA (2003), SOP 98-1 "Accounting for the Costs of Computer Software Developed or Obtained for Internal Use".

46 Vgl. Lüdenbach, N. (2001), S. 63; Epstein, B. J./ Mirza, A. A. (2002), S. 345; Küting, K./ Pilhofer, J./ Kirchhof, J. (2002), S. 83; Lüdenbach, N./ Hoffmann, W.-D. (2002), S. 233; Küting, K./ Dawo, S. (2003), S. 410; sich enthaltend Baetge, J./ von Keitz, I. (2002), Rn. 56.

47 Vgl. Kapitel 1.1.

48 Vgl. Hütten, Chr./ Lorson, P. (2000c), S. 994; Wagenhofer, A. (2003), S. 137; Ruhnke, K./ Nehrlich, Chr. (2003), S. 753.

49 Vgl. bspw. Hütten, Chr./ Lorson, P. (2000c), S. 994.

vorliegenden Arbeit vertiefender diskutiert werden, ob die unterstellte Ähnlichkeit tatsächlich nachhaltig bestätigt werden kann.

Erkenntnisziele der Arbeit sind neben der Konkretisierung der Auslegung die Erlangung von Erkenntnissen über die Systematik eines Vorgehens bei der Auslegung der IFRS sowie normative Aussagen über die Abbildung des Bilanzierungsobjektes in den International Financial Reporting Standards. Ziel dieser Arbeit kann und soll hingegen nicht eine allgemeingültige Aussage sein, ob vorhandene Regelungen der US-GAAP in allen denkbaren Bilanzierungssachverhalten zur Auslegung der IFRS herangezogen werden können oder ob dies gerade nicht möglich ist.

1.3 Aufbau der Arbeit

Die vorliegende Arbeit ist in drei Teile mit insgesamt sieben Kapiteln gegliedert. Der erste, die Kapitel Zwei und Drei umfassende Teil ist der beschreibende und vergleichende Teil. Im zweiten Kapitel werden die grundlegenden Rechnungslegungskonzeptionen der IFRS und US-GAAP an Hand der Rahmenkonzepte analysiert, gegenüber gestellt und kritisch miteinander verglichen. Ziel ist es festzustellen, ob die US-GAAP als Normen eines anderen Standardgebers im Sinne von IAS 8, Abschnitt 12, zur Auslegung der International Financial Reporting Standards grundsätzlich herangezogen werden dürfen. Es geht dabei auch um die Erarbeitung von Ansätzen zur Operatonalisierung der Grundprinzipien der Rechnungslegung, die zu einer Auslegung notwendig sind. Anzumerken ist, dass es sich um einen partiellen Vergleich der Rechnungslegungssysteme auf Basis der Rahmenkonzepte des IASB und des FASB handelt, die für den weiteren Gang der Untersuchung erforderlich ist. Ein partieller Vergleich genügt den Anforderungen des IAS 8, Abschnitt 12, demzufolge die Normen des anderen Standardgebers der Grundkonzeption der IFRS und geltenden IFRS nicht entgegen stehen dürfen, jedoch nicht kongruent zu sein brauchen[50]. Das zweite Kapitel ist auch deshalb sinnvoll für diese Arbeit, da es zwar im (deutschen) Schrifttum eine Vielzahl beschreibender, interpretierender und wertender Darstellungen gibt, die Aussagen und gewonnenen Erkenntnisse aus den existierenden Darstellungen jedoch mindestens ebenso vielfältig sind.

Im dritten Kapitel werden die für die vorliegende Arbeit relevanten Grundlagen zur Softwareentwicklung systematisiert. Zunächst wird die wirtschaftliche Relevanz der

---

[50] Vgl. Ruhnke, K./ Nehrlich, Chr. (2003), S. 754.

Entwicklung und des Absatzes von Software an Hand empirischer Studien aufgezeigt. Zum empirischen Nachweis werden Marktstudien mit globalem und deutschem Fokus ausgewertet, um die Bedeutung der Unternehmen zu zeigen, die als Geschäftsmodell Softwareentwicklung und –absatz im weitesten Sinne verfolgen und damit eine industrielle Branche repräsentieren. Neben Informationen zu Markt, Wettbewerb und Produkten gelingt hier auch ein Einblick in die Praxis der Softwareentwicklung. Dies erlaubt dann die Selektion relevanter Vorgehensmodelle der Softwareentwicklung, deren Aufarbeitung und Analyse aus der Perspektive einer bilanziellen Abbildung nach US-GAAP und der sich anschließenden Auslegung der IFRS notwendig ist[51]. So fußt die Selektion der Vorgehensmodelle einerseits auf dem aktuellen Stand der theoretischen Informatik und repräsentiert andererseits auch die Praxis der Softwareentwicklung. Es schließt sich der konzeptionelle Teil beginnend mit dem vierten Kapitel an. Die ausgewählten Vorgehensmodelle werden detailliert analysiert und für Zwecke der Abbildung des Bilanzierungsobjektes Softwareentwicklung aufbereitet. In erster Linie stellt sich bei der Betrachtung der Vorgehensmodelle die Frage zu welchem Zeitpunkt im Entwicklungsprozess ein greifbares Immaterialgut beziehungsweise Ergebnis in Form eines Computer-Programms oder einer Dokumentation vorliegt. Der Fokus auf den Zeitpunkt des Entstehens dieser Ergebnisse ist deshalb immanent wichtig, weil nur das Vorliegen eines greifbaren Immaterialgutes beziehungsweise Ergebnisses Grundlage der Diskussion von entsprechenden Aktivierungskriterien sein kann. Dazu werden die Aktivitäten und die dokumentierten Ergebnisse im Entwicklungsprozess in den einzelnen Phasen der Entwicklung untersucht und die charakteristischen Architekturen der Entwicklungsprozesse analysiert und gegenübergestellt. Aufgrund der Komplexität und Vielschichtigkeit der Thematik ist dies der inhaltliche Schwerpunkt des vierten Kapitels. Ebenso werden im vierten Kapitel Aspekte des Softwarerechts erörtert. Hierbei ist vor allem das Urheberrecht bedeutsam, dass einen Rechtsschutz für Software begründet. Die zu diskutierenden Aspekte betreffen hier insbesondere die Möglichkeiten eines Software entwickelnden Unternehmens, wirtschaftliche Vorteile aus der entwickelten Software für sich zu nutzen, deren Vorhandensein ebenfalls relevant für die Diskussion der bilanziellen Abbildung ist. Am Ende des Kapitels wird das für den weiteren Gang der Untersuchung benötigte Bilanzierungsobjekt Softwareentwicklung konfiguriert.

---

51 Vgl. Scarbrough, P./ McGee, R./ Sakurai, M. (1993), S. 322.

Mit den so gewonnenen Erkenntnissen wird auf theoretischer Basis die These der vorliegenden Arbeit im zentralen fünften Kapitel diskutiert. Begonnen wird mit der vertiefenden Erörterung der Auslegungsvoraussetzungen und Auslegungsmöglichkeiten der IFRS. Es schließt sich eine Abgrenzung anzuwendender Standards der IFRS und der US-GAAP für die Abbildung des Bilanzierungsobjektes an. Sind – und das trifft für die IFRS zu – entsprechende Standards nicht ausreichend detailliert beziehungsweise nicht eindeutig, so ist die Ableitung der Bilanzierung des betrachteten Sachverhaltes mittels Auslegung notwendig. Zurückgegriffen wird dabei auf explizite Standards der US-GAAP, die sich mit eben diesen Bilanzierungsproblemen beschäftigen. An Hand der abgegrenzten Standards wird die Abbildung des Bilanzierungsobjektes zunächst konkretisiert und kritisch gewürdigt. Sodann werden die konkreten Aktivierungskriterien – wie im Schrifttum vorgeschlagen – in die IFRS übertragen und auf ihre Anwendbarkeit hin überprüft. Zu beantworten ist dabei die Frage, ob die bestehenden Abbildungsregeln der IFRS eine Übertragung der Aktivierungskriterien ermöglichen. Hierfür werden eine begriffliche und eine methodische Übertragung der Aktivierungskriterien der US-GAAP auf die IFRS diskutiert. Muss die Anwendung dieser Aktivierungskriterien verneint werden, so folgt eine alternative Auslegung der IFRS, um im Sinne einer Ursachenforschung weitere Argumente für die Verneinung der These dieser Arbeit aufzuzeigen. Hierzu werden die Aktivierungsvoraussetzungen und Aktivierungskriterien hinsichtlich der materiellen Bedeutung konkretisiert und danach auf das Bilanzierungsobjekt angewendet. Im Ergebnis des fünften Kapitels steht dann die normative Aussage zur bilanziellen Abbildung bezüglich des Ansatzzeitpunktes des Bilanzierungsobjektes als immaterieller Vermögenswert gemäß den International Financial Reporting Standards. Am Ende des fünften Kapitels werden weitere spezifische Fragen diskutiert, die sich aus der Abwandlung der Konfiguration des Bilanzierungsobjektes hinsichtlich eines anderen Vorgehensmodells bei der Entwicklung von Software und aus einer anderen beabsichtigten Nutzungsart der zu entwickelnden Software ergeben.

Der dritte Teil der Arbeit ist der empirische Teil im sechsten Kapitel. Untersuchungsgegenstand sind die Rechenwerke in den Geschäftsberichten der Jahre 2001 und 2002 bewusst ausgewählter Unternehmen der Branchenindizes „Software", „Internet" und „Technology" des heute in dieser Form nicht mehr existierenden Börsenhandelssegmentes Neuer Markt, Frankfurt. Eingegrenzt wird der Untersuchungsgegenstand dahingehend, dass vollständig nach IFRS oder US-GAAP aufgestellte und geprüfte Einzel- oder Konzernabschlüsse vorliegen müssen. Die empirische Untersuchung beinhaltet einen quantitativen und einen qualitativen Teil. Eine Bilanzstruktur- und Kennzahlenanalyse zeigen die Bilanzierung von Softwareentwicklungsaufwendungen nach IFRS und US-GAAP im direkten Vergleich. Erkenntnisse aus qualitativen Informationen der Abschlüsse zum Bilanzierungsobjekt Softwareentwicklung wurden mittels einer strukturierten primären Erhebung gewonnen[52]. Die empirische Analyse dient einer Verifizierung der im konzeptionellen Teil erlangten Erkenntnisse und einer Anreicherung der Diskussion der zentralen These. Zusätzlich soll das folgende Ziel mit der Analyse erreicht werden. Lässt sich mit Hilfe der Untersuchung der ausgewählten Bereiche der Bilanzierung die Übereinstimmung der Einzel- und Konzernabschlüsse mit den Vorschriften der IFRS und US-GAAP feststellen? Hierbei geht es primär um die Erlangung von Informationen über den Stand der Qualität der Abschlüsse nach IFRS und US-GAAP am deutschen Kapitalmarkt, die im Rahmen von empirischen Untersuchungen häufig kritisiert wurde[53]. Eine Zusammenfassung der Ergebnisse schließt mit dem siebten Kapitel die vorliegende Arbeit ab.

---

[52] Vgl. Küting, K. (2001), S. 344 zu einer ähnlichen empirischen Analyse von wenigen ausgewählten Unternehmen des Branchenindizies Software; diese empirische Analyse setzte jedoch andere inhaltliche Schwerpunkte und ist somit nicht direkt mit der hier durchgeführten empirischen Analyse vergleichbar.

[53] Vgl. bspw. Zwirner, Chr./ Ranker, D./ Wohlgemuth F. (2001), S.480; d'Arcy, A./ Grabensberger, S. (2001), S. 1478.

2. Vergleich der Rechnungslegungskonzeptionen der International Financial Reporting Standards und der United States-Generally Accepted Accounting Principles

2.1 Darstellung und Vergleich des Systemumfeldes

2.1.1 Begriff und Entstehung der International Financial Reporting Standards und der United States-Generally Accepted Accounting Principles

2.1.1.1 International Financial Reporting Standards

2.1.1.1.1 Rechtssystematische Einordnung und Rechtsqualität

Mit der Rechnungslegung legen die gesetzlichen Vertreter des Unternehmens gegenüber den Eigentümern „[...] Rechenschaft [ab] über abgewickelte und laufende Geschäfte durch Übermittlung nachprüfbarer Informationen [...]"[54]. Rechnungslegung ist fester Bestandteil des Wirtschaftssystems und ein Element der gesellschaftlichen Ordnung[55]. Besonders geprägt ist die Rechnungslegung durch das jeweilige Rechtssystem[56]. Anders als die unmittelbar im Anschluss diskutierten US-GAAP lassen sich die International Financial Reporting Standards nicht in ein länderspezifisches Rechtssystem einordnen. Die IFRS sind vielmehr das Ergebnis eines Konsenses der Mitglieder des IASB und Rechnungslegungsinteressierter, die maßgeblichen Einfluss auf die Entwicklung ausüben[57]. Auch wenn die IFRS als prinzipienbasierte Rechnungslegung bezeichnet werden[58], sind sie dennoch der angelsächsischen Rechnungslegungsphilosophie zuzuordnen[59]. Rechtsqualität können die IFRS nur durch geeignete Maßnahmen der Mitglieder des IASB erlangen, welche eine Verpflichtung eingegangen sind, sich nach besten Kräften zu bemühen:

- die normengerechte Anwendung der IFRS in ihren Einflussgebieten sicherzustellen und die normengerechte Anwendung anzugeben,

---

54 Busse von Colbe, W. (1998), S. 599.

55 Vgl. Küting, K./ Harth, H.-J./ Leinen, M. (2001), S. 864.

56 Vgl. Nobes, Chr./ Parker, R. (1991), S. 11f.

57 Vgl. Achleitner, A.-K./ Wollmert, P./ van Hulle, K. (1997), Rn. 5.

58 Vgl. Wagenhofer, A. (2002), S. 234; Preißler, G. (2002), S. 2391; kritisch Schildbach, Th. (2003), S. 261.

59 Vgl. Wollmert, P./ Achleitner, A.-K. (1997), Rn. 4.

- auf gesetzgebende Organe und private Standardgeber in ihren Ländern einzuwirken, dass die Abschlüsse in allen wesentlichen Aussagen mit den IFRS übereinstimmen müssen,
- Börsenaufsichtsorgane und Unternehmen zu überzeugen, dass veröffentlichte Abschlüsse in allen wesentlichen Aussagen mit den IFRS übereinstimmen,
- sicherzustellen, dass sich die jeweiligen Abschlussprüfer selbst davon überzeugen, dass die geprüften Abschlüsse im Wesentlichen den IFRS entsprechen sowie
- die Akzeptanz und Einhaltung der IFRS weltweit zu fördern.[60]

Die Relativierung der Verpflichtungen der Mitglieder durch ein „Bemühen nach besten Kräften" implementiert in dieser Form noch keine Infrastruktur zur Durchsetzung der Anwendung der IFRS über den verlängerten Arm der Mitglieder[61]. In einigen Ländern haben die IFRS jedoch durch die Legislative den Status gesetzlicher Rechnungslegungsnormen erreicht[62]. In der Europäischen Union besitzen die IFRS derzeit noch keine Gesetzesqualität. Im Zuge der Umsetzung der Rechnungslegungsstrategie der Europäischen Union wurden jedoch mit der bereits in der Einleitung angesprochenen Verordnung die IFRS zumindest an Kapitalmärkten der Europäischen Union ab dem Jahre 2005 für verbindlich erklärt[63]. Hinsichtlich der Abschlüsse von nicht an Kapitalmärkten gelisteten Unternehmen kann die EU-Verordnung als Grundsatz oder als Wahlrecht in nationales Recht transformiert werden und die Gesetzesqualität hinsichtlich der Anwendung der IFRS wäre auch außerhalb der Kapitalmärkte manifestiert[64].

2.1.1.1.2 Definition und Abgrenzung des Begriffes International Financial Reporting Standards

Im Regelwerk der International Financial Reporting Standards fehlt es an einer expliziten Legaldefinition, was IFRS sind. Der Umfang der IFRS lässt sich jedoch mittels positiver Abgrenzung zumindest aus dem Vorwort („Preface") ableiten. Demnach sind International Financial Reporting Standards beziehungsweise International Accounting Standards all das, was der IASB als solche verkündet[65]. Weiter konkretisiert wird der Umfang der IFRS im

---

60 Vgl. IASB (2003), Preface, Abschn. 4.

61 Vgl. Hütten, Chr./ Lorson, P. (2000c), S. 994.

62 Vgl. Jeter, D. C./ Chaney, P. K. (2001), S. 562.

63 Vgl. Ernst, Chr. (2001), S. 823.

64 Vgl. Kirsch, H.-J. (2003), S. 276.

65 Vgl. IASB (2003), Preface, Abschn. 8ff.

IAS 8[66]. Ähnlich dem „House of GAAP“ lassen sich die Quellen der Rechnungslegungsregeln des IASB in ein „House of IFRS“ einordnen[67]. Zur Verpflichtungsebene zählen demzufolge ausschließlich die verabschiedeten IAS beziehungsweise zukünftig die IFRS und die Interpretationen des Standing Interpretation Committee (SIC) beziehungsweise des International Financial Reporting Interpretation Committee (IFRIC)[68]. An grundlegenden theoretischen Konzepten zur Rechnungslegung fehlt es den IFRS[69] wohl vor allem deswegen, weil es sich bei den IFRS um eine Konsenslösung handelt[70].

2.1.1.2 United States-Generally Accepted Accounting Principles

2.1.1.2.1 Rechtssystematische Einordnung und Rechtsqualität

In den Vereinigten Staaten von Amerika ist als Rechtssystem das Common Law maßgeblich[71]. Gekennzeichnet durch einzelfallbezogene Gerichtsentscheidungen unterscheidet es sich signifikant von kontinentaleuropäischen Rechtssystemen[72], wie sie beispielsweise in Deutschland als Code Law oder Civil Law existieren. Die Rechtssicherheit basiert im Common Law auf Präzedenzfällen der Vergangenheit. Des Weiteren ist das US-amerikanische Common Law durch eine strikte Trennung von Bundes- und Staatenrecht gekennzeichnet[73]. Bundesrechtliche Regulierungen sind übergeordnet und vorrangig gegenüber einzelstaatlichen Regelungen und basieren vorwiegend auf Gesetzen. Mit diesen Gesetzen als Rechtsquelle übt verfassungskonform der Bund einige wenige Hoheitsrechte aus; die Mehrzahl der Hoheitsrechte liegt jedoch bei den Bundesstaaten[74]. Basierend auf der Verfassung der USA besitzen die souveränen Bundesstaaten daher eine weit reichende Rechtssetzungskompetenz. Diese Rechtssetzungskompetenz wird auf der Grundlage der Common Law typischen Einzelfallregelungen ausgeübt. Zu den Hoheitsrechten der

66 Vgl. IASB (2004), IAS 8, Abschn. 5.

67 Vgl. Hütten, Chr./ Lorson, P. (2000c), S. 994.

68 Vgl. IASB (2004), IAS 8, Abschn. 5.

69 Vgl. Schildbach, Th. (2003), S. 257.

70 Vgl. Kapitel 1.1.

71 Vgl. Hay, P. (2000), Tz. 1.

72 Vgl. Meyer, C./ Spreiter, F. (1999), S. 509.

73 Vgl. Haller, A. (1994), S. 19.

74 Vgl. Hay, P. (2000), Tz. 14.

Bundesstaaten zählen auch das Handels- und Gesellschaftsrecht[75]. Es existieren hier allerdings keine Grundsätze und Regelungen zur Buchführung und Rechnungslegung.

Nur im Rahmen des Securities Act (SA) von 1933 und des Securities Exchange Act (SEA) von 1934 zum Schutz des Wertpapierhandels finden sich Normen zur Rechnungslegung[76]. Der Securities Act regelt die Registrierung öffentlicher Zeichnungsangebote am Kapitalmarkt. Hierfür sind auch Angaben zur Vermögens-, Finanz- und Ertragslage zu publizieren. Zulassungsfolgepflichten sind dagegen im SEA geregelt. Dazu zählt unter anderen, die Vermögens- Finanz- und Ertragslage regelmäßig offen zu legen[77].

Die ordnungsmäßige Überwachung der Vorschriften des SA und des SEA zur Publizität der Vermögens-, Finanz- und Ertragslage und damit die Kompetenz, Rechnungslegungsnormen zu verabschieden und zu autorisieren, liegt bei der Securities Exchange Commission (SEC)[78]. Die SEC wurde 1934 durch den SEA gegründet. Übergeordnetes Ziel der SEC ist es, die Effizienz des US-amerikanischen Kapitalmarktes auf Bundesebene sicherzustellen. Dieses Ziel soll mit der Auslegung und Durchsetzung der Kapitalmarktgesetze erreicht werden[79]. Als Bundesbehörde ist die SEC einzig dem Kongress rechenschaftspflichtig und hat somit weit reichende Durchsetzungskompetenzen. Die Ausgestaltung der Rechnungslegung in formeller und materieller Hinsicht ist dabei eine der wesentlichen legislativen Obliegenheiten der SEC[80].

Die Aufgabe der Erarbeitung von Rechnungslegungsnormen ist von der SEC an private Dritte übertragen worden. Diese Institutionen sind der FASB und seine Vorgängerorganisationen sowie der Berufsstand der Wirtschaftsprüfer, der im heutigen American Institute of Certified Public Accountants (AICPA) organisiert ist. Lediglich eine differenzierte formelle Ausgestaltung der Rechnungslegung durch die Regulationen S-X[81] und S-K[82] mit den

---

75 Vgl. Merkt, H. (2001), S. 143.

76 Vgl. Niehus, R. J./ Thyll, A. (2000), Tz. 52.

77 Vgl. KPMG (2003), S. 326f.

78 Vgl. Chasteen, L. G./ Flaherty, R. E./ O'Connor, M. C. (1998), S. 8.

79 Vgl. Pellens, B. (2001), S. 77.

80 Vgl. Meyer, C./ Spreiter, F. (1999), S. 510.

81 Vgl. SEC (2002), Regulation S-X.

82 Vgl. SEC (2002), Regulation S-K.

dazugehörigen Formblättern wird als Aufgabe von der SEC wahrgenommen[83]. Darüber hinaus kann die SEC aufgrund der ihr zustehenden Kompetenz in die materielle Ausgestaltung der Rechnungslegungsnormen eingreifen oder kommentierend in Auslegungsfragen tätig werden[84]. Die einzig existierenden Rechnungslegungsnormen im Einflussbereich der SEC erlangen daher nur für die Unternehmen an Bedeutung, die Wertpapiere unter dem Securities Act registrieren möchten oder deren Wertpapiere unter dem Securities Exchange Act gehandelt werden[85].

Somit können US-amerikanische Rechnungslegungsnormen am öffentlich-rechtlichen Kapitalmarkt in Deutschland zunächst keine Rechtsqualität entfalten. Durch eine privatrechtliche Ausgestaltung der Zulassungs- und Handelsbestimmungen am heute nicht mehr existierenden Neuen Markt in Frankfurt ist die Verbindlichkeit der Anwendung der US-GAAP jedoch konstituiert worden[86].

2.1.1.2.2 Definition und Abgrenzung des Begriffes United States-Generally Accepted Accounting Principles

Entgegen der klar umrissenen Ausgestaltung des Erlasses und der Überwachung von Rechnungslegungsnormen in den USA sind die US-GAAP selbst ein unbestimmter Rechtsbegriff[87]. In nur einer Verlautbarung des Accounting Principles Board (APB) – einer Vorgängerorganisation des FASB – existiert zumindest eine Beschreibung des Begriffes US-GAAP. Die US-GAAP umfassen danach die Konventionen, Regeln und Praktiken, die notwendig sind, um die akzeptierte Rechnungslegungspraxis zu einem bestimmten Zeitpunkt zu definieren[88]. Klarer wird der Begriff bei einer Betrachtung des Verhaltenskodex der US-amerikanischen Wirtschaftsprüfer, dem Code of Professional Conduct. Danach darf ein Wirtschaftsprüfer keinen uneingeschränkten Bestätigungsvermerk für Jahresabschlüsse und andere finanzielle Berichterstattungen erteilen, wenn diese nicht in Übereinstimmung mit den allgemein anerkannten Rechnungslegungsprinzipien (GAAP) erstellt wurden[89]. Der

83 Vgl. KPMG (2003), S. 329f.

84 Vgl. Chasteen, L. G./ Flaherty, R. E./ O'Connor, M. C. (1998), S. 8.

85 Vgl. Schildbach, Th. (2001), S. 9.

86 Vgl. Gruppe Deutsche Börse AG (2001), Abschn. 4.1.9., Nr. 3.; Abschn. 7.2.2., Nr. 1.

87 Vgl. Haller, A. (1994), S. 59.

88 Vgl. FASB (2003b), APB 4, Abschn. 138.

89 Vgl. AICPA (2002), ET Section 203, Abschn. 1.

Wirtschaftsprüfer muss in seinem Bestätigungsvermerk die Übereinstimmung mit den GAAP testieren[90]. Demzufolge wird an dieser Stelle von der AICPA der Begriff der GAAP beschrieben: „The phrase "generally accepted accounting principles" is a technical accounting term that encompasses the conventions, rules, and procedures necessary to define accepted accounting practice at a particular time"[91]. Dazu zählen neben formulierten Rechnungslegungsnormen auch Rechnungslegungspraktiken[92]. Vorgenannte Beschreibung entspricht im Wortlaut der vom APB dargelegten. Beide Definitionsansätze werden im Regelwerk der AICPA hinsichtlich der Quellen der US-GAAP und der Verbindlichkeitsgrade in einem Stufenkonzept weiter konkretisiert[93]. Als so genanntes „House of GAAP“ aus dem Schrifttum bekannt[94], sind die insgesamt vier Stufen der US-GAAP nach dem Grad ihrer Verbindlichkeit angeordnet, wobei aufgrund des Verhaltenskodex der US-amerikanischen Wirtschaftsprüfer alle Stufen faktisch verbindlich sind[95]. Schon die Vielzahl der zum House of GAAP zugehörigen Verlautbarungen weist auf ein regelbasiertes Rechnungslegungssystem hin[96]. Daraus resultiert ebenfalls der höhere Detaillierungsgrad der US-GAAP im Vergleich zu den IFRS.

Die theoretische Fundierung der US-amerikanischen Rechnungslegung zeichnet sich durch eine uneinheitliche Strukturierung aus. Es existiert eine Vielzahl methodisch unterschiedlicher Ansätze und wissenschaftlicher Beiträge in Form von Hypothesen, Prinzipien und Erklärungen[97]. Zur Weiterentwicklung der US-GAAP werden folglich selektiv Ansätze verschiedener betriebs- und volkswirtschaftlicher Theorien herangezogen[98], die eine einheitliche deduktive Fortentwicklung der US-GAAP nicht ermöglichen[99].

---

[90] Vgl. AICPA (2002), AU Section §508, Abschn. 8h.

[91] AICPA (2002), AU Section §411, Abschn. 2.

[92] Vgl. AICPA (2002), AU Section §411, Abschn. 2.

[93] Vgl. Schildbach, Th. (2001), S. 31.

[94] Vgl. stellvertretend KPMG (2003), S. 3.

[95] Vgl. Meyer, C./ Spreiter, F. (1999), S. 514.

[96] Vgl. Epstein, B. J./ Mirza, A. A. (2002), S. 5; Wagenhofer, A. (2002), S. 234; KPMG (2003), S. 2.

[97] Vgl. Haller, A. (1994), S. 195.

[98] Vgl. Hütten, Chr./ Lorson, P. (2000b), S. 806.

[99] Vgl. Wüstemann, J. (1996), S. 423; Kuhlewind, A.-M. (1997), S. 262.

2.1.2 Die Standardgeber

2.1.2.1 International Accounting Standards Board

2.1.2.1.1 Ziele

Eine Darstellung der Historie der beiden Standardgeber und ihrer Vorgängerorganisationen sowie der technischen Einzelheiten des Normsetzungsprozesses wird nicht vorgenommen. Im deutschen wie im internationalen Schrifttum existieren zu den Entwicklungen im Zeitablauf und zum Normsetzungsprozess ausführliche Darstellungen[100], auf die hier verwiesen wird. Auch lässt sich aus einer solchen Darstellung nicht primär ein Urteil über die Ähnlichkeit beider Rechnungslegungskonzeptionen ableiten. Vielmehr sollen die Ziele der Standardsetter und damit verbunden der aktuelle Stand der Zielerreichung skizziert werden. Es erfolgt auch eine entsprechend knapp gehaltene Darstellung des Aufbaus des IASB und des FASB einschließlich der hieraus ableitbaren wesentlichen Einflussfaktoren auf die Arbeit der beiden Organisationen.

Zu Beginn des Jahres 2001 erfolgte eine grundlegende Umstrukturierung des bis dahin bestehenden International Accounting Standards Committee. Aus dieser Umstrukturierung ging das heutige International Accounting Standards Board (IASB) hervor. Da sich die gestellten Aufgaben des IASB gegenüber denen des IASC signifikant geändert haben[101], werden die neuen Aufgaben kurz umrissen. Das IASC, im Jahre 1973 als privatrechtliche Organisation gegründet, verfolgt als IASB heute die Ziele:

- "to develop, in the public interest, a single set of high quality, understandable and enforceable global accounting standards that require high quality, transparent and comparable information in financial statements and other financial reporting to help participants in the world's capital markets and other users make economic decisions;
- to promote the use and rigorous application of those standards; and

---

[100] Vgl. für die Entwicklungen in den USA u.a. Chasteen, L. G./ Flaherty, R. E./ O'Connor, M. C. (1998), S. 10-13, Delaney, P. R./ Epstein, B. J./ Nach, R. u.a. (2002), S. 1-3, Niehus, R. J./ Thyll, A. (2000), S. 3f. und für die historische Entwicklung des IASC ausführlich Wagenhofer, A. (2003), S. 107-111; Born, K. (2002), S. 49-55.

[101] Vgl. Baetge, J./ Thiele, St./ Plock, M. (2000), S. 1033.

- to bring about convergence of national accounting standards and International Accounting Standards to high quality solutions."[102]

War die weltweite Harmonisierung der Rechnungslegung ein wesentliches Ziel des IASC[103], so rückt nun die Entwicklung qualitativ hochwertiger und durchsetzbarer kapitalmarktorientierter Rechnungslegungsstandards in den Vordergrund[104]. Die Hervorhebung[105] der Entscheidungsnützlichkeit der Rechnungslegung impliziert zugleich den zentralen Zweck der Rechnungslegungsnormen des IASB: Die Rechenwerke zielen allein auf die Vermittlung entscheidungsrelevanter Informationen für Kapitalgeber der Unternehmen ab. Der IASB ist das einzige private Gremium, das sich weltumspannend dieses Ziel gesetzt hat. Durch die Erarbeitung, Verabschiedung und Überwachung der Anwendung der Rechnungslegungsstandards wird vom IASB mindestens eine Vergleichbarkeit der Jahresabschlüsse angestrebt[106]. Vom Ziel weltweit harmonisierter Rechnungslegungsstandards auf internationaler wie nationaler Ebene ist der IASB dagegen abgerückt[107]. Eine Annäherung nationaler Rechnungslegungsvorschriften mit den International Financial Reporting Standards soll nur dann vorangetrieben werden, wenn daraus hochwertige Ergebnisse entstehen[108].

Bisher hat das IASC beziehungsweise der IASB vierzig IAS/ IFRS sowie dazugehörige Interpretationen verabschiedet. Darüber hinaus sind in Form von Entwürfen für neue oder bestehende überarbeitete International Accounting Standards mehrere Projekte anhängig. Das aktuelle Arbeitsprogramm sieht bis zum Ende des Jahres 2003 die Verabschiedung von mindestens sechs IFRS vor[109]. Speziell mit einem IFRS zur Bilanzierung aktienbasierter Vergütungsformen soll eine bis dato bestehende Regelungslücke[110] geschlossen werden.

Das Erreichen der angestrebten neuen Ziele ist heute mehr denn je von den Mitgliedern des IASB abhängig, da der IASB selbst als privatrechtliche Organisation keine Durchsetzung der

---

102 IASC (2003), IASC Foundation Constitution, Abschn. 2.

103 Vgl. Rost, P. (1991), S. 228; Chandler, R. A. (1992), S. 223.

104 Vgl. Helbling, C. (2001a), S. 764.

105 Vgl. Hütten, Chr./ Lorson, P. (2000c), S. 994.

106 Vgl. Pellens, B. (2001), S. 417.

107 Vgl. hierzu IASC (2000a), Abschn. 2b: In der Verfassung des IASC war ein erklärtes Ziel die Verbesserung und Harmonisierung von Regulierungen und Rechnungslegungsstandards.

108 Vgl. IASC (2003), IASC Foundation Constitution, Abschn. 2c.

109 Vgl. IASB (2002), S. 3.

110 Vgl. Wollmert, P./ Hey, J. (2002), S. 1061.

Anwendung seiner Rechnungslegungsstandards erwirken kann[111]. Die Mitglieder verpflichten sich daher, auf das Erreichen der Ziele in ihren jeweiligen Ländern hinzuarbeiten[112]. Das trifft nun in erster Linie für die Akzeptanz und Durchsetzung der Anwendung an den Kapitalmärkten zu. Hierfür ist es erforderlich, Einfluss auf die gesetzgebenden Gremien auszuüben. Erfolge konnte der IASB bereits verzeichnen. Mit der Etablierung des Handelssegmentes Neuer Markt am Börsenplatz Frankfurt ist die Anwendung der IFRS neben den US-GAAP konstituiert worden[113]. Im Rahmen des 1998 verabschiedeten Kapitalaufnahmeerleichterungsgesetzes (KapAEG) wurde es börsennotierten Unternehmen darüber hinaus ermöglicht, bei Aufstellung und Offenlegung eines IFRS-oder US-GAAP-Konzernabschlusses von der Aufstellung eines Konzernabschlusses nach HGB befreit zu werden[114].

Erreicht ist auch die uneingeschränkte Akzeptanz der IFRS (Stand: 2000) durch die International Organization of Securities Commissions (IOSCO). Die IOSCO hat daraufhin ihren Mitgliedern empfohlen, die IFRS anzuerkennen. Bisher ist es jedoch noch nicht gelungen, die SEC für eine Anerkennung der IFRS zu überzeugen. Für eine Zulassung zum US-amerikanischen Kapitalmarkt unter dem Securities Exchange Act ist daher weiterhin eine Überleitungsrechnung auf US-GAAP gemäß den SEC-Vorschriften zu erstellen.[115]

Einen weiteren bedeutenden Schritt zur Förderung der Akzeptanz der IFRS in Europa stellt die im vorangegangenen Kapitel erläuterte EU-Verordnung dar[116]. Neben weit reichenden Veränderungen für die betroffenen Unternehmen, die noch nicht nach IFRS bilanzieren, bedeutet die EU-Verordnung auch, das nationale Normensetzer im Bereich der kapitalmarktorientierten Rechnungslegung zukünftig an Bedeutung verlieren werden[117]. Viel wichtiger ist dieser bedeutende Schritt für den IASB jedoch in der Erreichung seiner gesetzten Ziele. Es wird in Anbetracht der aktuellsten Entwicklungen der SEC künftig schwerer fallen, die uneingeschränkte Anerkennung der IFRS weiter hinauszuzögern[118].

---

111 Vgl. Nobes, Chr./ Parker, R. (1991), S. 77; Coenenberg, A. G. (2003), S. 49.

112 Vgl. Kapitel 2.1.1.1.1.

113 Vgl. Deutsche Börse AG (2001), Abschn. 4.1.9. Nr. 3 i.V.m. Abschn. 4.1.8.

114 Vgl. Wollmert, P./ Hey, J. (2002), S. 1061.

115 Vgl. Wagenhofer, A. (2002), S. 234.

116 Vgl. Kapitel 1.1.

117 Vgl. Küting, K. (2000), S. 456; Ekkenga, J. (2001), S. 2369.

118 Vgl. Zabel, M. (2002), S. 920.

2.1.2.1.2 Organisationsstruktur

Wie bereits erwähnt, wurde mit Wirkung vom 1. Januar 2001 das IASC zum IASB restrukturiert. Diese Struktur ist das Ergebnis einer Arbeit, die Ende 1998 begonnen wurde[119], um das IASC den geänderten Rahmenbedingungen organisatorisch anzupassen. Ziel war auch die Herstellung einer größeren Unabhängigkeit insbesondere von der International Federation of Accountants (IFAC)[120]. Im Folgenden werden nur die wesentlichen Neuerungen der Organisationsstruktur des IASB in gebotener Kürze umrissen.

Nunmehr ist das IASB in eine unabhängige private Stiftung integriert. Das Organ dieser Stiftung sind die Treuhänder („Trustees"). Diese Form der Organisation entspricht im Wesentlichen der des US-amerikanischen Vorbildes bestehend aus der Financial Accounting Federation (FAF) und dem Financial Accounting Standards Board (FASB). Den Treuhändern kommt die Aufgabe zu, die Mitglieder des Vorstandes zu bestimmen. Des Weiteren erfüllen sie eine Aufsichtsfunktion und organisieren die Finanzierung des IASB[121]. Der Vorstand soll sich daher einzig der Erarbeitung und Verabschiedung von Rechnungslegungsstandards widmen. Die Zusammensetzung des Vorstandes soll nicht von regionalen oder institutionellen Faktoren dominiert werden. Auch wurde ein neu strukturiertes „Advisory Council" gebildet, um den Vorstand als auch die Treuhänder zu beraten. Das bisherige Standing Interpretation Committee (SIC) heißt nunmehr Financial Accounting Standards Interpretation Committee (IFRIC) und bleibt in seiner bisherigen Form weiter bestehen wie auch die fallweise eingesetzten „Consultative Groups" und „Steering Committees" zur fachlichen Unterstützung und Beratung[122].

2.1.2.1.3 Wesentliche Einflussgruppen

Eine kurze Darstellung der Einflussgruppen zeigt deutlich die angloamerikanische Prägung der IFRS. Unter Einfluss auf Rechnungslegungsnormen versteht man direkte und indirekte Möglichkeiten der Einflussnahme auf Form und Inhalt der Rechnungslegungsnormen. Bedingt durch die Zusammensetzung des Vorstandes des damaligen IASC aus Mitgliedern des Berufsstandes[123] konnten große, eher US-orientierte Prüfungsgesellschaften die Richtung

---

[119] Vgl. Knorr, L./ Ebbers, G. (2001), S. 1460.

[120] Vgl. Baetge, J./ Thiele, St./ Plock, M. (2000), S. 1037.

[121] Vgl. Knorr, L./ Ebbers, G. (2001), S. 1460.

[122] Vgl. Kleekämper, H./ Kuhlewind, A.-M./ Alvarez, M. (2002), Rn. 71.

[123] Vgl. Pellens, B. (2001), S. 416.

der Entwicklung der IFRS entscheidend mitbestimmen[124]. Das gilt ebenso für die direkte Einwirkung auf den Normsetzungsprozess durch Kommentierungen der Standardentwürfe[125]. Das Fehlen staatlicher gesetzgebender Organe kontinentaleuropäischen Ursprungs in entscheidenden Gremien des IASC stützt diese Aussage zusätzlich[126]. Über die erforderliche enge Kooperation des IASC mit der IOSCO konnte vor allem die SEC indirekt einen großen Einfluss auf die Entwicklung der IAS/ IFRS nehmen[127]. Im Bestreben nach Anerkennung der IFRS am US-amerikanischen Kapitalmarkt liegt auch ein wesentlicher Faktor für die Nähe der IFRS zu den Normen der US-GAAP. Auch war beispielsweise die Änderung der Organisationsstruktur des IASC letztlich nach einer Forderung der SEC erfolgt[128]. Die erläuterten Übereinstimmungen der Organisation des IASB und des FASB sind also nicht zufällig.

2.1.2.2 Financial Accounting Standards Board

2.1.2.2.1 Ziele

Die Erarbeitung und Verbesserung von Standards zur Rechnungslegung ist das erklärte Ziel des FASB[129]. Zu den weiteren Zielen gehört die Entwicklung beziehungsweise Weiterentwicklung eines grundlegenden Rechnungslegungskonzeptes sowie die Anleitung zur Anwendung von Rechnungslegungsstandards[130].

Durch den Financial Reporting Release (FRR) No. 1 der SEC[131] und den Berufskodex[132] der Wirtschaftsprüfer ist der FASB autorisiert, allgemein anerkannte Standards zur Rechnungslegung zu verabschieden. Er besitzt somit den notwendigen so genannten „Substantial Authoritative Support".

---

124 Vgl. Raffournier, B. (2000), S. 91f.

125 Vgl. Kenny, S. Y./ Larson, R. K. (1995), S. 293.

126 Vgl. Haller, A./ Walton, P. (2000), S. 28.

127 Vgl. Atteslander, J./ Hallauer, Ph. (2000), S. 1356.

128 Vgl. Haller, A./ Walton, P. (2000), S. 32.

129 Vgl. Chasteen, L. G./ Flaherty, R. E./ O'Connor, M. C. (1998), S. 10.

130 Vgl. Chasteen, L. G./ Flaherty, R. E./ O'Connor, M. C. (1998), S. 7.

131 Vgl. SEC (2002a), FRR, Abschn. 101.

132 Vgl. AICPA (2002), Rules of Conduct, Rule 203.

Bis zum August des Jahres 2003 verabschiedete der FASB über 150 Rechnungslegungsstandards sowie dazugehörige Interpretationen[133]. Auch gelang es dem FASB ein lange Zeit gefordertes grundlegendes Konzept der US-amerikanischen Rechnungslegung zu erarbeiten und sukzessive zu veröffentlichen. Im Jahre 2000 wurde ein weiterer Baustein dieses Rahmenkonzeptes verabschiedet[134]. Aus einer rein quantitativen Perspektive kann man schlussfolgern, dass der FASB im Sinne seiner erklärten Ziele Erfolg hatte. Der weiterhin bestehende „Substantial Authoritative Support"[135] könnte diese Aussage wohl auch für die Zielerreichung in qualitativer Hinsicht zulassen. Die in jüngster Zeit in den Vereinigten Saaten von Amerika ans Licht der Öffentlichkeit gekommenen Bilanzskandale und der damit verbundene Zusammenbruch der Rechnungslegung sprechen zwar auf den ersten Blick gegen die Erreichung der qualitativen Ziele des FASB[136]. Die Rechnungslegungsgrundsätze der US-GAAP sind jedoch nur eine Facette der vielschichtigen Ursachen. Vielmehr liegen diese im Versagen des Marktes für Prüfungsdienstleistungen und in aktienkursabhängigen Vergütungen des Personenkreises, der unmittelbar über die Vermögens-, Finanz- und Ertragslage des Unternehmens unter Anwendung der US-GAAP Bericht erstattet[137].

2.1.2.2.2 Organisationsstruktur

Bei der Beschreibung der Organisationsstruktur soll es im Folgenden nur um Kernmerkmale sowie ein Herausarbeiten der wesentlichen Einflussgruppierungen im unmittelbar folgenden Abschnitt gehen. Der FASB ist ein unabhängiges Organ. Er ist in eine unabhängige private Stiftung, die Financial Accounting Foundation, integriert[138]. Im engeren Sinne umfasst der FASB den aus sieben Mitgliedern bestehenden Vorstand („Board")[139]. Im weiteren Sinne gehören unmittelbar zum FASB auch der feste technische Mitarbeiterstab („Research and Technical Activities Staff") sowie die fallweise eingesetzten Arbeitsgruppen („Task Forces")[140]. Die FAF finanziert die Arbeit des FASB, ernennt seine Mitglieder und bekleidet

---

[133] Vgl. o.V. (2002b), S. 1624.

[134] Vgl. Hitz, J.-M./ Kuhner, Chr. (2000), S. 889.

[135] Vgl. Chasteen, L. G./ Flaherty, R. E./ O'Connor, M. C. (1998), S. 8.

[136] Vgl. Zabel, M. (2002), S. 924.

[137] Vgl. Sunder, S. (2003), S. 148f.

[138] Vgl. KPMG (2003), S. 8f.

[139] Vgl. Fischer, N./ Iannaconi, T. E./ Lechner H. W. (2001), S. 2867.

[140] Vgl. Haller, A./ Eierle, B. (1998), S. 735.

eine Überwachungsfunktion[141]. Als Treuhänder in der FAF fungieren Mitglieder der bedeutendsten Berufsorganisationen aus dem Bereich der Rechnungslegung[142].

2.1.2.2.3 Wesentliche Einflussgruppen

Analog zur Diskussion der Einflussmöglichkeiten auf die Weiterentwicklung der Rechnungslegung der IFRS gibt es bei der Betrachtung des FASB direkte und indirekte Möglichkeiten der Einflussnahme[143]. Im Rahmen des Normsetzungsprozesses („Due Process") kann ein direkter Einfluss durch das Aufwerfen aktueller Bilanzierungsfragen, Stellungnahmen zu Entwürfen oder bei Verabschiedung über die stimmberechtigten Mitglieder des Vorstandes ausgeübt werden[144]. Auch sind Vertreter der größten Wirtschaftsprüfungsgesellschaften in der so genannten „Emerging Issues Task Force" mit der Bearbeitung ungelöster Bilanzierungsfragen beschäftigt[145]. Von diesem Gremium publizierte EITF sind der Verpflichtungsebene der US-GAAP zuzurechnen und haben somit einen hohen Stellenwert bei der Weiterentwicklung der Rechnungslegung. Die direkte Einflussnahme auf die Rechnungslegung soll nun beispielhaft an der Bilanzierung von Softwareentwicklungsaufwendungen, die zentraler Gegenstand dieser Arbeit ist, demonstriert werden. Vorab sei angemerkt, dass mit Verabschiedung von FAS 2 im Jahre 1974 ein generelles Aktivierungsverbot für Forschungs- und Entwicklungsaufwendungen in den US-GAAP etabliert wurde[146]. Daraufhin forderte bereits im Jahre 1976 die Association of Data Processing Service Organizations (ADAPSO), ein Wirtschaftsverband Daten verarbeitender Unternehmen, eine Neueinschätzung des generellen Aktivierungsverbotes von Forschungs- und Entwicklungsaufwendungen in Bezug auf Softwareentwicklungsaufwendungen. Dieser Forderung wurde zunächst nur durch eine Anwendungserläuterung nachgekommen[147]. Nachdem im Jahre 1982 die ADAPSO einen eigenen, nicht unumstrittenen Entwurf für die Bilanzierung von Softwareentwicklungsaufwendungen veröffentlichte, nahm sich die AICPA unter Mitarbeit der ADAPSO in einer Task Force dieser Bilanzierungsfrage an[148]. Weil die SEC die

---

141 Vgl. KPMG (2003), S. 8.

142 Vgl. Haller, A./ Eierle, B. (1998), S. 734.

143 Vgl. Meek, G. K. (2000), S. 163.

144 Vgl. Fischer, N./ Iannaconi, T. E./ Lechner H. W. (2001), S. 2867f.

145 Vgl. Niehus, R. J./ Thyll, A. (2000), Tz. 23.

146 Vgl. FASB (2003), FAS 2, Abschn. 12.

147 Vgl. FASB (2003b), FTB 79-2 "Computer Software Costs".

148 Vgl. O'Brien, F. J. (2001), S. 2-2f.

Aktivierung von Entwicklungsaufwendungen für Computersoftware ab 1983 generell verbot, wurde dem von der Task Force erarbeiteten Problemkatalog seitens der SEC zugestimmt und das Projekt zur Bilanzierung von Entwicklungsaufwendungen von zur Vermarktung bestimmter Software in das Arbeitsprogramm des FASB aufgenommen[149]. Aus dem nachfolgend veröffentlichten und kommentierten Entwurf ging im Jahre 1986 der Financial Accounting Standard 86 hervor[150]. Dieser reflektiert sowohl Teile der ursprünglichen Überlegungen der Task Force der AICPA als auch die Arbeit des FASB[151]. Dieser Abriss zeigt deutlich das Zusammenspiel der Einflussgruppen bestehend aus Wirtschaftsverbänden, der Wirtschaftsprüferorganisation und der Börsenaufsicht, deren Ansichten sich in den Financial Accounting Standards wiederspiegeln.

Möglichkeiten der indirekten Einflussnahme bestehen durch die aufbauorganisatorische Gestaltung des FASB. Als privatrechtliche Stiftung ist das Konstrukt FASB und FAF einerseits auf die finanzielle Unterstützung verschiedener Organisationen angewiesen, die wiederum die Treuhänder der FAF nominieren[152]. Und andererseits ist die Verabschiedung autorisierter Standards zur Rechnungslegung von der SEC an das FASB (widerruflich) delegiert worden[153]. Die SEC hat daher aufgrund ihrer faktisch gesetzlichen Autorität in Bezug auf die Rechnungslegung am US-amerikanischen Kapitalmarkt mit Abstand weit reichende Möglichkeiten, die Arbeit des FASB in die gewünschte Richtung zu lenken[154]. Dies kann soweit gehen, dass die SEC eigene Regulierungen für verbindlich erklärt, wenn eine vom FASB verabschiedete Norm nicht den Anforderungen der SEC genügt. Von dieser Möglichkeit hat die SEC bereits bei einer Vorgängerorganisation des FASB, dem APB, Gebrauch gemacht[155]. Der Einfluss des US-amerikanischen Berufsstandes der Wirtschaftsprüfer liegt primär in der aktiven Weiterentwicklung der US-GAAP[156]. Mit den so genannten „Issues Papers" und insbesondere den Statements of Position („SOP") verfügt die AICPA über entsprechende Instrumente, wobei letztere der Empfehlungsebene des House of

---

149 Vgl. O'Brien, F. J. (2001), S. 2-4f.

150 Vgl. FASB (2003), FAS 86, Summary.

151 Vgl. FASB (2003), FAS 86, Abschn. 25.

152 Vgl. Pellens, B. (2001), S. 106.

153 Vgl. Niehus, R. J./ Thyll, A. (2000), Tz. 15.

154 Vgl. Chasteen, L. G./ Flaherty, R. E./ O'Connor, M. C. (1998), S. 14.

155 Vgl. Chasteen, L. G./ Flaherty, R. E./ O'Connor, M. C. (1998), S. 14.

156 Vgl. Niehus, R. J./ Thyll, A. (2000), Tz. 22.

GAAP zuzuordnen sind[157] jedoch den Status der faktischen Verbindlichkeit besitzen[158]. Die AICPA nimmt hier zu noch nicht abschließend gelösten Fragen der Rechnungslegung Stellung.

Die aufgezeigten Einflussmöglichkeiten auf die Arbeit des FASB sind in erster Linie positiv für die Entwicklung der US-GAAP zu sehen. Die Einbringung von Informationen der Rechnungslegungsinteressierten in den Normsetzungsprozess und die organisatorischen Verflechtungen tragen wesentlich dazu bei, dass der FASB recht zügig und umfassend Rechnungslegungsnormen verabschieden und auftauchende Fragen zur Rechnungslegung beantworten kann[159]. Übersehen werden darf dabei jedoch nicht das Spannungsfeld zwischen der unabhängigen Organisation des FASB bei gleichzeitiger direkter Abhängigkeit von der SEC[160].

2.2 Darstellung und Vergleich der relevanten Systemelemente

2.2.1 Einleitung

Für die Rechnungslegungsgrundsätze nach IFRS und US-GAAP erarbeiteten die Standardgeber grundlegende Rahmenkonzepte („Frameworks"). Aufgrund der Charakteristika dieser Rahmenkonzepte ist es möglich, einen Vergleich der relevanten Systemelemente durchzuführen. Hierzu werden kurz die Ziele, Zwecke und die Entstehung der Rahmenkonzepte beleuchtet, um im Anschluss daran die Systemelemente aufzuzeigen und im Detail zu vergleichen.

Erst dem FASB gelang es, einer seit den dreißiger Jahren in den USA wiederholt geäußerten Forderung nach einem normativ ausgerichteten Rahmenkonzept zur Rechnungslegung zu entsprechen[161]. Im Verlauf der Jahre 1978 bis 1985 entstanden so sechs aufeinander aufbauende Conceptual Statements. Erst im Februar 2000 verabschiedete der FASB das Conceptual Statement No. 7 (CON 7) „Using Cash Flow Information and Present Value in Accounting Measurements" zu grundlegenden Fragen der Bewertung zum Barwert[162]. Die im

---

157 Vgl. Pellens, B. (2001), S. 123.

158 Vgl. KPMG (2003), S. 3.

159 Vgl. Haller, A./ Eierle, B. (1998), S. 739.

160 Vgl. Vorwold, G. (2000), S. 606.

161 Vgl. Pellens, B. (2001), S. 131.

162 Vgl. FASB (2003b), CON 7, Status.

Wesentlichen von Vorarbeiten verschiedener Vorgängerorganisationen beeinflussten, vom FASB herausgegebenen sieben Konzepte stellen für sich indes keine verpflichtenden Rechnungslegungsstandards dar[163]. In der Einleitung zu CON 1 wird deshalb auch die Unverbindlichkeit der Rahmenkonzepte für Wirtschaftsprüfer klar festgestellt[164]. Im Gegensatz zur zeitlich losen Veröffentlichung der Statements of Financial Accounting Concepts veröffentlichte das damalige IASC im April 1989 ein formell geschlossenes Rahmenkonzept, welches alle wesentlichen Grundsätze der IFRS umfasst[165]. In derselben Weise konstituiert dieses Rahmenkonzept keinen Rechnungslegungsstandard im eigentlichen Sinne sondern steht hinter den Ansatz- und Bewertungsvorschriften der einzelnen IFRS zurück[166]. Die Erarbeitung und letztlich die Verabschiedung des Rahmenkonzeptes erst im Jahre 1989 führte in Einzelfällen zu Widersprüchen mit bereits gültigen Rechnungslegungsstandards[167]. Mit dem Reformprojekt „Presentation of Financial Statements“ wurden die betreffenden Standards grundlegend und unter Berücksichtigung des Rahmenkonzeptes überarbeitet[168], um diese Widersprüche weitestgehend auszuräumen. So entstand beispielsweise mit IAS 1 in der überarbeiteten Form von 1997 eine engere Verbindung der Standards der IFRS zum Rahmenkonzept durch eine Materialisierung bestimmter Inhalte des Rahmenkonzeptes in IAS 1[169].

Die Rahmenkonzepte des IASB und des FASB sind in drei Ebenen strukturiert. Die erste Ebene legt die Ziele und Zwecke der externen Rechnungslegung fest[170]. Zur Erreichung dieser Ziele haben die Informationen aus der externen Rechnungslegung bestimmten Anforderungen zu genügen[171]. Träger dieser Rechnungslegungsinformationen sind die Elemente der Jahresabschlüsse[172]. Auf der zweiten Ebene werden diese Anforderungen und Elemente definiert. Und auf der dritten Ebene befinden sich die notwendigen Ansatz- und

163 Vgl. Pellens, B. (2001), S. 159.

164 Vgl. FASB (2003b), CON 1, Highlights.

165 Vgl. IASB (2003), Framework, Introduction.

166 Vgl. IASB (2003), Framework, Abschn. 2.

167 Vgl. Wollmert, P./ Achleitner, A.-K. (2002), Rn. 8.

168 Vgl. Achleitner, A.-K./ Kleekämper, H. (1997), S. 117.

169 Vgl. KPMG (1999), S. 18.

170 Vgl. IASB (2003), Framework, Abschn. 12-21; FASB (2003b), CON 1.

171 Vgl. IASB (2003), Framework, Abschn. 24-46; FASB (2003b), CON 2.

172 Vgl. IASB (2003), Framework, Abschn. 47-81; FASB (2003b), CON 6.

Bewertungskonzeptionen zur Abbildung dieser Elemente in den Abschlüssen[173]. Die Rahmenkonzepte sollen die Auslegung bestehender sowie die Erarbeitung neuer Rechnungslegungsnormen innerhalb eines theoretischen Rahmens ermöglichen. Sie dienen somit primär den Standardgebern als Grundlage im Normsetzungsprozess[174]. Weiterhin sollen die Rahmenkonzepte eine Verbindung zwischen bestehenden Rechnungslegungsnormen und den zugrunde liegenden rechnungslegungstheoretischen Ansätzen herstellen[175]. Mit einem deduktiv-normativen Anspruch[176] spiegeln sie die Systemelemente der Rechnungslegung nach IFRS und US-GAAP wieder und eignen sich daher besonders für einen entsprechenden konzeptionellen Vergleich, wie er im weiteren Verlauf dieses zweiten Kapitels durchgeführt wird.

2.2.2 Ziele der Rechnungslegung von Unternehmen

Mit dem vom IASB im Rahmenkonzept formulierten Ziel der Rechnungslegung: „The objective of financial statements is to provide information about the financial position, performance and changes in financial position of an enterprise that is useful to a wide range of users in making economic decisions.“[177] sollen entscheidungsnützliche Rechnungslegungsinformationen einer Vielzahl von Nutzern bereitgestellt werden. Festgestellt wird auch, dass die Informationsbedürfnisse der Eigenkapitalgeber als typisch für die Informationsbedürfnisse der übrigen Adressaten anzusehen sind[178]. Es erfolgt somit ausgehend von einem zunächst breiten Adressatenkreis eine Einschränkung hin zu einem kapitalgeberorientierten Adressatenkreis der Rechnungslegung[179].

„Financial reporting is not an end in itself but is intended to provide information that is useful in making business and economic decisions"[180]. Übergeordnetes Ziel der Rechnungslegung nach US-GAAP ist analog zum Ziel der IFRS die Bereitstellung entscheidungsnützlicher

[173] Vgl. IASB (2003), Framework, Abschn. 22f. sowie 82-110; FASB (2003b), CON 5, CON 7.

[174] Vgl. IASB (2003), Framework, Abschn. 1a; FASB (2003b), CON 1-6, Preface.

[175] Vgl. Hütten, Chr./ Lorson, P. (2000b), S. 802.

[176] Vgl. für das Rahmenkonzept des FASB Haller, A. (1994), S. 381, aufgrund der gleichen Charakteristik ist diese Aussage nach Ansicht des Verfassers auch auf das Rahmenkonzept des IASB übertragbar.

[177] IASB (2003), Framework, Abschn. 12.

[178] Vgl. IASB (2003), Framework, Abschn. 10.

[179] Vgl. Streim, H. (2000), S. 114; Wagenhofer, A. (2002), S. 233f.; Ballwieser, W. (2002), S. 120.

[180] FASB (2003b), CON 1 Highlights; FASB (2003b), CON 1, Abschn. 9.

Rechnungslegungsinformationen für die Adressaten[181]. Auch hier wird ausgehend von einer Vielzahl potenzieller Nutzer und ihrer Informationsbedürfnisse im weiteren Verlauf des Rahmenkonzeptes der Adressatenkreis auf die Eigen- und Fremdkapitalgeber eingeschränkt[182]. Begründet wird diese Sichtweise damit, dass die benannten Adressaten die wichtigste externe Gruppe darstellt und deren Informationsbedürfnisse auch anderen, an rechnungslegungsbezogenen Informationen Interessierten entsprechen[183]. Eine Hervorhebung der Eigenkapitalgeber als Adressaten spricht für die Kapitalmarktorientierung der US-GAAP. Auch im Schrifttum werden die Eigenkapitalgeber als die wesentlichen Adressaten von Rechnungslegungsinformationen bezeichnet und die US-amerikanische Rechnungslegung als stark investororientiert charakterisiert[184]. Somit lässt sich beim Hauptziel der Rechnungslegung eine Übereinstimmung mit den IFRS feststellen, die materiell auch auf der Ebene des Adressatenkreises sichtbar wird[185]. Mit der Beschränkung auf die Informationsbedürfnisse im Wesentlichen der Eigen- und Fremdkapitalgeber sind unter dem übergeordneten Ziel der Rechnungslegung drei weitere Ziele konkretisiert. Die Rechnungslegung soll Informationen bereitstellen, um es derzeitigen sowie potentiellen Investoren und Kreditgebern als auch anderen Nutzern zu ermöglichen:

- rationale Investitions- und Finanzierungsentscheidungen zu treffen[186],
- den Betrag, Zeitpunkt und Grad der Sicherheit zukünftiger Zahlungsströme aus Dividenden und Zinsen sowie anderer finanziellen Verpflichtungen des Unternehmens einzuschätzen[187] und
- die Vermögenslage des Unternehmens zu evaluieren[188].

Auch in diesen drei Zielen stimmen die Grundkonzeptionen der IFRS und US-GAAP weitestgehend überein.

---

181 Vgl. Delaney, P. R./ Epstein, B. J./ Nach, R. u.a. (2002), S. 24; Gelhausen, H.-F./ Pape, J./ Schruff, W. u.a. (2002), Rz. 54.

182 Vgl. Meek, G. K. (2000), S. 173.

183 Vgl. FASB (2003b), CON 1, Abschn. 30.

184 Vgl. Freidank, C.-Chr. (2000), S. 23; Niehus, R. J./ Thyll, A. (2000), S. 10f.u. Kussmaul, H. (2000), S. 384; Hütten, Chr./ Lorson, P. (2000b), S. 803; Buchholz, R. (2003), S. 24.

185 Vgl. Zabel, M. (2002), S. 920.

186 Vgl. IASB (2003), Framework, Abschn. 9a; FASB (2003b), CON 1, Abschn. 34ff.

187 Vgl. IASB (2003), Framework, Abschn. 15, Satz 1; FASB (2003b), CON 1, Abschn. 37ff.

188 Vgl. IASB (2003), Framework, Abschn. 15, Satz 3; FASB (2003b), CON 1, Abschn. 40.

2.2.3 Inhalte der Rechnungslegung

Nachdem die Ziele der Rechnungslegung nach IFRS und US-GAAP dargestellt wurden, sind nun die von den Rahmenkonzepten geforderten entscheidungsnützlichen Rechnungslegungsinformationen hinsichtlich ihres materiellen Inhalts näher zu vergleichen. Das Rahmenkonzept der IFRS erachtet folgende Informationen als entscheidungsnützlich:

- Informationen über die vom Unternehmen kontrollierten Ressourcen[189],
- Informationen über die Vermögens- und Finanzstruktur[190],
- Informationen über die kurz- und langfristige Liquidität[191] und
- Informationen über die Ertragskraft und Rentabilität[192].

Der FASB sieht in den nachfolgend aufgeführten Informationen die Entscheidungsnützlichkeit von Rechnungslegungsinformationen:

- Informationen über ökonomische Ressourcen, Verpflichtungen und über die Anteile der Unternehmenseigner[193],
- Informationen über die Unternehmensleistung, gemessen am Einkommen unter dem Prinzip der Periodenabgrenzung[194],
- Informationen über die Geldflüsse im Unternehmen sowie Geldflüsse zu und von den Unternehmenseignern[195] sowie
- Informationen über die Aufgabenerfüllung der Geschäftsleitung[196].

Die jeweils drei erstgenannten entscheidungsrelevanten Informationen lassen sich zur Vermögens-, Ertrags- und Finanzlage eines Unternehmens verdichten. Primär wird vom FASB die Entscheidungsnützlichkeit dem Ertrag („Earnings") als Kennzahl der Unternehmensleistung zugeschrieben[197]. Einen vergleichbaren Stellenwert nimmt die Kennzahl des Ertrages eines Unternehmens im Rahmenkonzept des IASB nicht ein[198]. Vielmehr wird die

---

189 Vgl. IASB (2003), Framework, Abschn. 15 Satz 2.

190 Vgl. IASB (2003), Framework, Abschn. 15 Satz 3.

191 Vgl. IASB (2003), Framework, Abschn. 15 Satz 5.

192 Vgl. IASB (2003), Framework, Abschn. 16.

193 Vgl. FASB (2003b), CON 1, Abschn. 41.

194 Vgl. FASB (2003b), CON 1, Abschn. 42ff.

195 Vgl. FASB (2003b), CON 1, Abschn. 49.

196 Vgl. FASB (2003b), CON 1, Abschn. 50ff.

197 Vgl. FASB (2003b), CON 1, Abschn. 43.

198 Vgl. anderer Auffassung sind Haller, A./ Schloßgangl, M. (2003), S. 317.

Aussagekraft der Vermögenslage, der Ertragslage und der Finanzlage als gleichwertig eingestuft[199]. Hier zeigt sich ein gradueller Unterschied in der Adressatenorientierung. Durch die Betonung der Entscheidungsnützlichkeit des Ertrages im Rahmenkonzept der US-GAAP wird nochmals explizit die Kapitalmarktorientierung der US-GAAP deutlich. Die ebenfalls in erster Linie kapitalmarktorientierten IFRS[200] öffnen sich durch den Verzicht einer Höhergewichtung der Ertragslage im Gegensatz zu den US-GAAP grundsätzlich einem breiteren Adressatenkreis.

Informationen über die Aufgabenerfüllung der Geschäftsleitung werden dagegen im Rahmenkonzept des IASB nicht explizit erwähnt. Diese sind, wie das Rahmenkonzept der US-GAAP zeigt, bereits implizit in den Informationen zur Vermögens-, Ertrags- und Finanzlage enthalten. Mit der Offenlegung dieser Größen legt die Geschäftsführung Rechenschaft über die Verwendung der ihr anvertrauten Ressourcen ab. Anhand dieser können die Adressaten dann die Leistung der Geschäftsführung beurteilen[201].

2.2.4 Grundlegende Prinzipien der Rechnungslegung

2.2.4.1 Das Prinzip der periodengerechten Erfolgsermittlung

Die periodengerechte Abgrenzung von Geschäftsvorfällen ist ein wesentliches, den IFRS und US-GAAP zugrunde liegendes Prinzip der Rechnungslegung[202]. Alle Transaktionen eines Unternehmens mit Dritten werden in der Periode erfasst, in der ein entsprechender Leistungsaustausch vorgenommen wird. Dieser Zeitpunkt der Erfassung muss nicht mit dem korrespondierenden Zahlungsmittelabfluss oder –zufluss übereinstimmen. So werden die Adressaten nicht nur über abgeschlossene Transaktionen des Unternehmens informiert sondern auch über Verpflichtungen, die erst in späteren Perioden zu Zahlungsmittelabflüssen oder -zuflüssen führen[203]. Eng in Verbindung mit der periodengerechten Abgrenzung der Transaktionen steht auch das so genannte „Matching Principle“[204]. Dieses Prinzip erfordert die ebenfalls periodengerechte Gegenüberstellung von Aufwendungen und Erträgen. Wird in einer Periode ein Ertrag erzielt, so sind die durch die Leistungserstellung bedingten

199 Vgl. IASB (2003), Framework, Abschn. 20.

200 Vgl. zu den Zielen des IASB Abschn. 2.1.2.1.1.

201 Vgl. FASB (2003b), CON 1, Abschn. 51.

202 Vgl. KPMG (1999), S. 21; Chasteen, L. G./ Flaherty, R. E./ O'Connor, M. C. (1998), S. 59.

203 Vgl. IASB (2003), Framework, Abschn. 22; FASB (2003b), CON 6, Abschn. 139.

204 Vgl. IASB (2003), Framework, Abschn. 95; FASB (2003b), CON 6, Abschn. 146.

Aufwendungen ebenso in dieser Periode zu erfassen[205]. Dieser Grundsatz ist in beiden Rahmenkonzepten verankert. Tiefer ins Detail geht hier nur das Rahmenkonzept der US-GAAP, das zwei weitere Formen des „Matching Principle" ausführlicher beschreibt. Es entstehen in Unternehmen auch Aufwendungen, die nicht direkt der Periode zugerechnet werden können, in der die entsprechenden Erträge erwirtschaftet werden. Diese Aufwendungen sind dann in der Periode ihres Entstehens zu erfassen[206]. Ein weiterer Fall betrifft die systematische Verteilung von Aufwendungen über einen bestimmten Zeitraum. Diese Vorgehensweise wird beispielsweise bei langlebigen Vermögenswerten angewendet, deren Nutzen in Form von Erträgen über mehrere Perioden hinweg erzielt wird. Da auch in diesem Fall eine genaue Zurechnung der entstandenen Aufwendungen zu den erzielbaren Erträgen späterer Perioden nicht direkt möglich ist, erfolgt die planmäßige und systematische Verteilung der Aufwendungen über die Perioden in denen die Erträge erzielt werden sollen[207]. Bei langlebigen Vermögenswerten geschieht diese Verteilung mittels Abschreibungen. Auch wenn das Rahmenkonzept des FASB weitere Fälle beschreibt, so sind diese dennoch nur ein integraler Bestandteil der periodengerechten Zuordnung von Aufwendungen zu den Erträgen, die implizit in dieser Form so auch im Rahmenkonzept der IFRS enthalten sind[208].

2.2.4.2 Das Prinzip der Unternehmensfortführung

Das Prinzip der Unternehmensfortführung („Going Concern") ist in derselben Weise Grundlage der IFRS und US-GAAP und stellt ein weiteres fundamentales Prinzip in beiden Rechnungslegungssystemen dar[209]. Denn auf dem Prinzip der Unternehmensfortführung setzen direkt die Regeln zur Bewertung der Elemente des Jahresabschlusses auf[210]. Im Rahmenkonzept des FASB wird es jedoch nicht namentlich aufgeführt. Einzig im Rahmenkonzeptentwurf des APB ist es als Begriffsdefinition enthalten. Es wird bei einem Rechnung legenden Unternehmen solange von der Fortführung der Geschäftstätigkeit ausgegangen, wie nicht das Gegenteil belegt ist[211]. Von Unternehmensfortführung ist im Regelfall dann auszugehen, wenn sich nicht eine Liquidation des Unternehmens

---

205 Vgl. Kieso, D. E./ Weygandt, J. J./ Warfield, T. D. (2001), S. 46; Schreiber, U./ Kahle, H. (2002), Sp. 1644.

206 Vgl. FASB (2003b), CON 6, Abschn. 147.

207 Vgl. FASB (2003b), CON 6, Abschn. 149.

208 Vgl. IASB (2003), Framework, Abschn. 96.

209 Vgl. KPMG (1999), S. 21; Chasteen, L. G./ Flaherty, R. E./ O'Connor, M. C. (1998), S. 42.

210 Vgl. Baetge, J. (2000), S. 33; Coenenberg, A. G. (2003), S. 56.

211 Vgl. FASB (2001a), APS 4, Abschn. 117.

abzeichnet[212]. Im Rahmenkonzept des IASB ist dieses Grundprinzip dagegen explizit verankert. Es wird auch hier davon ausgegangen, dass die Geschäfte in einem vorhersehbaren Zeitraum weitergeführt werden. Ist gegenteiliges bekannt – das Unternehmen hat die Absicht die Geschäftstätigkeit einzustellen oder auch wesentlich einzuschränken beziehungsweise zeichnet sich eine Liquidation ab – so ist der Jahresabschluss nicht unter der Prämisse der Unternehmensfortführung aufzustellen[213]. Unter Berücksichtigung der Periodizität der jährlichen Rechnungslegung ist ein Zeithorizont für die Annahme der Unternehmensfortführung von einem Jahr akzeptabel.

2.2.4.3 Das Prinzip der rechnungslegenden Einheit

Zweck des Prinzips der rechnungslegenden Einheit ist die klare Abgrenzung der Informationen, die mit dem Jahresabschluss vermittelt werden. Obwohl es in den Rahmenkonzepten nicht gesondert benannt wird, so sind doch die geforderten entscheidungsnützlichen Informationen klar abgrenzbar für eine rechnungslegenden Einheit („Business Enterprise" oder „Enterprise") offen zu legen[214]. Dies kann eine rechtliche Unternehmenseinheit – ein Unternehmen – sein. Aber auch mehrere rechtlich unabhängige Unternehmenseinheiten können als Konzern eine rechnungslegende Einheit bilden. Insbesondere in den US-GAAP führt dieses Prinzip zu einer besonderen Stellung des Konzerns als rechnungslegende Einheit[215].

2.2.5 Qualitative Anforderungen an die Rechnungslegung

2.2.5.1 Überblick

Um den beschriebenen Zielen der Rechnungslegung zu genügen, müssen die Träger der Rechnungslegungsinformationen – die Elemente der Jahresabschlüsse – bestimmten Anforderungen hauptsächlich qualitativer Art genügen. Diese Anforderungen sind in beiden Rahmenkonzepten ausführlich fundiert[216]. In den Rahmenkonzepten selbst und im Schrifttum

---

212 Vgl. FASB (2001a), APS 4, Fn. 24

213 Vgl. IASB (2003), Framework, Abschn. 23.

214 Vgl. IASB (2003), Framework, Abschn. 12; FASB (2003b), CON 1, Highlights.

215 Vgl. Fischer, N./ Iannaconi, T. E./ Klöble, M. (2001), S. 2998f.

216 Vgl. zur Hierarchie der Anforderungen im Rahmenkonzept des FASB bspw. Niehus, R. J./ Thyll, A. (2000), Tz. 40 sowie zum Rahmenkonzept des IASB bspw. KPMG (1999), S. 21f.

werden diese Anforderungen zumeist in einem hierarchischen System ganz unterschiedlich[217] dargestellt. Dieses hierarchische System ist jedoch differenziert zu betrachten. Hauptsächliches Anliegen ist die Visualisierung der Zusammenhänge zwischen qualitativen Anforderungen. Zweck einer solchen Darstellung soll nicht die Gewichtung einzelner Anforderungen sein, wie sie aus einer hierarchischen Darstellungsweise zu schlussfolgern wäre. Die Gewichtung ist vielmehr abhängig vom jeweiligen Bilanzierungssachverhalt und kann auch nur im Zusammenhang mit diesem näher bestimmt werden[218]. Im Folgenden wird daher auch auf eine hierarchische Darstellung verzichtet und die qualitativen Anforderungen werden in Abhängigkeit der nachstehenden Ebenen hinsichtlich der materiellen Bedeutung analysiert. Es handelt sich dabei im Einzelnen um:

- Adressatenorientierte qualitative Anforderungen,
- Primäre qualitative Anforderungen sowie
- einschränkende Merkmale und Nebenbedingungen.

2.2.5.2 Adressatenorientierte qualitative Anforderungen an die Rechnungslegung

2.2.5.2.1 Entscheidungsnützlichkeit

Sämtliche Anforderungen an Rechnungslegungsinformationen sind in beiden Rahmenkonzepten aus der Entscheidungsnützlichkeit („Decision Usefulness") abgeleitet. Zu diesem Zweck haben die Rechnungslegungsinformationen diesen abgeleiteten Anforderungen zu genügen[219]. Das Paradigma der Entscheidungsnützlichkeit beruht – betrachtet man zunächst die US-amerikanische Rechnungslegung – auf einer Vielzahl von Ansätzen zur so genannten „Financial Accounting Theory"[220]. Die Darstellung und Diskussion der Ansätze und ihr Einfluss auf die US-GAAP würde indes zu weit führen[221]. Die Hintergründe der Entscheidungsnützlichkeit von Rechnungslegungsinformationen sollen nur insoweit aufgezeigt werden, als dass die Verbindung zu den im weiteren Verlauf zu analysierenden qualitativen Anforderungen hergestellt wird.

---

217 Vgl. hierzu für die US-GAAP KPMG (2003), S. 16; Pellens, B. (2001), S. 138; Chasteen, L. G./ Flaherty, R. E./ O'Connor, M. C. (1998), S. 46, die Verf. sprechen von einer hierarchischen Ordnung; für die IFRS vgl. KPMG (1999), S. 19, für die Verf. nehmen die Grundprinzipien eine hierarchische Ordnung ein; dagegen wird für die IFRS von Pellens, B. (2001), S. 442 eine andere Anordnung skizziert, ohne eine festgeschriebene Hierarchie zu unterstellen.

218 Vgl. IASB (2003), Framework, Abschn. 45; FASB (2003b), CON 2, Abschn. 34.

219 Vgl. IASB (2003), Framework, Abschn. 24; FASB (2003b), CON 2, Abschn. 32.

220 Vgl. Hütten, Chr./ Lorson, P. (2000b), S. 801.

221 Vgl. hierzu die ausführliche Erörterung bei Haller, A. (1994), Kapitel 5.

Theorieansätze zur Entscheidungsnützlichkeit sind in entscheidungsmodellorientierte und entscheidungsträgerorientierte Ansätze klassifizierbar. Beide Ansätze unterscheiden sich im Wesentlichen in der theoretischen Ausrichtung und somit durch ihre Anforderungen an die Informationen aus dem externen Rechnungswesen[222]. Die entscheidungsmodellorientierten Ansätze sind deduktiv-normativ in ihrem Charakter und basieren auf formalen Entscheidungsmodellen. Sind die Entscheidungsmodelle der Adressaten bekannt so existiert ein Soll-Informationsbedarf. Die Entscheidungsrelevanz von Rechnungslegungsinformationen hängt dabei im erheblichen Maße von der Zuverlässigkeit dieser Rechnungslegungsinformationen ab. Erforderlich ist deshalb ein regelmäßiges Abwägen zwischen der Relevanz und der Zuverlässigkeit von Rechnungslegungsinformationen, um deren Entscheidungsnützlichkeit auch sicher zu stellen[223]. Entscheidungsträgerorientierte Ansätze dagegen sind vorrangig empirisch-deskriptiver Natur. Im Mittelpunkt stehen dabei die Auswirkungen der in einem Jahresabschluss publizierten Informationen auf die Adressaten[224]. Eine Messung kann dann beispielsweise anhand von Kapitalmarktreaktionen erfolgen. Allerdings kann so nur ex post festgestellt werden, ob die Rechnungslegungsinformationen auch wirklich entscheidungsnützlich waren[225]. Gemeinsamkeit beider Theorierichtungen ist es herauszuarbeiten, welche Anforderungen an Rechnungslegungsinformationen zu stellen sind, um für die Adressaten entscheidungsnützlich zu sein[226].

Grundsätzlich sind für die Betrachtung beider Ansätze die Rechnungslegungsadressaten (Entscheidungsträger) sowie die entsprechenden Entscheidungsmodelle zu benennen[227]. Ist ersteres durch die Eingrenzung des Adressatenkreises von IFRS- und US-GAAP-Abschlüssen im Wesentlichen auf Eigenkapitalgeber und auch Fremdkapitalgeber möglich, so wird die Benennung und Zuordnung der entsprechenden individuellen Entscheidungsmodelle regelmäßig nicht gelingen[228]. Auf theoretischer Ebene ist der „Decision Usefulness“-Gedanke deshalb schwer greifbar[229]. Aus diesem Grund enthalten die Rahmenkonzepte der IFRS und

---

222 Vgl. Haller, A. (1994), S. 142ff.

223 Vgl. Hütten, Chr./ Lorson, P. (2000b), S. 803f.

224 Vgl. Streim, H. (2000), S. 121.

225 Vgl. Hütten, Chr./ Lorson, P. (2000b), S. 804f.

226 Vgl. Aitken, M. J. (1990), S. 223.

227 Vgl. Hütten, Chr./ Lorson, P. (2000b), S. 803.

228 Vgl. Schildbach, Th. (2001), S. 60; Kahle, H. (2003), S. 266.

229 Vgl. Streim, H. (2000), S. 125.

US-GAAP einen Katalog vornehmlich qualitativer Anforderungen, der aus der Perspektive des jeweiligen Standardgebers den Rechnungslegungsinformationen Entscheidungsnützlichkeit verleihen soll[230]. Eine erste qualitative Anforderung an Rechnungslegungsinformationen ist die Verständlichkeit, die im folgenden Abschnitt diskutiert wird.

2.2.5.2.2 Verständlichkeit

Verständlichkeit („Understandability") im Rahmenkonzept des FASB ist anders als im Pendant des IASB nicht den primären qualitativen Anforderungen zugeordnet. Es wird vielmehr als adressatenorientierte Anforderung gesehen. Sieht man von der hier ohnehin nicht verfolgten hierarchisch anderen Einordnung ab [231], so ergeben sich bei Betrachtung dessen, was die Rahmenkonzepte unter Verständlichkeit verstehen, keine Abweichungen. Eine explizite Definition des Begriffes enthält jedoch nur das Rahmenkonzept des FASB. Verständlichkeit ist „The quality of information that enables users to perceive its significance"[232]. Die Bedeutung der Verständlichkeit im Rahmenkonzept der IFRS stimmt mit dieser Definition jedoch überein. Rechnungslegungsinformationen sind konzeptionell in den IFRS wie auch in den US-GAAP dann verständlich, wenn dem Leser die Bedeutung der Information bekannt ist. Dieses Kriterium ist zwar entscheidend für die Nützlichkeit der Rechnungslegungsinformationen. Es unterstellt gleichzeitig auch Mindestanforderungen an die Fähigkeiten des Lesers, bestimmte Rechnungslegungsinformationen zu verstehen. Dazu wird von den Adressaten ein annehmbares Wissen um Unternehmen und unternehmerische Aktivitäten, um die Rechnungslegung und der Wille gefordert, sich entsprechend eingehend mit den Informationen auseinander zu setzen[233]. Die Anforderung an die Verständlichkeit soll jedoch kein Kriterium sein, nachdem die Aufsteller von Jahresabschlüssen entscheidungsnützliche Informationen nicht publizieren, weil deren Verständlichkeit für die Adressaten angezweifelt wird[234].

---

230 Vgl. stellvertretend Coenenberg, A. G. (2003), S. 56.

231 Vgl. IASB (2003), Framework, Abschn. 24; FASB (2003b), CON 2, Abschn. 40f.

232 FASB (2003b), CON 1, Glossary of Terms.

233 Vgl. IASB (2003), Framework, Abschn. 25; FASB (2003b), CON 2, Abschn. 40.

234 Vgl. IASB (2003), Framework, Abschn. 25.

2.2.5.3 Primäre qualitative Anforderungen an die Rechnungslegung

2.2.5.3.1 Relevanz

Um das Paradigma der „Decision Usefulness" zu erfüllen, müssen Rechnungslegungsinformationen relevant und zukunftsgerichtet sein[235]. Die Relevanz von Rechnungslegungsinformationen ist dann gegeben, wenn Rechnungslegungsinformationen die wirtschaftlichen Entscheidungen der Jahresabschlussadressaten dahingehend unterstützen, dass vergangene, jetzige und zukünftige Ereignisse von den Adressaten evaluiert werden beziehungsweise getroffene Entscheidungen bestätigt oder korrigiert werden können[236]. Daher werden im Rahmenkonzept des FASB unter der Relevanz zwei weitere Komponenten subsumiert: der Vorhersagegehalt von Rechnungslegungsinformationen („Predictive Value") und der bestätigende Gehalt von Rechnungslegungsinformationen („Feedback Value"). Im Rahmenkonzept des IASB sind diese Komponenten in der Definition der Relevanz bereits enthalten. Die Adressaten sollen unterstützt werden, „[to] evaluate past, present or future events or confirming, or correcting, their past evaluations"[237]. Insoweit stimmen beide Rahmenkonzepte inhaltlich wie auch strukturell überein. Für zwei weitere Anforderungen an die Relevanz ergeben sich jedoch Unterschiede. Die Zeitnähe („Timeliness") wird im IFRS-Rahmenkonzept als einschränkendes Kriterium für relevante und verlässliche Rechnungslegungsinformationen gesehen[238]. Das Rahmenkonzept des FASB dagegen ordnet die Zeitnähe der Rechnungslegungsinformationen als unterstützenden Aspekt der Relevanz zu. Ein weiterer struktureller Unterschied zwischen beiden Rahmenkonzepten besteht hinsichtlich des Kriteriums der Wesentlichkeit („Materiality"). Im Rahmenkonzept des IASB ist dieses Kriterium einzig der Anforderung an die Relevanz zu vermittelnder Rechnungslegungsinformationen untergeordnet[239]. Im Rahmenkonzept des FASB ist die Wesentlichkeit dagegen ein zentrales einschränkendes Merkmal[240]. Aufgrund der Bedeutung des Wesentlichkeitsgrundsatzes in der Rechnungslegung[241] wird dieser in einem eigenen Abschnitt behandelt.

---

235 Vgl. Streim, H. (2000), S. 125.

236 Vgl. IASB (2003), Framework, Abschn. 26; FASB (2003b), CON 2, Abschn. 47.

237 IASB (2003), Framework, Abschn. 26.

238 Vgl. IASB (2003), Framework, Abschn. 43.

239 Vgl. IASB (2003), Framework, Abschn. 29.

240 Vgl. FASB (2003b), CON 2, Abschn. 123ff.

241 Vgl. Rossmanith, J. (2000), S. 801.

2.2.5.3.2 Zuverlässigkeit

Die Relevanz von Rechnungslegungsinformationen allein reicht indes nicht, um für die Adressaten nützlich bei ihren wirtschaftlichen Entscheidungen zu sein[242]. Rechnungslegungsinformationen müssen gleichzeitig die Anforderung an die Zuverlässigkeit („Reliability") erfüllen. Zuverlässige Rechnungslegungsinformationen müssen frei von wesentlichen Fehlern sein und das Ergebnis unternehmerischen Handelns wahrheitsgetreu darstellen („Representational Faithfulness")[243]. Unternehmerisches Handeln ist jedoch Handeln unter Unsicherheit[244]. Diesem immanent wichtigen Aspekt wird in beiden Rahmenkonzepten Rechnung getragen. Die Anforderung an die Zuverlässigkeit von Rechnungslegungsinformationen wird daher nicht mit der Forderung nach Präzision beziehungsweise Sicherheit gleichgesetzt[245]. Rechnungslegungsinformationen gelten auch dann noch als verlässlich, wenn sie mit einem gewissen Grad an Unsicherheit behaftet sind, wobei weder der IASB noch der FASB hierfür präzise Anforderungen formulieren. Zuverlässige Rechnungslegungsinformationen sind darüber hinaus neutral („Neutrality") und angemessen vorsichtig („Prudence" beziehungsweise „Conservatism") zu ermitteln. Die Anforderung an die Neutralität ist in beiden Rahmenkonzepten gleichermaßen eine Komponente der Anforderung an die Zuverlässigkeit von Rechnungslegungsinformationen. Ferner sind die Rechnungslegungsinformationen unvoreingenommen zur Verfügung zu stellen, um kein bestimmtes Verhalten der Adressaten bewusst auszulösen[246].

Eine weitere, für die Zuverlässigkeit von Rechnungslegungsinformationen notwendige Anforderung ist die Würdigung des wirtschaftlichen Gehalts gegenüber der formalen Ausgestaltung eines Sachverhaltes („Substance over Form")[247]. Diesem viel zitierten Grundsatz[248] der angloamerikanischen Rechnungslegungsphilosophie ist indes mit Vorsicht zu begegnen. Der FASB räumt ein, dass die vage Idee des „Substance over Form"-Gedankens keinesfalls einer präzisen Definition entspricht. Außerdem ist die explizite Formulierung des Gedankens im Kontext des Rahmenkonzeptes redundant, da die Forderung nach der

---

[242] Vgl. Achleitner, A.-K./ Behr, G. (2003), S. 100; KPMG (2003), S. 16f.

[243] Vgl. IASB (2003), Framework, Abschn. 33; FASB (2003b), CON 2, Abschn. 63.

[244] Vgl. Schneider, D. (1993), S. 11.

[245] Vgl. IASB (2003), Framework, Abschn. 34; FASB (2003b), CON 2, Abschn. 72.

[246] Vgl. IASB (2003), Framework, Abschn. 36, 37; FASB (2003b), CON 2, Abschn. 95, 100.

[247] Vgl. IASB (2003), Framework, Abschn. 35; FASB (2003b), CON 2, Abschn. 160.

[248] Vgl. hierzu stellvertretend für die IFRS KPMG (1999), S. 23

wahrheitsgetreuen Abbildung („Representational Faithfulness") von Sachverhalten diesen Gedanken bereits enthält[249]. Eindeutiger lässt sich der „Substance over Form"-Gedanke dagegen in beiden Rahmenkonzepten auf die Darstellung der Rechnungslegungsinformationen anwenden. Die Berichterstattung soll sich weniger an formalen Kriterien sondern mehr an der Entscheidungsnützlichkeit orientieren. Es finden sich in den Rechnungslegungsnormen der IFRS[250] und US-GAAP[251] deshalb auch eher wenige Vorschriften zur formalen Strukturierung der Rechnungslegungsinformationen.

2.2.5.3.3 Zielkonflikt zwischen Relevanz und Zuverlässigkeit

Aus den Charakteristika der qualitativen Anforderungen an entscheidungsnützliche Rechnungslegungsinformationen, der Relevanz und Zuverlässigkeit kann bei der Beurteilung bestimmter Bilanzierungssachverhalte und insbesondere bei der Abbildung immaterieller Vermögenswerte ein Zielkonflikt entstehen[252]. Der Grund liegt vorrangig im Aspekt der unterschiedlichen zeitlichen Dimensionen von Relevanz und Zuverlässigkeit. Relevant sind für die Entscheidungsträger (eher) zukunftsgerichtete Rechnungslegungsinformationen. Eine verlässliche Ermittlung ist objektiv indes schwierig. Spiegelbildlich sind vergangenheitsorientierte Rechnungslegungsinformationen sehr zuverlässig und objektiv ermittelbar, für Entscheidungsträger dann allerdings von (eher) geringer Relevanz[253].

Das heißt, bei der Vermittlung entscheidungsnützlicher Rechnungslegungsinformationen sind die Kriterien der Relevanz und Zuverlässigkeit gegeneinander abzuwägen. Für jeden Bilanzierungssachverhalt ist entsprechend der evaluierten Umstände erneut über den Trade-Off zwischen beiden Kriterien zu entscheiden und zwar in Abhängigkeit der Informationsbedürfnisse der Adressaten[254]. Ohne eine hinreichende Operatonalisierung durch die Rahmenkonzepte erscheint dies nur schwer möglich[255]. Um dennoch an dieser Stelle des Vergleichs der Rechnungslegungskonzeptionen Indizien für eine Gewichtung der Kriterien herauszuarbeiten, muss auf eine punktuelle Analyse einzelner Rechnungslegungsvorschriften vorge-

---

249 Vgl. FASB (2003b), CON 2, Abschn. 160.

250 Vgl. Raffournier, B. (2000), S. 99.

251 Vgl. Schildbach, Th. (2001), S. 131.

252 Vgl. Ranker, D./ Wohlgemuth, F./ Zwirner, Chr. (2001), S. 272; Baginski, St. P. (2002), S. 788.

253 Vgl. Chasteen, L. G./ Flaherty, R. E./ O'Connor, M. C. (1998), S. 48.

254 Vgl. IASB (2003), Framework, Abschn. 45; FASB (2003b), CON 2, Abschn. 45.

255 Vgl. Haller, A. (1994), S. 223; Kahle, H. (2002), S. 104; Gelhausen, H.-F./ Pape, J./ Schruff, W. u.a. (2002), Rz. 94.

griffen werden. Im Kontext dieser Arbeit werden dafür Regelungen zur Bilanzierung selbst erstellter immaterieller Vermögenswerte betrachtet.

Analysiert man in den International Financial Reporting Standards den entsprechenden IAS 38, so sind über die allgemeinen Aktivierungsvoraussetzungen hinaus konkretisierende Aktivierungskriterien für im Rahmen von Forschung und Entwicklung selbst geschaffene immaterielle Vermögenswerte zu erfüllen[256]. Zur Begründung werden Probleme bei der Feststellung ob und wann ein identifizierbarer Vermögenswert einen Nutzenzufluss generiert und Schwierigkeiten bei der Zuverlässigkeit der eindeutigen Zuordnung der Aufwendungen zu diesem Vermögenswert aufgeführt[257]. Diese konkretisierenden Aktivierungskriterien erfordern den Nachweis des Vorhandenseins technischer und finanzieller Ressourcen zur Fertigstellung und Nutzung eines in der Entwicklung befindlichen immateriellen Vermögenswertes[258] sowie einen Nachweis der Separierbarkeit und demzufolge einen Beleg darüber, wie der immaterielle Vermögenswert einen Nutzenzufluss generieren soll[259]. Durch diese Nachweise sollen die Rechnungslegungsinformationen objektiviert werden, wobei der Schwerpunkt hier auf der Zuverlässigkeit liegt[260]. Darüber hinaus ist ein Ansatz bestimmter Sachverhalte generell verboten[261]. Dieses explizite Aktivierungsverbot wird mit der Unlösbarkeit der Trennung der Aufwendungen für diese Sachverhalte von Aufwendungen für den originären Firmenwert begründet. Hier wird nochmals deutlich die Zuverlässigkeit der Rechnungslegungsinformationen gegenüber der Relevanz in den Vordergrund gerückt[262].

In den US-GAAP sind mit Inkrafttreten von FAS 2 „Accounting for Research and Development Costs" alle Aufwendungen im Zusammenhang mit den in FAS 2 benannten Aktivitäten erfolgswirksam als Aufwand der Periode zu erfassen[263]. Für diese einzig zulässige Bilanzierung von Forschungs- und Entwicklungsaufwendungen entschied sich der FASB nach Diskussion mehrerer Abbildungsmöglichkeiten[264] aus Überlegungen heraus, die denen des

---

256 Vgl. Fülbier, R.-U./ Honold, D./ Klar, A. (2000), S. 837f.

257 Vgl. IASB (2004), IAS 38, Abschn. 51.

258 Vgl. IASB (2004), IAS 38, Abschn. 57a; 57e.

259 Vgl. IASB (2004), IAS 38, Abschn. 57b-d.

260 Vgl. Baetge, J./ von Keitz, I. (2002), Rn. 53.

261 Vgl. IASB (2004), IAS 38, Abschn. 63.

262 Vgl. so auch Stolowy, H./ Haller, A./ Klockhaus, V. (2001), S. 156.

263 Vgl. FASB (2003), FAS 2, Abschn. 12.

264 Vgl. FASB (2003), FAS 2, Abschn. 37f.

IASB zur selben Thematik gleichen. Die Unsicherheit eines künftigen Nutzenzuflusses sowie der fehlende kausale Zusammenhang zwischen einem Nutzen – dem Vermögenswert – und den verursachten Aufwendungen sind auch hier die vorgebrachten Gründe[265]. Von einer Vorgehensweise der bedingten Aktivierung bestimmter Entwicklungsaufwendungen in IAS 38 wurde zumindest in FAS 2 abgesehen[266]. Eine fehlende Objektivität (=Zuverlässigkeit) der Aktivierungsbedingungen lautet die Begründung hierzu[267]. Dennoch wurde für abgegrenzte selbst erstellte immaterielle Vermögenswerte zu einem späteren Zeitpunkt vom FASB gerade diese bedingte Aktivierungspflicht bestimmter Entwicklungsaufwendungen wieder aufgegriffen[268].

Stellvertretend wird an dieser Stelle FAS 86 "Accounting for the Costs of Computer Software to Be Sold, Leased, or Otherwise Marketed" herangezogen, ohne jedoch zu viele Details vorweg zu nehmen. Die in FAS 86 implementierten Aktivierungskriterien führen in der Regel dazu, dass ein großer Teil der intern entstehenden Aufwendungen bei der Entwicklung von Software als laufender Aufwand der Periode zu erfassen ist[269]. Eine relativ höhere Einstufung der Zuverlässigkeit gegenüber der Relevanz der so vermittelten Rechnungslegungsinformationen war dabei ein Ziel des FASB[270]. Auch in den US-GAAP ist somit – eingegrenzt auf Entwicklungsaufwendungen für Software – ein Trade-Off zugunsten der Zuverlässigkeit von Rechnungslegungsinformationen erkennbar[271]. Im weiteren Verlauf wird am zu untersuchenden Bilanzierungsobjekt eine Gewichtung dieser Kriterien entsprechend berücksichtigt werden müssen.

2.2.5.3.4 Vergleichbarkeit und Stetigkeit

Das Kriterium der Vergleichbarkeit („Comparability") besitzt im Kontext der externen Rechnungslegung nach IFRS und US-GAAP zwei Dimensionen. Zum einen muss die Vergleichbarkeit von Rechnungslegungsinformationen eines Unternehmens im Zeitablauf möglich sein. Zum anderen führen die Jahresabschlussadressaten Vergleiche zwischen

---

265 Vgl. FASB (2003), FAS 2, Abschn. 39-41.

266 Vgl. FASB (2003), FAS 2, Abschn. 38.

267 Vgl. Healy, P. M./ Myers, S. C./ Howe, Chr. D. (1999), S. 677f.

268 Vgl. Labhart, P. A./ Volkart, R. (2001), S. 1160; ausführlich Kapitel 2.1.2.2.3.

269 Vgl. Frizlen, U./ Möhrle, M. (2001), S. 242

270 Vgl. FASB (2003), FAS 86, Abschn. 17.

271 Vgl. Pellens, B./ Fülbier, R. U. (2000), S. 139.

Unternehmen durch, um Handlungsalternativen zu bewerten[272]. Um eine Vergleichbarkeit entscheidungsnützlicher Informationen im Zeitablauf zu gewährleisten, sind die Rechnungslegungsmethoden daher stetig anzuwenden.[273] Der hohe Stellenwert der Stetigkeit in der US-amerikanischen Rechnungslegung kommt insbesondere durch umfangreiche Verpflichtungen zu Pro-forma Angaben im Falle des Wechsels zwischen Rechnungslegungsmethoden zum Ausdruck[274]. Inhaltlich besteht jedoch hinsichtlich der Anforderung an die Vergleichbarkeit eine grundsätzliche Übereinstimmung zwischen beiden Rahmenkonzepten.

Unterschiedlich wiederum erfolgt die strukturelle Einordnung der Anforderung an die Vergleichbarkeit und Stetigkeit der Rechnungslegungsinformationen in das System der qualitativen Anforderungen. Der IASB stuft die Vergleichbarkeit einschließlich der Stetigkeit als eine der vier prinzipiellen qualitativen Anforderungen ein[275]. Diese auf den ersten Blick höhere Einstufung der Vergleichbarkeit ist hauptsächlich auf die bislang vom IASB verfolgten Harmonisierungsbestrebungen zurückzuführen[276]. Dagegen stehen im Rahmenkonzept des FASB die besprochenen Anforderungen als sekundäre und interagierende Anforderungen im Kontext zur Relevanz und Zuverlässigkeit von Rechnungslegungsinformationen[277]. Ein signifikanter Unterschied in der Wertigkeit beim Vergleich beider Rahmenkonzepte ist freilich unbegründet. Aus theoretischer Sicht ist die Vergleichbarkeit prinzipiell eine der am höchsten einzustufenden Anforderungen an ein kapitalmarktorientiertes Rechnungslegungssystem, welches entscheidungsnützliche Rechnungslegungsinformationen vermitteln soll[278].

2.2.5.4 Einschränkende Merkmale und Nebenbedingungen

2.2.5.4.1 Wesentlichkeit

Auf den ersten Blick ergeben sich strukturelle Unterschiede bei der Analyse des Kriteriums der Wesentlichkeit („Materiality") entscheidungsnützlicher Rechnungslegungsinformationen. Als einschränkendes Merkmal konzipiert, fordert der Wesentlichkeitsgrundsatz die

---

272 Vgl. KPMG (1999), S. 23; Pellens, B. (2001), S. 440.

273 Vgl. IASB (2003), Framework, Abschn. 39ff.; FASB (2003b), CON 2, Abschn. 120ff.

274 Vgl. Born, K. (2001), S. 110.

275 Vgl. IASB (2003), Framework, Abschn. 31f.

276 Vgl. Kapitel 2.1.2.1.1.

277 Vgl. FASB (2003b), CON 2, Abb. 1.

278 Vgl. Ballwieser, W. (2001), S. 160; Abschn. 1.1.

Offenlegung solcher Rechnungslegungsinformationen, die eine Bedeutung für die Adressaten als Informationsempfänger haben[279]. Ist die Wesentlichkeit im Rahmenkonzept des FASB quantitativer und qualitativer Maßstab, der als einschränkendes Merkmal alle definierten Anforderungen umfasst[280], so wird im Rahmenkonzept des IASB der Wesentlichkeitsgrundsatz in einen direkten Bezug zur Relevanz der Rechnungslegungsinformationen gesetzt. Einer Charakterisierung als einschränkendes Merkmal im Kontext des Rahmenkonzeptes des IASB analog zum Rahmenkonzept des FASB steht allerdings nichts entgegen[281]. Daraus ergibt sich materiell eine gleichwertige Bedeutung und Einordnung des Wesentlichkeitsgrundsatzes in beiden betrachteten Rahmenkonzepten. Zudem ist die quantitative Komponente („Materiality") in beiden Rechnungslegungskonzeptionen von der qualitativen Komponente („Nature") getrennt[282].

Zur Anwendung des Wesentlichkeitsgrundsatzes fehlen jedoch in beiden Rahmenkonzepten Anhaltspunkte, die eine Operationalisierung der Wesentlichkeit von Rechnungslegungsinformationen ermöglichen[283]. Letztlich wird per Definition wiederum auf die Entscheidungsnützlichkeit verwiesen: „Information is material if its omission or misstatement could influence the economic decisions of users taken on the basis of the financial statements"[284]. So müssen bei der Entscheidung, ob ein Sachverhalt wesentlich oder unwesentlich ist, das subjektive Ermessen des Abschlussaufstellers sowie die wahrscheinliche Wirkung auf die Bilanzleser berücksichtigt werden[285]. Bei der Bestimmung der quantitativen Komponente sind dazu Relationen und nicht absolute Werte heranzuziehen. Umstände qualitativer Art, beispielsweise eine für ein Unternehmen außergewöhnliche Transaktion, sind auch dann zu berücksichtigen, wenn die Position selbst relativ klein ist. Allerdings werden in keinem der beiden Rahmenkonzepte konkrete Angaben für quantitative Relationen angeführt. Der FASB verweist zumindest auf einzelne Grenzwerte, die in spezifischen Rechnungslegungsstandards

---

[279] Vgl. Rossmanith, J. (2000), S. 801.

[280] Vgl. FASB (2003b), CON 2, Abschn. 124.

[281] Vgl. IASB (2003), Framework, Abschn. 30.

[282] Vgl. IASB (2003), Framework, Abschn. 29; FASB (2003b), CON 2, Abschn. 123.

[283] Vgl. für die IFRS Achleitner/ Wollmert/ van Hulle (1997), Rn. 9; für die US-GAAP Haller, A. (1994), S. 210.

[284] IASB (2003), Framework, Abschn. 30. Das Rahmenkonzept des FASB sagt inhaltlich das Gleiche aus: vgl. FASB (2003b), CON 2, Abschn. 123.

[285] Vgl. Lück, W. (1975), S. 41.

festgelegt worden sind[286]. Und vor allem die SEC hat in eigenen Verlautbarungen eine Reihe quantitativer Maßstäbe gesetzt[287].

2.2.5.4.2 Das Kosten-Nutzen-Postulat

Eine weitere zu operationalisierende zentrale einschränkende Bedingung wird in beiden Rahmenkonzepten in derselben Weise verwendet: Der Nutzen einer bereitzustellenden Information muss größer sein als die Kosten der Erhebung. Gleichzeitig wird eingeräumt, dass diese einschränkende Bedingung im Sinne einer Kosten-Nutzen-Analyse[288] nicht sinnvoll anzuwenden ist[289]. Erstens fallen die Kosten und der Nutzen auf verschiedene Subjekte. Kosten für die Erhebung von Rechnungslegungsinformationen entstehen beim Aufsteller des Abschlusses. Nutzen aus den Rechnungslegungsinformationen können allein die Abschlussleser ziehen. Die Gruppe der Adressaten ist darüber hinaus heterogen und dem Abschlussaufsteller weder in ihrer Struktur noch in ihren individuellen Präferenzen bekannt[290]. Somit kommt analog der Anwendung des Wesentlichkeitsgrundsatzes in beiden Rechnungslegungskonzeptionen nur ein subjektives Ermessen des Aufstellers des Abschlusses in Frage; eine objektive Beachtung der einschränkenden Kosten-Nutzen-Bedingung ist nicht möglich[291].

2.2.6 Die Generalnorm des „True and Fair View" beziehungsweise der „Fair Presentation"

Die Generalnorm in der angloamerikanischen Rechnungslegung in der Ausprägung der „Fair Presentation" beziehungsweise des „True and Fair View" stellt letztlich das Ziel eines Jahresabschlusses dar. Sind alle Rechnungslegungsnormen entsprechend angewendet und erfüllen die publizierten Informationen die an sie gestellten Anforderungen, so vermittelt der Jahresabschluss ein den tatsächlichen Verhältnissen entsprechendes Bild der Vermögens-, Finanz- und Ertragslage[292]. Im Rahmenkonzept des IASB und in IAS 1 ist die Generalnorm explizit verankert[293]. Die Aufnahme in einen Rechnungslegungsstandard konstituiert somit

---

[286] Vgl. FASB (2003b), CON 2, Abschn. 131.

[287] Vgl. Rossmanith, J. (2000), S. 803.

[288] Vgl. ausführlich Seicht, G. (1998), S. 450-453.

[289] Vgl. IASB (2003), Framework, Abschn. 44; FASB (2003b), CON 2, Abschn. 133ff.

[290] Vgl. Meek, G. K. (2000), S. 176f.

[291] Vgl. Delaney, P. R./ Epstein, B. J./ Nach, R. u.a. (2002), S. 27.

[292] Vgl. für die US-GAAP Baetge, J. (2000), S. 33f.

[293] Vgl. IASB (2003), Framework, Abschn. 46; IASB (2004), IAS 1, Abschn. 13.

eine Verpflichtung zur Einhaltung durch den Abschlussaufsteller[294] und damit zur Erfüllung der Generalnorm. In der US-amerikanischen Rechnungslegung kann die Generalnorm der „Fair Presentation" aus dem Rahmenkonzept lediglich abgeleitet werden[295]. Der Grundsatz erlangt dort seine ebenfalls verpflichtende Bedeutung primär aus der Testierung des Jahresabschlusses[296]. Die Wirtschaftsprüfer müssen bestätigen, dass der Jahresabschluss der Generalnorm entspricht und frei von wesentlichen Fehlern ist[297]. Die Generalnorm hat in den US-GAAP[298] nicht den Status eines „Overriding Principle"; der Status der Generalnorm in den IFRS[299] wird indes uneinheitlich dargestellt. Die Aufsteller eines Jahresabschlusses können sich somit nicht auf die Generalnorm berufen, um die konforme Anwendung von Rechnungslegungsstandards der US-GAAP zu umgehen. Die in Bezug auf die IFRS vertretene Ansicht, dass die Vermittlung eines den tatsächlichen Verhältnissen entsprechenden Bildes der Vermögens-, Finanz- und Ertragslage Vorrang vor der Anwendung eventuell irreführender Rechnungslegungsstandards der IFRS hat[300], ist folgendes entgegen zu halten: In IAS 1 selbst wird ein solcher Fall nur in äußerst seltenen Fällen auftreten – wird also praktisch ausgeschlossen – und ist zudem noch mit umfangreichen Offenlegungspflichten verbunden[301]. Viel gewichtiger ist freilich der Umstand, dass der Abschluss dann in wesentlichen Punkten nicht mehr mit den IFRS überein stimmt[302].

2.2.7 Träger der Abschlussinformationen

Aus den erforderlichen Inhalten der Rechnungslegung, der Vermögens-, Finanz- und Ertragslage leiten beide Rahmenkonzepte übereinstimmend die Träger dieser Inhalte ab. Demnach besteht ein vollständiger Abschluss mindestens aus:

- einer Bilanz,

---

294 Vgl. KPMG (1999), S. 10.

295 Vgl. Schildbach, Th. (2001), S. 361; Gelhausen, H.-F./ Pape, J./ Schruff, W. u.a. (2002), Rz. 116.

296 Vgl. Pellens, B. (2001), S. 160f.

297 Vgl. AICPA (2002), § AU 411, Abschn. 1.

298 Vgl. Küting, K./ Weber, C.-P. (1994), S. 66; Schildbach, Th. (2001), S. 56; Meek, G. K. (2000), S. 173; Fahrion, H.-J./ Winterhoff, H. W. (2002), Sp. 738; Nobes, Chr. (2003), S. 97, anderer Auffassung sind Goebel, A. (1994), S. 2459; Birk, A. (2003), S. 29.

299 Vgl. KPMG (1999), S. 25; Winnefeld, R. (2002), Internationale Rechnungslegungsgrundsätze, Rz. 220; Achleitner, A.-K./ Behr, G. (2003), S. 101; Coenenberg, A. G. (2003), S. 59, anderer Auffassung sind Raffournier, B. (2000), S. 101; Cotting, R./ Boemle, M. (2000), S. 791; Fahrion, H.-J./ Winterhoff, H. W. (2002), Sp. 742; Wagenhofer, A. (2003), S. 136.

300 Vgl. bspw. Cotting, R./ Boemle, M. (2000), S. 790f.

301 Vgl. IASB (2003), IAS 1, Abschn. 21.

302 Vgl. IASB (2003), IAS 1, Abschn. 18.

- einer Gewinn- und Verlustrechnung,
- einer Kapitalflussrechnung,
- einer Eigenkapitalveränderungsrechnung sowie
- den dazugehörigen Erläuterungen.[303]

Die drei erstgenannten Bestandteile spiegeln die aus der Geschäftstätigkeit des Unternehmens entstehende eigentliche Vermögens-, Ertrags- und Finanzlage wieder[304]. Eine Eigenkapitalveränderungsrechnung zeigt neben den erfolgwirksamen und erfolgsneutralen Veränderungen des Eigenkapitals aufgrund der Geschäftstätigkeit des Unternehmens auch Veränderungen im Eigenkapital, die aus Transaktionen mit den Anteilseignern entstanden sind[305]. Und integraler Bestandteil eines Abschlusses sind ebenso die Erläuterungen mit Informationen über angewandte Rechnungslegungsmethoden sowie Erläuterungen zu den einzelnen Positionen der übrigen Bestandteile[306]. Darüber hinaus ist nach US-GAAP das so genannte „Comprehensive Income" Pflichtbestandteil eines Abschlusses. Das „Comprehensive Income" misst alle Effekte von Transaktionen eines Unternehmens, die zu einer Änderung des Eigenkapitals führen. Ausgenommen hiervon sind Zahlungen an Unternehmenseigner beziehungsweise Einzahlungen dieser in das Eigenkapital[307]. Das „Comprehensive Income" umfasst somit per Definition mehr Bestandteile als der Periodenüberschuss. Gleichwohl es im IFRS-Rahmenkonzept nicht als eigenständige Größe aufgeführt wird, ist es ein Pflichtbestandteil eines vollständigen Abschlusses nach IFRS und verankert als ein „[...] statement showing [...] changes in equity other than those arising from capital transactions with owners and distribution to owners"[308]. Dieser Bestandteil kann allerdings auch wahlweise in einer Eigenkapitalveränderungsrechnung enthalten sein, welche die entsprechenden Bewegungen im Eigenkapital erfasst[309]. Aufgrund des Ausweiswahl-rechtes stellt es in den IFRS keine eigenständige formale Größe wie das „Comprehensive Income" in den US-GAAP dar. Materiell besteht somit auch hinsichtlich dieses Bestandteils eine Übereinstimmung zwischen den IFRS und US-GAAP.

---

303 Vgl. IASB (2003), Framework, Abschn. 15ff.; weiter konkretisiert werden die mindestens erforderlichen Bestandteile eines IAS-konformen Jahresabschlusses in IASB (2004), IAS 1, Abschn. 8; FASB (2003b), CON 5, Abschn. 13.

304 Vgl. stellvertretend Fischer, N./ Iannaconi, T. E./ Lechner H. W. (2001), S. 2878f.

305 Vgl. stellvertretend Pellens, B. (2001), S. 351.

306 Vgl. KPMG (2003), S. 18.

307 Vgl. FASB (2003b), CON 5, Abschn. 39ff.

308 IASB (2004), IAS 1, Abschn. 8c (ii).

309 Vgl. IASB (2004), IAS 1, Abschn. 8c (i).

2.2.8 Elemente des Abschlusses

2.2.8.1 Vermögenswerte

2.2.8.1.1 Definition

Zur eindeutigen Abgrenzung vom handelsrechtlichen Begriff des Vermögensgegenstandes[310] und der gebräuchlichen Übersetzung[311] folgend, wird der englischsprachige Begriff „Asset" mit Vermögenswert übersetzt. Das Rahmenkonzept des IASB definiert einen Vermögenswert als „[...] a resource controlled by the enterprise as a result of past events and from which future economic benefits are expected to flow to the enterprise"[312]. Inhaltlich übereinstimmend[313] definiert werden Vermögenswerte im Rahmenkonzept des FASB als "[...] probable future economic benefits obtained or controlled by a particular entity as a result of past transactions or events"[314]. Im Kern wird vom IASB und vom FASB eine dynamische Auffassung vertreten, die sich im erwarteten zukünftigen wirtschaftlichen Nutzen wiederspiegelt[315]. Ausgehend von beiden einheitlichen Definitionen charakterisieren sich Vermögenswerte durch drei Kriterien, die im Folgenden näher analysiert und verglichen werden:

- ein zukünftiger wahrscheinlicher Zufluss eines wirtschaftlichen Nutzens,
- die Kontrolle des Unternehmens über den Nutzenzufluss beziehungsweise über die Ressource, die diesen Nutzenzufluss bewirkt und
- die Kontrolle über den Nutzenzufluss beziehungsweise über die Ressource als das Ergebnis vergangener Ereignisse.

2.2.8.1.2 Das Kriterium des Nutzenzuflusses

Nutzen ist zunächst nicht mehr als ein subjektiv empfundener Vorteil. Zustande kommt dieser Vorteil zumeist in Austauschbeziehungen. Wird von beiden am Tausch Beteiligten das Erhaltene subjektiv höher im Wert als das Hingegebene erachtet, so fließt beiden Parteien aus

---

310 Vg. Winnefeld, R. (2002), Ansatz der Aktiva und Passiva in der Handels- und Steuerbilanz, Rz. 432; Streim, H. (2000), S. 118.

311 Vgl. Schäfer, W. (1994), S. 807; Eichborn, R. v. (1997), S. 37.

312 IASB (2003), Framework, Abschn. 49a.

313 Vgl. Ranker, D./ Wohlgemuth, F./ Zwirner, Chr. (2001), S. 272; Wagner, F. W. (2002), Sp. 104.

314 FASB (2003b), CON 6, Abschn. 25.

315 Vgl. Baetge, J./ Beermann, Th. (1998), S. 167; Winnefeld, R. (2002), Ansatz der Aktiva und Passiva in der Handels- und Steuerbilanz, Rz. 432; Wagner, F. W. (2002), Sp. 102; Buchholz, R. (2003), S. 77; Kahle, H. (2003), S. 264; Lüdenbach, N./ Hoffmann, W.-D. (2003), § 1, Rz. 115.

dem Tausch ein Nutzen zu. Der erwartete Nutzen ist zudem Voraussetzung für das Zustandekommen einer Transaktion. Nutzen lässt sich – konkretisiert auf Unternehmen – als direkter oder indirekter positiver Einfluss auf die Zahlungsströme charakterisieren. Basis dafür ist das Ziel der Unternehmung, seinen Bestand zu erhalten und die Einnahmenüberschüsse zu maximieren[316]. Der Zufluss des wirtschaftlichen Nutzens kann sich demnach in einem Zahlungsmittelzufluss oder einer Reduzierung von Zahlungsmittelabflüssen konkretisieren[317]. In beiden Rahmenkonzepten wird das Kriterium übereinstimmend dahingehend erweitert, dass der zukünftige Nutzenzufluss nur wahrscheinlich („probable" beziehungsweise „to be expected") sein muss. So wird der Unsicherheit unternehmerischen Handelns[318] Rechnung getragen[319]. Unklar bleibt hingegen, wie wahrscheinlich ein Nutzenzufluss sein muss. Der FASB stellt lediglich klar, dass der Nutzenzufluss nicht absolut sicher sein kann und der Begriff „wahrscheinlich" nicht in einem speziellen rechnungslegungstechnischen Sinne sondern allgemein zu verstehen ist[320]. Unzweifelhaft dagegen ist, dass die Wahrscheinlichkeit des Nutzenzuflusses dann mehr als 50 % betragen muss[321]. Unter Berücksichtigung der Anforderung an die Zuverlässigkeit von Rechnungslegungsinformationen wird in der Literatur sogar eine Wahrscheinlichkeit von 70 % und mehr in Betracht gezogen[322].

Der wirtschaftliche Nutzen in Form von Zahlungsmittelzuflüssen kann dabei auf mehreren Wegen dem Unternehmen zu Gute kommen. Vermögenswerte können im operativen Geschäft dazu genutzt werden, Produkte herzustellen oder Dienstleistungen zu erbringen, die an Dritte im Austausch für Geld oder für andere Vermögenswerte vermarktet werden. Werden Vermögenswerte zur Tilgung von Schulden verwendet, kommt der wirtschaftliche Nutzen dem Unternehmen in Form der Verminderung von Zahlungsmittelabflüssen zugute[323]. Eine indirekte Erhöhung der Zahlungsmittelzuflüsse oder eine indirekte Verminderung der Zahlungsmittelabflüsse durch intern generierte Nutzenpotenziale erfüllt das Kriterium des Nutzenzuflusses ebenfalls[324].

316 Vgl. Schneider, D. (1993), S. 4.

317 Vgl. IASB (2003), Framework, Abschn. 53; FASB (2003b), CON 6, Abschn. 28.

318 Vgl. Schneider, D. (1993), S. 11f.

319 Vgl. IASB (2003), Framework, Abschn. 85; FASB (2003b), CON 6, Abschn. 44.

320 Vgl. FASB (2003b), CON 6, Fn. 18.

321 Vgl. so auch KPMG (1999), S. 30, hier speziell für die International Financial Reporting Standards.

322 Vgl. Böcking, H.-J. (1998), S. 39; Knorr, L./ Ebbers, G. (2001), S. 1479.

323 Vgl. IASB (2003), Framework, Abschn. 55; FASB (2003b), CON 6, Abschn. 30.

324 Vgl. IASB (2003), Framework, Abschn. 53; FASB (2003b), CON 6, Abschn. 26.

2.2.8.1.3 Das Kriterium der Kontrolle über den Nutzenzufluss

Die qualitative Anforderung des „Substance over Form" an die Rechnungslegung, die dem wirtschaftlichen Gehalt Vorrang vor der formaljuristischen Ausgestaltung eines Sachverhaltes gibt, findet sich im Kriterium der Kontrolle über den Nutzenzufluss wieder. Grundsätzlich erfüllt die juristische Durchsetzung der Kontrolle über den Nutzenzufluss die entsprechende Anforderung an das Vorliegen eines Vermögenswertes[325]. Hat ein Unternehmen die Möglichkeit, auf rechtlichem Weg Dritte vom Zufluss des wirtschaftlichen Nutzens nachhaltig auszuschließen, so kontrolliert es im Sinne der Definition eines Vermögenswertes den Nutzenzufluss aus diesem. Somit ist die rechtliche Kontrolle über den zukünftigen Nutzenzufluss ein hinreichendes Kriterium[326]. Üblicherweise mit dem Besitz von materiellen oder immateriellen Gütern bestehende Eigentumsrechte sind nicht zwingend erforderlich. Beispielsweise erfüllen unter bestimmten Bedingungen im Wege des Leasings genutzte Güter die Definition von Vermögenswerten, weil der Leasingnehmer zwar formaljuristisch nicht das Eigentum am geleasten Gut hat, er kann jedoch aufgrund des Leasingvertrages formaljuristisch die Kontrolle über den ihm aus dem Gut zufließenden wirtschaftlichen Nutzen ausüben und auch Dritte von der Nutzung ausschließen[327].

Darüber hinaus kann ein Ausschluss Dritter vom Nutzenzufluss auch auf einem anderen als dem rechtlichen Weg – beispielsweise durch Geheimhaltung von technischem Wissen – das Kriterium der Kontrolle über den Nutzenzufluss erfüllen. Eine nicht auf juristischem Wege durchsetzbare Nutzung von Vermögenswerten wird in beiden Rahmenkonzepten grundsätzlich für möglich erachtet[328], jedoch nicht konkreter gefasst und bleibt deshalb schwer objektivierbar.

2.2.8.1.4 Das Kriterium der Erlangung der Kontrolle als Ergebnis vergangener Ereignisse

Sind die ersten beiden Kriterien erfüllt, so muss ein Ereignis in der Vergangenheit den zukünftigen kontrollierbaren Nutzenzufluss geschaffen haben. Dieses Ereignis ist in beiden Rahmenkonzepten eher weit definiert und nicht auf Geschäftsvorfälle wie den Erwerb von

[325] Vgl. IASB (2003), Framework, Abschn. 57; FASB (2003b), CON 6, Abschn. 26.

[326] Vgl. Wehrheim, M. (2000), S. 87; Schellhorn, M./ Weichert, S. (2001), S. 866.

[327] Vgl. bspw. KPMG (2003), S. 209f.

[328] Vgl. IASB (2003), Framework, Abschn. 57; FASB (2003b), CON 6, Abschn. 26.

Dritten oder die Herstellung beschränkt[329]. Zukunftsgerichtete Absichten des Unternehmens erfüllen dieses Kriterium indes nicht[330].

2.2.8.1.5 Das fundamentale Aktivierungskriterium für Vermögenswerte

Der Ansatz von Vermögenswerten folgt im Rahmenkonzept des IASB einem zweistufigen Prozess[331]. An erster Stelle muss ein Wirtschaftsgut beziehungsweise Gut der Definition eines Vermögenswertes entsprechen. Erfüllt dieses Wirtschaftsgut auch die Aktivierungskriterien und ist das Wirtschaftsgut wesentlich („Material"), dann ist es als Vermögenswert („Asset") im Jahresabschluss zu erfassen[332]. Ein Ansatz als Vermögenswert hat demnach zu erfolgen, wenn:

- der Nutzenzufluss in Verbindung mit dem Wirtschaftsgut wahrscheinlich ist und
- die Aufwendungen oder der Wert des Wirtschaftsgutes zuverlässig messbar sind.[333]

Generell sind dabei nach der Konzeption der IFRS und der US-GAAP die qualitativen Anforderungen an Rechnungslegungsinformationen zu berücksichtigen. Die Erwartung eines Nutzenzuflusses wird bereits in der Definition gefordert. Der erwartete Nutzen muss jedoch soweit konkret sein, dass wahrscheinlich mit seinem Zufluss gerechnet werden kann. Dagegen sieht das Rahmenkonzept des FASB vier grundlegende Aktivierungskriterien vor:

- das Wirtschaftsgut entspricht der Definition eines Vermögenswertes,
- das Wirtschaftsgut ist zuverlässig messbar, das heißt, sein Wert kann in Geldeinheiten ausgedrückt werden,
- die Informationen über das Wirtschaftsgut sind relevant für die Adressaten und
- die Informationen über das Wirtschaftsgut sind verlässlich, das heißt die Informationen sind wahrheitsgemäß dargestellt, intersubjektiv nachvollziehbar und wertneutral.[334]

Zusammengefasst muss nach den Aktivierungskriterien beider Rahmenkonzepte ein Wirtschaftsgut regelmäßig die Definition eines Vermögenswertes erfüllen. Entscheidendes, weil am schwierigsten operatonalisierbares[335] Aktivierungskriterium für Vermögenswerte

---

[329] Vgl. IASB (2003), Framework, Abschn. 58; FASB (2003b), CON 6, Abschn. 26.

[330] Vgl. KPMG (2003), S. 21.

[331] Vgl. Wollmert, P./ Achleitner, A.-K. (1997), S. 215.

[332] Vgl. IASB (2003), Framework, Abschn. 84.

[333] Vgl. IASB (2003), Framework, Abschn. 83.

[334] Vgl. FASB (2003), CON 5, Abschn. 63.

[335] Vgl. Knorr, L./ Ebbers, G. (2001), S. 1479; Pellens, B. (2001), S. 144.

nach IFRS wie auch nach den US-GAAP ist die Wahrscheinlichkeit des Nutzenzuflusses. Weiterhin wird in beiden Rahmenkonzepten die zuverlässige Messbarkeit der Aufwendungen beziehungsweise des Wertes gefordert. Ein Ansatz erfolgt bei verlässlicher Messbarkeit auf der Grundlage der im nächsten Abschnitt dargestellten Wertkonzeptionen der Rahmenkonzepte. Weiterhin muss eine bilanzielle Erfassung des Wirtschaftsgutes als Vermögenswert wesentliche beziehungsweise relevante und verlässliche Rechnungslegungsinformationen vermitteln. Diese letztgenannten Kriterien stehen für die Entscheidungsnützlichkeit der Rechnungslegungsinformationen, die mit der bilanziellen Abbildung erreicht werden soll[336]. Zeigen sich bei den Aktivierungskriterien nach IFRS und US-GAAP auch graduelle Unterschiede, so stimmen doch die zentralen Aktivierungskriterien, die Wahrscheinlichkeit des Nutzenzuflusses und die zuverlässige Bewertung überein.

2.2.8.2 Weitere Elemente des Abschlusses

In diesem Abschnitt werden die weiteren Elemente des Abschlusses einschließlich ihrer Definitionen benannt, ohne jedoch die Kriterien einzeln zu beleuchten. Schulden sind in beiden Rahmenkonzepten übereinstimmend durch drei Kriterien gekennzeichnet:

- der Bestand einer gegenwärtigen Verpflichtung gegenüber einem Dritten, die durch Vermögensabfluss erfüllt werden muss, wenn bestimmte Ereignisse zu einem zukünftigen Zeitpunkt eintreten,
- der gegenwärtig bestehenden Verpflichtung kann sich das Unternehmen nicht mehr entziehen und
- die Transaktion, die zur gegenwärtigen Verpflichtung führte, hat bereits stattgefunden.[337]

Subtrahiert man die gegenwärtigen Verpflichtungen – die Schulden – von den Vermögenswerten der Aktivseite, so erhält man als Residualgröße das Eigenkapital[338]. In Verbindung mit den Vermögenswerten bilden die Schulden und das Eigenkapital den Vermögensstatus des Unternehmens in der Bilanz ab[339].

---

336 Vgl. Kapitel 2.2.5.2.1.

337 Vgl. IASB (2003), Framework, Abschn. 60; FASB (2003b), CON 6, Abschn. 36.

338 Vgl. IASB (2003), Framework, Abschn. 49c; FASB (2003b), CON 6, Abschn. 50.

339 Vgl. IASB (2003), Framework, Abschn. 49; FASB (2003b), CON 6, Abschn. 20.

Einkünfte als Element des Abschlusses stellen die intern generierte Zunahme des Nutzens dar[340]. In beiden Rahmenkonzepten wird unterschieden zwischen Erträgen („Revenues"), die im Rahmen der gewöhnlichen Geschäftstätigkeit erzielt werden und Gewinnen („Gains"), die außerhalb dieses Rahmens anfallen.[341] Erträge und Gewinne können direkt in Form von Zahlungsmitteläquivalenten dem Unternehmen zufließen oder eine Zunahme des Wertes der Vermögenswerte beziehungsweise eine Verringerung der Schulden darstellen[342].

Aufwendungen stellen die intern generierte Abnahme des Nutzens entweder direkt oder durch Verminderung des Wertes von Vermögenswerten beziehungsweise der Zunahme von Schulden dar[343]. In beiden Rahmenkonzepten wird unterschieden zwischen Aufwendungen („Expenses"), die im Rahmen der gewöhnlichen Geschäftstätigkeit erzielt werden und Verlusten („Losses"), die außerhalb dieses Rahmens anfallen[344]. Erträge und Aufwendungen erhöhen und vermindern entsprechend das Eigenkapital, ohne jedoch direkte Zahlungen von beziehungsweise an Unternehmenseigner darzustellen[345]. Für die Abschlusselemente Schulden und Aufwendungen werden in Analogie zu den Vermögenswerten und Einkünften entsprechende Ansatz- und Bewertungsgrundlagen definiert[346].

2.2.9 Wertkonzeptionen zur Bewertung der Elemente des Abschlusses

Die Rahmenkonzepte des IASB und des FASB definieren grundlegend bestimmte Wertkonzeptionen, die auf die Elemente des Abschlusses Anwendung finden. Je nach Art des Bilanzpostens und des Sachverhalts können ein oder mehrere Bewertungskonzepte anzuwenden sein. Die Wertkonzeptionen stehen daher nicht unabhängig nebeneinander. Der FASB hat in seinem Framework die folgenden Wertkonzeptionen definiert:

- die historischen Kosten („Historical Cost"),
- die Wiederbeschaffungskosten („Current Replacement Cost"),
- die Tageswert-Bewertung („Current Market Value"),
- den realisierbaren Betrag („Net Realizable Value") und

---

340 Vgl. IASB (2003), Framework, Abschn. 70a; FASB (2003b), CON 6, Abschn. 78.

341 Vgl. IASB (2003), Framework, Abschn. 74; FASB (2003b), CON 6, Abschn. 79, 82.

342 Vgl. IASB (2003), Framework, Abschn. 70a; FASB (2003b), CON 6, Abschn. 78.

343 Vgl. IASB (2003), Framework, Abschn. 70b; FASB (2003b), CON 6, Abschn. 80.

344 Vgl. IASB (2003), Framework, Abschn. 78; FASB (2003b), CON 6, Abschn. 81, 83.

345 Vgl. IASB (2003), Framework, Abschn. 70a-b; FASB (2003b), CON 6, Abschn. 82, 83.

346 Vgl. IASB (2003), Framework, Abschn. 91-98; FASB (2003b), CON 5, Abschn. 83-90.

- den Barwert („Present Value").[347]

Auch das Rahmenkonzept des IASB definiert inhaltlich ähnlich die genannten Wertkonzeptionen[348]. Identisch wird in beiden Rahmenkonzepten dem Wertmaßstab der historischen Kosten eine vorherrschende Stellung eingeräumt[349]. Historische Kosten sind definiert als der Betrag, der zum Zeitpunkt des Erwerbs den aufgewendeten liquiden oder sonstigen Mitteln oder dem so genannten „Fair Value" einer hingegebenen Gegenleistung entspricht[350]. Diese Kosten entsprechen somit den historischen Anschaffungs- oder Herstellungskosten[351]. Es lässt sich jedoch auch entnehmen, dass andere Wertmaßstäbe für bestimmte Sachverhalte in Kombination mit den historischen Kosten oder auch als Ausgangsbewertung anwendbar sind[352].

2.2.10 Kapitalerhaltungskonzeptionen

Die Art der Kapitalerhaltung unter Berücksichtigung der angewandten Rechnungslegungsgrundsätze ergibt sich primär aus der Anwendung bestimmter Wertkonzeptionen bei der Erfassung der Abschlusselemente[353]. Da weder nach IFRS noch nach US-GAAP nur ein Wertkonzept ausschließlich angewendet wird, könnten sich demnach mehrere Kapitalerhaltungskonzeptionen und somit unterschiedliche Gewinnbegriffe ergeben[354]. Das Rahmenkonzept des FASB stellt jedoch klar heraus, dass die Rechenwerke auf der Nominalkapitalerhaltung beruhen[355]. Die gleiche Ansicht vertritt das IFRS-Rahmenkonzept, ohne jedoch das Realkapitalerhaltungskonzept grundsätzlich auszuschließen[356]. Somit lässt sich der Gewinnbegriff nach IFRS und US-GAAP konkretisieren als Differenzbetrag zwischen dem Eigenkapital („Net Assets") am Ende und zu Beginn der Rechnungslegungsperiode[357].

---

347 Vgl. FASB (2003b), CON 5, Abschn. 67a-e.

348 Vgl. IASB (2003), Framework, Abschn. 100a-d, Abschn. 101. Explizit aufgeführt werden in Abschn. 100 die Wertkonzeptionen Historische Kosten, Wiederbeschaffungskosten, der realisierbare Betrag und der Barwert, in Abschn. 101 wird das Wertkonzept des Marktwertes nur im Zusammenhang mit der Bewertung von Finanzinstrumenten genannt.

349 Vgl. IASB (2003), Framework, Abschn. 101; FASB (2003b), CON 5, Abschn. 69.

350 Vgl. IASB (2003), Framework, Abschn. 100a; FASB (2003b), CON 5, Abschn. 67a.

351 Vgl. KPMG (1999), S. 36; KPMG (2003), S. 26.

352 Vgl. IASB (2003), Abschn. 101; FASB (2003b), CON 5, Abschn. 68.

353 Vgl. Pohlmann, P. (1998), S. 680.

354 Vgl. Pohlmann, P. (1998), S. 679.

355 Vgl. FASB (2003b), CON 5, Abschn. 45.

356 Vgl. IASB (2003), Framework, Abschn. 110.

357 Vgl. stellvertretend Chasteen, L. G./ Flaherty, R. E./ O'Connor, M. C. (1998), S. 54.

Gleichwohl besteht aufgrund der parallel anwendbaren Wert-konzeptionen eine Unschärfe des Gewinnbegriffes[358].

2.2.11 Exkurs: International Accounting Standard 1

Wie schon mehrfach ausgeführt wurde, stellen die in den Rahmenkonzepten formulierten grundlegenden Prinzipien selbst keine Rechnungslegungsstandards dar. Dies bedeutet, dass in den jeweiligen Rechnungslegungsstandards beispielsweise Abschlusselemente erneut definiert werden[359]. Die Definitionen enthalten zwar Grundelemente, die in den Rahmenkonzepten formuliert wurden, sind darüber hinaus allerdings nicht zwangsläufig deckungsgleich. Diese Inkonsistenzen sind ein ganz wesentlicher Kritikpunkt an beiden hier verglichenen Rahmenkonzepten[360]. Das IASB hat mit der Verabschiedung des überarbeiteten IAS 1 wesentliche Aussagen des Rahmenkonzeptes in einem verbindlichen Rechnungslegungsstandard materialisiert, um die im Zeitablauf entstandenen Inkonsistenzen zwischen dem Rahmenkonzept und verabschiedeten Standards abzubauen[361]. Dabei wurde weitgehend der Wortlaut des Rahmenkonzeptes verwendet. Es sollen hier nur die übernommenen Prinzipien, Konzepte und Definitionen benannt werden.

IAS 1 ist in einen Einleitungsteil, einen Grundsatzteil und einen Teil über die Struktur und den Inhalt von Abschlüssen gegliedert[362]. Im Einleitungsteil werden die Zwecke und Bestandteile des Jahresabschlusses definiert sowie die Verantwortung für die Aufstellung des Abschlusses festgelegt[363]. Im Grundsatzteil sind folgende Bestandteile des Rahmenkonzeptes übernommen worden:

- der Grundsatz der „Fair Presentation",
- der Grundsatz der Unternehmensfortführung,
- der Grundsatz der periodengerechten Erfolgsermittlung,
- Bilanzierungs- und Bewertungsmethoden,
- der Grundsatz der Wesentlichkeit,
- das Verrechnungsverbot,

358 Vgl. Schildbach, Th. (2003), S. 254f.; Haller, A./ Schloßgangl, M. (2003), S. 317.

359 Vgl. bspw. IASB (2004), IAS 38, Abschn. 8.

360 Vgl. bspw. Hütten, Chr./ Lorson, P. (2000b), S. 810.

361 Vgl. Achleitner, A.-K./ Kleekämper, H. (1997), S. 117.

362 Vgl. Achleitner, A.-K./ Kleekämper, H. (1997), S. 119.

363 Vgl. IASB (2004), IAS 1, Contents.

- der Grundsatz der Stetigkeit sowie der
- der Grundsatz der Vergleichbarkeit (Vorjahresinformationen).[364]

Einige aus dem Rahmenkonzept in IAS 1 übertragene Bestandteile wurden inhaltlich weiter konkretisiert. So wird das schon vorgebrachte Argument unterstützt, dass es sich bei der Generalnorm des „True and Fair View" beziehungsweise der „Fair Presentation" um kein „Overriding Principle" handelt[365]. Ein gewichtiger Grund für die nun vorliegende verpflichtende Ausgestaltung war die Befürchtung des IASB, eine als „Overriding Principle" implementierte Generalnorm würde der gerade nicht gewollten Anwendung nationaler Vorschriften in den IFRS Raum öffnen[366]. Im Grundsatzteil sind des Weiteren die im Rahmenkonzept enthaltenen Abschlussposten sowie die Erfassungskriterien dieser Abschlussposten übernommen worden[367]. Abschließend sind im Grundsatzteil des IAS 1 noch die Wertmaßstäbe und Kapitalerhaltungskonzepte einschließlich der Gewinnermittlung des Rahmenkonzeptes hinterlegt.

2.3 Ergebnis

In diesem Kapitel wurden mehrere Ziele verfolgt. Erstes Ziel war die notwendige Überprüfung, ob die Rechnungslegungskonzeption der US-GAAP derselben nach IFRS nicht entgegensteht. Als Ergebnis dieses Vergleichs ist die weitgehende Übereinstimmung der betrachteten Rechnungslegungskonzeption festzustellen[368]. Die entsprechende Anforderung des IAS 8, Abschnitt 12, ist somit erfüllt. Die Normen der US-GAAP können zunächst grundsätzlich zur Auslegung der IFRS herangezogen werden[369].

Identität besteht auf der Zielebene beider Rechnungslegungskonzeptionen. Nach IFRS oder US-GAAP publizierte Jahresabschlüsse haben eine Informationsfunktion zu erfüllen. So soll dem auf Eigen- und Fremdkapitalgeber eingeschränkten Adressatenkreis ein den tatsächlichen Verhältnissen entsprechendes Bild der Ertrags-, Finanz- und Vermögenslage („True and Fair

---

364 Vgl. IASB (2004), IAS 1, Contents.

365 Vgl. IASB (2004), IAS 1, Abschn. 13: Die entsprechende Anwendung der IAS Standards auch mit zusätzlichen Anhangangaben führt in praktisch allen Fällen („virtually all circumstances") zu Jahresabschlüssen, die der Generalnorm entsprechen.

366 Vgl. Achleitner, A.-K./ Kleekämper, H. (1997), S. 121.

367 Vgl. IASB (2004), IAS 1, Abschn. 42-126.

368 Vgl. ähnlich Born, K. (2002), S. 640f.

369 Vgl. Oser, P./ Vater, H. (2001), S. 1267f. im Falle der Bilanzierung von Stock Options.

View"/ „Fair Presentation") der rechnungslegenden Einheit vermittelt werden[370]. Die Träger der Jahresabschlussinformationen sollen entscheidungsnützliche Rechnungslegungsinformationen als Grundlage für rationale Entscheidungen vermitteln. Ob dieses Ziel nachhaltig erreicht werden kann, sei hier dahingestellt.

Unterschiede beim Vergleich der Systemelemente sind in erster Linie formeller Natur. Diese zeigen sich in der strukturellen Einordnung und Zuordnung der qualitativen Anforderungen an die Rechnungslegungsinformationen. So ist das Erfordernis nach Vergleichbarkeit der publizierten Rechnungslegungsinformationen im Rahmenkonzept des FASB aus der Relevanz und Zuverlässigkeit abgeleitet und stellt keine primäre qualitative Anforderung dar. Im Rahmenkonzept des IASB wird die Vergleichbarkeit dagegen in einem Zug mit den Anforderungen an die Relevanz, Zuverlässigkeit und Verständlichkeit genannt[371]. Ob diese auf den ersten Blick höhere Gewichtung der Vergleichbarkeit primär ein Ergebnis der vom IASB bisher verfolgten Harmonisierung ist[372], lässt sich nicht abschließend nachweisen. Dennoch ist die Vergleichbarkeit in beiden Rechnungslegungskonzeptionen von gleichem materiellen Stellenwert für das zentrale Paradigma der Entscheidungsnützlichkeit von Rechungslegungsinformationen. Um es nochmals zu betonen. Eine allgemeingültige Hierarchie der qualitativen Anforderungen, die eine unterschiedliche Gewichtung der Anforderungen an Rechnungslegungsinformationen unterstellt, wird in beiden Rahmenkonzepten ausdrücklich abgelehnt.

Weitere strukturelle Unterschiede liegen in der Einordnung der Zeitnähe und dem Wesentlichkeitsgrundsatz. Der Zuordnung der Zeitnähe zur Relevanz offen zu legender Rechnungslegungsinformationen im Rahmenkonzept des FASB steht im Rahmenkonzept des IASB die Zeitnähe als einschränkendes Merkmal gegenüber. Hinsichtlich der materiellen Ausgestaltung sind jedoch auch hier keine Unterschiede feststellbar[373]. Spiegelbildlich gilt dies für den Grundsatz der Wesentlichkeit. Vom FASB als einschränkendes Merkmal bei der Erfassung von Rechnungslegungsinformationen konstituiert, wird im Rahmenkonzept des IASB die Wesentlichkeit der Anforderung an die Relevanz zugeordnet. Die auch hier zu findende Differenzierung zwischen der quantitativen Wesentlichkeit („Materiality") und der

---

370 Vgl. Kußmaul, H. (2000), S. 384.

371 Vgl. Kapitel 2.2.5.3.4.

372 Vgl. Meek, G. K. (2000), S. 177.

373 Vgl. Kapitel 2.2.5.3.1.

qualitativen Komponente („Nature") führt zu einer Übereinstimmung in der materiellen Ausgestaltung[374].

Auch beiden Rechnungslegungskonzeptionen gemeinsam sind ein Fehlen wesentlicher normativer Aussagen zu den qualitativen Anforderungen und damit eine fehlende Basis zu einer abschließenden Operationalisierung der Inhalte des „Decision-Usefulness"-Gedankens. Im Besonderen trifft dies auf den Zielkonflikt zwischen den qualitativen Anforderungen an die Relevanz und die Zuverlässigkeit entscheidungsnützlicher Rechnungslegungsinformationen zu. Hier zeichnet sich ein Überwiegen der Zuverlässigkeit über die Relevanz ab, verengt man den Blickwinkel auf die bilanzielle Abbildung der in der vorliegenden Arbeit diskutierten selbst geschaffenen immateriellen Vermögenswerte[375]. In nach IFRS und US-GAAP aufgestellten Jahresabschlüssen werden vornehmlich formaljuristische Transaktionen abgebildet. Der abgewickelte Kauf von immateriellen Gütern führt entsprechend zu immateriellen Vermögenswerten. Diese Rechnungslegungsinformationen sind relevant, vor allem aber verlässlich – herbeigeführt durch eine Objektivierung mittels eines Austauschs von Eigentumsrechten. Ebenfalls relevanten vom Unternehmen selbst geschaffenen immateriellen Gütern fehlt es dagegen an einer solchen Transaktion und damit an einer Objektivierung (=Zuverlässigkeit der Information) im Sinne der Rechnungslegungskonzeption nach IFRS beziehungsweise US-GAAP[376]. Für das Fallbeispiel der selbst geschaffenen immateriellen Vermögenswerte konnte zumindest die Richtung des Trade-Offs zwischen Relevanz und Zuverlässigkeit der zu vermittelnden Rechnungslegungsinformationen abgeleitet werden. Die Aktivierung selbst erstellter immaterieller Vermögenswerte in den Jahresabschlüssen der Unternehmen ist durch die Höhergewichtung der Zuverlässigkeit konträr zur weit gefassten dynamischen Definition der Vermögenswerte in den Rahmenkonzepten eingeschränkt[377].

Wesentliche Unterschiede zeigen sich bei einer Betrachtung des Systemumfeldes. Der festen Einbettung der US-GAAP in das rechtliche und wirtschaftliche Umfeld der Vereinigten Staaten von Amerika steht die Losgelöstheit der IFRS von einem spezifischen Rechts- und Wirtschaftssystem gegenüber. Somit mangelt es dem IASB auch an der konsequenten

---

[374] Vgl. Kapitel 2.2.5.3.1; Kapitel 2.2.5.4.1.

[375] Vgl. Kapitel 2.2.5.3.3.

[376] Vgl. ähnlich Labhart, P. A./ Volkart, R. (2001), S. 1158, S. 1159; Langecker, A./ Mühlberger, M. (2003), S. 113.

[377] Vgl. Wagner, F. W. (2002), Sp. 110.

Durchsetzung der IFRS. Bezüglich der Aufbau- und Ablauforganisation der privatrechtlichen Standardgeber ergeben sich seit der Umstrukturierung des IASB keine signifikanten Unterschiede mehr.[378]

Ein weiteres Ziel des dritten Kapitels konnte nicht abschließend erreicht werden. Trotz der Eingrenzung auf die Untersuchungsobjekte dieser Arbeit gelang es nicht, anzuwendende Kriterien objektiv als Systemgrundlage zur Auslegung der bilanziellen Abbildung dieser Sachverhalte hinreichend zu operationalisieren[379]. Dies muss daher im Folgenden bei der Bearbeitung der einzelnen spezifischen Bilanzierungssachverhalte geschehen.

---

[378] Vgl. Kapitel 2.1.2.

[379] Vgl. so auch Hommel, M. (2001), S. 1943.

3. Empirische Evidenz für die Relevanz des Geschäftsmodells Softwareentwicklung und -absatz

3.1 Definition und Abgrenzung der Begriffe

3.1.1 Software

In diesem Abschnitt wird zunächst der Begriff Software aus Sicht der Informatik definiert, um im Anschluss daran die Arten von Software zu klassifizieren und für die Zwecke der vorliegenden Arbeit abzugrenzen. Es finden sich in der Literatur eine Reihe von Definitionen für den Begriff Software[380]. Bei näherer Betrachtung ergeben sich jedoch viele Gemeinsamkeiten. Die Definitionen beschreiben, aus welchen einzelnen Bestandteilen Software besteht, welche Funktionen Software ausführt und wo die Grenze zwischen Software und der Umgebung zu ziehen ist[381]. Diese gemeinsamen Inhalte werden nunmehr zu einer Abgrenzung des Begriffes Software für Zwecke dieser Arbeit gebraucht. Folglich besteht Software aus Prozeduren und Regeln in Form eines Computer-Programms, das es erlaubt, mit Hilfe eines Computers bestimmte Aufgaben zu erledigen. Software umfasst neben dem Computer-Programm ferner die zum Betrieb notwendigen Daten[382] und die zugehörige Dokumentation. Als synonyme Begriffe für Software werden im weiteren Verlauf auch die Begriffe Software-System und Softwareprodukt verwendet.

Aufgrund der Vielfältigkeit der Anwendungsmöglichkeiten von Software wird üblicherweise eine funktionale Klassifikation vorgenommen[383]. Auf Basis dieser Klassifikation werden die für diese Arbeit relevanten Softwarearten wie folgt abgegrenzt. Berücksichtigung findet die Systemsoftware sowie die Standardsoftware in all ihren Ausprägungen. Fixe Standardsoftware umfasst dabei Software, die ohne Modifikationen oder Anpassungsmaßnahmen vor Inbetriebnahme genutzt werden kann, welche dagegen bei variabler Standardsoftware notwendig sind. Für diese Arten von Software kommt grundsätzlich die anonyme Vermarktung in Betracht[384]. Unter anonymer Vermarktung versteht man den Absatz von

---

[380] Vgl. in einer Auswahl unter vielen Heinrich, L.-J. (1992), S. 472; Hering, E. (2000), S. 195; Lassmann, W./ Picht, J./ Rogge, R. u.a. (2001), S. 132.

[381] Vgl. Balzert, H. (2001), S. 22f.

[382] Daten sind Informationen, die für ein Computer-Programm lesbar und nutzbar sind. Vgl. Stickel, E. (1997), S. 161.

[383] Vgl. Anh. 1, Abb. 1.

[384] Vgl. Frizlen, U./ Möhrle, M. (2001), S. 234.

Software an eine Vielzahl von Kunden[385]. Individualsoftware wird zunächst ebenso als Untersuchungsobjekt herangezogen. Wesentliches Merkmal dieser Art von Software ist die Erstellung nach den spezifischen Wünschen eines Kunden. Individualsoftware ist in aller Regel nicht von Dritten sinnvoll nutzbar[386]. Dies schließt die Entwicklung von Individualsoftware für den anonymen Markt grundsätzlich aus. Auf eine detaillierte Erläuterung der einzelnen Softwarearten kann an dieser Stelle verzichtet werden, da sich umfassende Darstellungen in der Literatur finden[387] und sich die unter funktionalen Aspekten gebildeten Typologien bei der Beantwortung der Frage nach der bilanziellen Abbildung als ungeeignet erweisen.[388] Vielmehr ist hier unabhängig von der Art der Software nach anderen Kriterien wie betrieblicher Verwendung und Nutzungsabsicht vorzugehen[389].

3.1.2 Softwareentwicklung: Definition und Abgrenzung der Begriffe

3.1.2.1 Softwareentwicklung als Teilmenge der Wissenschaftsdisziplin Software Engineering

Das Software Engineering – im deutschen Sprachgebrauch wird auch der Begriff Softwaretechnik verwendet – und die Softwareentwicklung als Teilmenge des Software Engineering sind der praktischen Informatik zuzurechnen[390]. Es finden sich in der Literatur, ähnlich wie im Fall der Definition des Begriffes Software, eine Reihe von geeignet erscheinenden Definitionen zur näheren Bestimmung des Begriffes[391]. Anders als bei den Definitionen des Softwarebegriffes zeigen sich hier jedoch beträchtliche Unterschiede. So tauchen neben mannigfachen Inhalten die Begriffe Softwareentwicklung und Software Engineering immer wieder auf. Eine Abgrenzung dieser teilweise synonym verwendeten Begriffe wird im Folgenden nur bei einer Betrachtung im Zusammenhang mit dem Lebenszyklus von Software verständlich. Konzeptionell umfasst der Lebenszyklus von Software die Entwicklung und den Einsatz von Software vom Zeitpunkt der ersten Idee bis zu dem Zeitpunkt, an dem die Software nicht mehr weiter verwendet wird. Man spricht deswegen vom Entwicklungszyklus und vom Einsatzzyklus[392]. So umfasst die Wissenschaftsdisziplin des Software Engineering

---

385 Vgl. Munter, P. (2001), S. 6-1.

386 Vgl. Amberg, M. (1999), S. 344.

387 Vgl. bspw. Sauer, K. P. (1988), S. 13-23.

388 Vgl. Frizlen, U./ Möhrle, M. (2001), S. 234.

389 Vgl. Walleyo, S. (2001), S. 25f.

390 Vgl. Balzert, H. (2001), S. 39.

391 Vgl. Pomberger, G. (1993), S. 2; Andriole, St. J./ Freeman, P. A. (1997), S. 29f. für einen Überblick über eine Reihe von Definitionen zu Softwareentwicklung und Software Engineering.

392 Vgl. Hering, E. (2000), S. 195f.

den gesamten Softwarelebenszyklus[393] und ist definiert als „[...] die praktische Anwendung wissenschaftlicher Erkenntnisse für die wirtschaftliche Herstellung und den wirtschaftlichen Einsatz qualitativ hochwertiger Software“[394]. Softwareentwicklung dagegen ist auf den Entwicklungszyklus begrenzt und stellt die systematische Anwendung von Prinzipien, Methoden und Techniken zur Entwicklung von Software dar[395]. Während Prinzipien „[...] einen allgemeinen Handlungsrahmen für eine grundsätzliche Vorgehensweise [..]“[396] darstellen, sind Methoden „[...] Vorschriften, wie planmäßig nach einem bestimmten Prinzip (oder einer Kombination von Prinzipien) zur Erreichung festgelegter Ziele vorzugehen ist“[397]. Die Definition für Softwareentwicklung hat auch Bestand bei der Weiterentwicklung bestehender Software während des Einsatzzyklus. Bei Implementierung zusätzlicher Funktionalität beginnt der Softwarelebenszyklus hier von neuem mit dem Entwicklungszyklus und dem sich anschließenden Einsatzzyklus der weiterentwickelten Software[398].

3.1.2.2 Softwareentwicklung als Derivat der Systementwicklung

Die Theorie der Softwareentwicklung basiert auf den grundlegenden Erkenntnissen der Systementwicklung[399]. Eine Eignung dieser Wissenschaftsdisziplin ergibt sich aus den Parallelen der Eigenschaften von Software mit denen eines Systems. Software enthält genauso wie ein System Elemente mit bestimmten Eigenschaften, die miteinander in Beziehung stehen und mit der Umwelt, beispielsweise dem Nutzer beziehungsweise anderen Systemen, kommunizieren[400]. So orientiert sich auch die Entwicklung von Software an den Grundprinzipien der Systementwicklung. Dazu sind zunächst die Elemente zu definieren und die ihnen zugehörigen Attribute festzulegen. Bei den Elementen handelt es sich um Prozeduren und Regeln sowie die notwendigen Daten zur Ausführung der Software. Weiterhin sind auch die Beziehungen der Elemente untereinander sowie die Grenzen zur Umwelt zu bestimmen[401]. Da es sich bei Software in der Regel um komplexe Systeme mit einer Vielzahl von Elementen

---

393 Vgl. Broy, M./ Siedersleben, J. (2002), S. 4.

394 Pomberger, G. (1993), S. 3, gleicher Auffassung ist Hering, E. (2000), S. 198.

395 Vgl. Conger, S. A. (1998), S. 2.

396 Lassmann, W./ Picht, J./ Rogge, R. u.a. (2001), S. 138.

397 Lassmann, W./ Picht, J./ Rogge, R. u.a. (2001), S. 138.

398 Vgl. Balzert, H. (2001), S. 1094.

399 Vgl. Andriole, St. J./ Freeman, P. A. (1997), S. 29.

400 Vgl. Hering, E. (2000), S. 14.

401 Vgl. Hering, E. (2000), S. 15.

und Beziehungen handelt[402], wird auch bei der Entwicklung von Software analog zur Systementwicklung in Teilschritten vorgegangen[403]. Zu diesem Zweck wird der Softwareentwicklungszyklus bezüglich der Dimensionen Zeit und Aktivitäten in Phasen aufgeteilt[404]. Jede dieser Phasen repräsentiert einen bestimmten Zeitraum innerhalb des Entwicklungszyklus von Software, in dem bestimmte Aktivitäten durchzuführen sind[405].

3.1.2.3 Vorgehensmodelle zur Beschreibung des Prozesses der Softwareentwicklung

Ein zentrales Ziel der Softwareentwicklung stellt die Suche nach einer geeigneten Anordnung und Abfolge der Phasen der Softwareentwicklung dar[406]. Seit dem Beginn der Entwicklung von Software sind hierfür eine Reihe von Modellen entworfen und publiziert worden, die unter dem Begriff des Vorgehensmodells subsumiert werden können. Unter einem Vorgehensmodell versteht man ein Referenzmodell für den Softwareentwicklungsprozess, welches:

- entwicklungsspezifische Definitionen und Richtlinien festlegt sowie
- Funktionen und Aktivitäten definiert.[407]

Als Modell kann ein Vorgehensmodell nur ein vereinfachtes Abbild[408] des realen und komplexen Prozesses der Entwicklung von Software sein. Dennoch beinhaltet ein Vorgehensmodell auf abstrakter Ebene die Phasen und zugehörigen Aktivitäten, die den Softwareentwicklungsprozess strukturieren. Ein Vorgehensmodell kann daher als Rahmenkonzept zur Analyse der Softwareentwicklung herangezogen werden[409]. Und genau an Hand dieser Vorgehensmodelle werden im weiteren Verlauf der Untersuchung unterschiedliche Arten von Entwicklungsprozessen dargestellt und verglichen, um notwendige Erkenntnisse über das Bilanzierungsobjekt Softwareentwicklung zu erlangen.

3.1.3 Das Geschäftsmodell Softwareentwicklung und –absatz

Zum Zweck der präzisen Abgrenzung des Untersuchungsgegenstandes im empirischen Teil der Arbeit und zum besseren Verständnis der noch zu zeigenden Relevanz von

---

402 Vgl. Hering, E. (2000), S. 15.

403 Vgl. Conger, S. A. (1998), S. 3; Braude, E. J. (2001), S. 18f.

404 Vgl. Andriole, St. J./ Freeman, P. A. (1997), S. 31.

405 Vgl. Hesse, W. (1992), S. 29.

406 Vgl. Andriole, St. J./ Freeman, P. A. (1997), S. 32.

407 Vgl. Corner, E. R. (1997), S. 405.

408 Vgl. Woll, A. (1992), S. 485.

409 Vgl. Corner, E. R. (1997), S. 405.

Softwareentwicklung und –absatz wird im Folgenden das entsprechende Geschäftsmodell erläutert. Ausgehend von der Definition des Modellbegriffs als vereinfachendes Abbild der Realität[410] besteht ein Geschäftsmodell aus:

- einer Architektur für Produkt-, Dienstleistungs- und Informationsflüsse einschließlich einer Beschreibung der verschiedenen Akteure und ihrer Rollen,
- einer Beschreibung der potenziellen Nutzen für die Akteure und
- einer Beschreibung der Erlösquellen.[411]

Die statische Architektur eines Geschäftsmodells lässt sich prinzipiell aus den Elementen der Wertschöpfungskette und die dynamische Architektur aus den zu Grunde liegenden Prozessen eines Unternehmens ableiten[412]. Dieses Totalmodell als Abbild des gesamten betrieblichen Produktions- und Leistungssystems lässt sich weiter in Partialmodelle segmentieren. Nach *Wirtz* zählen dazu:

- das Marktmodell einschließlich des Wettbewerbs- und Nachfragemodells,
- das Beschaffungsmodell,
- das Leistungserstellungsmodell,
- das Leistungsangebotsmodell,
- das Distributionsmodell und
- das Kapitalmodell einschließlich des Finanzierungs- und des Erlösmodells.[413]

An Hand der aufgeführten Partialmodelle ist das Geschäftsmodell Softwareentwicklung und –absatz wie folgt zu konkretisieren. Die Entwicklung von Software ist zentrales Element der Leistungserstellung und grenzt dieses Geschäftsmodell eindeutig von anderen Geschäftsmodellen ab. Die verschiedenen Formen des Absatzes von Software konkretisieren sich zwar im Distributionsmodell, ohne jedoch eine eindeutige Abgrenzung zu anderen Geschäftsmodellen erkennen zu lassen, deren Grundlage beispielsweise der Handel mit Software ist. Bei der noch zu erörternden Abgrenzung des Untersuchungsgegenstandes im empirischen Teil wird daher das Leistungserstellungsmodell als Abgrenzungskriterium angewendet.

---

410 Vgl. Woll, A. (1992), S. 485.

411 Vgl. Timmers, P. (2000), S. 31.

412 Vgl. Timmers, P. (2000), S. 32.

413 Vgl. Wirtz, B. W. (2000), S. 83.

3.2 Empirische Evidenz für die Relevanz des Geschäftsmodells Softwareentwicklung und -absatz

3.2.1 Die Softwareindustrie – empirische Evidenz für die Relevanz des Geschäftsmodells Softwareentwicklung und – absatz

3.2.1.1 Überblick über empirische Studien

Zum Nachweis der Relevanz des Geschäftsmodells Softwareentwicklung und –absatz werden in diesem Abschnitt die Ergebnisse empirischer Studien vorgestellt. Ausgehend von einer globalen Perspektive wird die Relevanz der Softwareindustrie am Standort Deutschland näher beleuchtet. Dazu wurden im Einzelnen folgende Studien herangezogen:

- Global Software Industry, herausgegeben von Standard & Poor's im April 2002,
- Information Technology Outlook 2000 und 2002, herausgegeben von der OECD (Organisation for Economic Co-operation and Development) in 2000 und in 2002,
- Informations- und Telekommunikationsmarkt in Deutschland, herausgegeben vom Bundesverband der Informationswirtschaft, Telekommunikation und neue Medien e.V. im März 2002 und
- Analyse und Evaluation der Softwareentwicklung in Deutschland, herausgegeben im Auftrag des Bundesministeriums für Bildung und Forschung im Dezember 2000.

Diese Auswahl erlaubt die Skizzierung eines Überblicks über die Softwareindustrie im globalen sowie in einem deutschen Kontext und zeigt deutlich die Relevanz des Geschäftsmodells Softwareentwicklung und –absatz auf. Neben ökonomischen Informationen zu Marktstrukturen, Umsätzen, Marktwachstum und Entwicklungstendenzen zeigen die für Deutschland durchgeführten Untersuchungen auch ein Bild zum Thema Praxis der Softwareentwicklung auf. Dies dient im weiteren Verlauf dieses Kapitels zur Selektion der zu betrachtenden Vorgehensmodelle der Softwareentwicklung.

3.2.1.2 Die Softwareindustrie – eine globale Perspektive

3.2.1.2.1 Struktur der Softwareindustrie

Die Softwareindustrie wird auch weiterhin zu den Branchen mit guten Zukunftsaussichten und einem überdurchschnittlichen Wachstum gehören[414]. Maßgeblich trägt dazu die

---

[414] Vgl. OECD (2002), S. 5.

Notwendigkeit der Nutzung von Softwarelösungen für die Informations- und Kommunikationstechnologie bei. Dominiert wird die Softwareindustrie von US-amerikanischen Firmen, die etwas mehr als die Hälfte der weltweiten Umsätze auf sich vereinen[415]. Diese wenigen Unternehmen – zu den drei größten zählen Microsoft, IBM und Oracle – kontrollieren den Markt für klassische Anwendungs- und Systemsoftware ohne individuellen Anpassungsbedarf[416]. Innovative und am Markt neuartige Software wird dagegen von einer großen Anzahl kleinerer Firmen entwickelt. Umsatzzahlen für das Jahr 2000 belegen diesen Sachverhalt deutlich. Etwa 171 Mrd. US$ wurden im Jahre 2000 weltweit von der Softwareindustrie umgesetzt[417], Schätzungen für das Jahr 2001 belaufen sich auf nahezu 200 Mrd. US$[418]. Die größten zehn Softwareunternehmen repräsentieren dabei einen Umsatzanteil von rund 35 %. Und von diesen zehn Unternehmen sind sieben in den USA ansässig. Mit den jüngsten Entwicklungstrends – wie beispielsweise Electronic Business – gelang es jedoch auch kleineren und flexiblen Anbietern, Marktanteile auszubauen.

3.2.1.2.2 Märkte, Produkte und Kunden der Softwareindustrie

Grundsätzlich stellt der Markt für Software einen Teilmarkt des Gesamtmarktes für Informations- und Kommunikationstechnologie dar[419]. Für eine Betrachtung der globalen Softwareindustrie kann dieser Teilmarkt weiter in grundlegenden Arten von Software und in geografische Regionen segmentiert werden.

Zunächst zur Segmentierung des Marktes in die Arten von Software. Anwendungssoftware stellt im Vergleich zu den übrigen Segmenten mit 45,1 % der erzielten Umsätze der Softwarebranche im Jahre 2000 das größte Marktsegment dar. Anwendungssoftware umfasst dabei Software für betriebswirtschaftliche, multimediale oder unterhaltende Zwecke. Software für die Infrastruktur von Systemen ist mit einem Umsatzanteil von 31,4 % das zweitgrößte Marktsegment[420]. Diese Software umfasst Lösungen für Netzwerke, Sicherheit in Netzwerken sowie Authentifizierungs- und Authorisationssoftware[421]. Im Vergleich zum

---

415 Vgl. Standard & Poors (2002), S. 10.

416 Vgl. Standard & Poors (2002), S. 24.

417 Vgl. Standard & Poors (2002), S. 10.

418 Vgl. OECD (2002), S. 5.

419 Vgl. OECD (2002), S. 3.

420 Vgl. Standard & Poors (2002), S. 31.

421 Vgl. Standard & Poors (2002), S. 30.

Segment der Anwendungssoftware weist dieses Marktsegment eine hohe Konzentration an Wettbewerbern auf. Microsoft und IBM sind darin mit einem Umsatzanteil von 29,7 % im Jahre 2000 mit Abstand marktführend. Softwaretools für die Entwicklung von Software und von Datenbank- und Informationsverarbeitungssystemen stellen das drittgrößte Segment mit einem Anteil von 23,5 % im Jahre 2000 dar. Mit Abstand sind hier die Unternehmen Oracle, IBM und Microsoft marktbeherrschend[422].

Zur Subsegmentierung der Anwendungssoftware sei angemerkt, dass etwa 75,0 % der generierten Umsatzerlöse mit Unternehmen als Kunden erzielt werden. Der größte Teil der Umsätze – etwa 33,8 %[423] – wird mit betriebswirtschaftlicher Anwendungssoftware im weitesten Sinne generiert. Im Folgenden wird daher dieses Subsegment detaillierter betrachtet. Die Unternehmen erwerben betriebswirtschaftliche Anwendungssoftware auf direktem Wege vom Softwareentwickler oder indirekt über Distributoren[424]. Zur am häufigsten verkauften betriebswirtschaftlichen Anwendungssoftware zählt die so genannte Enterprise Resource Planning-Software. Mit Hilfe dieser Software planen und steuern Unternehmen interne Ressourcen in den Haupt- und Unterstützungsprozessen der Wertschöpfungskette[425]. Auch in Zukunft wird das Marktsegment für ERP-Software weiter wachsen, wenn auch nicht mit den hohen jährlichen Zuwächsen der Vergangenheit. Ein wesentlicher Grund für dieses Wachstum ist der Eintritt neuer, kleinerer Wettbewerber, die durch Integration von Internetfähigkeit, Electronic Commerce[426], Customer Relationship Management und Supply Chain Management in ERP-Softwareprodukten Kunden ansprechen[427]. Die Zielgruppe wird dann in erster Linie aus mittelständischen Unternehmen bestehen, die überschaubare und flexible Softwarelösungen benötigen. Zukünftig weiter wachsen wird auch das Marktsegment für Speziallösungen im Bereich Customer Relationship Management und Supply Chain Management. Diese nicht in ERP-Softwareprodukte integrierten Programme sind vergleichsweise einfacher zu implementieren und erlauben hier auch kleineren innovativen Softwareentwicklern einen Marktzutritt. Das Marktsegment der

422 Vgl. Standard & Poors (2002), S. 30.

423 Eigene Berechnung unter Berücksichtigung des Umsatzanteils der Anwendungssoftware in der Softwarebranche von 45,1 % in 2000 und dem Anteil betriebswirtschaftlicher Anwendungssoftware von etwa 75,0 % im oben genannten Marktsegment.

424 Vgl. Standard & Poors (2002), S. 23.

425 Vgl. Hartmann, M./ Müller, J.-H./ Buchta, D. (2001), S. 26; Standard & Poors (2002), S. 51.

426 Vgl. OECD (2002), S. 6; übereinstimmend auch Standard & Poors (2002), S. 26.

427 Vgl. Standard & Poors (2002), S. 27.

Anwendungssoftware weist ferner die höchste Fragmentierung an Wettbewerbern auf[428]. Belegt durch die vergleichsweise höchste Forschungs- und Entwicklungsintensität im Informations- und Kommunikationstechnologiesektor[429], ist die Innovationsfähigkeit der Unternehmen in diesem Marktsegment der entscheidende Wettbewerbsfaktor. Bei Betrachtung der Segmentierung in geografische Regionen interessiert vor allem die Verteilung der Marktvolumina. Mit Abstand führend vereinigt die USA ein Marktvolumen von etwa 50,0 % auf sich, gefolgt von Westeuropa mit rund 25,0 % und Japan mit etwa 11,0 %[430].

3.2.1.2.3 Entwicklungstendenzen in der Softwareindustrie

Eine klare Tendenz in der Entwicklung der Softwareindustrie ist der auch zukünftig andauernde stetige Wandel der Landschaft an Produkten und Unternehmen. Klar erkennbar sind hier die Auswirkungen der Innovationsfähigkeit als essenzieller Treiber der Entwicklung der Softwareindustrie[431]. Neben Tendenzen zur Integration bisher nebeneinander implementierter Softwarelösungen zeichnet sich durch technische Innovationen bei Hardware im Bereich der Informations- und Kommunikationstechnologie – beispielsweise den Übertragungsgeschwindigkeiten bei Mobiltelefonen – Anwendungsgebiete für neu zu entwickelnde Softwareprodukte ab[432]. Auch in den Bereichen des Electronic Business werden zukünftig Softwarelösungen im Rahmen von Auslagerungen betrieblicher Prozesse und damit steigender Interdependenzen zwischen den Geschäftspartnern erforderlich sein[433].

3.2.1.3 Die Softwareindustrie in Deutschland

3.2.1.3.1 Struktur der Softwareindustrie

Die für den Standort Deutschland durchgeführten Studien differenzieren die Softwareindustrie in eine Primär- und eine Sekundärbranche. Hauptgeschäftstätigkeit der Unternehmen der Primärbranche ist die Entwicklung und der Vertrieb von Software[434]. Softwareentwickler und –berater sowie Datenverarbeitungsdienstleister sind beispielsweise Unternehmen der

---

428 Vgl. Standard & Poors (2002), S. 29.

429 Vgl. OECD (2000), S. 49; OECD (2002), S. 6.

430 Vgl. Hengst, St. (2001), S. 6.

431 Vgl. Kapitel 3.2.1.2.2.

432 Vgl. OECD (2002), S. 6; Standard & Poors (2002), S. 1.

433 Vgl. Standard & Poors (2002), S. 2.

434 Vgl. Friedewald, M./ Blind, K./ Edler, J. (2002), S. 151.

Primärbranche[435]. Dagegen zählen Unternehmen unter anderen aus dem Maschinen- und Fahrzeugbau, der Elektrotechnik und aus dem Finanzdienstleistungssektor zu Unternehmen der Sekundärbranche. Auch diese Unternehmen entwickeln Software; sie tun dies jedoch nicht als Schwerpunkt ihrer Geschäftstätigkeit. Die Unternehmen der Primärbranche verfolgen somit das bereits diskutierte Geschäftsmodell Softwareentwicklung und -absatz. Zielführend unter Berücksichtigung des Themas dieser Arbeit ist nur die Primärbranche von Interesse, auf die im weiteren Verlauf auch eingegangen wird. Zum Zwecke der Abgrenzung dieser Unternehmen wird Softwareentwicklung als „[...] die Neu- oder Weiterentwicklung und Anpassung von Softwareprodukten mit Hilfe einer Programmiersprache (inklusive Maßnahmen wie Projektleitung, Qualitätssicherung und Wartung)."[436] definiert.

In Deutschland gehören rund 10.550 Unternehmen mit rund 300.000 Erwerbstätigen zur Primärbranche. Vorwiegend handelt es sich hier um junge Unternehmen mit einem Alter von weniger als zehn Jahren. Die jungen Unternehmen entstanden zumeist durch Ausgründungen aus Forschungseinrichtungen oder Ausgründungen von Unternehmensteilen[437]. Schon das Verhältnis der Erwerbstätigen zur Anzahl der Unternehmen der Primärbranche zeigt, dass es sich vorwiegend um Unternehmen mit wenigen Mitarbeitern handelt. Lediglich in 2.395 dieser Unternehmen sind mehr als 10 Mitarbeiter beschäftigt. Und nur 185 beschäftigen mehr als 200 Angestellte[438]. Dennoch war eine ganze Reihe von Softwareentwicklungsfirmen beispielsweise am Neuen Markt der Deutschen Börse AG gelistet. Von den zum Jahresende 2001 dort gehandelten 297 Unternehmen wurden 44 dem Branchenindex Software zugeordnet. Dieses Branchensegment repräsentierte mit einem Anteil von 14,8 % das drittgrößte nach den Segmenten Technology und Internet[439].

3.2.1.3.2 Märkte, Produkte und Kunden der Softwareindustrie

Dem Bundesverband der Informationswirtschaft, Telekommunikation und neue Medien e.V. zufolge betrug das Volumen des Marktes für Informationstechnik und Telekommunikation in Deutschland im Jahre 2001 etwa 137,8 Mrd. Euro[440]. Der Anteil am Bruttoinlandsprodukt

---

435 Vgl. GfK Marktforschung (2000), S. 31.

436 GfK Marktforschung (2000), S. 34.

437 Vgl. GfK Marktforschung (2000), S. 5.

438 Vgl. GfK Marktforschung (2000), S. 58.

439 Vgl. Anh. 4, Tab. 2.

440 Vgl. BITKOM (2002), S. 1.

ergab etwa 6,7 % und liegt damit knapp unter westeuropäischem Durchschnitt, jedoch signifikant unterhalb dem beispielsweise in den USA erreichten Wert von etwa 9,5 %[441]. In 2001 entfallen vom Marktvolumen in Deutschland 15,2 Mrd. Euro oder 11,0 % auf Software[442]. Für den Teilmarkt Software wird für das Jahr 2002 und 2003 gegenüber einstelligen Wachstumsraten für den Gesamtmarkt für Informationstechnologie und Telekommunikation ein zweistelliges Wachstum prognostiziert[443]. Diese Aussage korrespondiert auch mit dem Ergebnis der Studie der OECD für die Mitgliedsländer[444].

Im Hinblick auf die entwickelte Software handelt es sich nach Aussage der Unternehmen – Mehrfachnennungen waren zulässig – in 86,0 % der Fälle um eigenständige Softwareprodukte. Etwa 24,0 % der Software stellt einen Bestandteil anderer Software und Softwarebibliotheken dar, während es sich bei 15,0 % der Software um so genannte Embedded Software handelt[445]. Unter Embedded Software versteht man ein Softwareprodukt als Bestandteil einer Hardware, wie zum Beispiel einer Maschine oder eines Elektronikbauteils. Software als eigenständiges Produkt stellt somit das Kerngeschäftsfeld dar. Hier zeigt sich nun bezüglich der Anwendungsgebiete dieser Softwareprodukte folgendes Bild: Mehr als die Hälfte der Unternehmen der Primärbranche entwickelt betriebswirtschaftliche Anwendungssoftware. Den zweitgrößten Bereich stellt multimediale und Internetsoftware gefolgt von technischer Anwendungssoftware und Systemsoftware dar[446]. Aktuelle statistische Angaben zur Verteilung der Umsätze auf die Subsegmente liegen für Deutschland nicht vor[447]. Dennoch entspricht diese Aufteilung des Marktes für Software in Deutschland in etwa der dargestellten Aufteilung des globalen Marktes[448].

441 Vgl. BITKOM (2002a), S. 18.

442 Vgl. BITKOM (2002), S. 1. Vergleicht man die Umsatzzahlen des Jahres 1999 mit den korrespondierenden Umsätzen der Gfk-Studie, so weist diese ein Umsatzvolumen von rd. 41,5 Mrd. Euro aus. Gründe für eine derart hohe Abweichung sind auch auf der Grundlage der Abgrenzung der Softwarebranche nicht ersichtlich. Im weiteren wird daher auf die statistischen Angaben zum Marktvolumen der Gfk-Studie nicht weiter eingegangen.

443 Vgl. BITKOM (2002), S. 1.

444 Vgl. Abschnitt 3.2.1.2.1.

445 Vgl. Gfk Marktforschung (2000), S. 65f.

446 Vgl. Friedewald, M./ Rombach, H. D./ Stahl, P. u.a. (2001), S. 84

447 Vgl. Gfk Marktforschung (2000), S. 52.

448 Vgl. Kapitel 3.2.1.2.2.

3.2.1.3.3 Entwicklungstendenzen in der Softwareindustrie

Auch für den deutschen Softwaremarkt wird die Innovationsfähigkeit zukünftig entscheidender Antrieb der Entwicklung sein[449]. Und ebenso wie auf globaler Ebene werden neue Anwendungsmöglichkeiten durch Innovationen von Hardware und die „[...] Unterstützung und Optimierung von Geschäftsprozessen [...]“[450] im Rahmen des Electronic Business zur überdurchschnittlichen Entwicklung der Softwarebranche prognostiziert[451]. Dies trifft insbesondere auch im Hinblick auf die Integration zuvor einzeln angebotener Softwarelösungen – wie beispielsweise für Customer Relationship Management oder Supply Chain Management – zu, die verstärkt in integrierter Form im Rahmen einer ganzheitlichen Softwarelösung zur Steuerung der Unternehmensressourcen angeboten werden[452].

Aufgrund der Ergebnisse der herangezogenen Studien, die eine große wirtschaftliche Bedeutung der Softwareindustrie aufzeigen, wird eine entsprechende Fokussierung der direkten und indirekten Förderung dieser Branche angemahnt[453]. Dies unterstreicht nochmals die für den Standort Deutschland auch zukünftig bestehende Relevanz des Geschäftsmodells Softwareentwicklung und –absatz.

3.2.2 Empirische Befunde zu Vorgehensmodellen der Softwareentwicklung am Standort Deutschland

Zur Praxis der Softwareentwicklung lagen zwei ausgewählte Studien vor, die als Grundlage für die Selektion der heranzuziehenden Vorgehensmodelle der Softwareentwicklung dienen. Im Rahmen dieser Studien wurden jeweils repräsentative Befragungen und Experteninterviews zu den Entwicklungsprozessen durchgeführt und im Ergebnis strukturiert und analysiert.

In den untersuchten Firmen kommen der Software zwei Rollen zu. Erstens wird Software von den Unternehmen entwickelt. Hier spielt neben der Neuentwicklung von Softwareprodukten auch die Weiterentwicklung bestehender Software eine gewichtige Rolle[454]. Und Zweitens

---

449 Vgl. Gfk Marktforschung (2000), S. 42.

450 Gfk Marktforschung (2000), S. 44.

451 Vgl. Gfk Marktforschung (2000), S. 44; Hengst, St. (2001), S. 3.

452 Vgl. Hengst, St. (2001), S. 5.

453 Vgl. Gfk Marktforschung (2000), S. 182ff.

454 Vgl. Deifel, B./ Hinkel, U./ Paech, B u.a. (1999), S. 28.

wird entgeltlich erworbene oder auch eigenentwickelte Software als Entwicklungswerkzeug und zur Unterstützung der betrieblichen Abläufe, insbesondere beim Projektmanagement, eingesetzt[455].

Definierte Vorgehensmodelle werden von etwa der Hälfte der Unternehmen bei der Softwareentwicklung angewendet[456]. Als dominant stellen sich dabei unternehmensspezifische Vorgehensmodelle heraus, die jedoch formalen Vorgehensmodellen, wie beispielsweise dem Rational Unified Software Development Process oder dem klassischen Wasserfallprozess, entlehnt worden sind[457]. Namentlich kommen in 13 % der Unternehmen das V-Modell des Bundes und in 10 % der Unternehmen ISO/ IEC 12270 bei der Entwicklung von Software zum Einsatz[458]. Start-up-Unternehmen und Unternehmen der New Economy nutzen hingegen zur Verkürzung der Zeit bis zur Marktreife agile Verfahren der Softwareentwicklung[459]. Aufgeführt wird in Befragungen zumeist das so genannte Extreme Programming[460]. Angesichts der Vielfalt der verwendeten Vorgehensmodelle sticht einzig klar der Trend hin zu iterativen Vorgehensmodellen heraus. Lineare und streng sequenzielle Entwicklungsprozesse gehören somit der Vergangenheit an[461]. In diesem Zusammenhang kommen auch immer mehr objektorientierte Ansätze zur Anwendung[462], die ein iteratives Vorgehen begünstigen[463].

3.3 Ergebnis

In den nun abgeschlossenen Abschnitten dieses dritten Kapitels konnte eine empirische Evidenz für die Relevanz des Geschäftsmodells Softwareentwicklung und –absatz und damit des entsprechenden Bilanzierungsobjektes Softwareentwicklung gezeigt werden, die eine Auseinandersetzung mit dieser Thematik im Kontext der vorliegenden Arbeit rechtfertigt.

---

455 Vgl. Deifel, B./ Hinkel, U./ Paech, B u.a. (1999), S. 26.

456 Vgl. Gfk Marktforschung (2000), S. 127; Deifel, B./ Hinkel, U./ Paech, B u.a. (1999), S. 27.

457 Vgl. Gfk Marktforschung (2000), S. 126, S. 129.

458 Vgl. Gfk Marktforschung (2002), S. 128.

459 Vgl. Coldewey, J. (2002), S. 240ff. zu den Grundlagen und ausgewählten Verfahren der agilen Entwicklung am Beispiel Web-basierter Software.

460 Vgl. Gfk Marktforschung (2002), S. 128.

461 Vgl. übereinstimmend Deifel, B./ Hinkel, U./ Paech, B u.a. (1999), S. 28; Gfk Marktforschung (2000), S. 129.

462 Vgl. Noack, J./ Schienmann, B. (1999), S. 166; Gfk Marktforschung (2000), S. 131.

463 Vgl. Neumann, H. A. (1995), S. 24.

Außerdem ist in den herangezogenen empirischen Studien der Stand der Praxis der Softwareentwicklung in Deutschland beleuchtet worden. Mit den so gewonnenen Erkenntnissen steht die Selektion der im Rahmen dieser Arbeit verwendeten Vorgehensmodelle der Softwareentwicklung nicht nur auf gesichertem informationstheoretischem Grund sondern repräsentiert gleichzeitig realwirtschaftliche Gegebenheiten. Im nun folgenden Kapitel werden die für eine Abbildung der Bilanzierungsobjekte notwendigen Grundlagen der Softwareentwicklung diskutiert.

4. Analyse relevanter Grundlagen der Softwareentwicklung zur Ableitung des Bilanzierungsobjektes

4.1 Analyse relevanter entwicklungstechnischer Grundlagen

4.1.1 Selektion der für die Untersuchung relevanten Vorgehensmodelle

Die Selektion der in diesem Abschnitt diskutierten Vorgehensmodelle orientiert sich einerseits am aktuellen Stand der Informatik und andererseits an den Ergebnissen der im vorangegangenen Abschnitt vorgestellten empirischen Studien zum Status Quo der Softwareentwicklung. Ausgehend davon erfolgt eine Einteilung der Modelle in klassische Vorgehensmodelle, objektorientierte Vorgehensmodelle und agile Vorgehensmodelle. Jede Art von Vorgehensmodellen wird zunächst definiert, um danach relevante Ansätze zu benennen. Zur vertiefenden Darstellung werden dann mindestens ein Ansatz oder mehrere Ansätze im Detail beschrieben und für Zwecke der Abbildung des Bilanzierungsobjektes Softwareentwicklung analysiert. Den Schwerpunkt bilden hier die objektorientierten Vorgehensmodelle, zu denen zwei Ansätze vorgestellt werden:

- das V-Modell 97[464], der Entwicklungsstandard für IT-Systeme des Bundes und
- der Unified Software Development Process der Firma Rational[465].

Als Vertreter der klassischen Vorgehensmodelle wird das Wasserfallmodell von *Boehm*[466] und als Repräsentant der agilen Verfahren der Softwareentwicklung der Ansatz des Extreme Programming von *Beck*[467] herangezogen. Der in empirischen Untersuchungen[468] ebenfalls erwähnte Standard ISO/ IEC 12207 der International Organization for Standardization stellt dagegen kein Vorgehensmodell dar[469]. ISO/ IEC 12207 beschreibt lediglich erforderliche Aktivitäten im Softwareentwicklungsprozess, ohne jedoch vorzugeben, wie eine Implementierung und Abarbeitung dieser Aktivitäten erfolgen soll[470]. Mit ISO/ IEC 12207 kann also jedes geeignete Vorgehensmodell der Softwareentwicklung verwendet werden.

---

464 Vgl. Bundesministerium des Innern, BMI (1997), Entwicklungsstandard für IT-Systeme des Bundes: Vorgehensmodell in der Fassung vom Juni 1997.

465 Vgl. Jacobson, I./ Booch, G./ Rumbaugh, J. (1999), S. 1ff.

466 Vgl. Boehm, B. W. (1997), S. 405ff.

467 Vgl. Beck, K. (2000), S. 1ff.

468 Vgl. Kapitel 3.2.2.

469 Vgl. ISO/ IEC (1995), Abschn. 1.5.

470 Vgl. ISO/ IEC (1995), Abschn. 1.5.

Deshalb werden an gegebener Stelle diesem Standard zumindest die Definitionen der Aktivitäten zur Beschreibung der oben genannten Vorgehensmodelle entnommen.

4.1.2 Gang der Untersuchung der Vorgehensmodelle

Das Ziel der Beschreibung und Analyse der Vorgehensmodelle für Zwecke der Bilanzierung sei wie folgt und lehnt sich an eine vergleichende Untersuchung objektorientierter Vorgehensmodelle von *Noack/ Schienmann*[471] an. Zunächst ist das Hauptziel, die Charakteristika der untersuchten Vorgehensmodelle auf Gemeinsamkeiten und Unterschiede hin zu überprüfen, um im weiteren Verlauf der Untersuchung feststellen zu können, ob die Anwendung eines bestimmten Vorgehensmodells auch zu einer bestimmten Abbildung des Bilanzierungsobjektes Softwareentwicklung führt. Weiterhin ist abzuleiten, in welcher Phase im Entwicklungsprozess bei Anwendung eines bestimmten Vorgehensmodells welche Aktivitäten durchgeführt werden, die wiederum zu verwertbaren Ergebnissen führen. Und zuletzt wird zu prüfen sein, wie das jeweilige Vorgehensmodell die Dokumentation des Entwicklungsprozesses – also die Notation der Ergebnisse – gestaltet. Diese Dokumentation der Entwicklungsschritte erfüllt dann eine Nachweisfunktion für die Diskussion anzuwendender Bilanzierungskriterien. Doch vorab zur Verfeinerung der Begriffsinhalte, die bereits bei der Definition des Begriffes Softwareentwicklung angerissen wurden[472].

Wie bereits ausgeführt, segmentieren an die Systementwicklung angelehnte Vorgehensmodelle die Entwicklung von Software entlang der Dimension der Zeit in Phasen, in denen bestimmte Aktivitäten durchzuführen sind, die zu Ergebnissen führen. Eine Phase repräsentiert dabei eine begründete Zusammenfassung von Aktivitäten[473]. Eine Aktivität meint hier die Transformation eines Input unter bestimmten Vorbedingungen zu einem Output, einem festgelegten Ergebnis, synonym wird hier der Begriff Produkt verwendet. Aktivitäten können dazu in Teilaktivitäten zerlegt werden. Dabei kann ein Ergebnis durch die Aktivität entstehen. Oder der Zustand beziehungsweise Inhalt eines Ergebnisses wird durch die Aktivität verändert. Ein Ergebnis oder Produkt repräsentiert dann das Resultat einer durchgeführten Aktivität. Hier kann es sich um erzeugten Programmcode, Entwicklungsdokumente und andere begleitende Dokumentationen handeln[474]. Auch Ergebnisse sind in

---

[471] Vgl. Noack, J./ Schienmann, B. (1999), S. 166 – 180.

[472] Vgl. Kapitel 3.1.2.

[473] Vgl. Hesse, W. (1992), S. 29.

[474] Vgl. Reinhold, M. (1999), S.46.

Analogie zu den Aktivitäten in Teilergebnisse – gleich den Kapiteln eines Dokuments – zerlegbar. Die Notation – synonym wird hier der Begriff Dokumentation benutzt – beschreibt dann das Ergebnis[475]. In der sich anschließenden Analyse werden folglich als Elemente eines Vorgehensmodells die Aktivitäten in den einzelnen Phasen, die Ergebnisse und die Notationen dieser Ergebnisse gegenüber gestellt[476], weil diese genannten Elemente für Zwecke der Bilanzierung besondere Bedeutung für den Nachweis des Entwicklungsstandes der Software haben. Einige Vorgehensmodelle definieren noch weitere Elemente, die an den entsprechenden Stellen nur benannt werden. In einem letzten Schritt erfolgt ein Vergleich der Prozessarchitekturen der Vorgehensmodelle[477]. Dazu wird vergleichend die Anordnung und die zeitliche beziehungsweise sachlogische Abfolge der Phasen und Aktivitäten im Entwicklungsprozess skizziert, aus der sich ableiten lässt, zu welchem Zeitpunkt welches Ergebnis im Entwicklungsprozess vorliegt.

Letztlich soll die Aufarbeitung der Vorgehensmodelle auf einem solchen Niveau geschehen, welches das Wesen der Vorgehensmodelle möglichst losgelöst von spezifischen technischen Termini klar charakterisiert. Dazu gehört auch, dass sich bei der Darstellung der Elemente der Vorgehensmodelle und Verfahren auf die relevanten Elemente beschränkt wird, die zum Verständnis mindestens erforderlich sind.

4.1.3 Klassische Vorgehensmodelle der Softwareentwicklung

4.1.3.1 Definition und Überblick über klassische Vorgehensmodelle der Softwareentwicklung

Die US-amerikanische Luft- und Raumfahrt war ein entscheidender Antrieb für Überlegungen zu ersten Vorgehensmodellen der Softwareentwicklung in den siebziger Jahren des zwanzigsten Jahrhunderts. Die in die Hardware der Luft- und Raumfahrtfahrzeuge eingebettete Software war für damalige Verhältnisse schon recht komplex und musste zudem absolut fehlerfrei sein[478]. Das wohl bekannteste Vorgehensmodell und das erste seiner Art ist das Wasserfallmodell[479]. Auf diesem Modell aufbauend wurden eine ganze Reihe von

---

[475] Vgl. Noack, J./ Schienmann, B. (1999), S. 169.

[476] Vgl. Noack, J./ Schienmann, B. (1999), S. 170.

[477] Vgl. Noack, J./ Schienmann, B. (1999), S. 171.

[478] Vgl. Corner, E. R. (1997), S. 404.

[479] Vgl. Andriole, St. J./ Freeman, P. A. (1997), S. 32.

Vorgehensmodellen entwickelt, die sich am Wasserfallmodell orientieren und versuchen, die an Teilen dieses Modells geübte Kritik[480] entsprechend zu berücksichtigen[481].

Klassische Vorgehensmodelle lassen sich am besten durch das Attribut „sequenziell" charakterisieren[482]. So kann man in der Regel erst in die nächste Phase der Entwicklung eintreten, wenn die vorherige Phase vollständig abgeschlossen wurde. Zwar werden Überschneidungen der Phasen in gewissem Umfang zugelassen; ein erneuter Durchlauf der gesamten vorherigen Phase ist jedoch nicht vorgesehen[483]. Auch sind klassische Vorgehensmodelle nicht an bestimmte Programmiersprachen oder –techniken gebunden. Eine Programmiersprache ist definiert als „[...] eine zum Abfassen von Computerprogrammen geschaffene künstliche Sprache"[484]. Dabei gibt es unterschiedliche, verschiedenen Sprachengenerationen zuordenbare Programmiersprachen[485].

4.1.3.2 Das Wasserfallmodell

4.1.3.2.1 Anwendungsbereich und Umfang der Regelungen des Wasserfallmodells

Bei Veröffentlichung des Wasserfallmodells erstreckte sich der mögliche Anwendungsbereich auf alle Arten von Softwareentwicklungsprojekten – explizite Einschränkungen waren nicht formuliert. Da der Ursprung der Vorgehensmodelle zu dieser Zeit in Entwicklungsprojekten staatlicher Institutionen lag, wurde das Wasserfallmodell auch hauptsächlich in diesen Projekten angewendet[486]. Hinsichtlich des Umfangs der Regelungen zum Vorgehen im Entwicklungsprozess beschränken sich diese hauptsächlich auf die Definition der Phasen und deren Abfolge[487]. Zudem sind die Aktivitäten der Softwareentwicklung den Phasen zugeordnet und bilden somit eine kongruente Einheit. Hauptanliegen des Wasserfallmodells ist es, den Prozess der Softwareentwicklung zu beschreiben[488]. Die Aktivitäten, welche im

---

480 Vgl. Corner, E. R. (1997), S. 405.

481 Vgl. für einen Überblick über weitere klassische Vorgehensmodelle Hesse, W. (1992), S. 34ff.

482 Vgl. Conger, S. A. (1998), S. 23.

483 Vgl. Braude, E. J. (2001), S. 25.

484 Stickel, E. (1997), S. 558.

485 Vgl. ausführlich Lassmann, W./ Picht, J./ Rogge, R. u.a. (2001), S. 307-309.

486 Vgl. Corner, E. R. (1997), S. 405.

487 Vgl. Corner, E. R. (1997), S. 405.

488 Vgl. Stickel, E. (1997), S. 765f.

Rahmen der Entwicklung von Software durchzuführen sind, waren ohnehin weitestgehend bekannt[489].

4.1.3.2.2 Die Elemente des Wasserfallmodells

4.1.3.2.2.1 Aktivitäten

In Abhängigkeit davon, welche der zahlreichen Beiträge man zum Wasserfallmodell betrachtet, finden sich sieben oder acht Phasen mit zum Teil unterschiedlichen Bezeichnungen[490]. An dieser Stelle dienen die Ausführungen von *Boehm* als Grundlage[491], der das Wasserfallmodell nach erfolgter Erstveröffentlichung im Jahre 1970 durch *Royce* sechs Jahre später in einer überarbeiteten Version präsentierte[492]. Der Softwareentwicklungsprozess im Wasserfallmodell besteht aus acht Phasen[493], wobei eine Differenzierung zwischen Phasen und Aktivitäten nicht vorgenommen wird[494]. Nachdem ein Softwareprojekt initiiert wurde und das Problem, das mit Hilfe der zu entwickelnden Software gelöst werden soll, hinreichend genau beschrieben ist, erfolgt zunächst die Evaluierung der Durchführbarkeit des Softwareentwicklungsprojektes[495]. Dann schließt sich die Analyse der Anforderungen an die Fähigkeiten der Software, bestimmte Aufgaben zu lösen, an. Daraufhin wird das Design der Architektur der Software formuliert. Unter der Architektur einer Software wird dabei die Struktur der Software verstanden. Diese enthält „[...] nicht nur die statischen Aspekte eines Systems wie zum Beispiel Komponenten, ihre Schnittstellen und Beziehungen untereinander [...], sondern auch dynamische Aspekte wie etwa die Kommunikation zwischen den Komponenten“[496]. Eine Schnittstelle ist „[...] eine (formale) Beschreibung der Verbindung zwischen zwei Teilen eines Systems“[497]. Diese Definition greift insofern zu kurz, als zu den

---

489 Vgl. Boehm, B. W. (1997), S. 415.

490 Vgl. Corner, E. R. (1997), S. 405.

491 Vgl. Boehm, B. W. (1997), S. 416.

492 Vgl. Corner, E. R. (1997), S. 405.

493 Vgl. Anh. 1, Abb. 2 wobei angemerkt werden muss, dass in anderen Darstellungen die Phase der Implementierung vor der Phase der Integration der Software gesehen wird, vgl. dazu Braude, E. J. (2001), S. 26, der hierzu ausführt, dass zunächst die Teile der Software implementiert und als Ganzes getestet werden ("Implementation and system test") und danach die Software in die Arbeitsumgebung integriert wird ("Integration"). Dieser Aufassung schließt sich der Verfasser an.

494 Vgl. Hesse, W. (1992), S. 34.

495 Vgl. Conger, S. A. (1998), S. 25.

496 Foegen, M./ Battenfeld, J. (2001), S. 290.

497 Stickel, E. (1997), S. 640.

Schnittstellen ebenfalls Benutzerschnittstellen zählen[498]. Die Bedienoberfläche beispielsweise stellt eine der wichtigsten Benutzerschnittstellen zwischen der Software und dem Anwender dar[499]. Aufbauend auf der festgelegten Architektur erfolgt nun die Umsetzung in Form des detaillierten Designs[500]. Das detaillierte Design stellt alle funktionalen Aspekte der Software so dar, dass eine Kodierung der Software in einer Programmiersprache möglich wird. Das detaillierte Design beschreibt inhaltlich ausführlich die Bausteine beziehungsweise Komponenten, die in der Architektur der Software zusammengesetzt worden sind[501]. Nun werden die Bausteine der Software in einer Programmiersprache kodiert, dann integriert und abschließend gestestet. Nach der finalen Inbetriebnahme folgen der Betrieb und die Wartung der Software[502]. Somit umfassen die mit den Phasen kongruenten Aktivitäten des Wasserfallmodells sowohl den eigentlichen Entwicklungszyklus als auch den Einsatzzyklus von Software[503], wobei der inhaltliche Schwerpunkt des Wasserfallmodells auf dem Entwicklungszyklus liegt.

4.1.3.2.2.2 Ergebnisse

Die Validierung beziehungsweise Verifikation der am Ende einer Aktivität vorliegenden Ergebnisse stellt jeweils einen Meilenstein im Entwicklungsprozess des Wasserfallmodells dar[504]. Bei den im weiteren Verlauf des Abschnittes diskutierten Ergebnissen handelt es sich im Einzelnen um:

- die Durchführbarkeitsstudie,
- das Pflichtenheft,
- das Architekturdokument,
- das detaillierte Design und
- die ausführbare Software.

Diese Ergebnisse stellen in Anbetracht der Aktivitäten und Phasen des Wasserfallmodells die mindestens zu erzielenden Ergebnisse dar. Vorgaben für weitere Ergebnisse existieren nicht.

---

498 Vgl. Encenarcao, J. L./ Ehmke, D. (1999), S. 66f.

499 Vgl. Langmann, R (1999), S. 65.

500 Vgl. Boehm, B. W. (1997), S. 416.

501 Vgl. Braude, E. J. (2001), S. 303f.

502 Vgl. Boehm, B. W. (1997), S. 416.

503 Vgl. Kapitel 3.1.2.1.

504 Vgl. Hesse, W. (1992), S. 33.

4.1.3.2.2.3 Notationen

Ergebnisse liegen jeweils am Ende einer Aktivität in Form von Dokumenten beziehungsweise ausführbarem Programmcode vor. Außer bestimmten inhaltlichen Anforderungen, die im Rahmen der Aufarbeitung der Aktivitäten und Produkte beschrieben werden, existieren keine formellen Vorgaben für die Notation der Ergebnisse[505].

4.1.3.2.3 Die Aktivitäten und Produkte im Wasserfallmodell

4.1.3.2.3.1 Initiierung des Projektes und Erstellen der Durchführbarkeitsstudie

Der Wasserfallprozess wird generell als dokumentengetrieben charakterisiert. Das bedeutet, dass der Fortgang des Prozesses und jedes erzielte Ergebnis zu dokumentieren sind. Zudem ist das Durchlaufen der Phasen an diese Ergebnisse gekoppelt. Erst wenn ein bestimmtes notiertes Ergebnis zum Abschluss einer Phase vorliegt, kann in die nächste Phase übergegangen werden[506]. Verdeutlicht wird es durch die grafische Zweiteilung der Phasen in die übergeordnete Aktivität der Phase und einer Validierung in Form einer Gültigkeitserklärung („Validation") beziehungsweise der Bestätigung der Ergebnisse („Verification"). Dies beginnt bereits in der ersten Phase, an deren Ende eine Durchführbarkeitsstudie vorliegt, die idealerweise enthält:

- die Formulierung des Problems,
- die Dokumentation der wirtschaftlichen, technischen und organisatorischen Durchführbarkeit,
- eine Aufzählung von Risiken und Alternativplänen in Bezug auf die zu entwickelnde Software,
- ein bevorzugtes Konzept für die zu entwickelnde Software sowie
- einen ersten Projektplan, der den Bedarf an Ressourcen aufzeigt.[507]

So steht bereits zu Beginn des Softwareentwicklungsprozesses im Grundsatz die Durchführbarkeit fest[508], die es nun ermöglicht, in die nächste Phase überzugehen.

---

[505] Vgl. Conger, S. A. (1998), S. 24.

[506] Vgl. Boehm, B. W. (1997), S. 417.

[507] Vgl. Conger, S. A. (1998), S. 25.

[508] Vgl. Pagel, B.-U./ Six, H.-W. (1994), S. 83.

4.1.3.2.3.2 Planung der Software durch Anforderungsanalyse

Die Phase der Anforderungsanalyse umfasst das Sammeln, Verdichten und Strukturieren spezifischer Anforderungen an die Funktionalität und Leistungsfähigkeit der zu entwickelnden Software auf der Grundlage des zuvor definierten Problems. Zu den Aktivitäten in dieser Phase zählen:

- die Ermittlung der funktionalen Anforderungen,
- die Ermittlung der Anforderungen an die Leistungsfähigkeit in Bezug auf die Verarbeitungsgeschwindigkeit der Software,
- die Ermittlung der Anforderungen an die Schnittstellen, mit denen Daten an die Software übermittelt, mit anderen Systemen ausgetauscht und abgerufen werden,
- die Ermittlung der Anforderungen an das visuelle und technische Design der Software,
- die Ermittlung der Anforderungen an die Qualität und Quantität der zu erzeugenden Dokumentation zum Entwicklungsprozess und
- die Ermittlung der Anforderungen an Entwicklungswerkzeuge, wie Entwicklungshilfsprogramme, Programmierhilfen und –sprachen.[509]

Des Weiteren wird der bereits vorhandene Projektplan verfeinert. Die Problematik der Ermittlung der Anforderungen liegt in der Vielzahl zu berücksichtigender Aspekte. Neben messbaren und damit evaluierbaren technischen Anforderungen sind es die Erwartungen der potenziellen Nutzer der Software, die nur schwer in klare Anforderungen formuliert werden können[510]. Dies trifft gerade dann zu, wenn Software für die anonyme Vermarktung entwickelt werden soll[511].

Als Ergebnis der Aktivitäten der Phase der Anforderungsanalyse liegt ein Pflichtenheft vor, das alle oben genannten Anforderungen in strukturierter Form mit dem Zweck enthält, ein möglichst genaues Bild der erforderlichen Spezifikation der Software zu zeichnen[512]. Im Anschluss an die Bestätigung dieses Pflichtenheftes wird mit dem Design der Software begonnen.

---

509 Vgl. Conger, S. A. (1998), S. 25f.

510 Vgl. Jacobson, I./ Booch, G./ Rumbaugh, J. (1999), S. 112.

511 Vgl. Reinhold, M./ Kocher, H./ Oestereich, B. u.a. (1999), S. 20.

512 Vgl. Balzert, H. (2001), S. 98.

4.1.3.2.3.3 Design der Architektur der Software

In dieser Phase wird die logische Struktur aller Elemente der Software definiert[513]. Auf der Grundlage der Anforderungen des Pflichtenhefts wird das zu entwickelnde Softwaresystem in Subsysteme und weiter in die funktionalen Komponenten beziehungsweise Systemkomponenten segmentiert[514]. Eine funktionale Komponente ist eine kleinstmögliche zu erfüllende Teilaufgabe laut einer Anforderung des Pflichtenheftes[515]. Nun wird die statische Architektur in Form einer Hierarchie beginnend vom Softwaresystem über die Subsysteme und Komponenten entworfen. Die Anzahl der Hierarchieebenen ist dabei abhängig von der Komplexität der zu entwickelnden Software[516]. Daneben ist parallel auch die dynamische Architektur zu berücksichtigen. Die Kommunikation mit den Komponenten und zwischen Komponenten erfolgt in der dynamischen Architektur über bestimmte Variablen[517]. Auch für diese Variablen ist wiederum eine Architektur zu entwerfen[518]. Im Ergebnis liegt ein bestätigtes Dokument vor, das die Struktur des Softwaresystems gleich eines Bauplans entsprechend den Anforderungen des Pflichtenhefts so beschreibt, dass in der sich anschließenden Phase das detaillierte Design aller Komponenten erfolgen kann[519].

4.1.3.2.3.4 Detailliertes Design der Software

Ziel des detaillierten Designs der Software ist es, auf der Grundlage der entworfenen Architektur, die Subsysteme, Komponenten und deren logische Strukturen und Verbindungen so zu beschreiben, dass eine Umsetzung in eine Programmiersprache möglich ist. Dabei soll die Umsetzung einer rein technischen Übersetzung des detaillierten Designs in eine Programmiersprache gleichen[520]. Zur Erstellung des detaillierten Designs werden folgende Aktivitäten durchgeführt:

- Definition der Datenstrukturen und des Kodierungsschemas,
- Definition zu verwendender Algorithmen,
- Definition der Komponenten des Computerprogramms.[521]

---

513 Vgl. Conger, S. A. (1998), S. 26.
514 Vgl. Foegen, M./ Battenfeld, J. (2001), S. 296.
515 Vgl. Balzert, H. (2001), S. 699.
516 Vgl. Foegen, M./ Battenfeld, J. (2001), S. 296.
517 Vgl. Hesse, W. (1992), S. 56.
518 Vgl. Foegen, M./ Battenfeld, J. (2001), S. 296.
519 Vgl. Conger, S. A. (1998), S. 26.
520 Vgl. Braude, E. J. (2001), S. 303f.
521 Vgl. Conger, S. A. (1998), S. 27.

Die aufgeführten Aktivitäten dienen dazu, jede einzelne in der Architektur definierte Systemkomponente zu spezifizieren[522]. Systemkomponenten werden dabei eindeutig benannt und die möglichen Zustände bei einem Aufruf durch eine andere Systemkomponente oder den Nutzer festgelegt. Das detaillierte Design ergänzt so die mit dem architektonischen Entwurf definierte Aufbaustruktur um die Ablaufstruktur der Software[523]. Bereits hier sind auch geeignete Tests für die einzelnen Komponenten zu entwerfen[524]. Die Dokumentation des detaillierten Programmdesigns wird in einer logisch aufeinander aufbauenden Struktur im selben Dokument fortgeschrieben, in dem bereits die Architektur der Software dargestellt ist. Dieses Dokument stellt die so genannte „Blaupause" für die Phase der Umsetzung in eine Programmiersprache dar, die nach Bestätigung des detaillierten Designs begonnen werden kann[525].

4.1.3.2.3.5 Kodierung der Software

Die Kodierung der Software beginnt mit der Umsetzung und dem Test der Komponenten und Subsysteme der Software. Grundlage für die Umsetzung in maschinenlesbaren Code ist die Aufbau- und Ablaufstruktur, wie sie im architektonischen Entwurf und im detaillierten Design festgeschrieben wurde[526]. Zum Test der Komponenten und Subsysteme sind ebenso die im Rahmen des Designs festgelegten Tests zu verwenden, um festzustellen, ob sich die Komponenten des getesteten Subsystems und die Subsysteme entsprechend verhalten[527].

4.1.3.2.3.6 Integration der Software

Ist der Test der Subsysteme und Komponenten erfolgreich verlaufen, wird das Softwaresystem zusammengesetzt und als Ganzes bestimmten Tests unterzogen[528]. So soll sicher gestellt werden, dass sich die einzeln getesteten Subsysteme und Komponenten, die nun zum Softwaresystem integriert sind, noch genauso verhalten und das Softwaresystem als Ganzes in seinen Abläufen der vom detaillierten Design vorgegebenen Ablaufstruktur entspricht[529].

---

522 Vgl. Balzert, H. (2001), S. 699.

523 Vgl. Conger, S. A. (1998), S. 27.

524 Vgl. Hesse, W. (1992), S. 58.

525 Vgl. Braude, E. J. (2001), S. 304.

526 Vgl. Conger, S. A. (1998), S. 27.

527 Vgl. Hesse, W. (1992), S. 61.

528 Vgl. Braude, E. J. (2001), S. 25.

529 Vgl. Conger, S. A. (1998), S. 27.

4.1.3.2.3.7 Implementierung

Mit Durchführung der Aktivität Implementierung wird die integrierte und getestete Software in die Arbeitsumgebung eingebunden. Dazu gehört die Installation, die Aufbereitung benötigter Daten sowie die Schulung der Anwender[530]. Diese Aktivität ist insbesondere bei Individualsoftware und variabler Standardsoftware notwendig, wenn die Software noch individuell an die Arbeitsumgebung angepasst werden muss[531]. Bei fixer Standardsoftware kann zumindest die Installation vom Anwender selbst durchgeführt werden[532].

4.1.3.2.3.8 Betrieb und Wartung der Software

Die Phase des Betriebs und der Wartung der Software ist dem Einsatzzyklus des Softwarelebenszyklus zuzuordnen[533]. In dieser Phase sollen die Funktionen überwacht und Verbesserungspotenziale aufgedeckt werden. Verbesserungen werden zur Hebung der ermittelten Potenziale mit Hilfe von Wartung in die Software eingearbeitet. Man unterscheidet dazu drei Arten von Wartung:

- leistungssteigernde,
- fehlerbeseitigende und
- anpassende.[534]

Leistungssteigernde und fehlerbeseitigende Wartung sind als Begriffe selbsterklärend. Im Rahmen der anpassenden Wartung wird die Software an veränderte Bedingungen des regulatorischen Umfeldes angeglichen, wenn die Berücksichtigung derartiger Regelungen Bestandteil der Software ist[535]. Diese Wartungsmaßnahmen sind erforderlich, um einerseits im Falle der fehlerbeseitigenden Wartung den ursprünglich geplanten Nutzen der Software herzustellen beziehungsweise die Software an das sich ändernde Umfeld anzugleichen und somit den ursprünglichen Nutzen zu erhalten[536].

---

530 Vgl. Hering, E. (2000), S. 17.

531 Vgl. ISO/ IEC (1995), Abschn. 5.3.12.1f.

532 Vgl. Jacobson, I./ Booch, G./ Rumbaugh, J. (1999), S. 397.

533 Vgl. Hesse, W. (1992), S. 62.

534 Vgl. Conger, S. A. (1998), S. 27.

535 Vgl. Conger, S. A. (1998), S. 27.

536 Vgl. Balzert, H. (2001), S. 1092.

4.1.3.2.4 Die Prozessarchitektur des Wasserfallmodells

Die Prozessarchitektur des Wasserfallmodells umfasst den Entwicklungs- und Einsatzzyklus von Software und ist grundsätzlich auf ein sequenzielles Durchlaufen der Phasen angelegt. Die vorwärts gerichteten Pfeile in der Abbildung[537] zeigen den Übergang von einer Phase zur nächsten, die rückwärts gerichteten Pfeile weisen auf die Überprüfung und Notwendigkeit der Bestätigung der Ergebnisse der vorangegangenen Phase hin[538]. Beim Wasserfallmodell entsprechen die Phasen den zugeordneten Aktivitäten; es liegt somit eine Kongruenz von Phasen und Aktivitäten vor. Eine ganz wesentliche Forderung dieses Vorgehens ist die entsprechende Dokumentation der Ergebnisse, die eine Ergebnisüberprüfung auch zulässt[539]. Somit sind rekursive Sprünge im Entwicklungsprozess ausgeschlossen[540]. Daraus ergibt sich auch ein wesentlicher Kritikpunkt am Wasserfallmodell. Die bei einem streng sequenziellen Vorgehen benötigte stabile Entwicklungsumgebung mit umfassend spezifizierten und nicht mehr änderbaren Anforderungen und Entwürfen findet sich in der Praxis der Softwareentwicklung nicht[541]. Auch die Theorie der Softwareentwicklung schließt sich dem an[542].

4.1.3.2.5 Projektspezifische Anpassungsmöglichkeiten

Das Wasserfallmodell selbst bietet keine projektspezifischen Anpassungsmöglichkeiten an. Je nach Umfang der zu entwickelnden Software können jedoch einzelne Phasen zusammengefasst werden. Das Weglassen der grundlegenden Phasen Analyse, Entwurf, Kodierung und Test der Softwareentwicklung und der zwingend zugehörigen Aktivitäten in den Phasen ist dagegen nicht möglich[543]. So werden bei Projekten kleineren Umfangs durchaus die Phasen des Architekturentwurfs und des detaillierten Designs zu einer einzigen Entwurfsphase vereint[544].

---

537 Vgl. Anh. 2, Abb. 2.

538 Vgl. Boehm, B. W. (1997), S. 417.

539 Vgl. Corner, E. R. (1997), S. 406.

540 Vgl. Reinhold, M./ Kocher, H./ Oestereich, B. u.a. (1999), S. 19, anderer Auffassung ist dagegen Braude, E. J. (2001), S. 25.

541 Vgl. Versteegen, G. (2000), S. 29.

542 Vgl. Pomberger, G. (1993), S. 2; Hesse, W. (1992), S. 49.

543 Vgl. Braude, E. J. (2001), S. 24.

544 Vgl. Conger, S. A. (1998), S. 26.

4.1.4 Objektorientierte Vorgehensmodelle der Softwareentwicklung

4.1.4.1 Abgrenzung und Überblick über objektorientierte Vorgehensmodelle der Softwareentwicklung

4.1.4.1.1 Abgrenzung objektorientierter Vorgehensmodelle

Zunächst wird zum Verständnis objektorientierter Vorgehensmodelle der Begriff der Objektorientierung inhaltlich umrissen. In den Anfängen der Entwicklung von Software waren Umfang und Komplexität der Programme nicht sonderlich groß. Eine wesentliche Ursache war die noch geringe Leistungsfähigkeit der verwendeten Datenverarbeitungsanlagen. Im Zeitablauf erhöhte sich die Leistungsfähigkeit der Datenverarbeitungsanlagen durch die technologische Entwicklung, so dass nun auch umfangreichere Programme in akzeptabler Zeit abgearbeitet werden konnten. Software wurde bis dahin zumeist direkt in maschinenlesbarer Form oder unstrukturiert mit Hilfe einfacher Programmiersprachen geschrieben[545]. Ein erster Fortschritt zeichnete sich bald durch die Anwendung der strukturierten Programmierung ab, die anstelle von unbedingten und bedingten Sprüngen zwischen Programmteilen auf der Grundlage von Sequenzen, Iterationen und Klammern beruht[546]. Auch führte die strukturierte Programmierung zu einer besseren methodischen und prozessorientierten Form der Softwareentwicklung[547]. Diese Programmiertechnik ist jedoch aufgrund fehlender geeigneter Programmiersprachen nicht in der Lage, Objekte der realen Welt einschließlich des Verhaltens dieser Objekte abstrakt auf den Programmcode zu projizieren[548]. Im Jahre 1967 wurde die Programmiersprache Simula 67 veröffentlicht, die heute als Ursprung der Objektorientierung gilt[549]. Zu den bis dahin bekannten Entwurfsprinzipien der Programmierung trat ein neues hinzu: „Dynamik und Flexibilität durch Instanziierung von Objekten und Vererbung"[550]. Die Instanziierung eines Objektes bedeutet das „Erzeugen einer computerinternen Datenstruktur zur Repräsentation eines Objektes auf der Basis einer generischen Beschreibung"[551]. Ein Objekt wird dabei „[...] durch seine Attribute und Zustandsgrößen charakterisiert sowie durch die Operationen, die auf die

545 Vgl. Pomberger, G. (1993), S. 1.

546 Vgl. Braude, E. J. (2001), S. 20.

547 Vgl. Neumann, H. A. (1995), S. 17.

548 Vgl. Braude, E. J. (2001), S. 21.

549 Vgl. Broy, M./ Siedersleben, J. (2002), S. 3.

550 Broy, M./ Siedersleben, J. (2002), S. 4.

551 Neumann, B. (1999), S. 352.

Attribute und Zustandsgrößen angewendet werden"[552]. Das Prinzip der Vererbung beim objektorientierten Ansatz ermöglicht es, die Attribute und Zustandsgrößen bereits entworfener Klassen von Objekten auf zu entwerfende Objektklassen zu übertragen und durch weitere erwünschte Attribute und Zustandsgrößen zu ergänzen, ohne diese neuen Objektklassen von Grund auf neu entwerfen zu müssen[553]. Der objektorientierte Ansatz ermöglicht es, abstrakte und unabhängige Objekte als Abbild realer Objekte zu schaffen und diesen Eigenschaften zuzuweisen, nach denen die programmierten Objekte entsprechend passiv oder aktiv reagieren[554]. Doch erst im vergangenen Jahrzehnt entwickelte sich die Objektorientierung auf breiter Basis zum bevorzugten Ansatz der Softwareentwicklung[555]. Im gleichen Atemzug entstanden auch geeignete Vorgehensmodelle der Softwareentwicklung. Die Begriffswelt der Objektorientierung wird bei der Analyse dieser Vorgehensmodelle verwendet.

4.1.4.1.2 Charakteristika objektorientierter Vorgehensmodelle

Objektorientierte Vorgehensmodelle tragen den Besonderheiten des objektorientierten Ansatzes Rechnung[556], in dem die Phasen und Aktivitäten des Prozesses der inkrementellen und iterativen Entwicklung objektorientierter Software angepasst sind. Ein zu entwickelndes Softwaresystem wird dazu in funktionale Subsysteme aufgeteilt, die ein oder mehrere Objekte enthalten. Diese Subsysteme können nun einzeln entworfen, implementiert und auch getestet werden. Dies ist bei nicht objektorientierten Ansätzen unmöglich, da hier größere funktionale Teile der Software im Ganzen entworfen und implementiert werden müssen[557]. Zudem können die Subsysteme nacheinander in Inkrementen zum gesamten Softwaresystem zusammen gesetzt werden[558]. Dabei wird iterativ vorgegangen. Das heißt, dass von einer erreichten Stufe im Entwicklungsprozess auf eine bereits zurück liegende Stufe zurückgesprungen werden kann, um veränderten Anforderungen an einzelne Komponenten gerecht zu werden oder um aufgetretene Probleme zu lösen[559].

---

[552] Neumann, H. A. (1995), S. 19.

[553] Vgl. Merz, St./ Wirsing, M. (1999), S. 777.

[554] Vgl. Neumann, H. A. (1995), S. 20f.

[555] Vgl. Broy, M./ Siedersleben, J. (2002), S. 3.

[556] Vgl. Noack, J./ Schienmann, B. (1999), S. 166.

[557] Vgl. Neumann, H. A. (1995), S. 24.

[558] Vgl. Friedrich, H. (1999), S. 28.

[559] Vgl. Reinhold, M./ Kocher, H./Oestereich, B. u.a. (1999), S. 22f.

4.1.4.2 Das V-Modell ´97

4.1.4.2.1 Anwendungsbereich und Umfang der Regelungen

Ursprünglich im Jahre 1992 als Softwareentwicklungsstandard der Bundeswehr vorgestellt, wurde das nunmehr vorliegende V-Modell 1997 mit weit reichenden Änderungen als Entwicklungsstandard für IT-Systeme des Bundes veröffentlicht[560]. Neben dem Vorgehensmodell zur Entwicklung von IT-Systemen umfasst das V-Modell ´97 die Definitionen anzuwendender Methoden im Entwicklungsprozess sowie die funktionalen Anforderungen an verwendete Werkzeuge und Hilfsmittel[561]. Gegliedert in den eigentlichen Regelungsteil, behördenspezifische Ergänzungen und eine Handbuchsammlung ist das V-Modell ´97 zwingend anzuwenden für Entwicklungsprojekte von IT-Systemen im Bereich der Bundesverwaltung[562]. Durch die ausschließlich technische Ausrichtung des Herzstücks – des Regelungsteils – ist es jedoch in diesem Bereich organisationsneutral und damit ebenso in Unternehmen zur Entwicklung von Software einsetzbar. Einige Unternehmen haben daher das V-Modell ´97 als Entwicklungsstandard übernommen[563]. Das Vorgehensmodell besteht aus vier Submodellen und zwar:

- der eigentlichen Systemerstellung,
- der Qualitätssicherung,
- dem Konfigurationsmanagement und
- dem Projektmanagement.[564]

Somit umfasst der Regelungsteil des V-Modells ´97 auch Vorgaben zur Prüfung der Qualität der zu entwickelnden Software und die Verwaltung der erzeugten Produkte im Konfigurationsmanagement. Die Aktivitäten in den drei Submodellen zur Systementwicklung werden schließlich durch die Regelungen zum Projektmanagement geplant, kontrolliert und gesteuert[565].

---

560 Vgl. Reinhold, M. (1999), S. 39.

561 Vgl. Bundesministerium des Innern, BMI (1997), Abschn. 0, S. 1.

562 Vgl. Bundesministerium des Innern, BMI (1997), Abschn. 1, S. 1.

563 Vgl. Kapitel 3.2.2.

564 Vgl. Bundesministerium des Innern, BMI (1997a), S. 5.

565 Vgl. Bundesministerium des Innern, BMI (1997a), S. 5.

4.1.4.2.2 Die Elemente des V-Modells ´97

4.1.4.2.2.1 Überblick über die Elemente

Der Fokus der Analyse des V-Modells ´97 liegt auf dem Submodell Systementwicklung, in dem die Phasen und Aktivitäten zur Entwicklung eines Softwaresystems definiert sind. Die Regelungen der übrigen drei Submodelle werden insoweit einbezogen, als es für Zwecke der Analyse geboten erscheint. Ein System im Sinne des V-Modells ´97 beschreibt das zu entwickelnde IT-System, dass wiederum aus Software-Einheiten und Hardware-Einheiten bestehen kann. Da dieses Submodell von der Entwicklung eines IT-Systems, bestehend aus Soft- und Hardware ausgeht, wird entsprechend den Anpassungsmöglichkeiten des Submodells[566] der Bereich der Hardware-Einheiten aus der weiteren Betrachtung ausgegrenzt. Die Software-Einheiten lassen sich nun weiter in Software-Komponenten und diese wiederum in Software-Module und Datenbanken zerlegen[567]. Software-Module im V-Modell ´97 stellen die „[...] kleinsten zu programmierenden Softwarebausteine einer Software-Einheit“[568] dar. Die zum Betrieb der Software-Einheit notwendigen Daten werden in Datenbanken abgelegt[569]. Die Darstellung der Softwarebausteine und der Tätigkeiten im Vorgehensmodell erfolgt durch die so genannten Basiselemente.

Die Basiselemente des V-Modells ´97 sind Aktivitäten und Produkte. Betreffend die Definitionen dieser Begriffe kann auf bereits Gesagtes verwiesen werden[570]. Zu jeder durchzuführenden Aktivität beziehungsweise Teilaktivität liefert das Submodell Systementwicklung so genannte Aktivitätsbeschreibungen, wie auch für die in Folge der Durchführung dieser Aktivitäten zu erstellenden Produkte eine Produktbeschreibung in Form einer inhaltlichen Definition existiert[571]. Somit werden vom V-Modell ´97 die Elemente Aktivitäten, Produkte und Notationen vollständig abgedeckt.

4.1.4.2.2.2 Aktivitäten

Das V-Modell ´97 differenziert zwischen den folgenden Kernaktivitäten:

- System-Anforderungsanalyse,

---

566 Vgl. Bundesministerium des Innern, BMI (1997a), S. 7.

567 Vgl. Bundesministerium des Innern, BMI (1997), Abschn. 2, S. 1.

568 Bundesministerium des Innern, BMI (1997), Abschn. 2, S. 2.

569 Vgl. Bundesministerium des Innern, BMI (1997), Abschn. 2, S. 2.

570 Vgl. Kapitel 4.1.2.

571 Vgl. Reinhold, M. (1999), S. 39.

- System-Entwurf,
- Software-Anforderungsanalyse,
- Software-Grobentwurf,
- Software-Feinentwurf,
- Software-Implementierung,
- Software-Integration,
- System-Integration und
- Überleitung in die Nutzung.[572]

Die durchzuführenden Aktivitäten werden im Entwicklungsprozess bestimmten Rollen zugeordnet. „Dabei beschreiben Rollen geforderte Kenntnisse und Fähigkeiten, die ein Rolleninhaber für die Erfüllung der ihm zugeordneten Aufgaben besitzen muss“[573]. Zur Aufarbeitung für Zwecke der Bilanzierung sind die Rollen im Entwicklungsprozess unbedeutend und werden daher nicht vertiefender behandelt. Es wird hier angenommen, dass Tätigkeiten adäquat durchgeführt werden.

4.1.4.2.2.3 Produkte

Ein Produkt ist das Ergebnis einer Aktivität und kann beispielsweise ein Software-Modul sein[574]. Durch Teilprodukte werden dabei so genannte Produktzustände beschrieben. Im Entwicklungsprozess können nun folgende Produktzustände auftreten, die den Fortgang der Entwicklung des Produktes beeinflussen:

- geplant,
- in Bearbeitung,
- vorgelegt und
- akzeptiert.[575]

Der Produktfluss wird durch die Dokumentation der Produktzustände folgendermaßen kanalisiert. Mit einem der oben genannten Produktzustände geht das Produkt in die Aktivität ein. Gemäß der zugehörigen Beschreibung ist diese Aktivität durchzuführen und versetzt das Produkt in einen anderen Zustand oder belässt es im selben[576].

---

572 Vgl. Anhang 2, Abb. 3.

573 Reinhold, M. (1999), S. 46.

574 Vgl. Bundesministerium des Innern, BMI (1997), Abschn. 4, S. 26.

575 Vgl. Bundesministerium des Innern, BMI (1997), Abschn. 2, S. 5.

576 Vgl. Bundesministerium des Innern, BMI (1997), Abschn. 2, S. 7.

4.1.4.2.2.4 Notationen

Vorgaben zur Notation der Ergebnisse liefern im V-Modell ´97 die Produktmuster. Es handelt sich dabei um verbindliche Vorgaben, wie die Dokumentation jedes einzelnen Produktes formell und materiell zu erfolgen hat[577]. Damit sollen die Konsistenz zwischen den Dokumenten und auch die Konsistenz der Dokumente im Zeitablauf gewährleistet sein. Jede Änderung in der Dokumentation lässt sich so nachvollziehen[578].

4.1.4.2.3 Die Aktivitäten und Produkte im V-Modell ´97

4.1.4.2.3.1 System-Anforderungsanalyse

Mit dieser Aktivität soll das Anwendungssystem – in diesem Fall die zu entwickelnde Software – in funktionaler Hinsicht beschrieben werden. Auf einem abstrakten Niveau müssen Kernfunktionen und besonders kritische Funktionen klar herausgearbeitet werden[579]. Zu berücksichtigen sind dabei auch technische und organisatorische Bedingungen, die den Entwicklungsprozess berühren, wie die Formulierung von Anforderungen an ein Konzept der Softwarepflege und -änderung[580]. Auf der Basis der Überlegungen im Rahmen dieser ersten Aktivität werden die Anforderungen bereits unter dem Gesichtspunkt der technischen und wirtschaftlichen Realisierbarkeit bewertet[581]. Das Produkt dieser Aktivität im V-Modell ´97 sind die noch nicht bis ins Detail spezifizierten Anwenderforderungen an das Software-System selbst und dessen unmittelbare spätere Umgebung[582].

4.1.4.2.3.2 System-Entwurf

Auf der Grundlage der dokumentierten Anwenderforderungen wird mit der Aktivität System-Entwurf ein Lösungsvorschlag entwickelt[583]. Da hier nur die Software-Einheiten betrachtet werden, entfallen die meisten nur im Zusammenhang mit der Entwicklung von Hard- und Softwareeinheiten durchzuführenden Teilaktivitäten.

---

577 Vgl. Bundesministerium des Innern, BMI (1997), Abschn. 8, S. 1.

578 Vgl. Bundesministerium des Innern, BMI (1997), Abschn.6, S. 1.

579 Vgl. Wostrack, G. (1998), S. 106f.

580 Vgl. Bundesministerium des Innern, BMI (1997), Abschn. 4, S. 4, S. 10.

581 Vgl. Bundesministerium des Innern, BMI (1997), Abschn. 4, S. 9.

582 Vgl. Wostrack, G. (1998), S. 107.

583 Vgl. Bundesministerium des Innern, BMI (1997), Abschn. 4, S. 11.

4.1.4.2.3.3 Software-Anforderungsanalyse

In die Aktivität der Software-Anforderungsanalyse gehen die akzeptierten Anwenderforderungen und die akzeptierte Systemarchitektur ein. Nunmehr sind darauf aufbauend spezifische Anforderungen an die Funktionalität der Software, an externe Schnittstellen, an die erforderliche Qualität sowie Anforderungen an die Softwareentwicklungsumgebung und die Softwarepflege und –änderung zu analysieren und zu definieren[584]. So werden die allgemein gewünschten Anforderungen der zu Beginn durchzuführenden System-Anforderungsanalyse soweit verfeinert, dass das Produkt Anforderungsanalyse akzeptiert werden kann.

Der Umfang der zu definierenden Anforderungen in Bezug auf die Funktionalität und die externen Schnittstellen stimmt weitestgehend mit dem zum Wasserfallmodell gesagten überein. Für diese zu definierenden Anforderungen wird deshalb auf den entsprechenden Abschnitt verwiesen[585]. Auch wird eine Differenzierung in die Erfassung funktionaler und nicht-funktionaler Anforderungen, wie beispielsweise die gewünschte Verarbeitungsgeschwindigkeit vorgenommen[586]. Darüber hinaus erfordert das V-Modell ´97 eine Spezifikation von Anforderungen an die Qualität der Software sowie an die Softwarepflege und –änderung. Ausgehend von den formulierten Qualitätsanforderungen werden bereits hier geeignete analytische Prüfmaßnahmen der Aktivitäten und Produkte festgelegt, die im Entwicklungsprozess zum Tragen kommen sollen[587]. Hinsichtlich der Softwarepflege und –änderung sind Anforderungen lediglich zu ergänzen, da im Grundssatz Anforderungen an das Konzept bereits im Rahmen der System-Anforderungsanalyse beschrieben wurden[588].

4.1.4.2.3.4 Software-Grobentwurf

In den Software-Grobentwurf gehen folgende akzeptierte Produkte ein:

- die Anwenderforderungen,
- die Systemarchitektur und
- die technischen Anforderungen.

---

[584] Vgl. Bundesministerium des Innern, BMI (1997), Abschn. 4, S. 21.

[585] Vgl. Kapitel 4.1.3.2.3.2.

[586] Vgl. Bundesministerium des Innern, BMI (1997), Abschn. 4, S. 23, S. 31.

[587] Vgl. Bundesministerium des Innern, BMI (1997), Abschn. 5, S. 7.

[588] Vgl. Kapitel 4.1.4.2.3.1.

Die Aktivität Software-Grobentwurf ist gleichzusetzen mit dem Entwurf der Architektur der Software. Grundsätzlich gilt hier ebenso das zum Wasserfallmodell Ausgeführte[589]. Aufgrund der Berücksichtigung des objektorientierten Ansatzes und dem höheren Detaillierungsgrad des V-Modells ´97 im Vergleich zum Wasserfallmodell ergeben sich jedoch zusätzliche Aspekte.

In der Typologie des V-Modells ´97 zerlegt die Aktivität Software-Grobentwurf eine Software-Einheit „[...] in Software-Komponenten, Prozesse, Software-Module und Datenbanken“[590]. Dazu werden die zerlegten Softwareeinheiten in ihrer statischen Struktur unter Berücksichtigung der dynamischen Beziehungen dargestellt. Im Software-Grobentwurf können mehrere Lösungsalternativen erarbeitet werden, von denen ein Vorschlag auszuwählen ist[591]. Zudem sind beim Grobentwurf der Software die internen und externen Schnittstellen detailliert abzubilden. Auch ist der Integrationsplan der zur Entwicklung zerlegten Software-Einheit zu beschreiben. Dazu sind Informationen für die Aktivität Integration und den Integrationstest zu formulieren.

4.1.4.2.3.5 Software-Feinentwurf

Zum Software-Feinentwurf werden neben den bereits beim Software-Grobentwurf vorliegenden akzeptierten Produkten noch die akzeptierte Software-Architektur sowie die akzeptierte Schnittstellenübersicht und –beschreibung benötigt. Ziel der Aktivität Software-Feinentwurf ist die Beschreibung jedes Software-Moduls, jeder Software-Komponente und jeder Datenbank der entworfenen Software-Architektur bis auf die Ebene einer konkreten Programmiervorgabe. Inhaltlich gleicht diese Aktivität der des detaillierten Designs beim Wasserfallmodell[592], wobei das V-Modell ´97 Art und Umfang der Inhalte der detaillierten Beschreibungen explizit vorgibt[593]. Zusätzlich erfolgt auf der Grundlage der Software-Architektur und des nunmehr vorliegenden Software-Feinentwurfs ein Abgleich zwischen den gestellten Anforderungen an die Leistungsfähigkeit (Soll) und der auf Basis des Software-Feinentwurfs geschätzten Leistungsfähigkeit (Ist). Im Hinblick auf die sich anschließende Implementierung muss ein noch ausreichend großer Spielraum zur Leistungsfähigkeit (Soll)

589 Vgl. zur Rolle der Architektur in der Softwareentwicklung Abschn. 4.1.3.2.3.3.

590 Bundesministerium des Innern, BMI (1997), Abschn. 4, S. 26.

591 Vgl. Bundesministerium des Innern, BMI (1997), Abschn. 4, S. 26.

592 Vgl. Kapitel 4.1.3.2.3.4.

593 Vgl. Bundesministerium des Innern, BMI (1997), Abschn. 4, S. 31.

vorhanden sein, um ein späteres so genanntes Re-Design zu vermeiden[594]. An dieser Stelle kommt die Berücksichtigung von Entwicklungsrisiken durch das Vorgehen im V-Modell '97 zum Ausdruck[595].

4.1.4.2.3.6 Software-Implementierung

In die Aktivität Software-Implementierung gehen die akzeptierten Produkte Software-Entwurf und der akzeptierte Datenkatalog ein. Den Beschreibungen der eingehenden akzeptierten Produkte folgend entsteht am Ende der Aktivität ein in der Programmiersprache kodiertes Software-Modul[596]. Die zum Software-Modul zugehörige Datenbank ist nun so zu implementieren, dass das kodierte Software-Modul auf diese zugreifen kann[597]. Im Anschluss ist das implementierte Software-Modul und die Datenbank einer Selbstprüfung zu unterziehen, werden also hinsichtlich erforderlicher Funktionalität und Leistungsfähigkeit getestet. Selbstprüfungen sind hier Tests, die vom Entwickler selbst durchgeführt werden. Es schließen sich die formellen Prüfungen gemäß dem Prüfplan an, die im Submodell Qualitätssicherung definiert wurden. Nach erfolgreichem Verlauf der Selbstprüfung und der formellen Überprüfung werden das implementierte Software-Modul und die Datenbank zur Integration der Software freigegeben[598].

4.1.4.2.3.7 Software-Integration

Als akzeptierte Produkte zur Durchführung der Aktivität Software-Integration müssen:

- die Implementierungsdokumente, das heißt die implementierten Software-Module und Datenbanken sowie
- der Integrationsplan

vorliegen. In Analogie zur Zerlegung des Software-Systems in seine Bestandteile durch die Aktivität Software-Grobentwurf werden nun rückwärts auf gleichem Wege die Software-Module und Datenbanken schrittweise zu Software-Komponenten und diese zu Software-Einheiten integriert. Vom V-Modell '97 werden dazu verschiedene Integrationsreihenfolgen:

- „Top-down-Integration,
- Sandwich-Integration,

594 Vgl. Bundesministerium des Innern, BMI (1997), Abschn. 4, S. 32.

595 Vgl. Wostrack, G. (1998), S. 103.

596 Vgl. Bundesministerium des Innern, BMI (1997), Abschn. 4, S. 34.

597 Vgl. Bundesministerium des Innern, BMI (1997), Abschn. 4, S. 35.

598 Vgl. Bundesministerium des Innern, BMI (1997), Abschn. 4, S. 35.

- vorgezogene Integration der kritischen und wichtigen Funktionen,
- Integrationsfolge in Anlehnung an organisatorische Gegebenheiten,
- Integration orientiert an den Funktionen oder Prozessen der Software-Einheit,
- vorgezogene Integration des Basissystems (alle zentralen, mehrfach genutzten Funktionen),
- Integration entsprechend der Abhängigkeit der Integrationsobjekte."[599]

vorgegeben. Die im Verlauf dieser Integration entstehenden Software-Teilprodukte gehen jedoch in keine andere Aktivität ein, so dass ein Integrationsschritt mindestens eine Software-Komponente hervorbringen muss[600]. Bietet sich aus Gründen des anschließenden Tests der Software-Komponenten eine Integration an Hand funktionaler Aspekte an, so kann die Systemarchitektur aufgrund von Abhängigkeiten eine andere Integrationsreihenfolge erzwingen. Daher ist die Integration solange fortzusetzen, bis eine funktionale und testfähige Software-Komponente entsteht[601]. Die aus den Software-Komponenten bestehenden Software-Einheiten sind ebenfalls einer Selbstprüfung zu unterziehen[602]. Im Ergebnis der Aktivität Software-Integration liegen eine oder mehrere akzeptierte Software-Einheiten vor.

4.1.4.2.3.8 System-Integration und Überleitung in die Nutzung

Gemäß dem Integrationsplan sind die nunmehr akzeptierten Software-Einheiten zum eigentlichen Software-System zu integrieren. Je nach Entwicklungsprozess liegen zwei oder mehrere Software-Einheiten zur Integration vor. Die Strategien zur Integration entsprechen denen zur Software-Integration[603]. Bei der hier ausgegrenzten Betrachtung der Hardware-Einheiten entfällt die Aktivität der Selbstprüfung des Systems, bei der die Software-Einheiten auf der Hardware geprüft werden. Einer Selbstprüfung ist das Software-System dennoch zu unterziehen. Prüfumfeld soll dabei die spätere Einsatzumgebung sein. Die Sollvorgaben für den Testlauf sind die formulierten technischen Anforderungen an die Funktionalität und Leistungsfähigkeit des Software-Systems. Es schließt sich nun die formelle Prüfung der Qualität entsprechend des im Submodell Qualitätssicherung festgelegten Prüfplans an. Ist das Software-System akzeptiert worden, kann es für die Nutzung einschließlich der notwendigen

---

599 Bundesministerium des Innern, BMI (1997), Abschn. 4, S. 38.

600 Vgl. Bundesministerium des Innern, BMI (1997), Abschn. 4, S. 37.

601 Vgl. Jacobson, I./ Booch, G./ Rumbaugh, J. (1999), S. 390f.

602 Vgl. Bundesministerium des Innern, BMI (1997), Abschn. 4, S. 39.

603 Vgl. Kapitel 4.1.4.2.3.7.

Einsatzdokumente für den Betrieb des Software-Systems bereitgestellt werden. Die Dokumentation des Entwicklungsprozesses ist ebenso zu vervollständigen und abzuschließen[604].

4.1.4.2.4 Die Prozessarchitektur des V-Modells ´97

Die offene Prozessarchitektur des V-Modells ´97 unterstützt besonders die iterative und inkrementelle Vorgehensweise des objektorientierten Ansatzes[605]. Die Software-Module durchlaufen die Aktivitäten des V-Modells ´97 gleich Bausteinen, die einer nach dem anderen geformt werden, dabei ihre Zustände ändern und im Verlaufe des Entwicklungsprozesses zum einsatzbereiten Software-System integriert werden. Die beschriebenen Aktivitäten werden somit nicht für die gesamte Software oder Teile der Software sondern für die kleinstmöglichen Bausteine, die Software-Module und Datenbanken durchgeführt. Welche Bausteine wann den Prozess durchlaufen, hängt vorrangig von ihrer Funktion im Software-System und ihrer Kritikalität ab. So wächst die Funktionalität des Software-Systems evolutionär und kann durch die Integration in einzelnen Iterationen verifiziert werden. Um es nochmals an den Abbildungen[606] der Vorgehensmodelle zu verdeutlichen: Im extremsten Fall durchläuft ein zu entwickelndes Software-System mit identischer Funktionalität beim Wasserfallmodell in sequenzieller Abfolge die einzelnen Phasen als Ganzes, während beim V-Modell ´97 die kleinstmöglichen Bausteine des Software-Systems die Schritte des V-Modells zwar auch sequenziell, jedoch einzeln und sogar parallel durchlaufen.

Eine Einteilung des Entwicklungsprozesses in Phasen, die bestimmte Aktivitäten in zeitlicher Hinsicht zusammenfassen, gibt das V-Modell ´97 nicht explizit vor[607]. Zur Beurteilung und Analyse ist eine solche Einteilung jedoch notwendig, um gemäß dem Ziel der Analyse feststellen zu können, wann im Entwicklungsprozess welches Ergebnis dokumentiert vorliegt. So kann die Vorgehensweise im Submodell Systementwicklung des V-Modells´97 in folgende Phasen eingeteilt werden:

- Vorstudie,
- Definition,
- Entwicklung und

---

604 Vgl. Bundesministerium des Innern, BMI (1997), Abschn. 4, S. 44.

605 Vgl. Bundesministerium des Innern, BMI (1997b), Abschn. T, S. 9.

606 Vgl. Anh. 2, Abb. 2, 3.

607 Vgl. Bundesministerium des Innern, BMI (1997b), Abschn. T, S. 9.

- Einführung.[608]

Klar differenzierbar ist die Phase der Vorstudie von den übrigen Phasen, da hier ausschließlich die Aktivitäten der System-Anforderungsanalyse und des System-Entwurfs durchgeführt werden. Erst mit Abschluss dieser ersten Phase steht die technologische und wirtschaftliche Realisierbarkeit des zu entwickelnden Software-Systems soweit fest, dass die folgenden Phasen überhaupt begonnen werden können[609]. Die trennscharfe Abgrenzung der übrigen Phasen voneinander lässt sich aus dem V-Modell `97 dagegen nicht ableiten. Hier zeigt sich der Nachteil der offenen Prozessarchitektur darin, dass eine allgemeingültige Festlegung von Meilensteinen, die einen Übergang von einer Phase zur nächsten markieren, nicht möglich ist.

4.1.4.2.5 Projektspezifische Anpassungsmöglichkeiten

Das V-Modell ´97 stellt ein maximales Set an Aktivitätsbeschreibungen und Produktanforderungen für einen Prozess zur Entwicklung von IT-Systemen bereit. Dieses maximale Set muss daher spezifisch an durchzuführende Projekte angepasst werden. Dies ist schon der Fall, wenn beispielsweise nur ein Software-System ohne zugehörige Hardware entwickelt werden soll. Das V-Modell ´97 verlangt im Submodell Systementwicklung grundsätzlich den folgenden Mindestumfang an durchzuführenden Aktivitäten:

- Anwendungssystem beschreiben,
- System technisch entwerfen,
- Anforderungen an die Qualität der Software- oder/ und Hardware-Einheiten definieren,
- Softwarearchitektur entwerfen,
- Software-Implementierung,
- zur Software-Einheit integrieren und
- zum System integrieren.[610]

Ebenso sind in den übrigen Submodellen bestimmte Aktivitäten durchzuführen, die zur Qualitätssicherung dienen und insbesondere die Erstellung geeigneter Prüfpläne einschließlich der Prüfmethoden und –prozeduren verlangen. Im Submodell Konfigurations-management muss zumindest ein Plan zur Verwaltung der Produkte des Entwicklungs-

---

608 Vgl. Reinhold, M. (1999), S. 53.

609 Vgl. Josuttis, N. (1999), S. 62; Oestereich, B. (1999), S. 115.

610 Vgl. Bundesministerium des Innern, BMI (1997b), Abschn. T, S. 4.

prozesses formuliert werden. Und es sind Aktivitäten im Rahmen des Projektmanagements notwendig, um die Mindestaktivitäten des Entwicklungsprozesses planen, kontrollieren und steuern zu können[611].

4.1.4.3 Der Unified Software Development Process

4.1.4.3.1 Anwendungsbereich und Umfang der Regelungen

Entstanden ist der in den nächsten Abschnitten zu analysierende Unified Software Development Process aus einer Reihe objektorientierter Vorgehensmodelle, die von verschiedenen Personen schließlich bei der Firma Rational zusammen geführt wurden.[612] Basierend auf der formalen Beschreibungssprache Unified Modelling Language (UML) der Architektur und des Designs eines Software-Systems, ist der Unified Software Development Process ein objektorientiertes Vorgehensmodell für alle Arten von Softwareentwicklungsprojekten, die den objektorientierten Ansatz verfolgen[613]. Die Regelungen umfassen neben denen zur eigentlichen Softwareentwicklung auch das Projektmanagement und Anweisungen bei Verwendung der Beschreibungssprache UML[614]. Anwendungsbereich ist die Entwicklung von Software im Auftrag eines bestimmten Kunden oder auch die Entwicklung für die anonyme Vermarktung sowie für den unternehmensinternen Gebrauch[615].

4.1.4.3.2 Die Elemente des Unified Software Development Process

4.1.4.3.2.1 Überblick über die Elemente

Der Unified Software Development Process umfasst mit seinen vorgegebenen Elementen:

- Activities,
- Artifacts and
- Language[616]

die zum Vergleich erforderlichen Prozesselemente Aktivitäten, Ergebnisse und Notationen. Hinsichtlich des materiellen Inhalts der Definitionen ergeben sich keine gravierenden Abweichungen zu den eingangs formulierten Begriffen[617]. Dies zeigt wiederum deutlich, dass

---

611 Vgl. Bundesministerium des Innern, BMI (1997b), Abschn. T, S. 5.

612 Vgl. Noack, J./ Schienmann, B. (1999), S. 168.

613 Vgl. Jacobson, I./ Booch, G./ Rumbaugh, J. (1999), Preface, S. XIX.

614 Vgl. Jacobson, I./ Booch, G./ Rumbaugh, J. (1999), Preface, S. XXVI.

615 Vgl. Jacobson, I./ Booch, G./ Rumbaugh, J. (1999), S. 342f.

616 Vgl. Noack, J./ Schienmann, B. (1999), S. 168.

617 Vgl. Kapitel 4.1.2.

die allgemeinen Grundlagen der Softwareentwicklung eine gemeinsame Basis der hier betrachteten Vorgehensmodelle darstellen.

4.1.4.3.2.2 Aktivitäten („Activities")

Der Unified Software Development Process differenziert zwischen Kernaktivitäten und Phasen[618]. Die Kernaktivitäten beschreiben die während des Entwicklungszyklus durchzuführenden Aktivitäten („Activities") und wie durch diese die Ergebnisse im Entwicklungszyklus entstehen und geformt werden. Dazu wird in die eigentlichen Kernaktivitäten der Softwareentwicklung:

- Anforderungssammlung und Anwendungsfallformulierung,
- Anforderungsanalyse,
- Design,
- Implementierung und
- Test sowie in die unterstützenden Kernaktivitäten:
- Konfigurationsmanagement,
- Projektmanagement und
- Umgebungsmanagement

differenziert,[619] wobei die nachfolgende Aufarbeitung wiederum auf die Kernaktivitäten der Softwareentwicklung fokussiert. Die Phasen des Unified Software Development Process umfassen dann wiederum bestimmte Aktivitäten und segmentieren den Entwicklungszyklus in die Initiierungsphase, die Entwurfsphase, die Konstruktionsphase und die Einführungsphase[620] und werden im Rahmen der Prozessarchitektur ausführlich analysiert.

4.1.4.3.2.3 Ergebnisse („Artifacts")

Der Unified Software Development Process definiert weitere Elemente, die sich aus den Charakteristika des spezifischen Vorgehens ergeben. Diese Elemente werden nun vorgestellt und auf Parallelen zum V-Modell ´97 hin untersucht. Zur Beschreibung des Software-Systems im Entwicklungsprozess und auf verschiedenen Ebenen der Abstraktion werden im Unified Software Development Process Modelle verwendet. Bei diesen Modellen handelt es sich um die Produkte („Artifacts") des Softwareentwicklungsprozesses. Im Einzelnen sind dies:

- das Anwendungsfallmodell,

---

618 Vgl. Versteegen, G. (2000), S. 39f.

619 Vgl. Jacobson, I./ Booch, G./ Rumbaugh, J. (1999), S. 11.

620 Vgl. Jacobson, I./ Booch, G./ Rumbaugh, J. (1999), S. 12f.

- das Analysemodell,
- das Designmodell,
- das Verteilungsmodell,
- das Umgebungsmodell,
- das Implementierungsmodell und
- das Testmodell.[621]

Inhaltlich stimmen die Modelle des Unified Software Development Process mit den erforderlichen Dokumentationen des V-Modells ´97 überein[622] wobei sich folgende Entsprechungen ableiten lassen:

- das Anwendungsfallmodell entspricht den Anwenderforderungen sowie den technischen Anforderungen,
- das Analysemodell entspricht den analysierten und spezifizierten funktionalen und nicht-funktionalen Anforderungen,
- das Designmodell entspricht der Software-Architektur und dem Software-Entwurf,
- das Implementierungsmodell entspricht den Implementierungsdokumenten,
- das Testmodell entspricht dem Prüfplan, den Prüfspezifikationen und den Prüfprozeduren.

Jedes dieser Modelle ist inhaltlich in sich abgeschlossen und für sich interpretierbar[623]. Dennoch sind die Modelle untereinander durch Verweise verbunden. Beispielsweise lassen sich bestimmte Teile des Implementierungsmodells auf die entsprechenden Teile des Design-, Analyse- und Anwendungsfallmodells zurückverfolgen, woraus ersichtlich wird, welcher implementierte Programmcode welche Funktionalität in einem Anwendungsfall repräsentiert und wie das entsprechende Design beschaffen ist[624]. Die Inhalte dieser Modelle werden in den Abschnitten zur Analyse der Aktivitäten näher beschrieben.

4.1.4.3.2.4 Notationen („Language“)

Analog zum V-Modell ´97 wird auch im Unified Software Development Process die Dokumentation der Ergebnisse („Artifacts“) vorgegeben. Dokumentationselemente zu Aktivitäten und Produkten sind:

---

621 Vgl. Jacobson, I./ Booch, G./ Rumbaugh, J. (1999), S. 23.

622 Ein dezidierter Vergleich einzelner Inhaltsbestandteile ist an dieser Stelle nicht notwendig, da die Inhalte zumeist technisch orientiert sind und in ihrem Umfang je nach Softwareart variieren können.

623 Vgl. Jacobson, I./ Booch, G./ Rumbaugh, J. (1999), S. 22.

624 Vgl. Jacobson, I./ Booch, G./ Rumbaugh, J. (1999), S. 23f.

- Konzepte,
- Richtlinien zu Aktivitäten,
- Richtlinien zu Produkten,
- Reports,
- Templates und
- Checklisten.[625]

Der Unterschied zum V-Modell ´97 ergibt sich allein aus der Verwendung der einheitlichen Semantik der Unified Modelling Language im Unified Software Development Process. Dem gegenüber steht im V-Modell ´97 die verbindlich vorgegebene Strukturierung der Ergebnisse in Formularen[626].

4.1.4.3.2.5 Weitere Elemente

Ein weiteres Element sind die „Worker" vergleichbar mit den Rollen im V-Modell ´97. Diese führen Aktivitäten durch und sind für die mit den Aktivitäten transformierten Produkte verantwortlich[627]. Weitere, für die Prozessarchitektur entscheidende Elemente sind die Haupt- und Teilmeilensteine. Ein Hauptmeilenstein markiert den Abschluss einer Phase des Entwicklungsprozesses. Hier werden auf der Grundlage von erreichten Ergebnissen Entscheidungen über das weitere Vorgehen getroffen wobei das Entwicklungsprojekt auch abgebrochen werden kann.[628] Ein Teilmeilenstein markiert den Abschluss eines Iterationszyklus innerhalb einer Phase ebenfalls auf der Grundlage erzielter Ergebnisse[629].

4.1.4.3.3 Die Aktivitäten und Produkte im Unified Software Development Process

4.1.4.3.3.1 Erfassung der Anforderungen und Formulierung der Anwendungsfälle

Auf Grund der inhaltlichen Übereinstimmung der Aktivitäten des Unified Software Development Process mit denen der schon beschriebenen Vorgehensmodelle, wird die Darstellung entsprechend kurz gefasst und sich auf Abweichungen zu bereits Besprochenem beschränken. Auch im Unified Software Development Process sind zunächst die Anforderungen an das zu entwickelnde Software-System zu erfassen und in geeigneter Weise zu verdichten.

---

625 Vgl. Versteegen, G. (2000), S. 72.

626 Vgl. Bundesministerium des Innern, BMI (1997), Abschn. 8, S. 1.

627 Vgl. Versteegen, G. (2000), S. 73f.

628 Vgl. Jacobson, I./ Booch, G./ Rumbaugh, J. (1999), App. C, S. 446.

629 Vgl. Jacobson, I./ Booch, G./ Rumbaugh, J. (1999), App. C, S. 447.

Ein Attribut des Unified Software Development Process lautet dabei „anwendungsfallbezogen“[630]. Dieses Attribut beschreibt die Segmentierung des zu entwickelnden Software-Systems analog der Segmentierung des gesamten Software-Systems beim V-Modell ´97 in so genannte funktionale Komponenten[631]. Ein Anwendungsfall („Use Case“) entspricht im Unified Software Development Process einer durch Anforderungsformulierung spezifizierten gewünschten Funktionalität des Software-Systems. Der Anwendungsfall wird aus der Sicht des Nutzers dieser Funktionalität – eines Anwenders oder eines anderen Computer-Systems – bestimmt[632]. Der gesamte Entwicklungspfad im Unified Software Development Process richtet sich fortan an diesen Anwendungsfällen aus[633].

Die Erfassung der Anforderungen erfolgt somit in den Anwendungsfällen, die eine Strukturierung des Software-Systems aus Sicht der potenziellen Nutzer repräsentieren. Die Formulierung erfolgt dabei möglichst unter Vermeidung formaler oder semi-formaler Sprachen[634]. Dieses Vorgehen entspricht inhaltlich exakt der ersten Aktivität des V-Modells ´97[635]. Wesentliche durchzuführende Teilaktivitäten sind mindestens:

- die Auflistung zu prüfender Anforderungen,
- die Analyse des späteren Umfelds des Software-Systems,
- die Erfassung der funktionalen Anforderungen sowie
- die Erfassung der nicht-funktionalen Anforderungen.[636]

Die erstgenannte Teilaktivität soll zunächst eine Sammlung aller geäußerten Anforderungen sein, die im Verlauf des Entwicklungsprozesses ständig überprüft und aktualisiert wird. Dies zeigt deutlich, dass zu Beginn des Entwicklungsprozesses keinesfalls alle Anforderungen konkretisiert oder gar benannt werden können, was im späteren Verlauf auch Auswirkungen auf den Entwicklungsprozess haben kann[637]. Und zuletzt erfolgt die Erfassung der Anforderungen ähnlich wie beim Wasserfallmodell und beim V-Modell´97 getrennt in funktionale und nicht-funktionale Anforderungen[638] in den Anwendungsfällen, die von nun an

---

630 Vgl. Versteegen, G. (2000), S. 56.

631 Vgl. Jacobson, I./ Booch, G./ Rumbaugh, J. (1999), S. 5.

632 Vgl. Oestereich, B. (1999), S. 100.

633 Vgl. Jacobson, I./ Booch, G./ Rumbaugh, J. (1999), S. 5.

634 Vgl. Jacobson, I./ Booch, G./ Rumbaugh, J. (1999), S. 174.

635 Vgl. Bundesministerium des Innern, BMI (1997), Abschn. 4, S. 7; Kapitel 4.1.4.2.3.1.

636 Vgl. Jacobson, I./ Booch, G./ Rumbaugh, J. (1999), S. 114.

637 Vgl. Versteegen, G. (2000), S. 5, S. 56.

638 Vgl. Kapitel 4.1.4.2.3.3.

die Grundlage aller weiteren Aktivitäten sind[639]. Zur Erfassung selbst werden dazu verschiedenen Vorgehensweisen, wie beispielsweise ein Geschäftsprozessmodell, vorgeschlagen, zu deren ausführlicher Beschreibung an dieser Stelle auf die entsprechende Literatur verwiesen wird[640].

Parallel zum Vorgehen im V-Modell '97 werden die erfassten Anwendungsfälle dann hinsichtlich ihrer Priorität geordnet und zum Anwendungsfallmodell („Use Case Model") zusammengefasst. Das Anwendungsfallmodell umfasst nun alle formulierten Anwendungsfälle sowie eine detaillierte Beschreibung der Beziehungen und Abhängigkeiten der Anwendungsfälle untereinander[641]. Zudem sind die Benutzerschnittstellen einschließlich der logischen und auch physischen Struktur zu formulieren[642]. Während die logische Struktur den prinzipiellen Ablauf der Eingabe und Ausgabe von Informationen bestimmt, beschreibt die physische Struktur die Medien zur Eingabe und Ausgabe eben dieser Informationen[643]. Als Resultat der Erfassung der Anforderungen und der durchgeführten Aktivitäten liegen nunmehr folgende für die Entwicklung der Software bedeutsame Produkte vor:

- das Anwendungsfallmodell bestehend aus allen Anwendungsfällen,
- eine Sammlung skizzierter Benutzerschnittstellen sowie
- eine Sammlung spezifizierter nicht-funktionaler Anforderungen, die nicht Bestandteil der Anforderungen in den Anwendungsfällen sind.[644]

4.1.4.3.3.2 Analyse der Anforderungen

Zweck dieser Kernaktivität ist die Verfeinerung und Strukturierung der Anforderungen an die Software, die in Form der Anwendungsfälle vorliegen. Dabei sind die in der Sprache eines potenziellen Nutzers formulierten Anforderungen in eine formale oder semi-formale Sprache des Entwicklers zu überführen. Fokussiert das in die Analyseaktivität eingehende Anwendungsfallmodell auf die funktionale Sicht der zu entwickelnden Software aus der externen Perspektive des Nutzers, so soll das zu erarbeitende Analysemodell die funktionale Sicht aus der Perspektive des Entwicklers wiedergeben. Das Analysemodell stellt dann die

639 Vgl. Oestereich, B. (1999), S. 100.

640 Vgl. Jacobson, I./ Booch, G./ Rumbaugh, J. (1999), S. 119ff.

641 Vgl. Jacobson, I./ Booch, G./ Rumbaugh, J. (1999), S. 150.

642 Vgl. Jacobson, I./ Booch, G./ Rumbaugh, J. (1999), S. 160f.

643 Vgl. Jacobson, I./ Booch, G./ Rumbaugh, J. (1999), S. 163f.

644 Vgl. Jacobson, I./ Booch, G./ Rumbaugh, J. (1999), S. 171.

Verbindung zwischen den Anforderungen und dem Design beziehungsweise der Implementierung dar[645]. Nach wie vor ist der Inhalt des Analysemodells so beschaffen, dass er nicht direkt in einer Programmiersprache umgesetzt werden kann. Dazu fehlt es dem Analysemodell an Details, die zur Implementierung notwendig sind[646].

4.1.4.3.3.3 Design

Im Unified Software Development Process wird mit der Kernaktivität Design die Architektur und das detaillierte Design des Software-Systems erstellt. Hinsichtlich der wesentlichen Aktivitätsbeschreibungen zur Architektur[647] und zum detaillierten Design[648] sei auf bereits Besprochenes verwiesen. Es sollen hier nur die vorgehensmodellspezifischen Aktivitäten, Ergebnisse und Notationen benannt werden.

Ergebnis der Kernaktivität Design ist das Design-Modell. Dieses Modell ist hierarchisch aufgebaut und repräsentiert so einerseits die statische Architektur (Aufbaustruktur) des Software-Systems[649]. Andererseits enthält es auch die dynamische Architektur (Ablaufstruktur) des Software-Systems. Alle erforderlichen Interaktionen zwischen den nun in Form von Objekten und Objektklassen dargestellten Anwendungsfällen sind im Design-Modell hinterlegt[650].

4.1.4.3.3.4 Implementierung

Die Umsetzung der Komponenten des Design-Modells mit Hilfe einer objektorientierten Programmiersprache in einen maschinenlesbaren Programmcode ist das Ziel der Kernaktivität Implementierung[651]. Welche Komponenten des Design-Modells in welcher Art und Weise implementiert wurden, wird im Implementierungs-Modell festgehalten[652]. Zu diesem existiert ebenso wie zu den oben besprochenen Modellen ein architektonisches Bild. Aus dem architektonischen Bild ist ersichtlich, welche implementierten Komponenten es gibt, wie

645 Vgl. Versteegen, G. (2000), S. 58.

646 Vgl. Jacobson, I./ Booch, G./ Rumbaugh, J. (1999), S. 177. Hier wird die Detailtiefe Analysemodell: Designmodell mit 1:5 angegeben.

647 Vgl. Kapitel 4.1.3.2.3.3.

648 Vgl. Kapitel 4.1.3.2.3.4.

649 Vgl. Jacobson, I./ Booch, G./ Rumbaugh, J. (1999), S. 217.

650 Vgl. Jacobson, I./ Booch, G./ Rumbaugh, J. (1999), S. 222.

651 Vgl. Jacobson, I./ Booch, G./ Rumbaugh, J. (1999), S. 267.

652 Vgl. Braude, E. J. (2001), S. 358f.

diese Komponenten aus funktionaler Sicht aufeinander aufbauen und welche Komponenten interdependent sind[653]. Ausgehend vom Implementierungs-Modell erfolgt die Implementierung dann inkrementell. Hierzu werden ein oder mehrere Komponenten so in Programmcode geformt, dass im Ergebnis funktionale Subsysteme des Software-Systems in ausführbarer Form entstehen. Die Subsysteme des Implementierungs-Modells entsprechen denen des Design-Modells und sind somit zwischen den Modellen nachvollziehbar[654]. Sukzessive werden die implementierten Subsysteme einzeln getestet und integriert, wobei nach jedem Integrationsschritt das Software-System evolutionär wächst und wiederum einem Test unterzogen werden muss[655]. Bei einer implementierten Komponente kann es sich um ein ausführbares Programm, eine Datenbank, eine Bibliothek oder ein Dokument handeln, das zur Ausführung des Programms erforderlich ist[656].

4.1.4.3.3.5 Test

Die Kernaktivität Test beschreibt alle Aktivitäten, die zur Planung, Erstellung, Durchführung und Auswertung der durchzuführenden Tests im Unified Software Development Process notwendig sind[657]. Im zugehörigen Produkt, dem Testmodell, werden alle übrigen Produkte der Testaktivitäten zusammengefasst. Zunächst sind Testfälle zu planen, mit denen die Funktionen der Software beziehungsweise die Funktionen einzelner testfähiger Software-Komponenten überprüft werden können[658]. Dazu ist in einer entsprechenden Testprozedur festzulegen, wie der Testfall abgearbeitet werden soll[659]. Zudem können Testkomponenten implementiert werden, die eine Testprozedur automatisch ausführen[660]. Und es ist eine Testevaluierung vorzubereiten, die eine Auswertung der Testergebnisse in strukturierter Form ermöglicht[661]. Grundsätzlich können und müssen alle Produkte gestestet werden, die in einer Form von Programmcode implementierbar sind, dass heißt, das mit der Kernaktivität Test alle Ergebnisse der Kernaktivität Implementierung überprüft werden. Dies kann bereits dann

---

653 Vgl. Jacobson, I./ Booch, G./ Rumbaugh, J. (1999), App. C, S. 443.

654 Vgl. Jacobson, I./ Booch, G./ Rumbaugh, J. (1999), S. 272f.

655 Vgl. Versteegen, G. (2000), S. 61; Oestereich, B. (1999), S. 102f.

656 Vgl. Jacobson, I./ Booch, G./ Rumbaugh, J. (1999), S. 270.

657 Vgl. Jacobson, I./ Booch, G./ Rumbaugh, J. (1999), S. 295.

658 Vgl. Jacobson, I./ Booch, G./ Rumbaugh, J. (1999), S. 297f.

659 Vgl. Jacobson, I./ Booch, G./ Rumbaugh, J. (1999), S. 300.

660 Vgl. Versteegen, G. (2000), S. 63.

661 Vgl. Jacobson, I./ Booch, G./ Rumbaugh, J. (1999), S. 302.

geschehen, wenn eine ausführbare Architektur des Software-Systems vorliegt[662]. Nach Abschluss der Kernaktivität Test liegt nunmehr das Testmodell, bestehend aus den Testfällen, -prozeduren und -komponenten vor[663].

4.1.4.3.4 Die Prozessarchitektur des Unified Software Development Process

4.1.4.3.4.1 Die Initiierungsphase („Inception")

Anschaulich aus der Abbildung zum Unified Software Development Process zu entnehmen ist die Prozessarchitektur, bei der die Phasen auf der Zeitachse und die Kernaktivitäten auf der Aktivitätenachse angeordnet sind. Die vier Phasen werden dann weiter in Iterationen unterteilt, wobei die Anzahl der Iterationen nicht festgelegt ist[664]. In jeder Iteration wiederum werden die oben beschriebenen Kernaktivitäten in unterschiedlicher Intensität ausgeführt[665]. Ziel der Initiierungsphase – die zuweilen auch als Konzeptualisierungsphase[666] bezeichnet wird – ist es, die wirtschaftliche und technische Realisierbarkeit der zu entwickelnden Software zu evaluieren. Wird die Realisierbarkeit bejaht, kann das Entwicklungsprojekt fortgeführt werden[667].

Der Schwerpunkt der Aktivitäten in der Initiierungsphase liegt neben der Erfassung der geforderten Funktionalitäten und Schnittstellen der Software im Besonderen auf der Identifizierung und Gewichtung von Risiken, die den Entwicklungsprozess in negativer Weise beeinträchtigen könnten[668]. Bestimmte Informationen gehen dazu bereits als Input in die Initiierungsphase ein. In Abhängigkeit von der Art der späteren Vermarktung der Software – beispielsweise auch die anonyme Vermarktung – kann der Umfang der notwendigen Informationen für die Evaluierung der Realisierbarkeit und damit die Zeitdauer der Initiierungsphase stark variieren[669]. Der Schwerpunkt durchzuführender Kernaktivitäten liegt somit auf der Erfassung und Analyse der Anforderungen[670], um hieraus die

[662] Vgl. Jacobson, I./ Booch, G./ Rumbaugh, J. (1999), S. 296.

[663] Vgl. Jacobson, I./ Booch, G./ Rumbaugh, J. (1999), S. 313.

[664] Vgl. Anh. 2, Abb. 4.

[665] Vgl. Jacobson, I./ Booch, G./ Rumbaugh, J. (1999), S. 318.

[666] Vgl. Versteegen, G. (2000), S. 132.

[667] Vgl. Jacobson, I./ Booch, G./ Rumbaugh, J. (1999), S. 341.

[668] Vgl. Jacobson, I./ Booch, G./ Rumbaugh, J. (1999), S. 320.

[669] Vgl. Jacobson, I./ Booch, G./ Rumbaugh, J. (1999), S. 342f.

[670] Vgl. Jacobson, I./ Booch, G./ Rumbaugh, J. (1999), S. 350 i.V.m. S. 353.

Entwicklungsrisiken zu identifizieren und zu gewichten[671]. Auch werden aus priorisierten Anforderungen Anwendungsfälle formuliert, auf deren Basis ein erstes Architekturmodell entworfen wird[672]. Um zu einem Entwurf einer möglichst stabilen Architektur zu gelangen, sind dabei verschiedene Alternativen zu durchdenken und gegeneinander abzuwägen[673]. Im Falle der Entwicklung von Individualsoftware hängt die Formulierung und Priorisierung der Anforderungen vom Kunden ab, für den die Software entwickelt wird. Diese Funktion übernehmen bei beabsichtigter anonymer Vermarktung beziehungsweise bei einer geplanten internen Nutzung geeignete Abteilungen des Softwareentwicklungsunternehmens[674]. Zum Ende der Initiierungsphase liegen folgende Ergebnisse vor:

- ein Pflichtenheft der Funktionen der zu entwickelnden Software,
- eine erste Version des Umgebungsmodells der zu entwickelnden Software,
- erste Entwürfe des Anwendungsfallmodells, des Analyse- und Designmodells sowie eine Zusammenstellung nicht-funktionaler Anforderungen,
- ein erster Entwurf einer möglichen Architektur des Software-Systems,
- eine Zusammenstellung identifizierter und gewichteter Risiken,
- ein Entwurf des Projektplanes sowie
- die dokumentierte Realisierbarkeit der zu entwickelnden Software.[675]

Wird die so dokumentierte wirtschaftliche und technologische Realisierbarkeit akzeptiert, kann die Entwurfsphase beginnen[676]. Zur Unterstützung des Nachweises der grundsätzlichen technologischen Realisierbarkeit kann bereits ein erster explorativer Prototyp der Software mit einer rudimentären Implementation von besonders kritisch erachteten Funktionen vorgelegt werden[677]. Ein explorativer Prototyp soll möglichst umfassend die identifizierten Systemspezifikationen abbilden, um „[...] Lösungsansätze zu diskutieren und die Realisierbarkeit des geplanten Systems in einem vorgegebenen organisatorischen Umfeld abzuklären“[678].

---

671 Vgl. Versteegen, G. (2000), S. 118 i.V.m. S. 123.

672 Vgl. Jacobson, I./ Booch, G./ Rumbaugh, J. (1999), S. 351.

673 Vgl. Braude, E. J. (2001), S. 29.

674 Vgl. Jacobson, I./ Booch, G./ Rumbaugh, J. (1999), S. 112.

675 Vgl. Jacobson, I./ Booch, G./ Rumbaugh, J. (1999), S. 358.

676 Vgl. Versteegen, G. (2000), S. 150.

677 Vgl. Jacobson, I./ Booch, G./ Rumbaugh, J. (1999), S. 358.

678 Pomberger, G. (1993), S. 4.

4.1.4.3.4.2 Die Entwurfsphase („Elaboration")

Eine Architektur des Software-Systems als Basis der weiteren Entwicklung ist wichtigstes Ziel der Entwurfsphase im Unified Software Development Process[679]. Generell ist in der Softwareentwicklung eine stabile Architektur die notwendige Grundlage für alle sich anschließenden Entwicklungsschritte[680]. An der Architektur „[...] kann geprüft werden, ob das System grundsätzlich in der Lage sein wird, die geforderte Funktionalität zu erfüllen"[681]. Daraus lässt sich schlussfolgern, dass die bereits zum Ende der Initiierungsphase festgestellte technologische Realisierbarkeit mit Vorliegen einer stabilen und von allen Projektbeteiligten akzeptierten Architektur nachhaltig bestätigt werden kann[682]. Der Schwerpunkt der Aktivitäten zum Entwurf dieser Architektur liegt nun auch auf der Analyse, dem Design und der Implementierung, wobei Designaktivtäten überwiegen[683]. Zudem ist es ein weiteres Ziel der Entwurfsphase, die überwiegende Mehrheit der formulierten Anforderungen zu erfassen und zu priorisieren. Alle erfassten funktionalen Anforderungen haben nunmehr in Anwendungsfällen formuliert vorzuliegen und werden in das entsprechende Modell eingebunden[684]. Einer detaillierten Anforderungsanalyse werden lediglich die formulierten Anwendungsfälle unterzogen, die als am kritischsten eingestuft worden sind[685]. Darauf aufbauend wird die Architektur entworfen, die somit die kritischen Anwendungsfälle umfasst. Dazu muss angemerkt werden, dass es sich bei der zu entwickelnden Architektur keineswegs um die vollständige Architektur handeln kann. Die nunmehr ausgewählte und entworfene Architektur bildet dennoch die Grundlage, auf der alle weiteren Phasen aufbauen[686]. Als Ergebnis der Aktivitäten der Entwurfsphase liegen nun folgende Produkte vor:

- eine ausführbare und stabile Architektur des Software-Systems,
- ein aktualisiertes beziehungsweise neues Anwendungsfallmodell, Analysemodell, Designmodell, Einsatz- und Verteilungsmodell,
- eine Architekturbeschreibung mit Bezug auf die aktualisierten beziehungsweise neuen Modelle,

---

679 Vgl. Jacobson, I./ Booch, G./ Rumbaugh, J. (1999), S. 320.

680 Vgl. Friedrich, H. (1999), S. 27; Josuttis, N. (1999), S. 57; Kocher, H. (1999), S. 216.

681 Foegen, M./ Battenfeld, J. (2001), S. 291.

682 Vgl. so auch Oestereich, B. (1999), S. 117.

683 Vgl. Jacobson, I./ Booch, G./ Rumbaugh, J. (1999), S. 364.

684 Vgl. Jacobson, I./ Booch, G./ Rumbaugh, J. (1999), S. 363.

685 Vgl. Jacobson, I./ Booch, G./ Rumbaugh, J. (1999), S. 366.

686 Vgl. Jacobson, I./ Booch, G./ Rumbaugh, J. (1999), S. 69f.

- eine aktualisierte Zusammenstellung der Risiken,
- ein Projektplan für die Konstruktions- und Einführungsphase sowie
- eine komplettierte betriebswirtschaftliche Kalkulation des gesamten Projektes.[687]

4.1.4.3.4.3 Die Konstruktionsphase („Construction")

Der zu erreichende Hauptmeilenstein der Konstruktionsphase ist die erstmalige operationale Funktionalität des gesamten Software-Systems. Die Software muss demnach ausführbar sein und alle funktionalen und nicht-funktionalen Anforderungen müssen implementiert worden sein. Dieser Entwicklungsstand der Software wird auch als Beta-Version bezeichnet[688]. Wurden in den bisherigen Phasen Informationen erfasst, verdichtet, analysiert und Alternativen gegeneinander abgewogen, so beginnt mit der Konstruktionsphase aufbauend auf den bisherigen Ergebnissen die konkrete Entwicklung des Software-Systems auf dem mit der entworfenen Architektur gewählten Pfad[689]. Die Entwicklung erfolgt dabei inkrementell in Iterationen. Zum Ende einer jeden Iteration liegt eine ausführbare Version des Software-Systems vor, welche die bis zu diesem Zeitpunkt implementierten Funktionen enthält[690]. Der Schwerpunkt durchzuführender Aktivitäten in der Konstruktionsphase liegt auf dem Design und insbesondere auf der Implementierung und dem Testen[691]. Dennoch ist es auch in dieser Phase möglich, Veränderungen der Anforderungen dann zu berücksichtigen, wenn sich diese für das gesamte Software-System als kritisch erweisen[692]. Nun zu den Aktivitäten im Einzelnen. In der Konstruktionsphase sind alle noch verbliebenen Anforderungen in Anwendungsfälle zu formulieren und detailliert zu analysieren. Diese sind dann in die Prioritätsliste einzuordnen. Hierdurch wird das Analysemodell schrittweise vervollständigt. Das bereits stabile Architekturmodell wird auch während der Konstruktionsphase aktualisiert. Auf dieser Grundlage können die einzelnen Komponenten der Architektur des Software-Systems mit den Aktivitäten Design, Implementierung und Test fertig gestellt werden. Alle implementierten Komponenten werden wie beim V-Modell ´97[693] einer Selbstprüfung unterzogen[694]. Anschließend sind die Komponenten zum Software-System zu integrieren,

---

687 Vgl. Jacobson, I./ Booch, G./ Rumbaugh, J. (1999), S. 380.

688 Vgl. Jacobson, I./ Booch, G./ Rumbaugh, J. (1999), S. 321.

689 Vgl. Jacobson, I./ Booch, G./ Rumbaugh, J. (1999), S. 382.

690 Vgl. Oestereich, B. (1999), S. 118.

691 Vgl. Jacobson, I./ Booch, G./ Rumbaugh, J. (1999), S. 385.

692 Vgl. Oestereich, B. (1999), S. 118.

693 Vgl. Kapitel 4.1.4.2.3.6.

694 Vgl. Jacobson, I./ Booch, G./ Rumbaugh, J. (1999), S. 390.

wobei auch der Unified Software Development Process unterschiedliche Integrationsstrategien vorgibt. Dazu wird auf bereits Gesagtes verwiesen[695]. Die bei der Integration zum Software-System entstehenden Teilsysteme sind wiederum zu testen, bis am Ende einer jeden Iteration der Konstruktionsphase das bis dahin vorliegende Software-System als Ganzes einem Test unterzogen wird[696]. Am Ende der Konstruktionsphase liegen folgende Ergebnisse und Produkte vor:

- das entwickelte und ausführbare Software-System für den ersten Testeinsatz in einer operativen Umgebung,
- alle vervollständigten Modelle des Software-Systems,
- die vorläufige Anwenderdokumentation sowie
- die aktualisierte betriebswirtschaftliche Projektabrechnung beziehungsweise –kalkulation.[697]

4.1.4.3.4.4 Die Einführungsphase („Transition")

Die Einführungsphase stellt im Unified Software Development Process die abschließende Phase des Entwicklungszyklus im Softwarelebenszyklus[698] dar. Der Hauptmeilenstein dieser Phase ist die Freigabe des Software-Systems zum vorgesehenen Einsatz. In der Einführungsphase werden die Kernaktivitäten Anforderungssammlung und –formulierung, Anforderungsanalyse und Design grundsätzlich nicht mehr ausgeführt, es sei denn, das Hinzufügen einer erst jetzt gewünschten Funktionalität wird als zwingend notwendig erachtet. Hauptaugenmerk liegt in der Einführungsphase klar auf den Kernaktivitäten Implementierung und Test zur Korrektur erkannter Fehler während des Tests der Beta-Version. Der erste Arbeitsschritt in der Einführungsphase ist deshalb das Vorbereiten der vorliegenden Beta-Version der Software zu Testzwecken[699]. Im Gegensatz zum Test des Software-Systems am Ende der vorangegangenen Phase handelt es sich beim nun durchzuführenden Test der Beta-Version um einen Test der Software durch Dritte. Dazu ist die Software unter möglichst vielen verschiedenen Arbeitsumgebungen zu installieren[700] und vorzugsweise von

---

[695] Vgl. Kapitel 4.1.4.2.3.7.

[696] Vgl. Jacobson, I./ Booch, G./ Rumbaugh, J. (1999), S. 392.

[697] Vgl. Jacobson, I./ Booch, G./ Rumbaugh, J. (1999), S. 394.

[698] Vgl. Kapitel 3.1.2.1.

[699] Vgl. Jacobson, I./ Booch, G./ Rumbaugh, J. (1999), S. 401.

[700] Vgl. Oestereich, B. (1999), S. 119.

potenziellen künftigen Nutzern zu testen[701]. Ein weiterer Akzeptanztest wird wiederum im Beisein des Projektteams durchgeführt[702].

Ferner werden in der Einführungsphase die Begleitdokumente – wie Handbücher – verfeinert und endgültige Installationsroutinen für die Arbeitsumgebungen der Software programmiert[703]. Am Ende der Einführungsphase und damit am Ende des Entwicklungszyklus des Software-Systems wird die Einsatz- beziehungsweise Marktreife erreicht. Es liegen nunmehr folgende Produkte vor:

- die ausführbare Software einschließlich der Installationsroutinen,
- Dokumente, rechtliche Fragen betreffend, wie Verträge, Lizenzdokumente und Gewährleistungsbeschreibungen,
- abschließend vervollständigte Modelle des Entwicklungsprozesses,
- die endgültige Beschreibung der Architektur,
- endgültige Versionen der Handbücher und sonstiger Begleitdokumentationen sowie
- dokumentierte Informationen für Kunden zur Meldung entdeckter Fehler.[704]

4.1.4.3.5 Projektspezifische Anpassungsmöglichkeiten

Wie auch das V-Modell '97[705] bietet der Unified Software Development Process projektspezifische Anpassungsmöglichkeiten. Fix vorgegeben sind grundsätzlich die vier Phasen und die fünf Kernaktivitäten. Somit ist auch das Erreichen der beschriebenen Hauptmeilensteine fixiert, die das Ende der Phasen kennzeichnen[706]. Und wie schon im V-Modell '97 kann lediglich der Umfang der Kernaktivitäten je nach Projektkomplexität variieren.

Variabel ist im Unified Software Development Process dagegen die Anzahl durchzuführender Iterationen in den Phasen und damit die relative Länge der Phasen im Entwicklungszyklus[707]. Zudem können die für das Ende jeder Iteration zu erreichenden Teilmeilensteine frei

---

701 Vgl. Jacobson, I./ Booch, G./ Rumbaugh, J. (1999), S. 403.

702 Vgl. Jacobson, I./ Booch, G./ Rumbaugh, J. (1999), S. 401f.

703 Vgl. Jacobson, I./ Booch, G./ Rumbaugh, J. (1999), S. 396.

704 Vgl. Jacobson, I./ Booch, G./ Rumbaugh, J. (1999), S. 407.

705 Vgl. Kapitel 4.1.4.2.5.

706 Vgl. Jacobson, I./ Booch, G./ Rumbaugh, J. (1999), S. 416f.

707 Vgl. Versteegen, G. (2000), S. 133f.

vereinbart werden. Der Unified Software Development Process äußert an dieser Stelle keine spezifischen Vorgaben[708] mit der Ausnahme, dass am Ende einer Iteration ab dem Beginn der Konstruktionsphase eine lauffähige Version des Software-Systems gleich welchen Umfangs an Funktionen vorliegen muss[709].

4.1.5 Agile Vorgehensmodelle der Softwareentwicklung

4.1.5.1 Abgrenzung agiler Verfahren der Softwareentwicklung

Die agilen Verfahren stellen einen noch recht jungen Ansatz zur Entwicklung von Software-Systemen dar[710]. Praxisinduziert entstanden sind diese Verfahren aus den Bedürfnissen, schon frühzeitig im Entwicklungszyklus lauf- und damit einsatzfähige Software zu generieren und die so genannte „Time-to-Market"-Zeit zu verkürzen[711]. Eine fundierte Auseinandersetzung mit agilen Verfahren auf wissenschaftlich-theoretischer Basis hat bislang noch nicht stattgefunden[712].

Im Grundsatz stellen agile Verfahren eine strukturierte Sammlung von Prinzipien zu einem bestimmten Vorgehen bei der Entwicklung von Software dar, um den Prozess der Entwicklung selbst an die sich stetig verändernden Rahmenbedingungen flexibel anpassen zu können[713]. Diese sich stetig verändernden Bedingungen drücken sich insbesondere durch die Unsicherheit der zu Beginn des Entwicklungszyklus formulierten und analysierten Anforderungen aus[714]. Potenzielle Nutzer äußern Wünsche an die Funktionalität der zu entwickelnden Software immer aus ihrer individuellen Perspektive eines zukünftigen Anwenders. Diese Wünsche sind dann im Rahmen der Anforderungsanalyse von den Systementwicklern – die wiederum eine andere individuelle Perspektive haben – in implementierbare Funktionalitäten zu „übersetzen"[715]. Hier liegt nun eine Fehlerquelle, dass Anforderungen entweder falsch „übersetzt" werden oder nicht alle Anforderungen vollständig

708 Vgl. Oestereich, B. (1999), S. 118.

709 Vgl. Jacobson, I./ Booch, G./ Rumbaugh, J. (1999), S. 315.

710 Vgl. Strahringer, S. (2003), S. 10.

711 Vgl. Reifer, D. J. (2002), S. 14.

712 Vgl. Highsmith, J. (2000), S. 16.

713 Vgl. Cockburn, A. (2002), S. 6.

714 Vgl. Eckstein, J. (2000), S. 1.

715 Vgl. bspw. Kapitel 4.1.4.3.3.2.

erfasst werden können[716]. Solche Fehler sind dann später im Entwicklungszyklus zu bereinigen, wobei der Bereinigungsaufwand mit Fortschreiten des Entwicklungsprozesses stark ansteigt[717]. Durch die Anwendung agiler Verfahren soll nun das Vorgehen bei der Entwicklung von Software so ausgerichtet werden, dass eine Reaktion auf veränderte Anforderungen mit möglichst wenig Aufwand möglich ist[718]. Zurück gegriffen wird dabei auf wissenschaftliche Erkenntnisse zu lernenden Organisationen und komplexen Systemen. Aus erstgenanntem wird abgeleitet, dass in kurzen Abständen wiederkehrende Reflexionen aller Beteiligten über die bisher erzielten Entwicklungsergebnisse ein Erkennen und Berücksichtigen von geänderten Anforderungen ermöglichen und dies im gemeinsamen Verständnis aller Beteiligten geschieht[719]. Mit den komplexen Systemen wird das Phänomen der Emergenz verbunden. Anstelle eines in festen Hierarchien organisierten Entwicklungsteams, dass umfangreiche Regelungen strikt zu befolgen hat, soll die Software durch Kollaboration der Teammitglieder entwickelt werden; das Team selbst ist also ein komplexes System[720].

Aus den bisher im Schrifttum diskutierten agilen Verfahren wird der Ansatz des Extreme Programming zur Analyse ausgewählt, weil dieser Ansatz den höchsten Detaillierungsgrad und konkretesten Bezug zum Softwareentwicklungsprozess aufweist[721].

4.1.5.2 Extreme Programming

4.1.5.2.1 Anwendungsbereich und Umfang der Regelungen

Extreme Programming wurde erstmals von *Kent Beck* im Jahre 2000 ausführlich beschrieben und umfasst Werte, anzuwendende Prinzipien und Techniken bei der Durchführung der Entwicklungsaktivitäten, ohne jedoch ein bestimmtes Vorgehen in Form eines Modells zu formulieren[722]. Angewendet werden kann Extreme Programming unabhängig davon, ob es sich bei der zu entwickelnden Software um Individualsoftware oder Software zur anonymen Vermarktung handelt. Zwar ist für die Dauer des Entwicklungsprozesses immer die Anwesenheit eines „Kunden" notwendig. Neben einem zukünftigen Anwender und

716 Vgl. Coldewey, J. (2002), S. 239.

717 Vgl. Hering, E. (2000), S. 197.

718 Vgl. Strahringer, S. (2003), S. 11.

719 Vgl. Coldewey, J. (2002), S. 241.

720 Vgl. Cockburn, A. (2002), S. 7.

721 Vgl. Coldewey, J. (2002), S. 242.

722 Vgl. Lippert, M./ Roock, St./ Wolf, H. (2002), S. 1f.

potenziellen Kunden kann es sich jedoch auch um den firmeninternen Auftraggeber der Software handeln[723]. Der Anwendungsbereich des Extreme Programming ist aufgrund der inhärenten Charakteristik, die im weiteren Verlauf noch genauer geschildert wird, eingeschränkt. Eine Schranke stellt die Projektgröße dar. Ab einer bestimmten Anzahl von Entwicklern wirken sich die Prinzipien des Extreme Programming eher negativ auf den Projekterfolg aus[724]. Dies gilt ebenso für den Umfang und die Komplexität des Software-Systems[725]. Bisher erfolgreich durchgeführte Entwicklungsprojekte waren deshalb in der Regel kleinere Projekte[726]. Auch wird von einer Anwendung dann abgeraten, wenn die Formulierung und Analyse der Anforderungen bereits zu Beginn des Projektes feststehen muss[727].

4.1.5.2.2 Elemente des Extreme Programming

4.1.5.2.2.1 Aktivitäten

Die Werte, Prinzipien und Techniken des Extreme Programming selbst stellen keine Elemente im Sinne der Softwareentwicklung dar, sondern beschreiben die Art und Weise der Ausführung der Aktivitäten. Für eine ausführliche Darstellung sei daher auf die Literatur verwiesen. Im Einzelnen handelt es sich um vier Werte[728], daraus abgeleitet zwölf Prinzipien[729] und eine gleiche Anzahl von Techniken[730], die im Entwicklungsprozess zum Tragen kommen. An gegebener Stelle wird auf die Werte, Prinzipien und Techniken eingegangen, wenn es der Aufarbeitung der Elemente und der Prozessarchitektur des Extreme Programming dienlich ist. Da es sich auch beim Extreme Programming um einen Verfahrensansatz zur Entwicklung von Software handelt, kristallisieren sich bei näherer Betrachtung dennoch die Elemente Aktivitäten, Ergebnisse und Notationen heraus. Die nachfolgend aufgeführten Aktivitäten sind Gegenstand des Extreme Programming:

- Planung,
- Design,

---

723 Vgl. Beck, K. (2000), S. 164.

724 Vgl. Highsmith, J. (2000), S. 4.

725 Vgl. Beck, K. (2000), S. 157.

726 Vgl. Reifer, D. J. (2002), S. 14.

727 Vgl. Beck, K. (2000), S. 160.

728 Vgl. Lippert, M./ Roock, St./ Wolf, H. (2002), S. 4f.

729 Vgl. Lippert, M./ Roock, St./ Wolf, H. (2002), S. 5ff.

730 Vgl. Lippert, M./ Roock, St./ Wolf, H. (2002), S. 9ff.

- Implementierung,
- Test und
- Management.[731]

Die ersten vier Aktivitäten gehören wie bei den schon besprochenen Vorgehensmodellen zur eigentlichen Softwareentwicklung, während Managementaktivitäten der Projektsteuerung dienen[732].

4.1.5.2.2.2 Ergebnisse

Beim Ansatz des Extreme Programming liegen folgende Produkte als Ergebnis durchgeführter Aktivitäten vor:

- ein grober Entwicklungsplan für das gesamte Projekt und detaillierte Pläne als Ergebnis der Aktivität Planung[733],
- die Anwendungsfälle („Stories") als Ergebnis der Formulierung von Anforderungen während der Aktivität Planung[734],
- die Softwarearchitektur („Metaphor") als Ergebnis der Teilaktivität Design der Architektur[735],
- das detaillierte Design („Design") in Form von zu implementierenden Anwendungsfällen („Tasks") als Ergebnis der Teilaktivität detailliertes Design[736],
- eine ausführbare Version der Software („Release") als Ergebnis der Aktivität Implementierung[737],
- Tests („Tests") und Testergebnisse („Test results") als Ergebnis der Aktivität Test[738].

Zur Projektsteuerung liegen im Verlauf des Entwicklungsprozesses Soll-Ist-Vergleiche („Tracking results") als Ergebnis der Aktivität Management vor. Diese vergleichen die Zeitaufwandsschätzungen zur Implementierung von Anwendungsfällen mit den tatsächlich benötigten Implementierungsdauern[739].

---

731 Vgl. Martin, R. C. (2003), S. 14-16.

732 Vgl. dazu die Aktivitäten der objektorientierten Vorgehensmodelle in Kapitel 4.1.4.2.2.; Kapitel 4.1.4.3.2.

733 Vgl. Beck, K. (2000), S. 85.

734 Vgl. Beck, K. (2000), S. 90.

735 Vgl. Beck, K. (2000), S. 113.

736 Vgl. Beck, K. (2000), S. 91.

737 Vgl. Beck, K. (2000), S. 134.

738 Vgl. Beck, K. (2000), S. 119.

739 Vgl. Beck, K. (2000), S. 75.

4.1.5.2.2.3 Notationen

Der Ansatz des Extreme Programming schreibt explizit keine Anforderungen an Notationen vor. Art und Umfang der Dokumentation der Ergebnisse der Aktivitäten sind somit frei und können entweder im Zuge der Entwicklung oder auch nachträglich beziehungsweise gar nicht angefertigt werden[740]. Dies beruht auf dem zu Grunde liegenden Prinzip des Extreme Programming, dass innerhalb des Entwicklungsteams informelles Wissen und der kommentierte Quellcode die Dokumentationsfunktion übernehmen sollen[741]. Einen generellen Verzicht auf zusätzliche Dokumentation stellt dieses Prinzip jedoch nicht dar. So kann je nach Art des Projektes und der zu entwickelnden Software eine Dokumentation in bestimmter Form, beispielsweise für medizinische Software, angezeigt sein[742]. Weitere Elemente sind die Rollen („Roles"), welche bestimmte Fähigkeiten definieren, die im Entwicklungsprozess vorhanden sein müssen[743]. Diese Rollen dienen insbesondere zur strikten Trennung technischer Entwicklungs- und wirtschaftlicher Entscheidungsaktivitäten denen dann entsprechende Aktivitäten und Verantwortlichkeiten übertragen werden[744].

4.1.5.2.3 Die Aktivitäten und Produkte des Extreme Programming

4.1.5.2.3.1 Planung („Planning Strategy")

Planung beim Ansatz des Extreme Programming umfasst einerseits die grobe Planung des gesamten Projektverlaufs im Entwicklungszyklus sowie andererseits die detaillierte Planung jeder Iteration[745]. Ziel der Aktivität Planung ist die gedankliche Vorwegnahme:

- des Umfangs der zu entwickelnden Software,
- der Prioritäten der Entwicklungsschritte,
- einer Schätzung von Zeit und Aufwand und
- der Grundlage eines Soll-Ist-Vergleichs zur Projektsteuerung.[746]

Darüber hinaus dienen die hier erstellten kurz- und langfristigen Pläne zur Schaffung eines gleichen Wissensstandes aller am Projekt Beteiligten. Der Fokus der Aktivität Planung liegt auf der kurzfristigen Planung der einzelnen Iterationen. Zunächst formuliert der Kunde

---

740 Vgl. Coldewey, J. (2002), S. 245.

741 Vgl. Cockburn, A. (2002), S. 6.

742 Vgl. Coldewey, J. (2002), S. 245.

743 Vgl. Beck, K. (2000), S. 39.

744 Vgl. Beck, K. (2000), S. 139f.

745 Vgl. Lippert, M./ Roock, St./ Wolf, H. (2002), S. 30.

746 Vgl. Beck, K. (2000), S. 85.

Anforderungen an die Funktionalität der Software auf so genannten „Story Cards“[747]. Diese Anforderungen entsprechen den aus der Perspektive eines Anwenders formulierten Anwendungsfällen, die im Unified Software Development Process verwendet werden[748]. Im Anschluss daran schätzen die Entwickler den Implementierungsaufwand für jede einzelne Anforderung. Zum Zweck einer genaueren Zeitaufwandsschätzung können die Anforderungen auch in mehrere Teilanforderungen zerlegt werden[749]. Nun wiederum sortiert der Kunde diese Anforderungen aus seiner individuellen Perspektive nach Wichtigkeit:

- in Anforderungen, ohne die das Software-System für den Kunden nutzlos ist,
- in Anforderungen, die weniger relevant sind, jedoch einen gewissen Wert für den Kunden haben und
- in Anforderungen, die nicht notwendig erscheinen.[750]

Die Entwickler sortieren die gleichen Anforderungen nach dem inhärenten Entwicklungsrisiko in Anforderungen, deren Zeitaufwand für die Implementierung

- präzise geschätzt,
- hinreichend genau und
- nicht geschätzt

werden kann. Aus diesen Rankings wird nunmehr die folgende Iteration zur Implementierung der Anforderungen im Hinblick auf den Zeitaufwand geplant[751]. Ziel der Auswahl ist es, mit möglichst geringem und gesichert schätzbarem Zeitaufwand die für den Kunden wichtigsten Anforderungen in eine funktionsfähige Softwareversion umzusetzen[752].

4.1.5.2.3.2 Design („Design Strategy“)

Das Ziel der Aktivität Design ist die Entwicklung einer Architektur des Software-Systems („Metaphor“) und des detaillierten Designs der Komponenten dieser Architektur. Insoweit kann an hier auf die Ausführungen zum Design verwiesen werden[753]. Bei der Aktivität Design kommen nunmehr die Werte des Extreme Programming zur Beschreibung der Art der Durchführung dieser Aktivität zum Tragen. Dies sind im Einzelnen:

---

747 Vgl. Beck, K. (2000), S. 90.

748 Vgl. Kapitel 4.1.4.3.3.1.

749 Vgl. Beck, K. (2000), S. 90.

750 Vgl. Eckstein, J. (2000), S. 3.

751 Vgl. Beck, K. (2000), S. 90.

752 Vgl. Lippert, M./ Roock, St./ Wolf, H. (2002), S. 30.

753 Vgl. zum Design der Architektur Kapitel 4.1.3.2.3.3.; zum detaillierten Design Kapitel 4.1.3.2.3.4.

- Einfachheit anstreben („Simplicity"),
- Kommunikation („Communication"),
- Rückkopplung („Feedback") und
- Mut („Courage").

Gemeint ist damit letztlich, ein möglichst einfaches Design anzustreben, das sich allen am Projekt Beteiligten leicht erschließt und ebenso leicht kommuniziert werden kann[754]. Dies setzt ein kontinuierliches Feedback voraus, damit sich die Entwickler nicht in hoher Komplexität beim Design verstricken. Auch das Design der Software wird inkrementell entwickelt und kontinuierlich auf Einfachheit hin überprüft[755]. Die kurz vorgestellten Werte und Prinzipien ändern grundsätzlich nichts an den bisher vorgestellten Aktivitäten und Ergebnissen der Softwareentwicklung. Am Ende der Aktivität Design muss eine Architektur und das detaillierte Design der Komponenten vorliegen[756]. Eine spezifische Form der Notation wird dabei nicht vorgegeben[757].

4.1.5.2.3.3 Implementierung („Development Strategy")

Ziel der Aktivität Implementierung ist es, die Ergebnisse der Aktivität Design in einen ausführbaren Programmcode, also eine lauffähige Version der Software („Release") umzusetzen[758]. Auch an dieser Stelle kommen wieder Prinzipien und Techniken des Extreme Programming zum Einsatz, welche die Art der Ausführung der Aktivität beschreiben[759], ohne jedoch deren grundlegenden Inhalt und das Ergebnis der Aktivität Implementierung zu berühren. Um Integrationsrisiken bei der Entwicklung von Software zu begegnen, erfolgt eine kontinuierliche Integration der Softwaremodule zu einer lauffähigen Version. Des Weiteren erfolgt das Programmieren paarweise und jeder Programmierer soll zumindest einen generellen Überblick über den gesamten Programmcode haben[760]. Dies ist auch ein Grund der erwähnten beschränkten Einsatzmöglichkeiten des Extreme Programming für nur kleinere Projekte[761]. Die Anwendung einheitlicher formeller Standards der Programmierung mit dem Fokus auf der Verständlichkeit des dokumentierenden Programmcodes wird ebenfalls

754 Vgl. Lippert, M./ Roock, St./ Wolf, H. (2002), S. 4.

755 Vgl. Beck, K. (2000), S. 104.

756 Vgl. Beck, K. (2000), S. 113.

757 Vgl. Kapitel 4.1.5.2.2.3.

758 Vgl. Eckstein, J. (2000), S. 6.

759 Vgl. Beck, K. (2000), S. 97.

760 Vgl. Lippert, M./ Roock, St./ Wolf, H. (2002), S. 13.

761 Vgl. Kapitel 4.1.5.2.1.

vorausgesetzt[762]. Ergebnisse der Aktivität sind ausführbare Softwaremodule und durch die ständige Integration ein jederzeit lauffähiges Software-System mit der bis dato implementierten Funktionalität[763]. An die Implementierung schließt sich die Aktivität Test an.

4.1.5.2.3.4 Test („Testing Strategy“)

Das Ziel der Aktivität Test beim Extreme Programming zeigt eine weitgehende Übereinstimmung mit den bisher besprochenen Vorgehensmodellen[764]. Allein an die Art der Ausführung werden besondere Anforderungen gestellt. Tests haben grundsätzlich unabhängig voneinander und automatisiert abzulaufen. Der zuletzt genannte Aspekt ist weitestgehend selbsterklärend. Der zuerst genannte Aspekt der Unabhängigkeit soll eine Kettenreaktion in der Form verhindern, dass ein fehlerhaft implementierter Test die Ergebnisse fehlerfreier Tests beeinflussen kann[765]. Tests werden sowohl von den Entwicklern zur Selbstprüfung des von ihnen implementierten Programmcodes als auch vom Kunden erstellt. Der Kunde formuliert für jeden Anwendungsfall Testszenarien und gibt hierfür den Input und den erwarteten Output vor[766]. Die Entwickler setzen diese Informationen dann in automatisiert ausführbare Tests um. Eine Anforderung ist erst dann endgültig implementiert, wenn alle durchgeführten Tests zu fehlerfreien Resultaten geführt haben[767].

4.1.5.2.4 Prozessarchitektur des Extreme Programming

4.1.5.2.4.1 Anfangsuntersuchung („Initial Exploration“)

Ziel der Anfangsuntersuchung ist es festzustellen, ob sich die in dieser Phase erfassten Anforderungen auf dem gewünschten Weg in ein Software-System umsetzen lassen[768]. Dies ist gleichbedeutend mit der Feststellung der grundsätzlichen technologischen Realisierbarkeit[769]. In einem ersten Schritt sind die zu diesem Zeitpunkt als wichtig erachteten Anforderungen an die Funktionalität der Software zu formulieren. Hiervon ausgehend entwickeln die Programmierer möglichst mehrere unterschiedliche explorative Prototypen der

---

762 Vgl. Beck, K. (2000), S. 61.

763 Vgl. Beck, K. (2000), S. 97.

764 Vgl. bspw. Kapitel 4.1.4.3.3.5.

765 Vgl. Beck, K. (2000), S. 116.

766 Vgl. Eckstein, J. (2000), S. 7.

767 Vgl. Coldewey, J. (2002), S. 244.

768 Vgl. Beck, K. (2000), S. 131.

769 Vgl. Kapitel 4.1.4.3.4.1.

Architektur. Mit diesem Ergebnis wiederum werden die Anforderungen in Zusammenarbeit mit dem Kunden ergänzt und verfeinert[770]. Ist der Kunde mit dem Ergebnis, einem explorativen Prototyp der Architektur und dem Umfang und den Details der formulierten Anforderungen zufrieden, wird diese Phase beendet[771].

4.1.5.2.4.2 Entwicklung des ersten Release

Als Eingangsinformationen zur Planung der Entwicklung des ersten Release dienen im Wesentlichen die formulierten Anforderungen und die Erfahrungen der Entwickler mit den explorativen Architekturprototypen. Im Rahmen der Planung dieser zweiten Entwicklungsphase wird vereinbart, in welchem Zeitraum die erste Version der Software entwickelt werden soll. Umfassen soll die erste lauffähige Softwareversion wenige, als wichtig erachtete Anforderungen, die vom Kunden auch unter Kritikalitätsaspekten auszuwählen sind[772]. Ziel ist dabei eine risikoarme Entwicklung des ersten Release der Software in einem möglichst kurzen und gut schätzbaren Zeitraum. Die Entwicklung der ersten Softwareversion wird dazu in mehrere Iterationen aufgeteilt und zwar so, dass am Ende einer jeden Iteration ein oder mehrere implementierte Funktionen getestet werden können[773]. Das Ergebnis der ersten Iteration ist grundsätzlich die ausführbare Architektur des Software-Systems. Die Reihenfolge der nachfolgend inkrementell zu implementierenden Funktionen wird ausschließlich vom Kunden bestimmt. Sind am Ende der letzten Iteration alle vereinbarten Anforderungen in Funktionen der ersten Softwareversion fehlerfrei umgesetzt, kann die Phase der evolutionären Entwicklung des Software-Systems beginnen[774].

4.1.5.2.4.3 Evolutionäre Entwicklung

Von nun an greift die inkrementelle Entwicklungsstrategie des Extreme Programming: „die Evolution in kleinen Schritten". Die Iterationszyklen werden dazu im Vergleich zur vorangegangenen Phase stark verkürzt[775]. Vorrangiges Ziel in dieser Phase ist es, zu jedem Zeitpunkt eine lauffähige Version der Software bereit zu halten[776]. Dazu ist es erforderlich, die Bausteine kontinuierlich zum Software-System zu integrieren. Mit dieser Maßnahme soll

---

770 Vgl. Beck, K. (2000), S. 132f.

771 Vgl. Beck, K. (2000), S. 131f.

772 Vgl. Beck, K. (2000), S. 133f.

773 Vgl. Beck, K. (2000), S. 133.

774 Vgl. Beck, K. (2000), S. 134.

775 Vgl. Eckstein, J. (2000), S. 4.

776 Vgl. Lippert, M./ Roock, St./ Wolf, H. (2002), S. 13.

dem Integrationsrisiko bei der Softwareentwicklung[777] begegnet werden. Wenn alle aus Sicht des Kunden notwendigen funktionalen und nicht-funktionalen Anforderungen implementiert und erfolgreich gestestet wurden, ist die evolutionäre Entwicklung des Software-Systems beendet. Zu diesem Zeitpunkt endet der Entwicklungszyklus des Extreme Programming[778].

4.1.5.2.5 Projektspezifische Anpassungsmöglichkeiten

Liegen keine ausschließenden technischen Rahmenbedingungen[779] vor, kann Extreme Programming leicht an unterschiedliche Projekte angepasst werden, da dieser Ansatz ja gerade keine stringent einzuhaltenden Vorgaben an den Entwicklungsprozess enthält[780]. Dagegen ist der Einsatz prinzipiell unabhängig von den übrigen Rahmenbedingungen des Entwicklungsprozesses. Somit stehen weder die kundenindividuelle Entwicklung von Software noch die Entwicklung zur anonymen Vermarktung oder eine andere beabsichtigte Nutzungsart der Software einer Anwendung des Extreme Programming entgegen[781].

4.1.6 Ergebnis

4.1.6.1 Gleichnis der Aktivitäten und Ergebnisse in den Vorgehensmodellen

Bei Betrachtung der untersuchten Vorgehensmodelle zeigen sich einige prägnante Gemeinsamkeiten und Unterschiede. Ausnahmslos alle Vorgehensmodelle umfassen die grundsätzlichen Aktivitäten der Systementwicklung:

- Anforderungsanalyse,
- Entwurf,
- Design,
- Implementierung,
- Integration und
- Test.

Je nach betrachtetem Vorgehensmodell werden die Aktivitäten in unterschiedlicher Tiefe beschrieben und in Teilaktivitäten zerlegt oder auch in übergeordneten Aktivitäten zusammengefasst. Geben die objektorientierten Vorgehensmodelle eine umfassende

---

777 Vgl. Versteegen, G. (2000), S. 9.

778 Vgl. Beck, K. (2000), S. 135.

779 Vgl. Kapitel 4.1.5.2.1.

780 Vgl. Eckstein, J. (2000), S. 1.

781 Vgl. Beck, K. (2000), S. 159ff.

inhaltliche Beschreibung der Aktivitäten[782], so fokussiert der Ansatz des Extreme Programming darauf, nach welchen Werten und Prinzipien diese Aktivitäten ausgeführt werden sollen[783]. Die Notation der aus den Aktivitäten resultierenden Ergebnisse erfolgt dabei unterschiedlich detailliert[784]. Diese aufgezeigten Gemeinsamkeiten der Vorgehensmodelle würden im Hinblick auf die Bilanzierung des Entwicklungsprozesses keine unterschiedliche Abbildung auf Grund der Anwendung unterschiedlicher Vorgehensmodelle erwarten lassen. Nur spiegelt die inhaltliche Übereinstimmung der Aktivitäten nicht die Prozessarchitektur, dass heißt die sachlogische Abfolge dieser Aktivitäten in den betrachteten Entwicklungsprozessen wieder. Hierzu bedarf es einer vergleichenden Betrachtung der Architekturen dieser Entwicklungsprozesse, die sich nun anschließt.

4.1.6.2 Unterschiedliche Prozessarchitekturen in Abhängigkeit vom Vorgehensmodell

Der bemerkenswerteste Unterschied der betrachteten Vorgehensmodelle liegt in der Prozessarchitektur. Auf der Grundlage unterschiedlicher Methoden der Programmierung ist die Prozessarchitektur des Wasserfallmodells auch im Lichte möglicher Überschneidungen und begrenzt ausführbarer Rekursionen streng sequenziell[785] und die Prozessarchitektur der objektorientierten Vorgehensmodelle iterativ und inkrementell[786]. Bei den objektorientierten Vorgehensmodellen wird das zu entwickelnde Software-System bis in seine kleinsten Bausteine, die Objekte, zerlegt. Dann durchläuft jeder Baustein die Aktivitäten des jeweiligen Vorgehensmodells. So können einzelne Bausteine fertig implementiert und getestet bereits vorliegen, wenn für andere Bausteine aufgrund veränderter Anforderungen nochmals mehrere Aktivitäten ausgeführt werden müssen. Am Ende der Iterationszyklen in den Phasen werden die vorhandenen Bausteine zu einem aus Anwendersicht lauffähigen Software-System integriert. Das V-Modell '97 gibt zwar aufgrund der Unabhängigkeit von Programmiermethoden keine bestimmte Prozessarchitektur im Sinne eines Vorgehensmodells vor[787]. Bei Verwendung der zulässigen objektorientierten Programmierung in Verbindung mit einem

---

[782] Vgl. bspw. zur Anforderungsanalyse im V-Modell '97 Kapitel 4.1.4.2.3.3. und im Unified Software Development Process Kapitel 4.1.4.3.3.2.

[783] Vgl. bspw. zum Design beim Extreme Programming Kapitel 4.1.5.2.3.2.

[784] Vgl. Coldewey, J. (2002), S. 245.

[785] Vgl. Kapitel 4.1.3.2.4.

[786] Vgl. bspw. Kapitel 4.1.4.3.4.

[787] Vgl. so auch Noack, J./ Schienmann, B. (1999), S. 173.

iterativen und inkrementellen Ansatz lassen sich die Phasen der Entwicklung jedoch auch auf das V-Modell '97 applizieren[788].

Die detaillierteste Prozessarchitektur weist der Unified Software Development Process auf. Hier werden auf Grund der Beschränkung auf die objektorientierte Programmierung und die iterative und inkrementelle Entwicklung die Aktivitäten, Ergebnisse und Notationen in den Phasen ausführlich beschrieben. Der Übergang von einer Phase zur nächsten wird durch die Hauptmeilensteine deutlich markiert.

Auch wenn der Ansatz des Extreme Programming selbst kein spezifisches Vorgehen in Form eines Modells enthält, lässt sich die Prozessarchitektur ohne Zweifel ebenfalls mit den Attributen iterativ und inkrementell beschreiben. Somit finden sich im Grundsatz zunächst keine Unterschiede zu den besprochenen Prozessarchitekturen objektorientierter Vorgehensmodelle. Die aus den zur Verfügung stehenden Literaturquellen abgeleitete Prozessarchitektur stellt dabei lediglich eine idealisierte Form dar und ist mit der Detailtiefe der Prozessarchitektur des Unified Software Development Process nicht vergleichbar.

Betrachtet man nun ein Software-System als Ganzes, so haben die unterschiedlichen Prozessarchitekturen der Vorgehensmodelle durchaus Implikationen für eine Abbildung des Bilanzierungsobjektes Softwareentwicklung. Bedingt durch die Kongruenz durchzuführender Aktivitäten mit den Phasen des Vorgehens beim Wasserfallmodell liegt am Ende jeder Phase das Ergebnis einer Aktivität für das gesamte Software-System vor. Bei den objektorientierten Vorgehensmodellen trifft dies gerade nicht zu. Es gibt aufgrund des iterativen und inkrementellen Entwickelns keine Kongruenz mehr zwischen Aktivitäten und Phasen. An einem Beispiel soll dies besser verdeutlicht werden: Am Ende der Phase des detaillierten Designs eines Software-Systems beim Wasserfallmodell liegt genau dieses detaillierte Design als Ergebnis vor. Bei den objektorientierten Vorgehensmodellen ist eben dieses Ergebnis erst dann erzielt, wenn das detaillierte Design aller Bausteine vorliegt. Die Suche nach *diesem einen Zeitpunkt* im objektorientierten Entwicklungsprozess am Beispiel des Unified Software Development Process führt an das Ende der Konstruktionsphase. Hier ist im Gegensatz zum Vorgehen nach dem klassischen Wasserfallmodell jedoch auch die Aktivität Implementierung und Test weitestgehend abgeschlossen.

---

[788] Vgl. Kapitel 4.1.4.2.4.

4.2 Analyse relevanter urheberrechtlicher Grundlagen

4.2.1 Zur Notwendigkeit der Analyse relevanter urheberrechtlicher Grundlagen

Bei einer bilanziellen Abbildung des Immaterialgutes Software und des Bilanzierungsobjektes Softwareentwicklung im speziellen ergibt sich die Problematik, dass internationale Bilanzierungsvorschriften auf der Grundlage anderer, dem deutschen Recht fremder rechtlicher Rahmenbedingungen entworfen worden sind. Dies trifft jedenfalls für die US-GAAP zu[789]. Die Regelungen der supranationalen IFRS sind zwar nicht eindeutig einem länderspezifischen Rechtssystem zuzuordnen[790]. Unterschiede zum deutschen Recht können hier gleichwohl bestehen, woraus sich die Notwendigkeit einer Erörterung von rechtlichen Fragen im Zusammenhang mit dem Zufluss eines wirtschaftlichen Nutzens aus der Software und dem Schutz der Software gegenüber dem unerlaubten Zugriff Dritter ergibt[791]. In Deutschland kommen als Schutzrechte generell Urheberrechte, Patentrechte, andere Immaterialgüterschutzrechte[792] sowie Wettbewerbsrechte in Betracht[793]. Die Wahl fällt deshalb auf eine Erörterung des Urheberrechts, weil die Entstehung eines Urheberrechtsschutzes an keinerlei Handlungen, wie beispielsweise im Fall von Patentschutzrechten an eine Patentanmeldung geknüpft ist[794] und das Urheberrecht bereits im Zuge der Werkschöpfung auflebt[795]. Unter dem Aspekt einer bilanziellen Abbildung nach IFRS und US-GAAP rücken insbesondere folgende Fragen in den Vordergrund:

- Besteht ein Urheberrecht für Software?
- Wann lebt dieses Urheberrecht auf?
- Wem steht das Urherberrecht zu?
- Was umfasst das Urheberrecht gegenständlich?
- Was umfasst das Urheberrecht im Rechtsverkehr im Hinblick auf den Schutz und die wirtschaftliche Verwertung der entwickelten Software?
- Wem fließt im Rahmen urheberrechtlicher Regelungen der wirtschaftliche Nutzen zu?

---

789 Vgl. Kapitel 2.1.1.2.1.

790 Vgl. Kapitel 2.1.1.1.1.

791 Vgl. zur Notwendigkeit der Erörterung von urheberrechtlichen Fragen im Zusammenhang mit der Bilanzierung von Internetauftritten Fischer, T./ Vielmeyer, U. (2001), S. 1294.

792 Vgl. hierzu Wiebe, A. (1993), S. 1100.

793 Vgl. Michalski, L. (1993), S. 1961.

794 Vgl. Wiebe, A. (1993), S. 1094f.

795 Vgl. Haberstumpf, H. (1993), Rn. 99.

In den weiteren Abschnitten dieses Gliederungspunktes werden die gestellten Fragen aus dem Blickwinkel eines Softwareentwicklungsunternehmens beantwortet, um damit weitere notwendige Grundlagen für eine Ableitung des Bilanzierungsobjektes Softwareentwicklung zu schaffen.

4.2.2 Urheberrechtliche Regelungen im Zusammenhang mit Software

4.2.2.1 Urheberrechtsschutz für Software

4.2.2.1.1 Schutzwürdigkeit und tatsächliche Schutzfähigkeit von Computerprogrammen

In Deutschland waren die urheberrechtliche Schutzwürdigkeit und tatsächliche Schutzfähigkeit von Software jahrelang umstritten[796]. Erst mit Inkrafttreten des Zweiten Gesetzes zur Änderung des Urheberrechtsgesetzes vom 9. Juni 1993 wurden spezifische Regelungen zum Themenkomplex Computerprogramme in dieses Gesetz aufgenommen[797]. Insbesondere wurden durch diesen Gesetzgebungsakt bislang strittige Detailfragen zu den bereits im Jahre 1985 in den Werkkatalog des § 2 UrhG aufgenommenen Computerprogrammen beantwortet[798]. Somit liegt nun für Computerprogramme die Werkeigenschaft vor, die in Verbindung mit einem persönlichen geistigen Schöpfungsakt für nahezu alle Computerprogramme den Urheberrechtsschutz im Sinne des Gesetzes begründet[799]. Der Begriff des Computerprogramms im Urheberrechtsgesetz ist sehr weit gefasst[800] und wird durch:

- Programme in jeder Gestalt,
- einschließlich des Entwurfsmaterials[801]

abgegrenzt. Diese Begriffsabgrenzung stellt keine Legaldefinition dar[802] und unterscheidet sich von der Definition des Begriffes Software aus der Sicht der Informatik und des Software-Engineering[803]. Die daraus erwachsenden Implikationen für den Umfang des

---

796 Vgl. Lehmann, M. (1993), S. 1822; Paschke, M./ Kerfack, R. (1996), S. 498.

797 Vgl. Lesshaft, K./ Ulmer, D. (1993), S. 607.

798 Vgl. Loewenheim, U. (1999), § 2 UrhG, Rn. 117.

799 Vgl. Ahlberg, H. (2000), § 2 UrhG, Rn. 1.

800 Vgl. Moritz, H.-W. (1993), S. 257.

801 Vgl. § 69a, Abs. 1 UrhG.

802 Vgl. Marly, J. (1997), Rn. 11.

803 Vgl. Kapitel 3.1.1.

Urheberrechtsschutzes für einzelne Bestandteile von Software werden in einem späteren Gliederungspunkt ausführlich erörtert.

Die Anforderung an die persönliche geistige Schöpfung, also die Werkhöhe, ist bei Computerprogrammen im Vergleich zu anderen Werkarten niedriger anzusetzen. Auch „Einfache Computerprogramme genießen urheberrechtlichen Schutz, sofern sie nicht völlig banal sind“[804]. Ein genereller Urheberrechtsschutz von Computerprogrammen lässt sich daraus nicht ableiten. Es besteht nach wie vor die Notwendigkeit des Nachweises der Individualität, ohne jedoch qualitative oder ästhetische Kriterien bewerten zu müssen[805]. Als ausreichend erachtet wird ein Minimum an Individualität[806], welches aus Sicht der im Rahmen dieser Arbeit betrachteten Arten und Formen von Software als gegeben angesehen wird[807].

4.2.2.1.2 Gegenständlicher Umfang des Urheberrechtsschutzes

4.2.2.1.2.1 Abgrenzung des urheberrechtlichen Begriffs Computerprogramm zum informationstechnologischen Begriff der Software

Der gegenständliche Umfang des Urheberrechtsschutzes für Computerprogramme leitet sich aus § 69a Abs. 2 UrhG ab, nachdem die Ausdrucksform geschützt sein soll[808]. Urheberrechtlichem Schutz unterliegen demnach alle Bestandteile eines Computerprogramms, die in gegenständlicher Form Ausdruck des zu Grunde liegenden Computerprogramms sind. Die Ideen und Grundsätze, die zu der vorliegenden Ausdrucksform führten, fallen demnach nicht darunter. Abgegrenzt wird die Ausdrucksform als gegenständliche Konkretisierung einer Idee oder eines Grundsatzes durch die persönliche geistige Schöpfung des Urhebers[809].
Mit der Bestimmung zum gegenständlichen Umfang des Urheberrechtsschutzes soll deutlich zwischen geschützten und nicht schutzfähigen Bestandteilen von Software differenziert werden. Unter Hinzuziehung der Definition des Begriffes Software aus der Sichtweise der

---

804 Hoeren, Th. (2000), § 69a UrhG, Rn. 16, Satz 2.

805 Vgl. § 69a, Abs. 3, Satz 2 UrhG.

806 Vgl. Wiebe, A. (1993), S. 1097.

807 Vgl. Loewenheim, U. (1999), § 69a UrhG, Rn. 3f. für eine Aufzählung von Arten und Erscheinungsformen von Software, die unter die Begriffsabgrenzung von § 69a, Abs. 1 UrhG fallen.

808 Vgl. Horns, A. H. (2001), S. 5.

809 Vgl. Loewenheim, U. (1999), § 69a UrhG, Rn. 8f.

Informatik ergeben sich die zu betrachtenden Bestandteile einer fertig entwickelten Software aus:

- dem eigentliche Computerprogramm,
- den zum Betrieb notwendigen Daten und
- der zugehörigen Dokumentation.[810]

Nach dem urheberrechtlichen Verständnis umfassen Computerprogramme maschinenlesbare Prozeduren und Regeln, die eine Erledigung von Aufgaben auf Datenverarbeitungsanlagen ermöglichen[811]. Daraus ableitbar ist zumindest eine Kongruenz des urheberrechtlichen Begriffes und des informationstechnologischen Begriffes des Computerprogramms als Bestandteil von Software[812]. Berücksichtigt man zudem die Ergebnisse und Notationen im Entwicklungszyklus von Software, so lassen sich auszugsweise weitere Bestandteile, wie:

- Entwürfe,
- Modelle,
- Dokumente oder
- lauffähiger Programmcode

aufführen, die dem Oberbegriff der Entwurfsmaterialien im Verständnis des Urheberrechtsgesetzes zuzuordnen sind[813]. Alle diese aufgeführten Elemente sind Gegenstand der Entwicklung von Software. Nunmehr ist im Detail zu erörtern, welche spezifischen Bestandteile von Software und welche Ergebnisse des Entwicklungszyklus von Software konkret einen urheberrechtlichen Schutz genießen.

4.2.2.1.2.2 Urheberrechtsschutz des Computerprogramms und des Entwurfsmaterials

Zweifelsfrei besteht ein urheberrechtlicher Schutz am maschinenlesbaren Objektcode und am Quellcode („Source Code") des Computerprogramms, welches die Befehls- und Steuerungsfunktionen enthält[814], sowie am dazugehörigen Entwurfsmaterial, wozu auch „[...] die Vorstufen des Source Code, insbesondere die Problemanalyse, der Datenflussplan und der Programmablaufplan"[815] zählen. Hieraus ist die Notwendigkeit geistig schöpferischer Tätigkeiten für die Erstellung des Entwurfsmaterials abzuleiten, die erst zum Schutz

---

810 Vgl. Kapitel 3.1.1.

811 Vgl. Loewenheim, U. (1999), § 69a UrhG, Rn. 2.

812 Vgl. zum Begriff des Computerprogramms aus der Sicht der Informatik Kapitel 3.1.1.

813 Vgl. § 69a, Abs. 1 UrhG.

814 Vgl. Loewenheim, U. (1999), § 69a UrhG, Rn. 10.

815 Hoeren, Th. (2000), § 69a UrhG, Rn. 4, Satz 1.

desselben führt. Eine rein verbale Sammlung von wünschenswerten Funktionalitäten in einem Pflichtenheft der zu entwickelnden Software allein wird nicht zur Begründung eines urheberrechtlichen Schutzes ausreichen[816]. Dazu ist mindestens die Durchführung von Analyseaktivitäten beispielsweise im Rahmen der Analyse der Anforderungen notwendig[817]. Nachhaltig besteht der Urheberrechtsschutz jedenfalls dann, wenn die Architektur der Software als Ausdruck der Systemstruktur vorliegt[818].

Weitere geschützte Elemente im Zusammenhang mit dem Computerprogramm und dem Entwurfsmaterial sind die Schnittstellen und die dem Computerprogramm zugrunde liegende Art der Implementierung der Programmlogik[819]. Als Schnittstellen „[...] bezeichnet man die Informationen und mathematischen Größen, die erforderlich sind, um verschiedene Systeme miteinander kompatibel zu machen“[820]. Diese zur Begriffskonkretisierung im Urheberrecht verwendete Definition von Schnittstellen stimmt weitestgehend mit dem informationstechnologischen Verständnis überein. In Frage kommen Schnittstellen zwischen dem Computerprogramm und der Hardware, zu anderen Computerprogrammen oder zum Anwender. Schutzfähig ist hier nur die konkrete Umsetzung der gewünschten Funktion der Schnittstelle im Computerprogramm[821]. Technische Spezifikationen der Schnittstellen und auch allgemein übliche, weil standardisierte Umsetzungen von Funktionen sind indes nicht schutzfähig[822].

Uneinigkeit besteht bei der Antwort auf die Frage nach der Schutzfähigkeit neu entwickelter und komplexer Algorithmen[823]. Der Begriff des Algorithmus wird im juristischen Sprachgebrauch – wie auch im Urheberrecht – zwar oft verwendet, eine eindeutige Legaldefinition oder Begriffsabgrenzung fehlt jedoch[824], so dass eine Konkretisierung des

---

816 Vgl. Lesshaft, K./ Ulmer, D. (1993), S. 609.

817 Vgl. bspw. Kapitel 4.1.4.3.3.2.

818 Vgl. Lesshaft, K./ Ulmer, D. (1993), S. 613.

819 Vgl. Loewenheim, U. (1999), § 69a UrhG, Rn. 10.

820 Loewenheim, U. (1999), § 69a UrhG, Rn. 13.

821 Vgl. Vgl. Hoeren, Th. (2000), § 69a UrhG, Rn. 11.

822 Vgl. Loewenheim, U. (1999), § 69a UrhG, Rn. 13.

823 Vgl. bejahend Hoeren, Th. (2000), § 69a UrhG, Rn. 12; verneinend Ensthaler, J./ Möllenkamp, H. T. (1994), S. 154.

824 Vgl. Marly, J. (1997), Rn. 29.

Begriffes nur aus Sicht der Informatik erfolgen kann[825]. Algorithmen stellen „[...] spezifische Lösungen zu einem Problem dar"[826]. Und Algorithmen sind charakterisiert durch Determiniertheit, Allgemeinheit und Endlichkeit[827]. Aufgrund dieser Allgemeinheit, also der Allgemeingültigkeit zur Lösung einer Klasse von speziellen Problemen stellen diese Algorithmen wissenschaftliches Gemeingut dar, welches vom urheberrechtlichen Schutz freizuhalten ist[828]. Gleiches gilt auch bei einer Differenzierung zwischen allgemeinen und programmspezifischen Algorithmen. Auch hier ist wegen des fließenden Übergangs ein Algorithmus auch dann nicht schutzfähig, wenn dieser komplex ist und sich aus allgemeinen Algorithmen zusammensetzt[829]. Die Art und Weise der Implementierung von Algorithmen in einer bestimmten Programmiersprache genießt dagegen urheberrechtlichen Schutz[830].

Und zuletzt ist zu erörtern, inwieweit die bereits angesprochene Schutzfähigkeit der Art und Weise der Implementierung der Programmlogik von der Verwendung unterschiedlicher Programmiersprachen abhängig ist. Gemeinsamkeit aller höheren, nicht den Maschinensprachen zuzurechnenden Programmiersprachen ist der Umstand, dass verfasste Programme zuvor schrittweise oder komplett in maschinenlesbaren Objektcode übersetzt werden müssen[831]. Wird eine solche höhere Programmiersprache zur Implementierung verwendet, so ist deshalb grundsätzlich von der Schutzfähigkeit des Quellcodes und des Objektcodes (Computerprogramms) auszugehen[832]. Probleme bereitet hier nur die Abgrenzung zu reinen Beschreibungstechniken, wie etwa der Hypertext Markup Language (HTML) im Internet, die zudem nicht zu den Programmiersprachen zählt[833]. HTML ist vielmehr eine Beschreibungssprache zur Darstellung von Informationen im Internet und dient der Navigation im World Wide Web mit Hilfe eingebetteter Hyperlink-Verweise[834]. Im Falle der Verwendung von HTML ist die Schutzfähigkeit zumindest fraglich[835].

---

825 Vgl. so auch Haberstumpf, H. (1993), Rn. 23.

826 Stickel, E. (1997), S. 13.

827 Vgl. Brauer, W. (1999), S. 12.

828 Vgl. Ensthaler, J./ Möllenkamp, H. T. (1994), S. 151.

829 Vgl. Ensthaler, J./ Möllenkamp, H. T. (1994), S. 154.

830 Vgl. Loewenheim, U. (1999), § 69a UrhG, Rn. 10.

831 Vgl. Stickel, E. (1997), S. 560.

832 Vgl. Ensthaler, J./ Möllenkamp, H. T. (1994), S. 157.

833 Vgl. Stickel, E. (1997), S. 561.

834 Vgl. Wolff, M.-R. (1997), S. 14.

835 Vgl. Hoeren, Th. (2000), § 69a UrhG, Rn. 7.

4.2.2.1.2.3 Urheberrechtsschutz für zum Betrieb des Computerprogramms notwendige Daten

Aus der Notwendigkeit des Vorhandenseins von Befehls- und Steuerungsfunktionen sind Datensammlungen ohne diese genannten Funktionen vom Computerprogramm aus der Sicht des Urheberrechtsgesetzes abzugrenzen[836]. Dies ergibt sich auch aus der Systematik des Urheberrechts. Hier bestehen neben den allgemeinen Vorschriften auch spezielle Vorschriften für Computerprogramme und Datenbanken. Fraglich ist in diesem Zusammenhang vor allem, ob die zum Betrieb des Computerprogramms notwendigen Daten und zugehörigen Informationen zum Computerprogramm zu rechnen sind[837]. Aus funktionaler Sicht handelt es sich bei den zum Betrieb eines Computerprogramms notwendigen Daten um Steuerungsdaten[838]. Deswegen ist an erster Stelle die Einordnung dieser Steuerungsdaten als Datensammlungen im Sinne des Urheberrechtsgesetzes zu verneinen. Das Urheberrecht versteht unter einer Datenbank eine Sammlung unabhängiger Elemente, wobei zu Elementen Werke, Daten oder andere unabhängige Elemente zählen[839]. Die Unabhängigkeit bedingt, dass die Elemente einzeln einen Aussagegehalt für beliebige Nutzer haben und einzeln abgerufen werden können[840]. Dies trifft für Steuerungsdaten gerade nicht zu. Auf Grund der weiten Auslegung des Begriffes Computerprogramm im Urheberrechtsgesetz[841] wird deshalb die Zugehörigkeit der Steuerungsdaten zum Computerprogramm abgeleitet.

Dagegen fallen grafische Darstellungen, die in Dateien abgelegt sind, nicht unter den besonderen Urheberrechtsschutz der Paragrafen 69a ff. UrhG[842]. Weil der Schwerpunkt der Aktivitäten im Entwicklungszyklus auf Aktivitäten zur Entwicklung des Computerprogramms im engeren Sinne und den zugehörigen Steuerungsdaten liegt[843], wird an dieser Stelle auf eine weitere Erörterung des Urheberrechtsschutzes für die grafischen Bestandteile von Software verzichtet.

---

836 Vgl. Marly, J. (1995), S. 112.

837 Vgl. Hoeren, Th. (2000), § 69a UrhG, Rn. 3.

838 Vgl. Stickel, E. (1997), S. 161.

839 Vgl. § 87a Abs. 1 UrhG.

840 Vgl. Decker, U. (2000), § 87a UrhG, Rn. 2.

841 Vgl. Loewenheim, U. (1999), § 69a UrhG, Rn. 2.

842 Vgl. Loewenheim, U. (1999), § 69a UrhG, Rn. 7.

843 Vgl. Kapitel 4.1.4.3.3.3, Kapitel 4.1.4.3.3.4.

4.2.2.1.2.4 Urheberrechtsschutz der zum Computerprogramm zugehörigen Dokumentation

Die zum Computerprogramm gehörende Begleitdokumentation als Bestandteil von Software fällt nicht unter den Schutz der Paragrafen 69a ff. UrhG für Computerprogramme[844]. Die Begleitdokumentation kann jedoch nach § 2 UrhG als Sprachwerk[845] oder Darstellung wissenschaftlicher oder technischer Art[846] geschützt sein. Dies ist wiederum von der Werkhöhe abhängig. Eine dezidierte Diskussion des Kriteriums der Werkhöhe zur Ableitung eines urheberrechtlichen Schutzes der Begleitdokumentation liegt außerhalb des gebotenen Rahmens dieser Arbeit. Es wird in der Literatur jedoch davon ausgegangen, dass für die Begleitdokumentation ein urheberrechtlicher Schutz als wissenschaftlich-technisches Sprachwerk vorliegt[847]. Dem kann nur dann zugestimmt werden, wenn auch ein entsprechender Urheberrechtsschutz für das zugrunde liegende Computerprogramm besteht, es sich also nicht um ein banales Computerprogramm handelt.

4.2.2.1.3 Aufleben des Urheberrechtsschutzes

Aus der Erörterung des gegenständlichen Umfangs des Urheberrechtschutzes und den Erkenntnissen über die besprochenen Vorgehensmodelle lässt sich nun ein Zeitpunkt des Auflebens des Urheberrechtsschutzes ableiten. Zweifelsfrei ist dies dann der Fall, wenn erste dokumentierte Ergebnisse aufgrund durchgeführter Analyse- oder Konzeptionsaktivitäten vorliegen[848]. Demnach ist beim Vorgehen im Wasserfallmodell ein Aufleben des Urheberrechtsschutzes nach dem Abschluss der Planung der Software festzustellen[849]. Legt man die detailliert beschriebene Prozessarchitektur des Unified Software Development Process zu Grunde, lebt das Urheberrecht am Ende der Initiierungsphase mit Vorliegen des Analysemodells in der ersten Version auf[850]. Und bei Anwendung des Extreme Programming ist das Entstehen eines urheberrechtlichen Schutzes aufgrund des unbestimmten Dokumentationsumfangs zweifelsfrei erst mit dem Abschluss der Entwicklung des ersten

---

844 Vgl. Hoeren, Th. (2000), § 69a UrhG, Rn. 4.

845 Vgl. § 2 Abs. 1 Nr. 1 UrhG.

846 Vgl. § 2 Abs. 1 Nr. 7 UrhG.

847 Vgl. Haberstumpf, H. (1993), Rn. 28.

848 Vgl. Kapitel 4.1.4.3.3.2.

849 Vgl. Kapitel 4.1.3.2.3.2.

850 Vgl. Kapitel 4.1.4.3.4.1.

Release akzeptierbar[851]. Daraus ergibt sich, dass bereits früh im Entwicklungszyklus die Vorstufen des zu entwickelnden Computerprogramms urheberrechtlich geschützt sind.

4.2.2.2 Träger des Urheberrechtsschutzes für Computerprogramme

Abgeleitet aus der Forderung nach einer persönlich geistigen Schöpfung, die zu einem urheberrechtlichen Schutz führt, ist der Träger des Urheberrechtsschutzes immer der Schöpfer des Werkes[852]. Als Urheber kommen deshalb ausschließlich natürliche Personen in Frage. Somit kann eine juristische Person, in diesem Fall das bilanzierende Unternehmen, welches den Softwareentwicklungsprozess im Jahresabschluss entsprechend erfassen muss, kein Träger eines Urheberrechtes sein[853]. Auch vertragliche Regelungen führen nicht zu einer Übertragung des Urheberrechts auf juristische Personen[854]. Neben dem Originalurheber kommen auch Miturheber, Bearbeiter oder freie Benutzende als schöpferisch Beteiligte in Betracht[855]. Dies ist immer dann der Fall, wenn die persönlich geistige Schöpfung das Werk mehrerer ist. Aus der Sicht eines Softwareentwicklungsunternehmens wird Software üblicherweise von mehr als einer Person im Team entwickelt. Hier kann sich insbesondere die Zurechnung der Anteile an der Miturheberschaft schwierig gestalten[856]. Aufgrund gesonderter Vorschriften des Urheberrechtsgesetzes zur Schaffung von Computerprogrammen in Arbeitnehmer- oder Dienstverhältnissen wird dieses Problem dahingehend entschärft, weil dem Softwareentwicklungsunternehmen die ausschließlichen Vermögensrechte unter bestimmten Voraussetzungen zufallen[857]. Dieser aus Unternehmensperspektive relevante Aspekt wird in den folgenden Abschnitten näher beleuchtet.

---

851 Vgl. Kapitel 4.1.5.2.4.2.

852 Vgl. § 7 UrhG.

853 Vgl. Haberstumpf, H. (1993), Rn. 101. Hier zeigt sich ein evidenter Unterschied zum Urheberrecht in den USA, der eine Auseinandersetzung mit der Thematik im Kontext dieser Arbeit rechtfertigt. In Arbeits- und Anstellungsverhältnissen wird der Arbeitgeber Träger der Urheberrechte: vgl. Passavant, O. (1995), Rz. 1818; Weinstein, J. A. (2001), S. 10-4.

854 Vgl. § 29 Satz 2 UrhG.

855 Vgl. § 8 Abs. 1UrhG; Loewenheim, U. (1999), § 8 UrhG, Rn. 4.

856 Vgl. Haberstumpf, H. (1993), Rn. 102.

857 Vgl. Hoeren, Th. (2000), § 69b UrhG, Rn. 3f.

4.2.2.3 Juristische Personen als Träger vermögensrechtlicher Befugnisse

4.2.2.3.1 Derivativer Erwerb vermögensrechtlicher Befugnisse von natürlichen Personen als Träger des Urheberrechtsschutzes in Arbeits- oder Dienstverhältnissen

Entwickelt eine natürliche Person in einem entsprechenden Arbeits- oder Dienstverhältnis Computerprogramme für den Arbeitgeber, so erwirbt der Arbeitgeber derivativ aus dem Urheberrecht des Arbeitnehmers alle vermögensrechtlichen Befugnisse am Computerprogramm. Dieser derivative Erwerb vermögensrechtlicher Befugnisse schickt voraus, dass keine vertraglich vereinbarten Abänderungen getroffen worden sind[858]. Hierzu ist die erste Voraussetzung die Einordnung der Entwicklungsleistung der natürlichen Person des Urhebers in ein Arbeits- oder Dienstverhältnis. Weil das Urheberrechtsgesetz die Begriffsinhalte nicht näher bestimmt, sind zur Konkretisierung arbeitsrechtliche Regelungen heranzuziehen[859]. Danach ist Arbeitnehmer „[...] jeder, der in einem Arbeitsverhältnis steht und eine vom Arbeitgeber abhängige, weisungsgebundene Tätigkeit ausübt [...]“[860]. Gleiches gilt für natürliche Personen als Urheber in Dienstverhältnissen des öffentlich-rechtlichen Bereiches. Die Regelung des § 69b des Urheberrechtsgesetzes umfasst somit alle abhängig Beschäftigten[861]. Zweifelsfrei wird die erste Voraussetzung dann erfüllt sein, wenn der Beschäftigte in Wahrnehmung seiner im Arbeitsvertrag oder Dienstverhältnis beschriebenen Aufgaben[862] nach den Anweisungen des Arbeitgebers[863] das Computerprogramm entwickelt. Die Aufgaben des abhängig Beschäftigten können sich darüber hinaus auch aus der Stellenbeschreibung, anderen Regelungen oder der gewöhnlich ausgeübten Tätigkeit im Rahmen des Berufsbildes ergeben[864]. Zu spezifischen Sonderfällen, wie beispielsweise der Entwicklung von Computerprogrammen abseits der Aufgaben des Beschäftigten oder in seiner Freizeit wird an dieser Stelle auf die Literatur verwiesen[865].

---

858 Vgl. § 69a Abs. 1 UrhG.

859 Vgl. Loewenheim, U. (1999), § 69b UrhG, Rn. 3.

860 Hoeren, Th. (2000), § 69b UrhG, Rn. 5 Satz 2.

861 Vgl. Rojahn, S. (1999), § 43 UrhG, Rn. 10.

862 Vgl. Hoeren, Th. (2000), § 69b UrhG, Rn. 9.

863 Vgl. Hoeren, Th. (2000), § 69b UrhG, Rn. 10.

864 Vgl. Loewenheim, U. (1999), § 69b UrhG, Rn. 6.

865 Vgl. hierzu ausführlich Hoeren, Th. (2000), § 69b UrhG, Rn. 11-13.

Aus der Übertragung der vermögensrechtlichen Befugnisse an den Arbeitgeber im Rahmen des § 69b UrhG verbleibt dem Arbeitnehmer als Urheber kein zusätzlicher Anspruch auf Vergütung[866], wenn der Arbeitgeber das entwickelte beziehungsweise in der Entwicklung befindliche Computerprogramm ausschließlich zu betrieblichen Zwecken verwendet[867]. Die einzige Form der Vergütung für in Arbeits- oder Dienstverhältnissen geschaffene Computerprogramme stellt für abhängig Beschäftigte der Arbeitslohn dar[868]. Ein darüber hinaus gehender Anspruch auf ein zusätzliches Entgelt lässt sich nur mit der Erbringung eines außerhalb der arbeitsvertraglichen Regelungen liegenden besonderen Zusatznutzens aus der Entwicklungstätigkeit des abhängig Beschäftigten begründen[869]. Auch die Regelungen des seit dem 1. Juli 2002 geltenden neuen Urhebervertragsrechts führen in diesem Punkt zu keinen Veränderungen[870].

Ähnlich stellt sich der Sachverhalt für die Begleitdokumentation dar. Hierzu sind wie schon bei der Erörterung des gegenständlichen Umfangs des Urheberrechtsschutzes nicht die spezifischen Regelungen des § 69b UrhG sondern die allgemeinen urheberrechtlichen Regelungen des § 43 UrhG für arbeitsvertraglich geschuldete Werke heranzuziehen[871]. Wird die Begleitdokumentation im arbeits- oder dienstvertraglichen Verhältnis auf Anweisung des Arbeitgebers geschaffen, so steht dem Arbeitgeber ein Nutzungsrecht an diesem Werk zu[872]. Insoweit ergeben sich keine materiellen Abweichungen zu den spezifischen Regelungen für Computerprogramme.

4.2.2.3.2 Derivativer Erwerb vermögensrechtlicher Befugnisse von natürlichen Personen als Träger des Urheberrechtsschutzes in Auftragsverhältnissen

Der derivative Erwerb vermögensrechtlicher Befugnisse von freien Mitarbeitern als natürliche Personen trifft ebenso auf Auftragsverhältnisse oder ähnliche vertragliche Verhältnisse zu, wobei hier nicht die speziellen Regelungen des § 69b UrhG anzuwenden sind sondern die Rechtsfolgen des allgemeinen Urheberrechts greifen. Entwickelt ein freier Mitarbeiter

---

866 Vgl. Brandner, H. E. (2001), S. 884.

867 Vgl. Rojahn, S. (1999), § 43 UrhG, Rn 66.

868 Vgl. Hoeren, Th. (2000), § 69b UrhG, Rn. 19.

869 Vgl. Sack, R. (1991), S. 2172; Brandner, H. E. (2001), S. 885.

870 Vgl. Wimmers, J./ Rode, T. (2003), S. 403.

871 Vgl. Sack, R. (1991), S. 2166.

872 Vgl. Rojahn, S. (1999), § 43 UrhG, Rn. 37.

auftragsgemäß Computerprogramme, so steht ihm als natürliche Person das Urheberrecht und dem Auftraggeber die vermögensrechtlichen Befugnisse zu, sofern keine vertraglichen Abänderungen hinsichtlich der vermögensrechtlichen Befugnisse getroffen wurden[873].

4.2.2.3.3 Begriff und Umfang vermögensrechtlicher Befugnisse juristischer Personen

4.2.2.3.3.1 Ableitung der Arten vermögensrechtlicher Befugnisse juristischer Personen für die Bestandteile von Software

Im Urheberrecht finden derivativ erworbene vermögensrechtliche Befugnisse ihre Ausprägung in der Rechtsfolge eines ausschließlichen Nutzungsrechts am Computerprogramm nach § 31 UrhG[874]. Das ausschließliche Nutzungsrecht fällt dem Arbeitgeber per Gesetz zu[875] und schließt neben dem Computerprogramm auch die Vorstufen des Computerprogramms sowie das Entwurfsmaterial mit ein. Hinsichtlich der Begleitdokumentation greift § 69b UrhG nicht, weil die Begleitdokumentation gerade kein schutzfähiger Bestandteil der urheberrechtlichen Regelungen zu Computerprogrammen in den §§ 69a ff. UrhG ist[876]. Im Fall der Begleitdokumentation gelten wiederum die allgemeinen Vorschriften des Urheberrechtsgesetzes[877]. Für die in Arbeits- und Dienstverhältnissen[878] erstellte Dokumentation wird die stillschweigende Einräumung eines ausschließlichen Nutzungsrechts nach § 31 UrhG vermutet[879].

4.2.2.3.3.2 Wirtschaftlicher und zeitlicher Umfang des ausschließlichen Nutzungsrechts

Dem Arbeitgeber zufließende ausschließliche Nutzungsrechte in Form vermögensrechtlicher Befugnisse sind aus Sicht eines Softwareentwicklungsunternehmens in zwei Dimensionen relevant. Diese Dimensionen sind der Umfang des verwertbaren wirtschaftlichen Nutzens aus dem ausschließlichen Nutzungsrecht und der zeitliche Umfang des ausschließlichen Nutzungsrechts.

---

873 Vgl. Hoeren, Th. (2000), § 69b UrhG, Rn. 7.

874 Vgl. Hoeren, Th. (2000), § 69b UrhG, Rn. 15.

875 Vgl. Loewenheim, U. (1999), § 69b UrhG, Rn. 11.

876 Vgl. Kapitel 4.2.2.1.2.4.

877 Vgl. Hoeren, Th. (2000), § 69b UrhG, Rn. 18.

878 Vgl. hierzu analog Kapitel 4.2.2.3.1.; Kapitel 4.2.2.3.2.

879 Vgl. Rojahn, S. (1999), § 43 UrhG, Rn. 41.

Ausschließliche Nutzungsrechte im Sinne des § 31 Abs. 3 des Urheberrechtsgesetzes ermöglichen dem Softwareentwicklungsunternehmen als Arbeitgeber drei wesentliche Teilrechte. Erstens sind alle anderen Personen einschließlich des Urhebers oder der Urheber von der wirtschaftlichen Verwertung ausgeschlossen[880]. Zweitens kann der Arbeitgeber im Rahmen des positiven Nutzungsrechts alle gesetzlich zulässigen Nutzungsarten ausschöpfen[881]. Und Drittens kann der Arbeitgeber weitere einfache wie auch ausschließliche Nutzungsrechte Dritten einräumen[882]. Die zulässigen Nutzungsrechte drücken sich insbesondere durch die umfassende Nutzung entsprechend jetzigen und zukünftigen betrieblichen Zwecken aus. Hierunter fallen beispielsweise alle Formen der Vermarktung. Auch eine Weiterentwicklung des Computerprogramms zählt zu den möglichen Nutzungsarten[883].

Der wirtschaftliche Umfang des Nutzungsrechts an der Begleitdokumentation richtet sich nach den betrieblichen oder dienstlichen Zwecken des Arbeitgebers[884], wenn keine anderen vertraglichen Regeln[885] – wie Urheberrechtsklauseln in Arbeitsverträgen – vorliegen. Regelmäßig wird es sich bei den stillschweigend oder vertraglich eingeräumten Nutzungsrechten um ausschließliche Nutzungsrechte handeln[886], deren wirtschaftlicher Umfang den ausschließlichen Nutzungsrechten an Computerprogrammen entspricht.

Die Entstehung eines ausschließlichen Nutzungsrechts ist durch den Beginn und die Beendigung des Arbeits- oder Dienstverhältnisses begrenzt. Vor Beginn oder nach Beendigung des Arbeits- oder Dienstverhältnisses von Beschäftigten geschaffene Computerprogramme führen nicht zu einem ausschließlichen Nutzungsrecht des Arbeitgebers[887]. Erwirbt der Arbeitgeber das ausschließliche Nutzungsrecht derivativ für das im Rahmen des Arbeits- oder Dienstverhältnisses geschaffene Computerprogramm, so besteht dieses ausschließliche Nutzungsrecht auch nach Beendigung des Arbeits- oder Dienstverhältnisses fort[888]. Im Fall der Begleitdokumentation erfolgt die stillschweigende Einräumung des

---

880 Vgl. § 31 Abs. 3 UrhG.

881 Vgl. § 31 Abs. 3 UrhG. i.V.m. Schricker, G. (1999), § 31 UrhG, Rn. 5.

882 Vgl. § 31 Abs. 3 UrhG i.V.m. Schricker, G. (1999), § 31 UrhG, Rn. 4.

883 Vgl. Sack, R. (1991), S. 2169; Michalski, L. (1993), S. 1962.

884 Vgl. Rojahn, S. (1999), § 43 UrhG, Rn. 51f.

885 Vgl. Spautz, W. (2000), § 43 UrhG, Rn. 7.

886 Vgl. Rojahn, S. (1999), § 43 UrhG, Rn. 45.

887 Vgl. Hoeren, Th. (2000), § 69b UrhG, Rn. 14.

888 Vgl. Loewenheim, U. (1999), § 69b UrhG, Rn. 12.

Nutzungsrechts an den Arbeitgeber durch den abhängig Beschäftigten bei Fertigstellung[889]. Unter bestimmten Bedingungen ist auch ein früherer Zeitpunkt möglich[890]. Für den zeitlichen Umfang des Nutzungsrechts kann ebenfalls auf das zum Computerprogramm Gesagte verwiesen werden.

4.2.2.4 Weitere urheberrechtliche Regelungen im Zusammenhang mit Software

4.2.2.4.1 Zustimmungsbedürftige Handlungen

In diesem Abschnitt werden kurz weitere urheberrechtliche Regelungen zum Themenkomplex Software skizziert, die nur mittelbar zur Beantwortung der eingangs gestellten Fragen dienen. Die Zustimmung und das Gestatten von bestimmten Handlungen sind ein ausschließliches Recht des Inhabers des Urheberrechts[891]. Dies trifft dann nicht zu, wenn der Rechtsinhaber als abhängig Beschäftigter das Computerprogramm entwickelt hat und die umfassenden vermögensrechtlichen Befugnisse nunmehr beim Arbeitgeber liegen. Dem Arbeitgeber obliegen fortan die Zustimmung und das Gestatten von bestimmten Handlungen. Zu den zustimmungsbedürftigen Handlungen gehören insbesondere die Verwertung und die Bearbeitung. So ist es das ausschließliche Recht des Rechtsinhabers, das Computerprogramm vorübergehend oder dauerhaft zu vervielfältigen. Auf die Form der Vervielfältigung kommt es dabei nicht an[892]. Weiterhin kann ausschließlich der Entwickler des Computerprogramms oder der Arbeitgeber als Inhaber des ausschließlichen Nutzungsrechts eine Bearbeitung in beliebiger Art und Weise vornehmen[893] und die so erzielten Ergebnisse vervielfältigen[894]. Zudem werden dem Rechtsinhaber weit reichende Verbreitungshandlungen zugesprochen. Diese umfassen eine Vermarktung in jedweder Form[895]. Das Verbreitungsrecht beinhaltet gleichzeitig ein Verbietungsrecht in der Form, das Verbreitungsbeschränkungen auf der ersten Stufe der Verbreitung geltend gemacht werden können[896]. Konkret bedeutet das die Möglichkeit der räumlichen, zeitlichen oder inhaltlichen Beschränkung der Verbreitung auf

---

889 Vgl. Spautz, W. (2000), § 43 UrhG, Rn. 8.

890 Vgl. hierzu ausführlich Rojahn, S. (1999), § 43 UrhG, Rn. 42-44.

891 Vgl. § 69c UrhG.

892 Vgl. § 69c Nr. 1. UrhG.

893 Vgl. Hoeren, Th. (2000), § 69c UrhG, Rn. 7.

894 Vgl. § 69c Nr. 1 UrhG.

895 Vgl. Loewenheim, U. (1999), § 69c UrhG, Rn. 21.

896 Vgl. Loewenheim, U. (1999), § 69c UrhG, Rn. 38.

der ersten Vertriebsstufe durch den Rechtsinhaber[897]. Auf nachgelagerten Vertriebsstufen ist eine Verbreitung nicht mehr von der Zustimmung des Rechtsinhabers abhängig. Hiermit erschöpfen sich die ausschließlichen Verbreitungsrechte[898]. Für das Vermietrecht als eine Form der Verbreitung trifft dies allerdings nicht zu[899].

Die hier aufgeführten Handlungen, die ausschließlich durch den Rechtsinhaber vorzunehmen oder zu gestatten sind, unterliegen jedoch inhaltlichen Beschränkungen. Dazu führt § 69d UrhG Ausnahmen von den zustimmungsbedürftigen Handlungen auf. In erster Linie betrifft dies ein Anfertigen von Vervielfältigungsstücken und die Vornahme von Bearbeitungen durch verwendungsberechtigte Personen mit dem Ziel der Fehlerberichtigung[900]. Weiterhin bedarf es keiner Zustimmung des Rechtsinhabers zum begründeten Anfertigen einer Sicherungskopie und zum Durchführen von Programmtestläufen durch verwendungsberechtigte Personen[901].

Generell stehen dem Urheber eines Werkes Urheberpersönlichkeitsrechte zu. Auch durch die Zuordnung ausschließlicher Nutzungsrechte am Computerprogramm zum Arbeitgeber behält der Urheber diese Persönlichkeitsrechte[902]. Auf Grund der untergeordneten Bedeutung der Urheberpersönlichkeitsrechte in der Softwareindustrie werden in den Paragrafen 69a ff. UrhG Urheberpersönlichkeitsrechte nicht gesondert erwähnt[903]. Grundsätzliche Urheberpersönlichkeitsrechte wie das Recht zur Veröffentlichung[904], das Recht anderen die Änderung des Computerprogramms zu verbieten[905], das Recht auf Zugang zum Computerprogramm und das Rückrufsrecht zum Ausschluss der Benutzung durch andere werden dem Urheber entweder nicht gewährt beziehungsweise sind stark eingeschränkt[906]. Dies ergibt sich aus der umfassenden Übertragung der vermögensrechtlichen Befugnisse am Computerprogramm an

---

897 Vgl. Loewenheim, U. (1999), § 69c UrhG, Rn. 28.

898 Vgl. Hoeren, Th. (2000), § 69c UrhG, Rn. 13.

899 Vgl. § 69c Nr. 3 UrhG.

900 Vgl. § 69d Nr. 1 UrhG.

901 Vgl. § 69d Nr. 2, Nr. 3 UrhG.

902 Vgl. Loewenheim, U. (1999), § 69c UrhG, Rn. 13.

903 Vgl. Hoeren, Th. (2000), § 69c UrhG, Rn. 23.

904 Vgl. § 12 UrhG.

905 Vgl. § 14 UrhG.

906 Vgl. Loewenheim, U. (1999), § 69c UrhG, Rn. 14.

den Arbeitgeber[907]. Die Urheberpersönlichkeitsrechte würden diesen vermögensrechtlichen Befugnissen in weiten Teilen entgegenstehen.

4.2.2.4.2 Dekompilierung

Die Vorschriften zur Dekompilierung von urheberrechtlich geschützten Computerprogrammen im § 69e UrhG erfüllen folgenden Zweck: Unter bestimmten Bedingungen ist es erlaubt, durch Dekompilierung des Computerprogramms Informationen über die Schnittstellen und nur über die Schnittstellen desselben in Erfahrung zu bringen mit dem Ziel, die Interoperabilität des Computerprogramms mit anderen Programmen zu gewährleisten. Der Begriff Dekompilierung wird vom Gesetz nicht näher erläutert. Im juristischen Schrifttum wird darunter die Umwandlung des maschinenlesbaren Programmcodes unter Zuhilfenahme von Dekompilierungssoftware in eine Form lesbaren Quellcodes verstanden. Der ursprüngliche Quellcode beziehungsweise Source-Code einschließlich der Kommentierungen ist technisch durch das Dekompilieren nicht wiederherstellbar[908]. Der für Dekompilierung stellenweise synonym verwendete Begriff des „Reverse Engineering"[909] greift aus dem Verständnis der Informatik zu weit. Reverse Engineering umfasst neben der Dekompilierung zur Redokumentation des Quellcodes auch das Design Recovery zur Redokumentation des Designs der Software[910] beziehungsweise eine rückwärtig durchgeführte Änderung des Designs aufgrund der Ergebnisse der Aktivität Implementierung[911].

Maßnahmen zur Redokumentation und Analyse des Quellcodes dürfen ausdrücklich nur von Personen durchgeführt werden, die zur Nutzung des Computerprogramms berechtigt sind oder die von zur Nutzung berechtigten Personen dazu ermächtigt wurden[912]. Nur wenn entsprechende Informationen über die Schnittstellen unerlässlich und noch nicht auf anderem Wege als der Dekompilierung zugänglich sind, dürfen diese Maßnahmen überhaupt durchgeführt werden[913]. Zudem ist die Verwendung der gewonnenen Informationen

---

907 Vgl. Kapitel 4.2.2.3.

908 Vgl. bspw. Hoeren, Th. (2000), § 69e UrhG, Rn. 2f.

909 Vgl. hierzu Michalski, L. (1993), S. 1963; Wiebe, A. (1993), S. 1098.

910 Vgl. Stickel, E. (1997), S. 624; ausführlich Baumöl, U./ Borchers, J./ Eicker, S. u.a. (1996), S. 193.

911 Vgl. Braude, E. J. (2001), S. 358.

912 Vgl. § 69e Abs. 1 Nr. 1 UrhG.

913 Vgl. § 69e Abs. 1 Nr. 2 UrhG.

ausschließlich zum Zweck der Herstellung der Interoperabilität erlaubt[914] und weder Dritten zugänglich zu machen[915], noch für die Entwicklung und Vermarktung eigener Computerprogramme mit ähnlicher Form und ähnlichem Ausdruck zu verwenden[916]. Somit wird durch die restriktiven Zulässigkeitsvoraussetzungen zwar eine Dekompilierung ohne die Zustimmung des Rechtsinhabers erlaubt, eine wirtschaftliche Nutzung des geschützten Computerprogramms dagegen ist nicht möglich.

4.2.2.4.3 Rechtsverletzungen

In § 69f UrhG wird dem Rechtsinhaber der Anspruch zuerkannt, dass alle rechtswidrig in Umlauf gebrachten Kopien des urheberrechtlich geschützten Computerprogramms vernichtet werden[917]. Dieser Anspruch auf Vernichtung erstreckt sich auch auf andere Computerprogramme, die einzig zur Beseitigung von Schutzmechanismen gegen eine unerlaubte Vervielfältigung des urheberrechtlich geschützten Computerprogramms dienen[918]. Zwecke dieser Vorschrift sind die Wahrung der originären Rechte des Rechtsinhabers sowie der Schutz vor Missbrauch der rechtswidrig vervielfältigten Kopien des Computerprogramms[919]. Dabei kann eine Form des Missbrauchs die Verwertung der rechtswidrig erstellten Kopien zum Erzielen eines wirtschaftlichen Nutzens sein[920].

4.2.3 Ergebnis

Die Erörterungen der tatsächlichen Schutzfähigkeit von Software und des gegenständlichen Umfangs dieses gesetzlichen Schutzes führen zu dem Ergebnis, dass grundsätzlich alle Bestandteile von Software im Sinne der Begriffsabgrenzung aus Sicht der Informatik und des Software-Engineering einen urheberrechtlichen Schutz genießen, wenn das zugrunde liegende Computerprogramm nicht banal ist. Hierfür genügt ein Minimum an Individualität und persönlich geistiger Schöpfung, um die Anforderungen an die Werkhöhe im Sinne des Urheberrechtsgesetzes zu erfüllen[921]. Das Urheberrecht greift bereits beim Entwurfsmaterial, sieht dieses als schutzfähig an und lebt somit in einem frühen Stadium des Entwicklungs-

---

914 Vgl. § 69e Abs. 2 Nr. 1 UrhG.

915 Vgl. § 69e Abs. 2 Nr. 2 UrhG.

916 Vgl. § 69e Abs. 2 Nr. 3 UrhG.

917 Vgl. § 69f Abs. 1 UrhG.

918 Vgl. § 69f Abs. 2 UrhG.

919 Vgl. Hoeren, Th. (2000), § 69f UrhG, Rn. 3.

920 Vgl. Michalski, L. (1993), S. 1963.

921 Vgl. Kapitel 4.2.2.1.2.

zyklus mit dem Vorliegen von Ergebnissen persönlich geistiger Aktivitäten, wie beispielsweise der Anforderungsanalyse auf[922].

Träger des Urheberrechts ist der Schöpfer der Software. Urheber können ein oder mehrere ausschließlich natürliche Personen sein, wobei das Urheberrecht auch nicht durch vertragliche Regelungen auf juristische Personen übertragen werden kann[923]. Das Softwareentwicklungsunternehmen, in dem der Urheber abhängig beschäftigt oder mit der Entwicklung der Software beauftragt ist, erwirbt jedoch derivativ umfassende vermögensrechtliche Befugnisse an der Software in der Form ausschließlicher Nutzungsrechte. Diese Nutzungsrechte erlauben es dem Unternehmen, die Software entsprechend den betrieblichen Zwecken in allen Formen zu vermarkten und sich somit die Kontrolle über den künftigen Zufluss eines daraus entstehenden wirtschaftlichen Nutzens zu sichern[924]. Die beim Entwickler des Computerprogramms verbleibenden Urheberpersönlichkeitsrechte sind entsprechend beschränkt, so dass sie den vermögensrechtlichen Befugnissen des Arbeitgebers nicht entgegenstehen. Und die weiteren im Urheberrechtsgesetz fundierten Regelungen ermöglichen es dem bilanzierenden Unternehmen, Dritte vom Zufluss des wirtschaftlichen Nutzens auszuschließen[925].

4.3 Ableitung eines modellhaft konfigurierten Bilanzierungsobjektes Softwareentwicklung

4.3.1 Ableitung des zu Grunde liegenden Vorgehensmodells

Aus den in diesem Kapitel besprochenen Vorgehensmodellen wird nun ein modellhaftes Bilanzierungsobjekt konfiguriert. Es bildet die Grundlage der sich anschließenden Auslegung der International Financial Reporting Standards am Bilanzierungsobjekt Softwareentwicklung. Dazu wird wie folgt vorgegangen:

Die Prozessarchitektur des beschriebenen Wasserfallmodells entspricht weder der heutigen Sicht der Wissenschaftsdisziplin Softwareentwicklung[926] noch den Ergebnissen empirischer

---

922 Vgl. Kapitel 4.2.2.1.3.

923 Vgl. Kapitel 4.2.2.2.

924 Vgl. Kapitel 4.2.2.3.

925 Vgl. Kapitel 4.2.2.4.1.

926 Vgl. Conger, S. A. (1998), S. 28; Reinhold, M./ Kocher, H./ Oestereich, B. u.a. (1999), S. 17f.; Noack, J./ Schienmann, B. (1999), S. 166; Braude, E. J. (2001), S. 26.

Studien[927]. Als Grundlage für die Diskussion der bilanziellen Abbildung ist das Wasserfallmodell daher abzulehnen. Aus theoretischer und empirischer Perspektive relevant sind jedoch iterative und inkrementelle Vorgehensmodelle, die bei einer Anwendung der objektorientierten Programmierung oder auch bei Anwendung des Extreme Programming genutzt werden. Deshalb und auch aus Gründen der Detailliertheit der Beschreibung der Prozessarchitektur[928] wird das Vorgehensmodell des Unified Software Development Process als modellhaft konfiguriertes Bilanzierungsobjekt herangezogen. Dieses Vorgehensmodell weist eine hohe Detailfülle auf und lässt sich auch als Prozessarchitektur in das V-Modell ´97 integrieren[929]. Und das Vorgehen im Unified Software Development Process berücksichtigt die aus wissenschaftlich-theoretischer Sicht und praktischer Sicht heute notwendigen Anforderungen an die Entwicklung von Software:

- iterativ und inkrementell,
- architekturzentriert und
- anwendungsgetrieben.[930]

Grundlage der Diskussion der Bilanzierung eigenentwickelter Software sind somit die Phasen, die hierin durchgeführten Aktivitäten und entstehenden Ergebnisse sowie die Meilensteine des Unified Software Development Process, die im entsprechenden Abschnitt dieses Kapitels analysiert worden sind[931]. Die jeweiligen und für Fragen der Bilanzierung immanent notwendigen dokumentierten Ergebnisse im Entwicklungsprozess werden für den modellhaften Geschäftsvorfall als vorliegend und ausreichend angenommen. Das Attribut „ausreichend" meint hier, dass die Qualität der Dokumentation so beschaffen ist, dass die notwendigen Entscheidungen getroffen werden können und die Dokumentation intersubjektiv nachprüfbar das Erreichen der dokumentierten Ergebnisse zulässt. So kann und soll die Qualität der vorwiegend technischen Notation der Ergebnisse nicht Gegenstand der Diskussion der vorliegenden Arbeit sein.

4.3.2 Ableitung der zu Grunde liegenden Rahmenbedingungen

Bei der Ableitung der Rahmenbedingungen des Bilanzierungsobjektes Softwareentwicklung werden insbesondere die Aspekte abgegrenzt, die urheberrechtliche und betriebswirtschaft-

---

[927] Vgl. Kapitel 3.2.2.

[928] Vgl. Kapitel 4.1.6.2.

[929] Vgl. Kapitel 4.1.4.2.4.

[930] Vgl. Hering, E. (2000), S. 336.

[931] Vgl. Kapitel 4.1.4.3.4.

liche Fragen berühren. An erster Stelle wird davon ausgegangen, dass die Software entsprechend den Anweisungen des Arbeitgebers und den arbeitsvertraglichen Vereinbarungen folgend ausschließlich von abhängig Beschäftigten beziehungsweise freien Mitarbeitern in entsprechend ausgestalteten Auftragsverhältnissen entwickelt wird. Beim Arbeitgeber handelt es sich um eine juristische Person. Das vom Arbeitgeber verfolgte Geschäftsmodell[932] umfasst als essenzielle Leistungserstellung die Entwicklung und als wesentliches Leistungsangebot die anonyme Vermarktung von fixer beziehungsweise variabler Standardsoftware in der Form von Enterprise Ressource Planning-Software. Leistungserstellung und Leistungsangebot entsprechen des Weiteren dem verfolgten Geschäftszweck. Daraus ergibt sich der Standardfall des Urheberrechts der Paragrafen 69a ff. UrhG beziehungsweise des § 43 UrhG, in deren Rahmen dem Arbeitgeber die vermögensrechtlichen Befugnisse an der entwickelten beziehungsweise in Entwicklung befindlichen Software in Form ausschließlicher Nutzungsrechte zugesprochen werden[933]. Der Arbeitgeber kann nun in Verfolgung seines Geschäftsmodells die Software verwerten. Zusätzlich zu berücksichtigende Ansprüche der Softwareentwickler bestehen nicht, weil eine Verwertung ausschließlich im Rahmen betrieblicher Zwecke vorgenommen wird[934].

Betriebswirtschaftliche Rahmenbedingungen berühren vor allem die Beurteilung der wirtschaftlichen Durchführbarkeit des Projektes sowie die Planung der zur Entwicklung benötigten Ressourcen. Insbesondere bei einer beabsichtigten anonymen Vermarktung ist vor Beginn des Projektes die Nachfrage zu prognostizieren[935], um daraus in einer Wirtschaftlichkeitsuntersuchung eine Entscheidungsgrundlage für die Initiierung des Projektes zu schaffen[936]. Diese betriebswirtschaftlichen Aspekte gehen beim betrachteten Vorgehensmodell zwar mit ein. Detaillierte Überlegungen im Sinne einer Anleitung zur Prognose der Nachfrage und zur Planung der Ressourcen finden sich jedoch nicht in den Beschreibungen des Vorgehensmodells. Klar ist allerdings auch, dass unter betriebswirtschaftlichen Gesichtspunkten eine Investition von Ressourcen in ein Softwareentwicklungsprojekt nur stattfinden wird, wenn sich aus entsprechenden Planungsrechnungen ein Zahlungsmittelüberschuss ergibt. Und es ist zu prognostizieren, dass die Zeit bis zur

---

932 Vgl. ausführlich zum Geschäftsmodell Kapitel 3.1.3.

933 Vgl. Kapitel 4.2.2.3.

934 Vgl. hierzu ausführlich Kapitel 4.2.2.4.

935 Vgl. Jacobson, I./ Booch, G./ Rumbaugh, J. (1999), S. 343; Balzert, H. (2001), S. 58.

936 Vgl. Jacobson, I./ Booch, G./ Rumbaugh, J. (1999), S. 346; Versteegen, G. (2000), S. 125f.

Markteinführung die Realisierung dieses Zahlungsmittelüberschusses zulässt[937]. Zu den beim Bilanzierungsobjekt benötigten Ressourcen zählen vor allem die Softwareentwickler, die entsprechend den Aufgaben qualifiziert sein müssen[938]. Des Weiteren wird zur Durchführung der Aktivitäten die geeignete Hardware und Software benötigt[939]. Und zu den Ressourcen zählt ebenfalls die zur Entwicklung der Software notwendige Zeitdauer[940]. Diese Ressourcen lassen sich nun aus dem Mengen- und Preisgerüst in geschätzte Entwicklungsaufwendungen überleiten[941]. So wird bei der Konfiguration des Bilanzierungsobjektes unterstellt, dass zunächst in einem groben Plan die Phasen[942] und fortlaufend in einem detaillierten Plan die einzelnen Iterationen in den Phasen[943] hinsichtlich der benötigten Ressourcen prognostiziert werden. Weiterhin wird angenommen, dass die so geplanten und in Entwicklungsaufwendungen darstellbaren Ressourcen vom bilanzierenden Unternehmen bereitgestellt und in entsprechenden Planungsrechnungen budgetiert werden.

Generell erforderlich ist auch die fortlaufende betriebswirtschaftliche Kalkulation des Projektes. Diese umfasst mindestens die Erfassung der verursachten Aufwendungen, die im Entwicklungszyklus angefallen sind. Des Weiteren sind die noch anfallenden Aufwendungen abzuschätzen, um somit eine ständig aktualisierte Grundlage für die Beurteilung der Wirtschaftlichkeit des Projektes zu schaffen[944]. Spezifische Anforderungen an die Ausgestaltung der betriebswirtschaftlichen Projektkalkulation gibt der Unified Software Development Process nicht vor. Es ist daher davon auszugehen, dass zumindest ein geeignetes ordnungsmäßiges Kostenrechnungssystem installiert sein muss, um die angefallenen Projektaufwendungen verfolgen zu können. Auch hier wird unterstellt, dass beim bilanzierenden Unternehmen ein solches Kostenrechnungssystem vorhanden ist. Für die detaillierte Ausgestaltung eines derartigen Systems sei an dieser Stelle auf das Schrifttum verwiesen[945].

---

937 Vgl. Jacobson, I./ Booch, G./ Rumbaugh, J. (1999), S. 342.

938 Vgl. Jacobson, I./ Booch, G./ Rumbaugh, J. (1999), S. 333; Hering, E. (2000), S. 336f.

939 Vgl. Kocher, H. (1999), S. 213; Hering, E. (2000), S. 338.

940 Vgl. Jacobson, I./ Booch, G./ Rumbaugh, J. (1999), S. 334.

941 Vgl. bspw. Hering, E. (2000), S. 341ff.

942 Vgl. Oestereich, B. (1999), S. 121.

943 Vgl. Oestereich, B. (1999), S. 123.

944 Vgl. Versteegen, G. (2000), S. 125f.

945 Vgl. Schweitzer, M./ Küpper, H.-U. (1995), S. 300ff.; Eisele, W (2002), S. 647ff.

5. Auslegung der International Financial Reporting Standards am Bilanzierungsobjekt Softwareentwicklung

5.1 Auslegungsmöglichkeiten und Auslegungsbedürftigkeit der International Financial Reporting Standards

5.1.1 Auslegung der International Financial Reporting Standards

5.1.1.1 Auslegung: Definition und Abgrenzung des Begriffes

Im wissenschaftlichen Sprachgebrauch ist der Auslegungsbegriff durch die Methodenlehre des römischen Rechts geprägt. In dieser Rechtsmethodologie bedeutet Auslegung [...] die Ermittlung und Klarlegung des Bedeutungsgehaltes eines Begriffes oder eines sonstigen Umstandes“[946]. In der vorliegenden Arbeit wird unter einem Begriff oder einem sonstigen Umstand ein auslegungsbedürftiger Begriff oder eine auslegungsbedürftige Verlautbarung der IFRS verstanden. Man unterscheidet vier Arten der Auslegung, die grammatische Auslegung, die historische Auslegung, die systematische Auslegung und die teleologische Auslegung. Die Arten der Auslegung bauen aufeinander auf, ohne jedoch eine sequenzielle Bearbeitung zu verlangen[947].

Die grammatische Auslegung dient der Bestimmung des zu interpretierenden Begriffes und zwar dann, wenn es an einer Definition desselben fehlt[948]. Zu berücksichtigen sind dabei wissenschaftliche Erkenntnisse oder, wenn diese nicht greifen, der Wortsinn des Begriffes im allgemeinen Sprachgebrauch[949]. Die systematische Auslegung ergründet die Stellung der auszulegenden Verlautbarung im Umfeld – also beispielsweise die Stellung einer Verlautbarung im Kontext des Regelwerkes[950]. Die historische Auslegung bezieht sich auf die Entstehungsgeschichte des Begriffes oder der Verlautbarung. Neben Entwürfen sind hier auch Hintergrundinformationen, die zur Entstehung des Begriffes oder der Verlautbarung geführt haben, zu berücksichtigen[951]. Und mit der teleologischen Auslegung wird der Zweck des

946 Tilch, H./ Arloth, F. u.a. (2001), S. 433.

947 Vgl. Tilch, H./ Arloth, F. u.a. (2001), S. 433.

948 Vgl. Klug, U. (1982), S. 153.

949 Vgl. Tilch, H./ Arloth, F. u.a. (2001), S. 433.

950 Vgl. Vogenauer, S. (2001), S. 1257.

951 Vgl. Röhl, K. F. (2001), S. 599f.

Begriffes oder der Verlautbarung ergründet[952]. Ein festes Gefüge der Auslegungsarten untereinander existiert nicht. Ein unterschiedliches Ergebnis bei Durchführung aller vier Arten der Auslegung muss im konkreten Einzelfall zu einer begründeten Präferenz für ein Ergebnis führen[953].

5.1.1.2 Ableitung der Voraussetzungen zur Auslegung der International Financial Reporting Standards

Im Abschnitt Bilanzierungs- und Bewertungsmethoden des IAS 8 wird als Voraussetzung zur Entwicklung von eigenen Bilanzierungs- und Bewertungsmethoden das Fehlen spezifischer, spezieller oder bestimmter Vorschriften genannt. Diese Regelung wurde im Rahmen des „Improvements Project“ inhaltlich nahezu unverändert aus IAS 1 in den nunmehr geltenden IAS 8 übernommen[954]. Nicht konkretisiert bleibt weiterhin, ob das Fehlen spezieller Vorschriften sich nur auf Regelungslücken oder auch auf das Fehlen eindeutiger Regelungen zu bestimmten Bilanzierungssachverhalten bezieht. Denn nur im letzten Fall kann eine Auslegung im Sinne einer Interpretation überhaupt erfolgreich sein. *Wollmert/ Achleitner* sehen ein Fehlen spezieller Vorschriften bei „[...] lückenhaften oder nicht hinreichend präzisierten Regelungen [...]“[955]. Festzuhalten ist, dass neben Regelungslücken auch die Unbestimmtheit bestehender Vorschriften zu spezifischen Bilanzierungssachverhalten es nach IAS 8 erfordern, entsprechende Bilanzierungs- und Bewertungsmethoden zu entwickeln[956]. Die sich daraus ergebenden Auslegungsalternativen und Anforderungen werden im nächsten Abschnitt diskutiert.

5.1.1.3 Möglichkeiten der Auslegung der International Financial Reporting Standards

Bei der Erstellung eines IFRS-Abschlusses sind die verwendeten Bilanzierungs- und Bewertungsmethoden grundsätzlich in Übereinstimmung mit den International Financial Reporting Standards anzuwenden[957]. Beim Fehlen spezieller Vorschriften für bestimmte Bilanzierungssachverhalte sind selbst Bilanzierungs- und Bewertungsmethoden zu entwickeln, die zum einen der Entscheidungsnützlichkeit von Rechnungslegungs-

---

952 Vgl. Röhl, K. F. (2001), S. 600.

953 Vgl. Tilch, H./ Arloth, F. u.a. (2001), S. 434.

954 Vgl. IASB (2002b), S. 95f.; Wagenhofer, A. (2003), S. 137f.

955 Wollmert, P./ Achleitner, A.-K. (2002), Rn. 20.

956 Vgl. übereinstimmend Küting, K./ Hayn, S. (1995), S. 1647.

957 Vgl. IASB (2004), IAS 8, Abschn. 7.

informationen[958] gerecht werden und die zum anderen zuverlässige Rechnungslegungsinformationen[959] vermitteln[960]. Die erforderliche Zuverlässigkeit wird konkretisiert, indem die zu entwickelnden Bilanzierungs- und Bewertungsmethoden:

- die Vermögens- und Finanzlage des Unternehmens zutreffend darstellen,
- den wirtschaftliche Gehalt des Bilanzierungssachverhaltes widerspiegeln und nicht notwendigerweise die formaljuristische Ausgestaltung,
- neutral sind,
- vorsichtig sind und
- unter Berücksichtigung des Wesentlichkeitsgrundsatzes vollständig sind.[961]

Mit diesen Konkretisierungen der Zuverlässigkeit der zu vermittelnden Informationen werden Teile der qualitativen Anforderungen des Rahmenkonzeptes an die Rechnungslegung im verbindlichen IAS 1 materialisiert. Nun ergab der Vergleich der Rechnungslegungskonzeptionen auch für das Rahmenkonzept der IFRS keine ausreichende Operationalisierung dieser qualitativen Anforderungen[962]. Daraus ist abzuleiten, dass die oben aufgezeigten Konkretisierungen der Zuverlässigkeit in IAS 1 noch nicht ausreichen können, die Art und Weise der Entwicklung der Bilanzierungs- und Bewertungsmethoden hinreichend genau zu definieren. Hilfestellung geben hier die Anwendungsrichtlinien zu eben diesem Abschnitt des IAS 1. Hier wird der Begriff der Bilanzierungs- und Bewertungsmethoden definiert. Weitaus interessanter sind jedoch die Anwendungsrichtlinien, die Vorgehensweisen zur Auslegung der IFRS konkret formulieren. So sind bei der Entwicklung der Bilanzierungs- und Bewertungsmethoden:

- die Anforderungen und Anwendungsrichtlinien der IFRS zu berücksichtigen, die sich mit ähnlichen Bilanzierungssachverhalten beschäftigen[963],
- die Definitionen sowie Ansatz- und Bewertungsvorschriften der Elemente eines Abschlusses des Rahmenkonzeptes zu berücksichtigen[964] und

958 Vgl. hierzu ausführlich Kapitel 2.2.5.2.1.

959 Vgl. hierzu ausführlich Kapitel 2.2.5.3.2.

960 Vgl. IASB (2004), IAS 8, Abschn. 10.

961 Vgl. IASB (2004), IAS 8, Abschn. 10b (i) – (v).

962 Vgl. Kapitel 2.3.

963 Vgl. IASB (2004), IAS 8, Abschn. 11a.

964 Vgl. IASB (2004), IAS 8, Abschn. 11b.

- Verlautbarungen anderer Standardgeber und anerkannte Branchenpraktiken zu berücksichtigen, allerdings nur insoweit diese mit den beiden Erstgenannten in Einklang stehen[965].

Diese drei vorgeschlagenen Alternativen können auch als Fallanalogie, als Berufung auf allgemeine Prinzipien und als Systemanalogie verstanden werden[966]. Aus den Vorschriften des IAS 8 lassen sich so mehrere Möglichkeiten der Art und Weise der Auslegung im Sinne von Auslegungstechniken und -hilfen ableiten, wobei die konkreten Möglichkeiten, die in IAS 8, Abschnitt 11 und 12, aufgeführt sind, alternative Auslegungstechniken darstellen. Inhärent ist dieser Vorschrift, dass beim Heranziehen von Verlautbarungen anderer Standardgeber oder der Anwendung üblicher Branchenpraktiken diese in der zu Grunde liegenden Konzeption den IFRS entsprechen müssen und den Anforderungen und Anwendungsrichtlinien der IFRS, die sich mit ähnlichen Bilanzierungssachverhalten beschäftigen nicht entgegenstehen dürfen[967]. Daher kommen als kodifizierte Verlautbarungen anderer Standardgeber insbesondere die US-GAAP in Frage[968]. Hier ist zumindest ein hinreichender materieller Einklang der Rechnungslegungskonzeption gegeben, der sich neben einer weitgehenden Übereinstimmung der Rechnungslegungsziele und qualitativen Anforderungen an die Rechnungslegung auch in einer Übereinstimmung der Definitionen der Elemente eines Abschlusses ausdrückt[969].

Eine weitere Möglichkeit der Auslegung der IFRS stellt die Verwendung von Standardentwürfen dar. Diese Alternative wird jedoch mit der Begründung abgelehnt, dass Standardentwürfe zumeist noch wesentlich geändert werden, bevor eine Verabschiedung erfolgt[970]. Daraus resultiert eine Einschränkung für die Anwendung der historischen Auslegung.

Daher stellt das Heranziehen von Verlautbarungen der US-GAAP die nächstliegende Variante der Auslegung der IFRS dar. Existieren in den US-GAAP detaillierte und spezifische Regelungen zu einem Bilanzierungssachverhalt, so können unter Berücksichtigung des

965 Vgl. IASB (2004), IAS 8, Abschn. 12.

966 Vgl. Lüdenbach, N. (2003), § 2, Rz. 34.

967 Vgl. Wollmert, P./ Achleitner, A.-K. (2002), Rn. 21.

968 Vgl. bspw. Wagenhofer, A. (2003), S. 137, S. 211.

969 Vgl. hierzu ausführlich Kapitel 2.3.

970 Vgl. Wollmert, P./ Achleitner, A.-K. (2002), Rn. 23.

Einklangerfordernisses[971] diese Bilanzierungs- beziehungsweise Bewertungsmethoden der US-GAAP genutzt werden, um die IFRS hinsichtlich eines Bilanzierungssachverhaltes auszulegen[972]. Die darauf basierende These der vorliegenden Arbeit wird nun unmittelbar im Anschluss am abgeleiteten Bilanzierungsobjekt Softwareentwicklung diskutiert. Mit dem Vergleich der Rechnungslegungskonzeptionen im zweiten Kapitel ist bereits das Einklangerfordernis nachweisbar erfüllt, so dass es nunmehr noch der Überprüfung bedarf, ob die zur Auslegung heranzuziehenden Verlautbarungen der US-GAAP nicht bestehenden Regelungen der IFRS entgegenstehen[973].

5.1.1.4 Systematik einer Auslegung der International Financial Reporting Standards unter Heranziehung der Verlautbarungen der United States-Generally Accepted Accounting Principles

Aus dem bisher Gesagten lässt sich nunmehr eine Systematik der Auslegung der IFRS in Form einer Vorgehensweise ableiten, die sich an den Auslegungshilfen und –techniken des IAS 8 orientiert. An erster Stelle steht die grammatische Auslegung nicht definierter Begriffe in den IFRS. Hier sind zunächst der Sinn und Inhalt des Begriffes wissenschaftlich unter Berücksichtigung des Bilanzierungssachverhaltes zu ergründen. Zur Interpretation des Begriffes können auch im Sinne einer historischen Auslegung Hintergrundinformationen des Standardgebers gehören. Dies wird dann besonders relevant, wenn ähnliche Begriffe in den verwendeten Verlautbarungen der US-GAAP auftauchen. Dabei wird zu bestimmen sein, ob die formell ähnlichen Begriffe der IFRS und US-GAAP auch materiell dasselbe bedeuten.

Im zweiten Schritt ist ausgehend von der Übertragung der Bilanzierungsmethoden der US-GAAP in die IFRS eben diese Methodenübertragung dahingehend zu überprüfen, ob der objektiv (teleologisch) ermittelte Zweck der Verlautbarung der IFRS dieser Methodenübertragung nicht entgegensteht. Konkret am Bilanzierungsobjekt bedeutet dies zuerst die eindeutige Bestimmung eines Aktivierungszeitpunktes für Softwareentwicklungsaufwendungen gemäß den US-GAAP. Die Bilanzierungsmethoden zur Bestimmung dieses Aktivierungszeitpunktes werden anschließend in die IFRS zur Auslegung übertragen. Diese Überprüfung erfüllt gleichzeitig die entsprechende Anforderung des IAS 8, Abschnitt 12. Kommt man nun zu dem Ergebnis, dass es weder auf begrifflicher Ebene noch auf

---

971 Vgl. Ruhnke, K./ Nehrlich, Chr. (2003), S. 754.

972 Vgl. Wollmert, P./ Hey, J. (2002), S. 1061; Ruhnke, K./ Nehrlich, Chr. (2003), S. 753.

973 Vgl. Wagenhofer, A. (2003), S. 137.

methodischer Ebene Kollisionen zwischen den herangezogenen Verlautbarungen der US-GAAP und den damit ausgelegten Verlautbarungen der IFRS gibt, so ist dieser Weg der Auslegung erfolgreich. Kommt es zu Kollisionen, so sind die Verlautbarungen der IFRS alternativ unter Verwendung der Auslegungsarten zu interpretieren, um Ursachen für das Scheitern der oben genannten Auslegung zu identifizieren und um zu einer normativen Aussage zur Abbildung des Bilanzierungsobjektes zu gelangen.

Die Auslegung der International Financial Reporting Standards wird in diesem Kapitel nach folgendem Schema diskutiert:

- Systematisierung der relevanten Regelungen der IFRS und US-GAAP in Bezug auf das Bilanzierungsobjekt,
- Konkretisierung der Abbildung des Bilanzierungsobjektes nach US-GAAP,
- Auslegung der IFRS am Bilanzierungsobjekt unter Heranziehen der systematisierten und konkretisierten Verlautbarungen der US-GAAP und falls dieser Weg der Auslegung scheitert,
- eine alternative Auslegung der IFRS am Bilanzierungsobjekt.

Daran schließt sich ein Abschnitt an, der spezifische Fragen zur Abbildung des Bilanzierungsobjektes gemäß IAS 38 behandelt.

5.1.2 Einordnung des Bilanzierungsobjektes Softwareentwicklung unter dem Aspekt der Bilanzierung

Bei der Einordnung des abgeleiteten Bilanzierungsobjektes geht es vorrangig um die Frage, ob bestimmte Kriterien der Klassifizierung der entwickelten Software eine bestimmte bilanzielle Abbildung nach sich ziehen. Nicht geeignet für die Abgrenzung dieser Kriterien ist die bereits im dritten Kapitel dargelegte funktionale Einteilung von Software. Für die Erfassung im Abschluss ist das Bilanzierungsobjekt vielmehr unter den Aspekten der Art des Zugangs und der Art der Verwendung zu betrachten[974]. Unzweifelhaft ist für das abgeleitete Bilanzierungsobjekt die Eigenentwicklung als Art des Zugangs zu vermerken[975]. Ein entgeltlicher Erwerb von Dritten als Zugangsart ist nicht Gegenstand der Betrachtungen. Einer genaueren Analyse bedürfen nun noch die Arten der Verwendung. Zunächst generell zu unterscheiden ist die Verwendung zur Vermarktung oder die Verwendung im Unternehmen

[974] Vgl. Frizlen, U./ Möhrle, M. (2001), S. 234.

[975] Vgl. ausführlich Kapitel 4.3.2.

ohne Vermarktungsabsicht[976]. Aus der nachgewiesenen Relevanz des Geschäftsmodells Softwareentwicklung und –absatz und der Konfiguration des Bilanzierungsobjektes lässt sich unzweifelhaft eine Vermarktungsabsicht ableiten[977], so dass die Verwendung im Unternehmen ohne Vermarktungsabsicht im Rahmen dieser Arbeit als Spezialfall angesehen und entsprechend gesondert behandelt wird. Die Verwendung von Software zur Vermarktung kann nun weiter differenziert werden in eine anonyme Vermarktung und in eine kundenspezifische Vermarktung[978]. Unter anonymer Vermarktung wird der Absatz von Software an eine Vielzahl von Kunden verstanden[979]. Dabei kann es sich aus funktionaler Sicht[980] um Anwendungssoftware in der Ausprägung der fixen Standardsoftware oder auch der variablen Standardsoftware handeln[981]. Ebenso ist aus funktionaler Sicht die anonyme Vermarktung von Systemsoftware denkbar[982]. Unter kundenspezifischer Vermarktung wird die auftragsgemäße Entwicklung von Software für einen bestimmten Kunden verstanden. Es handelt sich hierbei generell um Individualsoftware, für die in derselben Form keine weitere Verwertungsabsicht besteht[983]. Als möglich erachtet wird hier auch die individuelle Entwicklung von Systemsoftware für die Verwendung in der Hardware eines Kunden[984]. Das abgeleitete Bilanzierungsobjekt schließt jedoch diesen Fall aus, dass die entwickelte Software Teil eines Produktes ist[985]. Aus der vorgenommenen Einordnung des Bilanzierungsobjektes Softwareentwicklung unter dem Aspekt der Bilanzierung werden im nächsten Abschnitt anzuwendende Verlautbarungen der IFRS benannt und hinsichtlich der Auslegungsbedürftigkeit abgegrenzt.

5.1.3 Abgrenzung auslegungsbedürftiger International Financial Reporting Standards

Die Bilanzierung eigenentwickelter Software zur anonymen Vermarktung als immaterieller Vermögenswert fällt in den Regelungsbereich des IAS 38 „Intangible Assets“[986]. Die bereits

---

976 Vgl. Küting, K./ Pilhofer, J./ Kirchhof, J. (2002), S. 73.

977 Vgl. Kapitel 3.3.

978 Vgl. Küting, K./ Pilhofer, J./ Kirchhof, J. (2002), S. 73.

979 Vgl. Stickel, E. (1997), S. 670.

980 Vgl. Anh. 1, Abb. 1.

981 Vgl. Kapitel 3.1.1.

982 Vgl. Frizlen, U./ Möhrle, M. (2001), S. 234.

983 Vgl. Stickel, E. (1997), S. 323f.

984 Vgl. Frizlen, U./ Möhrle, M. (2001), S. 234.

985 Vgl. Kapitel 4.3.2.

986 Vgl. Dangerfield, A./ Lampert, B. (2003), S. 43.

erwähnte Unbestimmtheit des IAS 38 führt schließlich zur Notwendigkeit einer Auslegung der Regelungen dieses Standards[987]. Die auftragsgemäße Entwicklung von Software zur kundenspezifischen Vermarktung wird in IAS 11 „Construction Contracts" geregelt. Hier existieren eindeutige Ansatz- und Bewertungsvorschriften, die keine Auslegung am Bilanzierungsobjekt erfordern[988]. Die folgenden Abschnitte beschränken sich daher ausschließlich auf den Fall der eigenentwickelten Standardsoftware zur anonymen Vermarktung und damit auf die Auslegung des International Accounting Standard 38.

5.2 Systematisierung der Abbildung des Bilanzierungsobjektes Softwareentwicklung nach International Financial Reporting Standards und United States-Generally Accepted Accounting Principles

5.2.1 Immaterielle Vermögenswerte – insbesondere Software – in der Rechnungslegung nach International Financial Reporting Standards

5.2.1.1 Abgrenzung relevanter Regelungen zur Bilanzierung immaterieller Vermögenswerte in den International Accounting Standards

Bevor mit einer Darstellung und kurzen Analyse relevanter Regelungen zur bilanziellen Abbildung immaterieller Vermögenswerte begonnen wird, werden die relevanten Regelungen aus den IFRS herausgegriffen. Die erste wesentliche relevante Regelung stellt IAS 38 dar, der die Bilanzierung immaterieller Vermögenswerte regelt[989]. In der Einleitung zu IAS 38 sind darüber hinaus noch Interpretationen des Standard Interpretation Committee, namentlich SIC-6 „Costs of Modifying Existing Software" und SIC-32 „Intangible Assets – Web Site Costs" erwähnt. Von diesen beiden Regelungen ist aufgrund des Anwendungsbereiches[990] lediglich SIC-32 von Interesse, da sich diese Interpretation des IAS 38 als Auslegungshilfe im Sinne einer Fallanalogie[991] eignen könnte.

---

987 Vgl. stellvertretend Keitz, I. v. (2003), S. 1802.

988 Vgl. Küting, K./ Pilhofer, J./ Kirchhof, J. (2002), S. 79f.

989 Vgl. IASB (2004), IAS 38, Introduction, Abschn. 1.

990 Der Anwendungsbereich der Interpretation SIC-6 beschränkt sich auf die bilanzielle Behandlung von Aufwendungen für die Änderung vorhandener Software, die ausschließlich zum Eigengebrauch genutzt wird: vgl. IASB (2003), SIC-6, Abschn. 1-3.

991 Vgl. Kapitel 5.1.1.3.

5.2.1.2 Bilanzierung immaterieller Vermögenswerte nach International Accounting Standard 38

5.2.1.2.1 Gegenstand und Anwendungsbereich der Regelungen

An dieser Stelle wird ein kurzer Überblick über die bilanzielle Abbildung immaterieller Vermögenswerte nach IAS 38 gegeben, um danach die Lücken der Regelungen beziehungsweise das Fehlen eindeutiger Regelungen in IAS 38 zur Abbildung des Bilanzierungsobjektes Softwareentwicklung zu konkretisieren. Grundlage der anschließenden Darstellung ist der zum 31. März 2004 geltende IAS 38. Im Jahre 2004 vom IASB verabschiedet ist IAS 38 bei der Erstellung von Abschlüssen anzuwenden, deren Rechnungslegungsperiode am oder nach dem 31. März 2004 begonnen hat[992]. Der Regelungsbereich umfasst die Bilanzierung immaterieller Vermögenswerte, soweit sie nicht in spezifischen IFRS beziehungsweise IAS konkret behandelt werden. Zu den konkreten in anderen IFRS beziehungsweise IAS behandelten immateriellen Vermögenswerten zählen:

- finanzielle Vermögenswerte,
- Schürfrechte und Kosten für Erschließung von Mineralien, Erdgas, Öl und ähnlichen nicht regenerativen Ressourcen und
- immaterielle Vermögenswerte bei Versicherungsunternehmen aus Versicherungspolicen.[993]

Weiterhin werden durch negative Abgrenzung von der Anwendung des IAS 38 immaterielle Vermögenswerte des Umlaufvermögens, latente Steueransprüche, immaterielle Vermögenswerte in Leasingverhältnissen, immaterielle Vermögenswerte im Zusammenhang mit Leistungen an Arbeitnehmer, Geschäfts- oder Firmenwerte sowie weitere spezifische Vermögenswerte ausgeschlossen[994].

5.2.1.2.1.1.1 Aktivierungskonzeption

IAS 38 in der Fassung vom 31. März 2004 liegt analog dem bislang geltenden Standard eine zweistufige Aktivierungskonzeption zu Grunde[995]. Zunächst muss als Aktivierungsvoraus-

---

[992] Vgl. IASB (2004), IAS 38, Introduction, Abschn. 1.

[993] Vgl. IASB (2004), IAS 38, Abschn. 2.

[994] Vgl. IASB (2004), IAS 38, Abschn. 3a-h.

[995] Vgl. Wollmert, P./ Achleitner, A.-K. (1997), S. 215; Fülbier, R.-U./ Honold, D./ Klar, A. (2000), S. 837; Schellhorn, M./ Weichert, S. (2001), S. 865; Küting, K./ Ulrich, A. (2001), S. 958f.; Knorr, L./ Ebbers, G. (2001), S. 1489; Winnefeld, R. (2002), Internationale Rechnungslegungsgrundsätze, Rz. 222; Coenenberg, A. G. (2003), S. 140.

setzung die Definition eines immateriellen Vermögenswertes erfüllt sein[996]. Hierfür sind in IAS 38 Aktivierungskriterien aufgeführt, die kumulativ erfüllt werden müssen[997]. Zuweilen wird auch von einer dreistufigen Konzeption gesprochen, wobei eine abstrakte und konkrete Aktivierungsfähigkeit im Rahmenkonzept und konkrete Aktivierungskriterien in den Standards gesehen werden[998]. Dies erscheint jedoch zu weit gegriffen, da Erstens die Definition eines immateriellen Vermögenswertes und die konkreten Aktivierungs-kriterien des Rahmenkonzeptes in IAS 38 unverändert übertragen worden sind[999] und Zweitens das Rahmenkonzept unverbindlich ist und hinsichtlich einer Diskussion um Aktivierungsvoraussetzungen hinter den Regelungen der IFRS zurück steht[1000].

5.2.1.2.2 Aktivierungsvoraussetzungen für immaterielle Vermögenswerte

Die grundsätzliche Aktivierungsfähigkeit setzt zunächst voraus, dass die Definitionskriterien eines immateriellen Vermögenswertes erfüllt sind. Dieser wird in IAS 38 definiert als ein „[...] identifiable non-monetary asset without physical substance"[1001]. Mit Hilfe einer negativen Abgrenzung[1002] werden monetäre Werte aller Art sowie Güter mit physischer Substanz ausgeschlossen. Zudem erfolgt eine Einschränkung dahingehend, dass ein immaterielles Gut identifizierbar und demzufolge einzeln verwertbar sein muss[1003]. Folglich ist ein immaterieller Vermögenswert zunächst unbeachtlich einer konkreten Ansatzfähigkeit durch nachstehende kumulativ zu erfüllende Kriterien charakterisiert:

- identifizierbar,
- nicht monetär,
- ohne physische Substanz,
- aufgrund vergangener Ereignisse in der Verfügungsmacht des Unternehmens stehend,
- einen künftigen wirtschaftlichen Nutzen generierend und
- der Nutzung im Geschäftsbetrieb für mehr als eine Periode dienend.[1004]

[996] Vgl. IASB (2004), IAS 38, Abschn. 18a.
[997] Vgl. IASB (2004), IAS 38, Abschn. 18b.
[998] Vgl. Goebel, A./ Heinrich, Chr. (1995), S. 1485; Wehrheim, M. (2000), S. 86f.
[999] Vgl. so auch KPMG (1999), S. 64.
[1000] Vgl. Hayn, S. (1996), S. 356; Gelhausen, H.-F./ Pape, J./ Schruff, W. u.a. (2002), Rz. 18, 20.
[1001] IASB (2004), IAS 38, Abschn. 8.
[1002] Vgl. Keitz, I. v. (1997), S. 5.
[1003] Vgl. IASB (2004), IAS 38, Abschn. 11.
[1004] Vgl. ähnlich Baetge, J./ von Keitz, I. (2002), Rn. 13.

Im Vergleich zum bislang geltenden IAS 38 in der Fassung von 1998 ergeben sich wesentliche materielle Änderungen beim Kriterium der Identifizierbarkeit. Nunmehr ist die Identifizierbarkeit nur dann erfüllt, wenn ein immaterielles Gut einzeln verwertbar (separierbar) ist oder ein formaljuristisches Recht darstellt. Ein formaljuristisches Recht muss hierfür nicht zwangsläufig separierbar vom Unternehmen sein[1005]. Bislang war die konkrete Verwertbarkeit (Separierbarkeit) ein nicht notwendiges Kriterium zum Nachweis der Identifizierbarkeit[1006]. Diese Neuerung bedeutet insoweit eine Verschärfung der Aktivierungsvoraussetzungen in IAS 38.

5.2.1.2.3 Aktivierungskriterien für immaterielle Vermögenswerte

5.2.1.2.3.1 Grundsätzliche Aktivierungskriterien für immaterielle Vermögenswerte

In IAS 38 sind grundsätzliche Aktivierungskriterien für immaterielle Vermögenswerte formuliert. So ist ein immaterieller Vermögenswert unbeachtlich der Art des Zugangs dann in der Bilanz zu aktivieren, wenn

- ein Zufluss eines künftigen wirtschaftlichen Nutzens aus dem immateriellen Vermögenswert wahrscheinlich ist[1007] und
- die Anschaffungs- oder Herstellungskosten des Vermögenswertes zuverlässig bemessen werden können[1008].

Zunächst wird mit diesen Aktivierungskriterien nicht zwischen erworbenen und selbst geschaffenen immateriellen Vermögenswerten differenziert[1009]. Diese Differenzierung erfolgt jedoch auch in IAS 38[1010] durch die Formulierung weiterer konkretisierender Aktivierungskriterien für selbst geschaffene immaterielle Vermögenswerte[1011], deren Behandlung damit materiell verschieden ist von immateriellen Vermögenswerten, die von Dritten erworben wurden. Erfolgt also ein Erwerb von Dritten, dann ist ein immaterieller Vermögenswert in der Bilanz zu erfassen, wenn ein künftiger Zufluss eines wirtschaftlichen Nutzens wahrscheinlich

[1005] Vgl. Wendlandt, K./ Vogler, G. (2003), S. 67.

[1006] Vgl. IASB (2004), IAS 38, Abschn. 12.

[1007] Vgl. IASB (2004), IAS 38, Abschn. 21a.

[1008] Vgl. IASB (2004), IAS 38, Abschn. 21b.

[1009] Vgl. Pellens, B. (2001), S. 455.

[1010] Vgl. KPMG (1999), S. 66; Fülbier, R.-U./ Honold, D./ Klar, A. (2000), S. 837; Pellens, B. (2001), S. 456; Förschle, G./ Holland, B./ Kroner, M. (2001), S. 221, anderer Auffassung sind Küting, K./ Ulrich, A. (2001), S. 959.

[1011] Vgl. IASB (2004), IAS 38, Abschn. 57.

ist und die Kosten der Anschaffung zuverlässig messbar sind[1012]. Das letztgenannte Aktivierungskriterium wird regelmäßig dann erfüllt sein, wenn ein entgeltlicher Erwerb vorliegt. Möglich ist jedoch auch der Erwerb von Dritten im Rahmen von Unternehmenszusammenschlüssen[1013], durch Zuwendungen der öffentlichen Hand[1014] oder durch einen Tauschvorgang[1015]. In diesen Fällen erfolgt ein Ansatz dann, wenn der beizulegende Zeitwert zuverlässig ermittelbar ist. Der beizulegende Zeitwert („Fair Value") wird in IAS 38 definiert als der Betrag, [...] for which that asset could be exchanged between knowledgeable, willing parties in an arm's length transaction"[1016]. Als Ausnahme kann bei einem Erwerb durch Zuwendungen der öffentlichen Hand auch der Nominalwert zuzüglich direkt zurechenbarer Kosten als Bewertungsgrundlage dienen[1017]. Auf diesen grundsätzlichen Aktivierungskriterien aufbauend sind nunmehr die konkretisierenden Aktivierungskriterien für selbst geschaffene immaterielle Vermögenswerte von besonderem Interesse, die im folgenden Abschnitt dargestellt werden.

5.2.1.2.3.2 Konkretisierende Aktivierungskriterien für selbst geschaffene immaterielle Vermögenswerte

Zusätzlich zu den bereits besprochenen Kriterien sind weitere Aktivierungskriterien im Falle selbst geschaffener immaterieller Vermögenswerte zu erfüllen. Begründet wird dies mit der Schwierigkeit festzustellen, zu welchem Zeitpunkt im Erstellungsprozess es überhaupt einen immateriellen Vermögenswert – also einen künftigen wirtschaftlichen Nutzenzufluss – gibt[1018] und mit dem Problem der verlässlichen Zuordnung der Herstellungskosten zu dem immateriellen Vermögenswert[1019]. In diesen Kriterien ist die Erbringung eines Nachweises für bestimmte Sachverhalte aus Gründen der Objektivierung des Ansatzes selbst geschaffener immaterieller Vermögenswerte verankert[1020]. Daraus ergibt sich für eine noch vorzunehmende

---

[1012] Vgl. IASB (2004), IAS 38, Abschn. 21.

[1013] Vgl. IASB (2004), IAS 38, Abschn. 33ff.

[1014] Vgl. IASB (2004), IAS 38, Abschn. 44.

[1015] Vgl. IASB (2004), IAS 38, Abschn. 45f.

[1016] IASB (2004), IAS 38, Abschn. 8.

[1017] Vgl. IASB (2004), IAS 38, Abschn. 44.

[1018] Vgl. IASB (2004), IAS 38, Abschn. 51b.

[1019] Vgl. IASB (2004), IAS 38, Abschn. 51a.

[1020] Vgl. Raffournier, B. (2000), S. 122f.

Auslegung dieser Aktivierungskriterien die schon erwähnte Höhergewichtung der qualitativen Anforderung an die Zuverlässigkeit der Rechnungslegungsinformationen[1021].

In einem ersten Schritt segmentiert IAS 38 den Entwicklungsprozess in einen Forschungs- und einen Entwicklungsabschnitt[1022] mit dem Zweck der Trennung zwischen generell nicht aktivierungsfähigen Aufwendungen, die im Forschungsabschnitt verursacht werden[1023] und den bedingt aktivierungspflichtigen Aufwendungen, die im Entwicklungsabschnitt anfallen. Für den Ansatz als selbst erstellter immaterieller Vermögenswert im Entwicklungsabschnitt legt IAS 38 sechs konkretisierende Aktivierungskriterien fest, die einschließlich der grundsätzlichen Aktivierungskriterien für immaterielle Vermögenswerte kumulativ zu erfüllen sind. Demnach ist ein immaterielles Gut in der Bilanz nur dann anzusetzen, wenn das Unternehmen:

- die technische Realisierbarkeit der Fertigstellung zur Nutzung nachweisen kann[1024],
- die Absicht zur Fertigstellung zur Nutzung nachweisen kann[1025],
- die Fähigkeit der Nutzung nachweisen kann[1026],
- die Existenz eines Marktes oder eines internen Nutzens nachweisen kann[1027],
- die Verfügbarkeit adäquater technischer, finanzieller und sonstiger Ressourcen nachweisen kann[1028] und
- nachweisen kann, dass es fähig ist, die der Entwicklung zurechenbaren Ausgaben zuverlässig zu bewerten[1029].

Zusammenfassend ist folgendes festzuhalten. Erstes zentrales Aktivierungskriterium ist die Segmentierung des Entwicklungsprozesses in einen Forschungs- und Entwicklungsabschnitt. Diese Segmentierung ist unmittelbar abhängig von der Natur des betrachteten Entwicklungsprozesses, ohne dessen genaue Kenntnis eine trennscharfe Bestimmung der Abschnitte nicht möglich ist. Zudem finden sich auch in den übrigen konkretisierenden

---

[1021] Vgl. zum Spannungsfeld zwischen Relevanz und Zuverlässigkeit ausführlich Kapitel 2.2.5.3.3.

[1022] Vgl. Baetge, J./ von Keitz, I. (2002), Rn. 47.

[1023] Vgl. IASB (2004), IAS 38, Abschn. 54.

[1024] Vgl. IASB (2004), IAS 38, Abschn. 57a.

[1025] Vgl. IASB (2004), IAS 38, Abschn. 57b.

[1026] Vgl. IASB (2004), IAS 38, Abschn. 57c.

[1027] Vgl. IASB (2004), IAS 38, Abschn. 57d.

[1028] Vgl. IASB (2004), IAS 38, Abschn. 57e.

[1029] Vgl. IASB (2004), IAS 38, Abschn. 57f.

Aktivierungskriterien mit dem Nachweis der technischen Realisierbarkeit und dem Nachweis adäquater technischer Ressourcen Kriterien, die ausschließlich auf der Grundlage von Erkenntnissen über die Charakteristika des Entwicklungsprozesses beurteilt werden können[1030]. Zweites zentrales Aktivierungskriterium ist der Nachweis, dass dem Unternehmen in Zukunft ein wirtschaftlicher Nutzen aus dem immateriellen Gut zufließt. Zudem wird der Anspruch an die Zuverlässigkeit der Rechnungslegungsinformationen durch die Anforderung nach der verlässlichen Bewertung erhoben. Die Aktivierungsvoraussetzungen und Aktivierungskriterien des IAS 38 erfordern somit neben dem Nachweis eines künftigen wirtschaftlichen Nutzens, der den Betrag der aktivierten selbst erstellten immateriellen Vermögenswerte rechtfertigt[1031] auch Beurteilungen über technische Kriterien in Abhängigkeit vom betrachteten Immaterialgut und vom angewendeten Entwicklungsprozess[1032].

5.2.1.3 Bilanzierung von Aufwendungen im Zusammenhang mit der Erstellung von Web-Auftritten

5.2.1.3.1 Gegenstand und Anwendungsbereich der Regelungen

Die in den folgenden Abschnitten betrachtete SIC-32 wurde am 25. Mai 2002 verabschiedet[1033]. Gegenstand der Interpretation des IAS 38 ist die bilanzielle Behandlung von Aufwendungen im Zusammenhang mit der Eigenentwicklung eines Web-Auftrittes, der an interne oder externe Adressaten gerichtet sein kann[1034]. Als Gegenstand und Anwendungsbereich dieser Interpretation explizit ausgeschlossen sind Aufwendungen für den Kauf oder die Entwicklung geeigneter Hardware zum Betrieb des Web-Auftritts und Aufwendungen für die Entwicklung und den Betrieb eines Web-Auftritts beziehungsweise der zum Betrieb notwendigen Software, wenn diese zur Vermarktung an Dritte bestimmt sind[1035]. Der Anwendungsbereich wird somit eng eingegrenzt auf die bilanzielle Behandlung von unternehmensintern verursachten Entwicklungsaufwendungen für die Erstellung der immateriellen Ressourcen eines Web-Auftritts, der ausschließlich vom Unternehmen selbst genutzt wird.

[1030] Vgl. Baetge, J./ von Keitz, I. (2002), Rn. 55f.

[1031] Vgl. Dangerfield, A./ Lampert, B. (2003), S. 44.

[1032] Vgl. Kirsch, H. (2003), S. 1111f.

[1033] Vgl. IASB (2003), SIC-32, Abschn. 18f.

[1034] Vgl. IASB (2003), SIC-32, Abschn. 7.

[1035] Vgl. IASB (2003), SIC-32, Abschn. 5, 6.

Um den Gegenstand der Regelung weiter zu konkretisieren, bedarf es zunächst einer Begriffsbestimmung, was unter einem Web-Auftritt zu verstehen ist. Im informationstechnologischen Verständnis ist ein Web-Auftritt (Web-Site) „[...] eine Menge sachlogisch zusammenhängender Seiten (Pages), die über so genannte Hyperlinks verknüpft sind“[1036]. Ein Web-Auftritt kann dabei grundsätzlich als öffentlich klassifiziert werden, der unternehmensinternen (Intranet) oder unternehmensexternen (Internet) Adressaten Zugriff gewährt. Eine Klassifizierung als geschlossener Web-Auftritt kommt dann in Betracht, wenn nur über eine definierte Schnittstelle auf den Web-Auftritt zugegriffen werden kann (Extranet)[1037]. Im Grundsatz besteht ein Web-Auftritt aus einer softwaretechnischen und hardwaretechnischen Basis. Speziell bei öffentlichen Web-Auftritten ist wegen der Relevanz der Benutzerschnittstelle die grafische und typografische Gestaltung sowie die Generierung der Inhalte des Web-Auftritts ein Schwerpunkt der softwaretechnischen Basis[1038]. Die Darstellungen zur Begriffsabgrenzung aus Sicht der Informatik spiegeln sich auch in SIC-32 wieder. Neben dem Kauf beziehungsweise der Entwicklung geeigneter Hardware und Betriebssoftware[1039] werden als Schwerpunkt Entwicklungsaktivitäten für die grafische Gestaltung und für den Inhalt des Web-Auftritts angeführt[1040].

5.2.1.3.2 Aktivierungskonzeption

Ein Web-Auftritt wird an erster Stelle als abstrakt aktivierungsfähiges immaterielles Gut angesehen, dass entsprechend den Regelungen des IAS 38 bilanziell abzubilden ist[1041]. Mit dieser Aussage ist die erste Stufe der Aktivierungskonzeption in IAS 38[1042] erfüllt. Die konkrete Aktivierungsfähigkeit bestimmter Aufwendungen wird in SIC-32 an Hand der Aktivierungskriterien des IAS 38 interpretiert und im folgenden Abschnitt erläutert.

1036 Schwickert, A.-C. (2001), S. 102.

1037 Vgl. Schwickert, A.-C. (2001), S. 103.

1038 Vgl. Schwickert, A.-C. (1997), S. 26; Fischer, T./ Vielmeyer, U. (2001), S. 1294.

1039 Vgl. IASB (2003), SIC-32, Abschn. 2b.

1040 Vgl. IASB (2003), SIC-32, Abschn. 2c, 2d.

1041 Vgl. IASB (2003), SIC-32, Abschn. 7.

1042 Vgl. Kapitel 5.2.1.2.2.

5.2.1.3.3 Aktivierungskriterien für Aufwendungen im Zusammenhang mit der Erstellung von Web-Seiten

Zunächst differenziert SIC-32 aus funktionaler Sicht des Web-Auftrittes in Entwicklungsaufwendungen für Web-Auftritte, die grundsätzlich nicht aktivierungsfähig sind und in Entwicklungsaufwendungen, für die eine Aktivierungsfähigkeit vorliegt. Nicht aktivierungsfähig sind Entwicklungsaufwendungen dann, wenn der korrespondierende Web-Auftritt zum überwiegenden Teil Promotions- und Werbezwecken dient. Kann das bilanzierende Unternehmen dagegen nachweisen, wie der Web-Auftritt einen künftigen wirtschaftlichen Nutzen stiftet, liegt auch eine bedingte Aktivierungspflicht für bestimmte Entwicklungsaufwendungen vor[1043]. Zur Konkretisierung der bedingten Aktivierungspflicht wird in SIC-32 der Entwicklungsprozess in die folgenden Abschnitte segmentiert:

- Planungsabschnitt,
- Entwicklung von Applikationen und der Infrastruktur,
- Entwicklung des grafischen Auftritts und
- Entwicklung der Inhalte[1044].

Darüber hinaus wird in SIC-32 der Betriebsabschnitt zur Vervollständigung des Lebenszyklus eines Web-Auftritts benannt[1045]. Nach den Regelungen der SIC-32 ist die Planung dem Forschungsabschnitt im Sinne des IAS 38 zuzuordnen. Die anfallenden Aufwendungen sind demnach als laufender Aufwand der Periode zu erfassen[1046]. Aufwendungen, die während der Entwicklung von Applikationen, Infrastruktur, dem grafischen Auftritt und den Inhalten des Web-Auftritts verursacht werden, sind dem Entwicklungsabschnitt zuzuordnen und dann in der Bilanz als immaterieller Vermögenswert zu erfassen, wenn das bilanzierende Unternehmen nachweisen kann, wie der Web-Auftritt einen künftigen wirtschaftlichen Nutzen erbringt und die Zuverlässigkeit der Bewertung gegeben ist[1047]. Von dieser grundsätzlichen Regelung ausgenommen sind Entwicklungsaufwendungen für die Inhalte, die ausschließlich Promotions- oder Werbezwecken dienen[1048]. Während des Betriebs anfallende

---

[1043] Vgl. IASB (2003), SIC-32, Abschn. 8.

[1044] Vgl. IASB (2003), SIC-32, Abschn. 2.

[1045] Vgl. IASB (2003), SIC-32, Abschn. 3.

[1046] Vgl. IASB (2003), SIC-32, Abschn. 9a.

[1047] Vgl. IASB (2003), SIC-32, Abschn. 9b.

[1048] Vgl. IASB (2003), SIC-32, Abschn. 9c.

Aufwendungen sind grundsätzlich als laufender Aufwand zu erfassen, es sei denn, diese Aufwendungen generieren einen über den ursprünglichen Nutzen hinausgehenden[1049].

5.2.1.4 Konkretisierung fehlender eindeutiger Regelungen im International Accounting Standard 38 zur Abbildung des Bilanzierungsobjektes Softwareentwicklung

Die zu erfüllenden Aktivierungskriterien des IAS 38 für selbst geschaffene immaterielle Vermögenswerte beziehen sich nicht explizit auf das Bilanzierungsobjekt Softwareentwicklung beziehungsweise Software im Allgemeinen. Auch auf die in IAS 38 im achten Abschnitt aufgeführten Beispiele immaterieller Ressourcen nehmen die Regelungen keinen expliziten Bezug. Unter Berücksichtigung der Fallanalogie könnte die Interpretation SIC-32 als Auslegungshilfe dienen. Dies ist zu verneinen. Erstens schließt der Anwendungsbereich in SIC-32 explizit die Nutzungsart der anonymen Vermarktung aus. Und Zweitens besteht keine hinreichende Kongruenz zwischen dem Web-Auftritt als Regelungsgegenstand der SIC-32 und Software als Gegenstand des Bilanzierungsobjektes[1050]. Es existiert somit keine Regelungslücke, denn die bilanzielle Abbildung selbst geschaffener immaterieller Vermögenswerte, zu denen eigenentwickelte Software zuzuordnen ist, wird von IAS 38 behandelt. Es fehlen vielmehr für Software explizite und damit eindeutige Regelungen der Bilanzierung[1051], so dass eine Auslegung der Aktivierungskriterien des IAS 38 notwendig wird[1052]. Dies spiegelt sich in der herrschenden Literaturmeinung wieder, wobei ein Heranziehen expliziter Verlautbarungen der US-GAAP für die Bilanzierung eigenentwickelter Software zum Zweck der Auslegung präferiert beziehungsweise vorgeschlagen wird[1053].

[1049] Vgl. IASB (2003), SIC-32, Abschn. 9d.

[1050] Vgl. Kapitel 3.1.1 zur Definition des Begriffes Software.

[1051] Vgl. Kußmaul, H. (2000a), S. 428; Hoffmann, W.-D. (2003), § 13, Rz. 55.

[1052] Vgl. Keitz, I. v. (2003), S. 1802.

[1053] Vgl. Lüdenbach, N. (2001), S. 63; Epstein, B. J./ Mirza, A. A. (2002), S. 345; Küting, K./ Pilhofer, J./ Kirchhof, J. (2002), S. 83; Lüdenbach, N./ Hoffmann, W.-D. (2002), S. 233; Dawo, S. (2003), S. 204 u. S. 299; Wagenhofer, A. (2003), S. 211; sich enthaltend Baetge, J./ von Keitz, I. (2002), Rn. 56.

5.2.2 Immaterielle Vermögenswerte – insbesondere Software – in der Rechnungslegung nach United States-Generally Accepted Accounting Principles

5.2.2.1 Überblick über Regelungen zur Abbildung immaterieller Vermögenswerte in den United States-Generally Accepted Accounting Principles

5.2.2.1.1 Abgrenzung der Regelungen zur Abbildung immaterieller Vermögenswerte

Die Regelungen zur bilanziellen Abbildung immaterieller Vermögenswerte in den US-GAAP sind stark fragmentiert[1054]. Zu vielen einzelnen Problemkreisen wurden im Laufe der Entwicklung der US-GAAP ebenso viele Verlautbarungen verabschiedet. Daher wird zur Schaffung eines Überblicks zumindest die Struktur der Normen aufgezeigt, ohne jedoch im Detail auf den Inhalt der zum Großteil für diese Arbeit nicht relevanten Regelungen einzugehen. Nach Verlassen der Theorieebene existiert eine weitgehende Differenzierung der Regelungen für erworbene und selbst erstellte immaterielle Vermögenswerte. Auffälligkeiten zeigen sich auch in der Anzahl der jeweiligen Verlautbarungen. Für selbst erstellte immaterielle Vermögenswerte existiert eine signifikant höhere Anzahl an klar abgegrenzten spezifischen Regeln[1055].

Bisher regelte APB 17 als Grundsatzvorschrift die Bilanzierung erworbener und selbst erstellter immaterieller Vermögenswerte. Im Juni 2001 verabschiedete der FASB Financial Accounting Standard 141 „Business Combinations"[1056] und Financial Accounting Standard 142 „Goodwill and Other Intangible Assets"[1057], wobei letztgenannter fortan Grundlage für die Bilanzierung erworbener immaterieller Vermögenswerte und selbst erstellter immaterieller Vermögenswerte ist[1058]. Mit FAS 142 im Besonderen sind die Bilanzierungs-normen für erworbene immaterielle Vermögenswerte überarbeitet worden und lösen die entsprechenden Abschnitte der APB 17 ab[1059]. Die wohl bedeutendste Änderung ist der Wegfall der planmäßigen Abschreibungen für erworbene immaterielle Vermögenswerte mit einer unbestimmbaren Nutzungsdauer[1060]. Damit einhergehend entfällt auch die bisherige

[1054] Vgl. Fischer, N./ Iannaconi, T. E./ Lechner H. W. (2001), S. 2928.

[1055] Vgl. Porter, T. L./ Drago, D. M. (1999), IAS 38, Rn. 3; Küting, K./ Ulrich, A. (2001), S. 957.

[1056] Vgl. FASB (2003a), FAS 141, Status.

[1057] Vgl. FASB (2003a), FAS 142, Status.

[1058] Vgl. FASB (2003a), FAS 142, Abschn. 1.

[1059] Vgl. FASB (2003a), FAS 142, Abschn. 2.

[1060] Vgl. Delaney, P. R./ Epstein, B. J./ Nach, R. u.a. (2002), S. 361.

im Regelfall maximal 40-jährige Nutzungsdauer[1061] für solche Vermögenswerte. Vielmehr kann die Nutzungsdauer immaterieller Vermögenswerte unbestimmbar („Indefinite"), jedoch nach wie vor nicht unendlich („Infinite") sein. Für die Festlegung einer unbestimmbaren Nutzungsdauer sind dann objektive Kriterien zu Grunde zu legen. So kommen beispielsweise für relativ geringe Aufwendungen fortlaufend erneuerbare Lizenzen und Warenzeichen in Frage[1062]. Für diese Vermögenswerte sind statt der planmäßigen Abschreibungen regelmäßige Werthaltigkeitstests („Impairment Tests") durchzuführen. Immaterielle Vermögenswerte mit bestimmbarer („Finite") Nutzungsdauer sind dagegen wie bisher planmäßig abzuschreiben[1063].

Die Abschnitte der APB 17, die sich mit dem Ansatz selbst erstellter immaterieller Vermögenswerte beschäftigen, sind in FAS 142 unverändert übernommen worden und behalten damit weiter Gültigkeit. Erstmals anzuwenden ist FAS 142 generell für Berichtsjahre, die nach dem 15. Dezember 2001 begannen[1064]. Für nach dem 30. Juni 2001 erworbene Geschäfts- oder Firmenwerte waren bestimmte Regelungen bereits früher anzuwenden[1065]. Bei Unternehmen mit abweichenden Geschäftsjahren ergaben sich zusätzlich zeitliche Verschiebungen[1066]. Generell können die Auswirkungen der neuen Bilanzierungsregeln frühestens in den Jahresabschlüssen zum 31. Dezember 2002 untersucht werden[1067] und sind somit nicht Gegenstand der empirischen Untersuchung dieser Arbeit.

5.2.2.1.2 Aktivierungskonzeption für selbst erstellte immaterielle Vermögenswerte

Die mit APB 17 identischen Aktivierungsvoraussetzungen und Aktivierungskriterien in FAS 142 führen zur folgenden zweistufigen Aktivierungskonzeption: Ähnlich der Aktivierungskonzeption des IAS 38 sind zunächst die Definitionskriterien eines immateriellen Vermögenswertes zu erfüllen. Anders als in IAS 38 sind diese Definitionskriterien jedoch nicht in FAS 142 aufgeführt. Es ist daher auf die im Rahmenkonzept hinterlegte Definition zurück zu greifen[1068]. Als konkrete Aktivierungskriterien sind drei als Negativkriterien

---

1061 Vgl. FASB (2003b), APB 17, Abschn. 29.

1062 Vgl. FASB (2001a), FAS 142, Appendix A, Examples 4, 6, 7.

1063 Vgl. FASB (2001a), FAS 142, Abschn. 11.

1064 Vgl. FASB (2001a), FAS 142, Abschn. 48a.

1065 Vgl. FASB (2001a), FAS 142, Abschn. 48b.

1066 Vgl. Pellens, B./ Sellhorn, Th. (2001), S. 1684f.

1067 Vgl. so auch Pellens, B./ Sellhorn, Th. (2001), S. 1687.

1068 Vgl. Fülbier, R.-U./ Honold, D./ Klar, A. (2000), S. 835.

formulierte Bedingungen zu erfüllen. Aufwendungen im Zusammenhang mit der Entwicklung, Erhaltung oder Wiederherstellung immaterieller Vermögenswerte einschließlich eines Firmenwertes sind dann als laufender Aufwand der Periode zu erfassen, wenn die daraus resultierenden immateriellen Ressourcen nicht identifizierbar sind oder unbestimmbare Nutzungsdauern besitzen oder nicht vom Unternehmen als Ganzes trennbar sind[1069]. In konkrete Aktivierungskriterien umformuliert, sind immaterielle Vermögenswerte demnach nur dann zu aktivieren, wenn sie kumulativ:

- identifizierbar sind,
- bestimmbare Nutzungsdauern besitzen und
- einzeln veräußerbar sind.[1070]

Anzumerken ist, dass diese Aktivierungskonzeption als Grundlage zur Bilanzierung selbst erstellter immaterieller Vermögenswerte nur dann anwendbar ist, wenn keine speziellen Vorschriften heranzuziehen sind. Da für Aufwendungen im Zusammenhang mit der Entwicklung von Software spezielle Vorschriften in den US-GAAP existieren, ist ausschließlich auf diese abzustellen[1071]. Eine dezidierte Betrachtung der Aktivierungsvoraussetzungen des FAS 142 erübrigt sich aus diesem Grund.

5.2.2.2 Das Aktivierungsverbot von Aufwendungen für die Forschung und Entwicklung in Financial Accounting Standard 2

5.2.2.2.1 Anwendungsbereich und Inhalt

Für alle Arten von Aufwendungen im Zusammenhang mit Forschung und Entwicklung gilt in den US-GAAP seit der Verabschiedung von FAS 2 ein grundsätzliches Aktivierungsverbot[1072]. Ein wesentlicher Grund für dieses Aktivierungsverbot ist die mangelnde Objektivierbarkeit einer Aktivierung von Forschungs- und Entwicklungsaufwendungen[1073]. Und die Vergleichbarkeit wird durch die einheitliche bilanzielle Behandlung dieser Aufwendungen verbessert[1074]. Hier wird einmal mehr das Spannungsfeld zwischen der Relevanz

[1069] Vgl. FASB (2003a), FAS 142, Abschn. 10.

[1070] Vgl. Keitz, I. v. (1997), S. 117f.

[1071] Vgl. Schildbach, Th. (2001), S. 67.

[1072] Vgl. FASB (2003), FAS 2, Abschn. 12.

[1073] Vgl. FASB (2003), FAS 2, Abschn. 1.

[1074] Vgl. Wolk, H. I./ Heaston, P. H. (1992), S. 100.

und der Zuverlässigkeit von Rechnungslegungsinformationen deutlich[1075]. In FAS 2 sind Forschung und Entwicklung wie folgt definiert:

- Forschung ist die planvolle Suche oder die kritische Untersuchung mit dem Ziel der Entdeckung neuen Wissens in der Hoffnung, dass dieses Wissen verwendbar ist bei der Entwicklung neuer Produkte oder Dienstleistungen oder bei der Entwicklung neuer Prozesse und Techniken oder bei der signifikanten Verbesserung bestehender Prozesse und Produkte.[1076]
- Entwicklung ist die Umsetzung von Forschungsergebnissen oder anderen Wissens in die Planung oder den Entwurf eines neuen Produktes oder Prozesses oder für die signifikante Verbesserung bestehender Produkte oder Prozesse, die zum Verkauf bestimmt sind oder selbst genutzt werden. Entwicklung umfasst die konzeptionelle Formulierung, den Entwurf und das Testen von Produktalternativen sowie die Konstruktion von Prototypen und den Betrieb von Pilotanlagen.[1077]

Nicht als Entwicklungsaktivitäten angesehen werden routinemäßige oder periodisch wiederkehrende Veränderungen an existierenden Produkten und Produktionslinien sowie Aktivitäten im Rahmen der Marktforschung oder von Markttests[1078]. Hierzu werden illustrativ beispielhafte Aktivitäten aufgezählt, die unter Forschungs- und Entwicklungsaktivitäten zu subsumieren sind und Aktivitäten, die keine Forschungs- und Entwicklungsaktivitäten darstellen[1079]. In diesen illustrativen Beispielen findet sich jedoch kein expliziter Bezug auf die Aktivitäten im Zusammenhang mit der Entwicklung von Software[1080].

5.2.2.2.2 Konkretisierung der Regelungen für Aktivitäten im Zusammenhang mit der Entwicklung von Software

Die nur unwesentlich nach FAS 2 verabschiedete Interpretation FIN 6 des FASB konkretisiert die nicht eindeutig abgrenzbaren Aktivitäten aus FAS 2 im Zusammenhang mit Aufwendungen bei der Entwicklung von Computer-Software[1081]. Sind Aufwendungen für die Entwicklung von Software entstanden, wobei die Software zur Verbesserung von

---

[1075] Vgl. ausführlich Kapitel 2.2.5.3.3.

[1076] Vgl. FASB (2003), FAS 2, Abschn. 8a.

[1077] Vgl. FASB (2003), FAS 2, Abschn. 8b.

[1078] Vgl. FASB (2003), FAS 2, Abschn. 8b.

[1079] Vgl. FASB (2003), FAS 2, Abschn. 9, 10.

[1080] Vgl. so auch Keitz, I. v. (1997), S. 126.

[1081] Vgl. FASB (2003b), FIN 6, Abschn. 1.

Unternehmensprozessen oder zur Unterstützung der Vertriebs- und Verwaltungstätigkeiten dient, so handelt es sich ausdrücklich nicht um Forschungs- und Entwicklungsaufwendungen im Sinne des FAS 2[1082]. Beispielhaft wird die Entwicklung eines computergestützten Reservierungssystems einer Fluglinie aufgeführt[1083]. Die in FIN 6 konkretisierten Sachverhalte sind jedoch eng abgegrenzt und berühren das grundsätzliche Aktivierungsverbot von Forschungs- und Entwicklungsaufwendungen nur unwesentlich. Erkennbar ist freilich eine weite Auslegung der Regelungen des FAS 2 durch die Interpretation des FASB, mit der die wortwörtlich genannten Marktforschungs- und Markttestaktivitäten („[...] market research or market testing activities.“[1084]) auf alle Vertriebs- und Verwaltungstätigkeiten („[...] selling or administrative activities [...][1085]“) ausgedehnt werden. Für das hier zu diskutierende Bilanzierungsobjekt Softwareentwicklung kommt lediglich der Fall von Aufwendungen für die Entwicklung von Software in Betracht, bei dem die Software ausschließlich für interne Zwecke in den oben genannten Unternehmensbereichen genutzt werden soll.

Aus dem in FAS 2 enthaltenen Aktivierungsverbot für sämtliche Forschungs- und Entwicklungsaufwendungen leitet sich somit ein Aktivierungsverbot für Aufwendungen ab, die originär im Entwicklungszyklus von Software, die vermarktet werden soll, verursacht werden[1086]. Auch die Konkretisierung der FIN 6 ändert an dieser generellen Regelung wenig. Für spezifische Sachverhalte wurden jedoch zeitlich nachgelagert Standards und Regelungen erlassen, die eine Aktivierung bestimmter, in Zusammenhang mit der Entwicklung von Software stehender Aufwendungen verlangen.

5.2.2.3 Aktivierungspflicht bestimmter Aufwendungen im Zusammenhang mit der Entwicklung von Software

5.2.2.3.1 Überblick und Abgrenzung anzuwendender Regelungen

In den US-GAAP sind unter dem Aspekt der Bilanzierung von Aufwendungen im Zusammenhang mit selbst erstellter Software unterschiedliche Regelungen für bestimmte klar abgegrenzte Sachverhalte anzuwenden. Entscheidendes Kriterium zur Abgrenzung dieser

---

1082 Vgl. FASB (2003b), FIN 6, Abschn. 4 i.V.m. FAS 2, Abschn. 8b.

1083 Vgl. FASB (2003b), FIN 6, Abschn. 4.

1084 FASB (2003), FAS 2, Abschn. 8b, Satz 3.

1085 FASB (2003b), FIN 6, Abschn. 4, Satz 7.

1086 Vgl. Scarbrough, P./ McGee, R./ Sakurai, M. (1993), S. 320.

Sachverhalte ist die Nutzungsart der Software. Hier ist nach *Schildbach* grundsätzlich zwischen vier Konstellationen zu differenzieren:

- Nutzung zur anonymen Vermarktung,
- interne Nutzung im Unternehmen,
- Nutzung in spezifischen Forschungs- und Entwicklungsvorhaben und
- Nutzung zur individuellen Vermarktung.[1087]

Die genannten Nutzungsarten bedingen wiederum die Berücksichtigung der jeweils entsprechend für diese Fälle vorgesehenen Verlautbarungen in den US-GAAP. Zu Beginn ausgeschlossen werden die Regelungen zur Nutzung in spezifischen Forschungs- und Entwicklungsvorhaben und für den Fall der Nutzung zur individuellen Vermarktung. Diese sind zum einen wie im erstgenannten Fall nicht Gegenstand des abgeleiteten Bilanzierungsobjektes Softwareentwicklung[1088]. Und zum anderen erfolgt die bilanzielle Abbildung beim zweiten Fall nicht als langfristiger immaterieller Vermögenswert[1089]. Zudem erweist sich diese Form der bilanziellen Abbildung der Entwicklung von Individualsoftware in den IFRS als nicht auslegungsbedürftig[1090]. Es verbleiben für eine Betrachtung nun noch die Regelungen für den Fall einer anonymen Vermarktung von Software oder einer unternehmensinternen Nutzung von Software.

Beginnend in 1986 wurden zwei Verlautbarungen vom FASB und der AICPA verabschiedet, die eine bedingte Aktivierung zurechenbarer Softwareentwicklungsaufwendungen als selbst erstellte immaterielle Vermögenswerte fordern. Die für den Untersuchungsgegenstand dieser Arbeit relevanten sind der bereits erwähnte Financial Accounting Standard 86 „Accounting for the Costs of Computer Software to Be Sold, Leased or Otherwise Marketed“ und das Statement of Position 98-1 „Accounting for the Costs of Computer Software Developed or Obtained for Internal Use”. Bei den vorgenannten Regelungen findet sich im Gegensatz zu den meisten übrigen Normen der US-GAAP keine explizite Affinität zu bestimmten Branchen[1091]. Abzugrenzen ist nunmehr derjenige Standard, der für das konfigurierte Bilanzierungsobjekt zutreffend und zum Zweck der Auslegung der IFRS anzuwenden ist.

[1087] Vgl. Schildbach, Th. (2001), S. 74f.

[1088] Vgl. Kapitel 4.3.

[1089] Vgl. Küting, K./ Pilhofer, J./ Kirchhof, J. (2002), S. 78f.

[1090] Vgl. Kapitel 5.1.3.

[1091] Vgl. bspw. FASB (2003), FAS 50, für die Musikindustrie und AICPA (2003), SOP 00-2 für die Branche der Filmindustrie (Filmproduzenten, Verleiher und Rechtehändler).

Gegenstand des Bilanzierungsobjektes ist die Eigenentwicklung von fixer beziehungsweise variabler Standardsoftware konkretisiert in der Form von ERP-Software mit dem Ziel der Vermarktung an eine Vielzahl von Kunden[1092]. Somit wäre zunächst die Anwendung von SOP 98-1 abzulehnen. Gegenstand dieser Regelung ist die bilanzielle Behandlung der Aufwendungen für die Entwicklung und den Erwerb von Software zum internen Gebrauch[1093]. Aus der Perspektive des IAS 38 stellt die ausschließlich interne Nutzung im Unternehmen den Spezialfall einer Nutzungsart dar und wird deshalb in einem gesonderten Abschnitt behandelt. Im Ergebnis verbleibt FAS 86 als Verlautbarungen der US-GAAP, die zur Auslegung der IFRS am Bilanzierungsobjekt Softwareentwicklung anwendbar ist.

5.2.2.3.2 Financial Accounting Standard 86

5.2.2.3.2.1 Gegenstand und Anwendungsbereich

Mit Verabschiedung von FAS 86 sind die Konkretisierungen in FIN 6 zu den Regelungen des FAS 2 in Bezug auf Software nicht mehr anzuwenden[1094]. Gegenstand von FAS 86 ist die bilanzielle Behandlung von Aufwendungen für Computer-Software, die zur anonymen Vermarktung bestimmt ist.[1095] Der Ursprung der Aufwendungen für die Software ist dabei zunächst unerheblich. Daraus leitet sich neben einem derivativen Erwerb der Software von Dritten auch die originäre Entwicklung von Software ab, die entsprechende Aufwendungen verursachen kann[1096]. Formen der Vermarktung im Sinne des FAS 86 stellen der Verkauf, das Leasing und die Vermietung dar[1097]. Auch muss die Software kein eigenständiges Produkt sein sondern kann Teil eines Produktes oder eines Prozesses sein. Die Gründe für die Verabschiedung von FAS 86 lagen hauptsächlich in der bis dahin anzutreffenden unterschiedlichen Behandlung von Softwareentwicklungsaufwendungen[1098]. Einige Unternehmen aktivierten einige oder sogar alle hierfür angefallenen Aufwendungen während andere diese Aufwendungen als laufenden Aufwand der Periode erfassten. Weiterhin wurde von

---

[1092] Vgl. Kapitel 4.3.2.

[1093] Vgl. AICPA (2003), SOP 98-1, Abschn. 5.

[1094] Vgl. FASB (2003b), FIN 6, FIN 6 Status.

[1095] Vgl. FASB (2003), FAS 86, Summary.

[1096] Vgl. FASB (2003), FAS 86, Abschn. 2.

[1097] Vgl. Munter, P. (2001), S. 6-1.

[1098] Vgl. FASB (2003), FAS 86, Abschn. 1.

Unternehmen eine Entscheidung für oder gegen eine Aktivierung von Aufwendungen in Abhängigkeit von der Verwendung der Software getroffen[1099].

5.2.2.3.2.2 Aktivierungskonzeption

Die Aktivierungskonzeption des FAS 86 weicht aufgrund der Besonderheiten dieser Regelung von der Aktivierungskonzeption der allgemein gültigen Regelungen des FAS 142 ab. Während den Aktivierungsregeln des FAS 142 für selbst erstellte immaterielle Vermögenswerte ein zweistufiges Konzept zu Grunde liegt[1100], reicht bei Anwendung des FAS 86 das Erfüllen der hier formulierten Aktivierungskriterien aus, um die Aufwendungen im Zusammenhang mit der Entwicklung von Software als immateriellen Vermögenswert aktivieren zu müssen[1101]. Das bedeutet den Entfall der Überprüfung der Definitionskriterien und Aktivierungsvoraussetzungen des Rahmenkonzeptes. Diese Schlussfolgerung leitet sich aus folgenden Überlegungen ab. Die tatsächliche Ansatzpflicht oder das Ansatzverbot für immaterielle Vermögenswerte wird beim Vorhandensein entsprechender spezifischer Regelungen ausschließlich durch diese bestimmt. Die ohnehin unverbindlichen Kriterien des Rahmenkonzeptes sind in diesen Fällen nicht anzuwenden[1102]. Weiterhin zieht die Erfüllung der Ansatzvoraussetzungen eine Pflicht zur Aktivierung eines immateriellen Vermögenswertes nach sich[1103]. Der FASB impliziert in FAS 86, dass die zwingend zu aktivierenden Softwareproduktionsaufwendungen die Definitionskriterien eines immateriellen Vermögenswertes erfüllen[1104]. Insbesondere der künftige Zufluss eines wirtschaftlichen Nutzens als zentraler Bestandteil der Definition eines Vermögenswertes[1105] ist nun nicht weiter zu berücksichtigen, da die aktivierungspflichtigen Softwareproduktionsaufwendungen den immateriellen Vermögenswert begründen[1106]. Teilweise wird auch die Ansicht vertreten, dass ein Nachweis der wirtschaftlichen Durchführbarkeit vorliegen muss in der Form, dass der erzielbare Betrag aus der Vermarktung der Software, also der künftige wirtschaftliche Nutzen

---

[1099] Vgl. Kieso, D. E./ Weygandt, J. J./ Warfield, T. D. (2001), S. 623.

[1100] Vgl. Kapitel 5.2.2.1.2.

[1101] Vgl. Vgl. Schildbach, Th. (2001), S. 74f.

[1102] Vgl. Schildbach, Th. (2001), S. 67.

[1103] Vgl. FASB (2003), FAS 86, Abschn. 5.

[1104] Vgl. Keitz, I. v. (1997), S. 144.

[1105] Vgl. Kapitel 2.2.8.1.2.

[1106] Vgl. Schuetze, W. P. (1993), S. 68.

in Form von Zahlungsmittelzuflüssen, die aktivierten Softwareproduktionsaufwendungen übersteigt[1107].

5.2.2.3.2.3 Aktivierungskriterien für Aufwendungen in Zusammenhang mit Computer-Software

5.2.2.3.2.3.1 Umfang des Begriffes Computer-Software

An erster Stelle ist das Verhältnis des Begriffes Computer-Software („Computer-Software") in FAS 86 zum Softwarebegriff des Bilanzierungsobjektes aus dem Blickwinkel der Softwareentwicklung abzugrenzen[1108]. Da der Begriff Computer-Software in FAS 86 zwar durch Angabe verwendeter Synonyme[1109] bestimmt, jedoch nicht näher definiert wird, ist der Umfang aus dem Kontext der Verlautbarung abzuleiten. Zweifellos zugehörig zur Computer-Software ist das eigentliche Computerprogramm bestehend aus den Regeln, Prozeduren sowie den zum Betrieb notwendigen Daten. Dies leitet sich aus in FAS 86 beschriebenen Aktivitäten im Entwicklungszyklus ab, die zur Erstellung des Computerprogramms durchgeführt werden müssen[1110]. Fraglich ist hingegen, ob die Begleitdokumentation zur Computer-Software im Sinne des FAS 86 zu rechnen ist. Dies ist zu bejahen. Zwar sind in den Aktivierungskriterien keine Aktivitäten aufgeführt, die unmittelbar mit der Erstellung der Begleitdokumentation zusammenhängen. Auch wird in den Regelungen zur Bilanzierung der Aufwendungen für die Vervielfältigung die Dokumentation getrennt neben der Computer-Software aufgeführt[1111]. Hinsichtlich der aktivierungspflichtigen Aufwendungen handelt es sich in FAS 86 jedoch um die Produktionskosten beziehungsweise Produktionsaufwendungen der zur Vervielfältigung nutzbaren Originalkopie der Software („Product Master")[1112]. Diese umfasst ausdrücklich das Computerprogramm, die Begleitdokumentation und zugehörige Trainingsmaterialien, die zur Vermarktung bestimmt sind[1113]. Somit ist der Begriff Computer-Software in FAS 86 vom materiellen Umfang her kongruent mit dem Softwarebegriff des abgeleiteten Bilanzierungsobjektes.

[1107] Vgl. Munter, P. (2001), S. 6-7.

[1108] Vgl. zum Umfang des Begriffes Software Kapitel 3.1.1.

[1109] Vgl. FASB (2003), FAS 86, Abschn. 2.

[1110] Vgl. FASB (2003), FAS 86, Abschn. 4.

[1111] Vgl. FASB (2003), FAS 86, Abschn. 9.

[1112] Vgl. FASB (2003), FAS 86, Abschn. 5.

[1113] Vgl. FASB (2003), FAS 86, Anhang C, Definition des Begriffes „Product Master".

5.2.2.3.2.3.2 Abgrenzung der Arten von Software im Anwendungsbereich

Grundsätzlich wurden ausgehend von der funktionalen Klassifikation von Software aus Sicht der Informatik zu Beginn des dritten Kapitels Individualsoftware, fixe Standardsoftware und variable Standardsoftware sowie Systemsoftware als relevante Arten von Software abgeleitet[1114]. Zur Diskussion der These der vorliegenden Arbeit wurde diese funktionale Einteilung von Software aufgrund der Erörterung und Ableitung auslegungsbedürftiger International Financial Reporting Standards dahingehend eingegrenzt, dass nunmehr nur fixe und variable Standardsoftware in der Ausprägung von ERP-Software Gegenstand der Betrachtungen in diesem Kapitel sind[1115]. Es ist nun zu prüfen, ob der Anwendungsbereich des FAS 86 für diese betrachtete Softwareart greift. Dazu wird zunächst der Anwendungsbereich von FAS 86 erörtert.

Durch eine Negativabgrenzung in FAS 86 werden selbst erstellte Software zum unternehmensinternen Gebrauch und selbst erstellte Software für Dritte aufgrund einer vertraglichen Vereinbarung („Contractual Arrangement") vom Anwendungsbereich ausgeschlossen[1116]. Da es sich beim Bilanzierungsobjekt um die Entwicklung von Software zur anonymen Vermarktung handelt[1117], fällt eigenentwickelte Software zum unternehmensinternen Gebrauch nicht darunter. Hinsichtlich des zweiten Ausschlussgrundes vom Anwendungsbereich des FAS 86 ist jetzt noch zu beurteilen, was unter einer vertraglichen Vereinbarung („Contractual Arrangement") zur Entwicklung von Software für Dritte zu verstehen ist. Hier ist davon auszugehen, dass eine vertragliche Vereinbarung die kundenspezifische Entwicklung von Software vorsieht[1118]. Bei dieser Art von Software handelt es sich ausschließlich um Individualsoftware. Zwar ist variable Standardsoftware auch an kundenspezifische Bedürfnisse anzupassen. Variable Standardsoftware wird jedoch nicht kundenindividuell von Grund auf im Rahmen vertraglich genau spezifizierter Vereinbarungen entwickelt[1119]. Die Einordnung von variabler Standardsoftware erfolgt bei dieser Argumentationsweise aus Sicht der Informatik. Nicht herangezogen werden kann hier die üblicherweise aus formaljuristischer Sicht vorgenommene Einordnung von variabler

---

[1114] Vgl. Kapitel 3.1.1.

[1115] Vgl. Kapitel 5.1.3.

[1116] Vgl. FASB (2003), FAS 86, Abschn. 2.

[1117] Vgl. Kapitel 4.3.2.

[1118] Vgl. Küting, K./ Pilhofer, J./ Kirchhof, J. (2002), S. 78.

[1119] Vgl. Amberg, M. (1999a), S. 706.

Standardsoftware als Individualsoftware[1120]. Somit ist festzuhalten, dass die zur Vermarktung bestimmten Softwarearten fixe und variable Standardsoftware in der Ausprägung von ERP-Software, die auch Gegenstand des Bilanzierungsobjektes ist, in den Anwendungsbereich von FAS 86 fallen.

5.2.2.3.2.3.3 Ansatz von Aufwendungen für die Entwicklung von zur Vermarktung bestimmter Software

In FAS 86 wird neben der Bilanzierung von Aufwendungen im Zusammenhang mit der Entwicklung von Software zur anonymen Vermarktung auch die Bilanzierung von Aufwendungen für den Dritterwerb von Software zur anonymen Vermarktung geregelt[1121]. Zum Dritterwerb sei an dieser Stelle auf FAS 86 selbst und die Literatur verwiesen, da ein Erwerb der Software von Dritten zur anonymen Vermarktung nicht Gegenstand des abgeleiteten Bilanzierungsobjektes ist[1122].

Bei der sich anschließenden kurzen zusammenfassenden Betrachtung der Aktivierungskriterien in Bezug auf Entwicklungsaufwendungen für Software interessieren nun ausschließlich die für selbst entwickelte Software verursachten Aufwendungen. FAS 86 untergliedert dazu den Entwicklungszyklus von zur Vermarktung bestimmter Software unter bilanzierungstechnischen Gesichtspunkten in die Abschnitte:

- Forschung und Entwicklung,
- Produktion sowie
- Vervielfältigung und Wartung von Software,

wobei nach dem ersten Abschnitt die technologische Realisierbarkeit erreicht sein soll und nach dem zweiten Abschnitt die Absatzreife angenommen wird[1123]. Der dritte Abschnitt liegt somit außerhalb des Entwicklungszyklus im Einsatzzyklus von Software und wird deshalb nicht in die weitere Diskussion einbezogen[1124]. Bei der Zerlegung des Entwicklungszyklus in die ersten beiden Abschnitte wird ein lineares Vorgehen bei der Entwicklung von Software unterstellt. Betrachtet man die ersten zwei Abschnitte, so lässt sich eine Kongruenz zwischen den Aktivitäten und Abschnitten feststellen, deren Entsprechung wie folgt lautet:

[1120] Vgl. bspw. Köhler, St./ Benzel, U./ Trautmann, O. (2002), S. 926.

[1121] Vgl. FASB (2003), FAS 86, Abschn. 7.

[1122] Vgl. Keitz, I. v. (1997), S. 145f.

[1123] Vgl. Keitz, I. v. (1997), S. 143, zur Abgrenzung der Entwicklungsphasen der Vorgehensmodelle von Computer-Software und des Bilanzierungsobjektes wird hier von Abschnitten gesprochen.

[1124] Vgl. Kapitel 3.1.2.1.

- der Forschungs- und Entwicklungsabschnitt umfasst die Aktivitäten Planung und Design und
- der Produktionsabschnitt umfasst die Aktivitäten Kodierung und Test.[1125]

In FAS 86 wird diese definitorische Einteilung in Abschnitte zum Zweck der Abgrenzung zwischen nicht aktivierungsfähigen Forschungs- und Entwicklungsaufwendungen und aktivierungspflichtigen Softwareproduktionsaufwendungen vorgenommen.[1126] Zur Trennung beider Abschnitte voneinander wird der Begriff der technologischen Realisierbarkeit („Technological Feasibility") gebraucht[1127]. Bis zum Erreichen der technologischen Realisierbarkeit der Computer-Software sind alle im Unternehmen entstehenden Aufwendungen als Forschungs- und Entwicklungsaufwand der laufenden Periode zu erfassen[1128]. Die vorgenommene Segmentierung des Entwicklungsprozesses in bestimmte Abschnitte beruht zum Einen auf der unterstellten linearen Prozessarchitektur des Entwicklungsprozesses[1129] und zum Anderen auf der Annahme, dass mit dem Abschluss der konzeptionellen Entwicklungsaktivitäten eine Kodierung der Software einer rein technischen Übersetzung des detaillierten Designs in eine Programmiersprache gleicht[1130].

Die Definition des entscheidenden Aktivierungskriteriums, der technologischen Realisierbarkeit, wird vorerst nur wiedergegeben. Eine Aktivierungspflicht besteht dann, wenn das Unternehmen alle Planungs-, Design-, Kodierungs- und Testaktivitäten durchgeführt hat, die notwendig sind, um die Software den geplanten Erfordernissen gerecht werden zu lassen. Die Anforderungen umfassen in dieser ersten Ausprägung der technologischen Realisierbarkeit mindestens:

- den Abschluss der Produktspezifikationen und des Programmdesigns sowie die Verfügbarkeit der zur Produktion der Software notwendigen Ressourcen,
- die Dokumentation des Abschlusses des Programmdesigns sowie der Nachweis der Übereinstimmung des Programmdesigns mit den Produktspezifikationen und
- die Berücksichtigung von Risiken in Bezug auf das Programmdesign,[1131]

[1125] Eigene Darstellung in Anlehnung an FASB (2003), FAS 86, Abschn. 4.

[1126] Vgl. Anh. 3., Abb.6.

[1127] Vgl. FASB (2003), FAS 86, Abschn. 4.

[1128] Vgl. FASB (2003), FAS 86, Abschn. 3.

[1129] Vgl. Frizlen, U./ Möhrle, M. (2001), S. 242.

[1130] Vgl. Scarbrough, P./ McGee, R./ Sakurai, M. (1993), S. 321.

[1131] Vgl. FASB (2003), FAS 86, Abschn. 4a.

oder wenn kein detailliertes Programmdesign durchgeführt wird in der zweiten Ausprägung der technologischen Realisierbarkeit mindestens:

- die Fertigstellung eines Arbeitsmodells und
- den Nachweis der Übereinstimmung der Funktionen des Arbeitsmodells mit den Produktspezifikationen.[1132]

Durch die Benennung der oben aufgeführten Kriterien wird der Begriff der technologischen Realisierbarkeit in seinen zwei Ausprägungen konkretisiert. Ist die technologische Realisierbarkeit erreicht, besteht eine Aktivierungspflicht für zeitlich nachgelagert anfallende Softwareproduktionsaufwendungen[1133]. Ist die Software Teil eines anderen Produktes oder Prozesses müssen darüber hinaus alle Forschungs- und Entwicklungsaktivitäten für dieses andere Produkt oder den anderen Prozess abgeschlossen sein[1134]. Als Softwareproduktionsaufwendungen sind dann die bis zur Absatzreife entstehenden Aufwendungen zu aktivieren[1135].

5.3 Konkretisierung der Abbildung des Bilanzierungsobjektes „Softwareentwicklung" nach Financial Accounting Standard 86

5.3.1 Abgrenzung der anzuwendenden Ausprägung des Aktivierungskriteriums

An Hand der expliziten und eindeutigen Regelungen in FAS 86 zur Bilanzierung eigenentwickelter Software zur anonymen Vermarktung wird nun die Abbildung des Bilanzierungsobjektes Softwareentwicklung konkretisiert. Im Mittelpunkt der Betrachtungen steht dabei der Aktivierungszeitpunkt. An erster Stelle ist für die Ermittlung dieses Zeitpunktes die anzuwendende Ausprägung des Kriteriums der technologischen Realisierbarkeit zu ermitteln[1136]. Entscheidend dafür ist, ob der Entwicklungsprozess ein detailliertes Design als verifizierbares Ergebnis vorsieht. Für das Bilanzierungsobjekt Softwareentwicklung trifft dies zu. Das detaillierte Design stellt im Entwicklungszyklus eine Teilaktivität der Aktivität Design dar und führt im Ergebnis zum korrespondierenden Design-Modell[1137]. Somit sind die Kriterien des FAS 86 zum Nachweis der technologischen Realisierbarkeit

1132 Vgl. FASB (2003), FAS 86, Abschn. 4b.

1133 Vgl. FASB (2003), FAS 86, Abschn. 5, Satz 1.

1134 Vgl. FASB (2003), FAS 86, Abschn. 5, Satz 2.

1135 Vgl. FASB (2003), FAS 86, Abschn. 6.

1136 Vgl. Kapitel 5.2.2.3.2.3.2.

1137 Vgl. Kapitel 4.1.4.3.3.3.

heranzuziehen, die sich auf ein detailliertes Design stützen[1138]. Bei der nun folgenden Konkretisierung ist es das Ziel, einen eindeutigen Aktivierungszeitpunkt im Entwicklungszyklus zu bestimmen.

5.3.2 Anwendung des Aktivierungskriteriums auf das Bilanzierungsobjekt

5.3.2.1 Abschluss der Aktivität Design

Diese erste Anforderung umfasst neben dem Abschluss der Produktspezifikation („Product Design")[1139] und dem Abschluss des Designs der Architektur und des detaillierten Designs („Detail Program Design")[1140] auch die Verfügbarkeit der zur verbleibenden Produktion notwendigen Fähigkeiten der Entwickler sowie das Vorhandensein benötigter Hard- und Software[1141]. Mit Blick auf das zu untersuchende Bilanzierungsobjekt lässt sich daraus folgendes ableiten. Die Produktspezifikation weist Parallelen zum Analysemodell des Bilanzierungsobjektes auf. In diesem Modell sind die funktionalen Anforderungen entsprechend ihrer logischen Struktur dargestellt[1142]. Somit zieht diese erste Anforderung den Abschluss der Aktivität Analyse der Anforderungen, deren Ergebnis das oben erwähnte Analysemodell ist, nach sich. Das Design der Architektur und das detaillierte Design entsprechen unzweifelhaft der Aktivität Design, deren Ergebnis das Designmodell als Blaupause für die Implementierung ist[1143]. Somit wird von der Anforderung auch der Abschluss dieser Aktivitäten vorausgesetzt. Und die Verfügbarkeit der zur Fertigstellung notwendigen Ressourcen ergibt sich Erstens aus dem konfigurierten Bilanzierungsobjekt und kann Zweitens auch auf Grund des dann schon weit fortgeschrittenen Entwicklungsprozesses unterstellt werden[1144].

[1138] Vgl. FASB (2003), FAS 86, Abschn. 4a.

[1139] Vgl. FASB (2003), FAS 86, App. C, Abschn. 52, "Product Design" wird definiert als logische Darstellung aller Funktionen der Software auf einem Detaillevel, der als Produktspezifikation dient.

[1140] Vgl. FASB (2003); FAS 86, App. C, Abschn. 52, "Detail Program Design" wird definiert als logische Darstellung der Eigenschaften, Funktionen und technischen Anforderungen auf einem Detaillevel, der sofort implementiert (kodiert) werden kann.

[1141] Vgl. FASB (2003), FAS 86, Abschn. 4a, Nr. 1.

[1142] Vgl. Kapitel 4.1.4.3.3.2.

[1143] Vgl. Kapitel 4.1.4.3.3.3.

[1144] Vgl. Kapitel 4.3.2.

5.3.2.2 Bestätigung und Dokumentation des Ergebnisses der Aktivität detailliertes Design

Die zweite Anforderung verlangt die Vollständigkeit des detaillierten Designs und die Konsistenz des detaillierten Designs mit den Produktspezifikationen. Erfolgen soll der Nachweis in Form einer Bestätigung durch die Dokumentation des detaillierten Designs. Zusätzlich muss ein Bezug der Elemente des detaillierten Designs zu den entsprechenden Produktspezifikationen bestehen[1145]. Dass heißt, dass alle formulierten Produktspezifikationen durch das detaillierte Design erfasst sind und zur unmittelbaren Implementierung vorliegen müssen[1146]. Wie schon im Zuge der Diskussion der ersten Anforderung sind das Analyse- und das Designmodell als Ergebnisse der abgeschlossenen Aktivitäten Analyse der Anforderungen und Design heranzuziehen. Die Dokumentation dieser Modelle erfolgt beim Bilanzierungsobjekt Softwareentwicklung in Form einer spezifischen Beschreibungssprache[1147]. Eine Dokumentation liegt somit vor. Auch ist die Konsistenz zwischen Analyse- und Designmodell durch die logischen Verweise zwischen den Elementen der verschiedenen Modelle gewährleistet[1148]. Die Anforderung an die Dokumentation und Konsistenz der Produktspezifikation und des detaillierten Designs wird jedoch auch bei Beachtung der Regelungen des V-Modells `97 erfüllt, die durch feste Vorgaben an die Dokumente gekennzeichnet und deren Struktur logisch aufeinander aufgebaut sind[1149].

Weitere formelle oder materielle Anforderungen an die Dokumentation der Ergebnisse sind nach FAS 86 nicht zu erfüllen[1150]. Somit wird hier auf der Grundlage des konfigurierten Bilanzierungsobjektes die Qualität und der Umfang der Dokumentation als ausreichend erachtet[1151], um die besprochene Anforderung des Aktivierungskriteriums zu erfüllen.

5.3.2.3 Ausschluss identifizierter wesentlicher Entwicklungsrisiken

Die dritte Anforderung enthält die Überprüfung des detaillierten Designs auf wesentliche noch verbleibende Entwicklungsrisiken („High-Risk Development Issues"). Diese können aus neuen, speziellen und noch nicht getesteten Funktionen erwachsen oder im Zusammenhang

---

[1145] Vgl. FASB (2003), FAS 86, Abschn. 4a, Nr. 2.

[1146] Vgl. so auch Munter, P. (2001), S. 6-6.

[1147] Vgl. Kapitel 4.1.4.3.2.4.

[1148] Vgl. Kapitel 4.1.4.3.2.3.

[1149] Vgl. Kapitel 4.1.4.2.2.4.

[1150] Vgl. Munter, P. (2001), S. 6-5f.

[1151] Vgl. Kapitel 4.3.1.

mit technischen Innovationen auftreten. Zudem sollen alle Unsicherheiten hinsichtlich des Eintritts der so identifizierten wesentlichen Entwicklungsrisiken durch Implementierungs- und Testaktivitäten ausgeräumt sein[1152]. Die Formulierung „[...] and any uncertainties related to identified high-risk development issues have been resolved through coding and testing."[1153] lässt in der Tat erkennen, dass es auf den Ausschluss der gesamten identifizierten wesentlichen Entwicklungsrisiken ankommt. Einer näheren Betrachtung bedarf daher der Begriff des wesentlichen Entwicklungsrisikos („High-Risk Development Issue[1154]"), da jedem Entwicklungsprozess bis zur endgültigen Fertigstellung der Software Risiken innewohnen[1155]. Zunächst handelt es sich bei Entwicklungsrisiken ausschließlich um technische Risiken in einem direkten und unmittelbaren Zusammenhang mit der Entwicklung von Software[1156]. Aus einer Betrachtung der möglichen technischen Risiken bei der Softwareentwicklung kann es sich bei den wesentlichen Entwicklungsrisiken im Sinne von „High-Risk Development Issues" nur um solche Risiken handeln, die ein Abbruchkriterium der Entwicklung darstellen[1157]. Dabei sind auch die zwei Dimensionen Eintrittshöhe und Eintrittswahrscheinlichkeit einzubeziehen. Nur die Betrachtung beider Dimensionen ergibt dann die zu berücksichtigende Ausprägung des Risikos[1158].

Nun verfolgt das dem Bilanzierungsobjekt zu Grunde liegende Vorgehensmodell mit der iterativen und inkrementellen Vorgehensweise eine Strategie der Risikominimierung. Durch Priorisierung risikobehafteter Funktionalitäten und deren frühzeitige Implementierung und Prüfung im Entwicklungsprozess werden ja gerade wesentliche Entwicklungsrisiken frühzeitig identifiziert, bewertet und ausgeräumt, um den Fortgang des Entwicklungsprojektes nicht zu gefährden[1159]. Grundsätzlich sind mit dem Abschluss der Aktivität Design beim Bilanzierungsobjekt die wesentlichen Entwicklungsrisiken durch die vorherige Anforderungsanalyse erkannt und beim Design der Software entsprechend berücksichtigt. In Abhängigkeit davon, ob bei Überprüfung des detaillierten Designs wesentliche Entwicklungsrisiken

---

[1152] Vgl. FASB (2003), FAS 86, Abschn. 4a, Nr. 1.

[1153] FASB (2003), FAS 86, Abschn. 4a, Nr. 1.

[1154] Eine Konkretisierung des Begriffes erfolgt in FAS 86 nicht.

[1155] Vgl. Jacobson, I./ Booch, G./ Rumbaugh, J. (1999), S. 89; Veerstegen, G. (2000), S. 120; Beck, K. (2000), S. 3f.

[1156] Vgl. Versteegen, G. (2000), S. 124f.

[1157] Vgl. Jacobson, I./ Booch, G./ Rumbaugh, J. (1999), S. 97.

[1158] Vgl. Shere, K. D. (1988), S. 81; Versteegen, G. (2000), S. 124.

[1159] Vgl. dazu ausführlich Kapitel 4.1.4.3.3.4.; Kapitel 4.1.4.3.4.2.

identifiziert wurden, kann diese dritte Anforderung die Durchführung der Aktivitäten Implementierung und Test zur vollständigen Beseitigung der wesentlichen Entwicklungsrisiken nach sich ziehen. Tauchen wesentliche Entwicklungsrisiken nach der Aktivierung von Softwareproduktionsaufwendungen, also nach Erreichen der technologischen Realisierbarkeit auf, so sind diese nachträglich als Aufwand zu erfassen, da nunmehr die technologische Realisierbarkeit noch nicht erreicht worden ist[1160]. Dieser Sachverhalt ist jedoch nur im Rahmen der Folgebewertung bereits aktivierter Softwareproduktionsaufwendungen relevant, der hier nicht Gegenstand der Diskussion ist.

5.3.3 Ableitung des Aktivierungszeitpunktes

Aus der erfolgten Diskussion der Anforderungen an die technische Realisierbarkeit auf der Grundlage des konfigurierten Bilanzierungsobjektes wird nunmehr der Aktivierungszeitpunkt im Entwicklungszyklus hergeleitet, in dem die technologische Realisierbarkeit nach FAS 86 erreicht ist. Zusammengefasst ist dies dann der Fall, wenn:

- die Aktivitäten Anforderungsanalyse und detailliertes Design abgeschlossen sind,
- die Produktspezifikationen und das detaillierte Design in den entsprechenden Modellen dokumentiert und konsistent sind und
- wenn wesentliche Entwicklungsrisiken durch Implementierung und Tests ausgeschlossen wurden.

Konzeptionell liegt FAS 86 ein linearer Entwicklungsprozess zu Grunde[1161], welcher auf den Aktivitäten Planung, Design, Kodierung und Test beruht[1162]. Diese Kongruenz von Aktivitäten und Phasen findet sich im besprochenen Wasserfallmodell in ganz ähnlicher Form wieder[1163]. Unter Ausschluss wesentlicher Entwicklungsrisiken würde der Aktivierungszeitpunkt nach der erfolgten Bestätigung des detaillierten Designs am Ende der Aktivität und Phase des detaillierten Designs vorliegen. Dieser Aktivierungszeitpunkt markiert im Sinne von FAS 86 das Ende des Forschungs- und Entwicklungsabschnitts und den Beginn des Produktionsabschnitts in dem die Aktivitäten Kodierung und Test durchzuführen sind.

Die Prozessarchitektur des Bilanzierungsobjektes Softwareentwicklung weist eine derartige Kongruenz von Aktivitäten und Phasen nicht auf. Vielmehr werden als charakteristisches

---

1160 FASB (1998), Abschn. 8.

1161 Vgl. Scarbrough, P./ McGee, R./ Sakurai, M. (1993), S. 311.

1162 Vgl. FASB (2003), FAS 86, Abschn. 4.

1163 Vgl. Kapitel 4.1.3.2.4.

Merkmal einer inkrementellen und iterativen Vorgehensweise die Aktivitäten mit unterschiedlicher Intensität parallel in den zeitlich aufeinander folgenden Phasen ausgeführt[1164]. Eine präzise Zuordnung des Aktivierungszeitpunktes zum Ende einer Phase des Vorgehensmodells beim konfigurierten Bilanzierungsobjekt auf der Grundlage des Abschlusses einer bestimmten Aktivität ist somit nicht möglich. Die von FAS 86 geforderte Fertigstellung des detaillierten Designs einschließlich der Überprüfung auf wesentliche Entwicklungsrisiken repräsentiert keinen Hauptmeilenstein im Entwicklungsprozess des Bilanzierungsobjektes[1165]. Aus dieser Erkenntnis ergibt sich, dass ein eindeutiger Zeitpunkt im Entwicklungsprozess des Bilanzierungsobjektes zum Erstansatz von Softwareproduktionsaufwendungen nach FAS 86 zunächst nicht mit hinreichender Genauigkeit bestimmt werden kann.

Die zu betrachtenden Aktivitäten Anforderungsanalyse und detailliertes Design beginnen beim Bilanzierungsobjekt bereits in der Initiierungsphase und sind weitestgehend erst am Ende der Konstruktionsphase mit dem Hauptmeilenstein der erstmaligen operationalen Funktionalität der Software abgeschlossen[1166]. In der Konstruktionsphase wird die Software iterativ und inkrementell entwickelt mit dem Schwerpunkt auf den Aktivitäten Design, Implementierung und Test. Diese Aktivitäten werden während der gesamten Konstruktionsphase für jeden einzelnen Anwendungsfall ausgeführt. Eine Anwendung des Aktivierungskriteriums der technologischen Realisierbarkeit auf einzelne Anwendungsfälle beziehungsweise nicht einzeln vermarktungsfähige Komponenten der Software ist jedoch nach FAS 86 nicht möglich, denn es ist das zu entwickelnde Software-System als Ganzes zu betrachten[1167]. Möglich ist nun noch eine Segmentierung der Konstruktionsphase in die durchzuführenden Iterationen, um den Aktivierungszeitpunkt beim Bilanzierungsobjekt einzugrenzen. Am Ende einer jeden Iteration liegt eine ausführbare Version des Software-Systems mit der bis dahin implementierten Funktionalität vor[1168]. Die Anzahl der Iterationen und der zu erreichenden Teilmeilensteine sind dabei vom Projekt abhängig und in der Prozessbeschreibung nicht näher definiert[1169]. Die technologische Realisierbarkeit nach FAS 86 ist demnach frühestens zum

---

1164 Vgl. ausführlich Kapitel 4.3.1. i.V.m. Kapitel 4.1.4.3.4.

1165 Vgl. zu den Hauptmeilensteinen der einzelnen Phasen Kapitel 4.1.4.3.4. und zur plastischen Anschauung Anh. 2, Abb. 4.

1166 Vgl. Kapitel 4.1.4.3.4.3.

1167 Vgl. FASB (1998), Abschn. 9; Munter, P. (2001), S. 6-4.

1168 Vgl. Jacobson, I./ Booch, G./ Rumbaugh, J. (1999), S. 315.

1169 Vgl. Kapitel 4.1.4.3.5.

Ende der letzten Iteration der Konstruktionsphase erfüllt. Denn auch während dieser letzten Iteration wird für die noch verbliebenen Anwendungsfälle die Aktivität Design durchgeführt[1170]. Somit ist die technologische Realisierbarkeit in der ersten Ausprägung eindeutig erst mit dem Hauptmeilenstein der Konstruktionsphase erreicht und zwar dann, wenn mit dem Vorliegen der Beta-Version der Software die Aktivität Design grundsätzlich abgeschlossen worden ist. Das Vorliegen dieser Beta-Version des entwickelten Software-Systems markiert das Ende der Konstruktionsphase und entspricht auch der zweiten Ausprägung der technologischen Realisierbarkeit nach FAS 86. Diese Ausprägung wäre generell anzuwenden, wenn kein detailliertes Design der Software durchgeführt wird. Die technologische Realisierbarkeit ist hier erreicht, wenn die Produktspezifikationen fertig gestellt wurden und ein Arbeitsmodell („Working Model[1171]") der Software vorliegt, dessen Konsistenz mit den Produktspezifikationen durch Tests bestätigt ist[1172]. Daraus ist abzuleiten, dass beim konfigurierten Bilanzierungsobjekt die technologische Realisierbarkeit unabhängig von der anzuwendenden Ausprägung dieses Aktivierungskriteriums eindeutig erst mit Vorliegen der Beta-Version im Sinne eines Arbeitsmodells erreicht ist.

5.3.4 Ergebnis

Folgende Erkenntnisse im Zusammenhang mit der Konkretisierung von FAS 86 am Bilanzierungsobjekt wurden gewonnen: Eine trennscharfe Segmentierung der Entwicklung von Software in Abschnitte, wie in FAS 86 anhand des Kriteriums der technologischen Realisierbarkeit unterstellt, ist nicht möglich. Die Annahme einer spezifischen linearen Prozessarchitektur der Entwicklung von Software in FAS 86 wirft Probleme bei der Abgrenzung von aktivierungspflichtigen Softwareproduktionsaufwendungen und nicht aktivierungsfähigen Softwareentwicklungsaufwendungen auf, wenn die Prozessarchitektur des betrachteten Vorgehensmodells eben nicht dieser linearen Prozessarchitektur entspricht[1173]. Im Ergebnis kann jedenfalls auf der Grundlage des konfigurierten Bilanzierungsobjektes ein Aktivierungszeitpunkt nach FAS 86 zunächst nicht eindeutig bestimmt werden. Wurde bisher das Kriterium der technologischen Realisierbarkeit zumindest bei praktischer Anwendung als

---

1170 Vgl. Jacobson, I./ Booch, G./ Rumbaugh, J. (1999), S. 389.

1171 Vgl. FASB (2003); FAS 86, Anh. C, Abschn. 52, Dort wird "Working Model" als operative Version der Software definiert, die in der selben Programmiersprache wie das endgültige Produkt verfasst ist, alle wesentlichen Funktionen beinhaltet und Tests durch Kunden (Beta-Tests) unterzogen werden kann.

1172 Vgl. FASB (2003), FAS 86, Abschn. 4b.

1173 Vgl. hierzu ausführlich Kapitel 4.1.6.2.

zu unscharf und einen Ermessensspielraum eröffnend kritisiert[1174], so konnte wenigstens in der Theorie auf Basis des zugrunde liegenden linearen Phasenmodells der Aktivierungszeitpunkt bestimmt werden[1175].

Auf der Grundlage eines modernen Vorgehensmodells der Softwareentwicklung ist dies nun auch aus theoretischer Sicht nicht mehr möglich. Grundsätzlich ist festzustellen, dass FAS 86 für inkrementelle und iterative Vorgehensmodelle der Softwareentwicklung zu keiner sachgerechten bilanziellen Abbildung führt. Nicht sachgerecht deshalb, weil am Ende der Konstruktionsphase mit dem Beginn der Einführungsphase alle wesentlichen Implementierungs- und Testaktivitäten bereits abgeschlossen sind[1176], die im Sinne des FAS 86 nach Erreichen der technologischen Realisierbarkeit zu aktivierungspflichtigen Softwareproduktionsaufwendungen führen würden. Im Lichte dieser gewonnenen Erkenntnisse ist nun zu prüfen, ob FAS 86 zur Auslegung von IAS 38 herangezogen werden kann, um weitere stichhaltige Argumente für eine Diskussion der These abzuleiten.

5.4 Auslegung des International Accounting Standard 38 zur Abbildung des Bilanzierungsobjektes Softwareentwicklung unter Heranziehung von Financial Accounting Standard 86

5.4.1 Vorgehensweise

An erster Stelle wird zu prüfen sein, ob der Anwendungsbereich der Regelungen des FAS 86[1177] mit dem Anwendungsbereich des IAS 38[1178] vereinbar ist. Überlegungen hierzu sind erforderlich, weil in IAS 38 durch die negative Abgrenzung bestimmte immaterielle Vermögenswerte vom Regelungsbereich ausgeschlossen werden. Bei positivem Ergebnis wird die Auslegung dann wie folgt durchgeführt. Ausgehend vom Vorschlag des Schrifttums, die technologische Realisierbarkeit nach FAS 86 als Aktivierungskriterium zur Auslegung des IAS 38 heranzuziehen[1179] und den bisher gewonnenen Erkenntnissen über die Anwendung dieses Aktivierungskriteriums zur Abbildung des Bilanzierungsobjektes Softwareentwicklung, wird dieser Vorschlag hinsichtlich einer begrifflichen Einordnung und einer

---

[1174] Vgl. stellvertretend Schildbach, Th. (1999a), S. 411.

[1175] Vgl. bspw. Frizlen, U./ Möhrle, M. (2001), S. 240.

[1176] Vgl. Kapitel 4.1.4.3.4.4.

[1177] Vgl. Kapitel 5.2.2.3.2.1.

[1178] Vgl. Kapitel 5.2.1.2.1.

[1179] Vgl. Kapitel 5.2.1.4.

methodischen Einordnung der technologischen Realisierbarkeit zu überprüfen sein. Die Diskussion der begrifflichen Einordnung wird im Ergebnis die materiellen Gemeinsamkeiten und Unterschiede formell gleicher Begriffe in FAS 86 und IAS 38 aufzeigen. Und eine Diskussion der methodischen Einordnung analysiert die Folgen einer Anwendung der technologischen Realisierbarkeit aus FAS 86 auf das Bilanzierungsobjekt. Hier wird als Resultat entweder die in IAS 8 geforderte Vereinbarkeit mit den Regelungen des IAS 38 festgestellt werden oder eine Kollision mit diesen Regelungen[1180]. Im letzten Fall wäre eine Auslegung des IAS 38 unter Heranziehung der Verlautbarungen des FAS 86 abzulehnen.

5.4.2 Auslegung des International Accounting Standard 38 unter Heranziehung von Financial Accounting Standard 86

5.4.2.1 Auslegung des Anwendungsbereiches

Die Auslegung des Anwendungsbereiches erweist sich als unproblematisch, weil IAS 38 die Bilanzierung einer Reihe immaterieller Vermögenswerte regelt, die entweder erworben oder selbst erstellt sein können und die sowohl zur Vermarktung an Dritte als auch zum unternehmensinternen Gebrauch genutzt werden können. Somit ergibt sich ein recht weit gefasster Bereich der Anwendung, in dem sich unzweifelhaft der Anwendungsbereich des FAS 86 einordnen lässt. Die Bilanzierung von Aufwendungen im Zusammenhang mit Computer-Software, die intern entwickelt und produziert wird[1181], fällt nicht unter die im Wege der Negativabgrenzung in IAS 38 ausgeschlossenen immateriellen Vermögenswerte[1182]. Weiterhin wird Computer-Software explizit als immaterieller Vermögenswert benannt, für den die Verlautbarungen des IAS 38 gelten[1183]. Und schließlich stellt die anonyme Vermarktung in FAS 86 als Art der Nutzung[1184] eine in IAS 38 zulässige Nutzungsart dar[1185].

1180 Vgl. Kapitel 5.1.1.3.

1181 Vgl. FASB (2003), FAS 86, Abschn. 2.

1182 Vgl. Kapitel 5.2.1.2.1.

1183 Vgl. IASB (2004), IAS 38, Abschn. 7.

1184 Vgl. Niehus, R. J./ Thyll, A. (2000), Rn. 786.

1185 Vgl. Küting, K./ Pilhofer, J./ Kirchhof, J. (2002), S. 82.

5.4.2.2 Prüfung der Übernahme des Aktivierungskriteriums der technologischen Realisierbarkeit in der ersten Ausprägung nach Financial Accounting Standard 86

5.4.2.2.1 Begriffliche Einordnung der technologischen Realisierbarkeit

Ein konkretes Aktivierungskriterium in IAS 38 verlangt den Nachweis der technischen Realisierbarkeit („Technical Feasibility") der Fertigstellung des immateriellen Gutes. Hier könnte materiell eine Kongruenz mit dem Aktivierungskriterium der technologischen Realisierbarkeit („Technological Feasibility") des FAS 86 vorliegen, woraus sich zunächst eine Rechtfertigung der Anwendung des FAS 86 zur Auslegung des IAS 38 ableiten ließe. Dazu muss erneut gesagt werden, dass es sich bei der technologischen Realisierbarkeit in FAS 86 um ein Aktivierungskriterium per Definition aus bilanztechnischer Perspektive handelt. Das Kriterium der technologischen Realisierbarkeit in FAS 86 dient ausschließlich zur Trennung des Softwareentwicklungsprozesses in bestimmte Abschnitte mit dem Zweck der Differenzierung zwischen nicht aktivierungsfähigen Forschungs- und Entwicklungsaufwendungen und aktivierungspflichtigen Softwareproduktionsaufwendungen[1186] und ist außerdem im dort unterstellten linearen Softwareentwicklungsprozess fest verankert[1187]. In IAS 38 wird das Aktivierungskriterium der technischen Realisierbarkeit nicht weiter konkretisiert[1188]. Zulässig ist darum nur eine Schlussfolgerung. Der materielle Inhalt des Aktivierungskriteriums in IAS 38 kann nur aus der Perspektive des betrachteten spezifischen Softwareentwicklungsprozesses ausgefüllt werden, da es gerade nicht aus bilanzierungstechnischer Sicht definiert ist[1189]. Auch verbietet der bewusst breite gefasste Anwendungsbereich des IAS 38[1190] in Bezug auf die mannigfaltigen Forschungs- und Entwicklungsprozesse eine Konkretisierung der technischen Realisierbarkeit außerhalb des Kontexts des betrachteten spezifischen Softwareentwicklungsprozesses[1191]. So würde eine Gleichstellung der technischen mit der technologischen Realisierbarkeit bei der Abbildung des Bilanzierungsobjektes nach IFRS eine bestimmte lineare Prozessarchitektur unterstellen, die eben nicht dem hier betrachteten Vorgehensmodell entspricht und somit außerhalb des Kontexts dieses Entwicklungsprozesses und außerhalb des von IAS 38 gewollten liegt.

1186 Vgl. Kapitel 5.2.2.3.2.3.2.

1187 Vgl. Frizlen, U./ Möhrle, M. (2001), S. 240.

1188 Vgl. Baetge, J./ von Keitz, I. (2002), Rn. 54.

1189 Vgl. so auch Fülbier, R.-U./ Honold, D./ Klar, A. (2000), S. 837.

1190 Vgl. Küting, K. (2001), S. 394; Baetge, J./ von Keitz, I. (2002), Rn. 3f.

1191 Vgl. ähnlich Baetge, J./ von Keitz, I. (2002), Rn. 56.

Die hier heranzuziehende technische Realisierbarkeit im Kontext des Vorgehensmodells des Bilanzierungsobjektes erweist sich daher in materieller Hinsicht als grundverschieden von der technologischen Realisierbarkeit nach FAS 86. Das in IAS 38 formulierte Kriterium der technischen Realisierbarkeit aus dem Blickwinkel der Softwareentwicklung dient zur grundsätzlichen Feststellung, ob das Projekt aus technischer Perspektive durchführbar ist und zum gewünschten Ergebnis führen wird[1192]. Diese einzig zulässige Sichtweise der technischen Realisierbarkeit wird somit zur Grundlage für eine Diskussion dieses konkretisierenden Aktivierungskriteriums in IAS 38. Da nunmehr die materielle Verschiedenheit der diskutierten Begriffe dargelegt wurde, erwächst hieraus ein erster Grund, die Übertragung der technologischen Realisierbarkeit des FAS 86 zum Zweck der Auslegung des IAS 38 am Bilanzierungsobjekt abzulehnen.

5.4.2.2.2 Methodische Einordnung der technologischen Realisierbarkeit

5.4.2.2.2.1 Grundlegende methodische Einordnung

Nach der Erkenntnis, dass die technologische Realisierbarkeit in FAS 86 zwar formell der in IAS 38 geforderten technischen Realisierbarkeit ähnelt, materiell beide Begriffe jedoch verschieden sind, ist nunmehr eine methodische Einordnung vorzunehmen. Diese Einordnung knüpft an den Folgen an, die eine Übertragung der technologischen Realisierbarkeit aus FAS 86 in IAS 38 auf die Abbildung des Bilanzierungsobjektes Softwareentwicklung nach sich zieht. Es wird mit dem Erfüllen dieses Aktivierungskriteriums in FAS 86 das Vorhandensein eines selbst geschaffenen immateriellen Vermögenswertes impliziert[1193]. Weil sich konzeptionell die Definitionen von immateriellen Vermögenswerten in den IFRS und US-GAAP gleichen[1194] und somit die Aktivierungsvoraussetzungen des IAS 38 als erfüllt anzusehen sind, könnte das Aktivierungskriterium der technologischen Realisierbarkeit aus FAS 86 jedenfalls dann auf die IFRS angewendet werden, wenn es den Aktivierungskriterien des IAS 38 für selbst geschaffene immaterielle Vermögenswerte nicht entgegen steht. Ein Festlegen des Aktivierungszeitpunktes auf den Abschluss der Teilaktivität detailliertes Design im Sinne der technologischen Realisierbarkeit des FAS 86 betrachtet jedoch nur das Erreichen eines bestimmten technischen Aspektes im Entwicklungszyklus. Dadurch wird unterstellt, dass dem bilanzierenden Unternehmen wahrscheinlich ein künftiger wirtschaftlicher Nutzen

---

[1192] Vgl. Kapitel 4.1.4.3.4.1.

[1193] Vgl. hierzu ausführlich Kapitel

[1194] Vgl. Kapitel 2.2.8.1.1.

zufließt und es die Verfügungsmacht über diesen Nutzen ausüben kann. Zugleich wird implizit vorausgeschickt, dass die betrachtete Software die Definition eines immateriellen Vermögenswertes im Sinne des IAS 38 erfüllt[1195]. Hier ist zu beachten, dass die konkretisierenden Aktivierungskriterien des IAS 38 für selbst erstellte immaterielle Vermögenswerte im Entwicklungsabschnitt eine Nachweisfunktion im Sinne eines Beweises[1196] haben. Das bilanzierende Unternehmen muss unter anderem konkret nachweisen (beweisen), wie der wahrscheinliche Zufluss eines künftigen Nutzens erfolgen soll. Bei einer Aktivierung einzig an Hand des technischen Aspektes des Abschlusses der Teilaktivität des detaillierten Design wird dieser Nachweis nicht erbracht werden können – der Nachweis würde lediglich unterstellt. Folglich ist ebenso aufgrund der methodischen Einordnung eine Anwendung des Aktivierungskriteriums des FAS 86 an Hand der technologischen Realisierbarkeit allein abzulehnen.

Weiterhin ist das Aktivierungskriterium des FAS 86 im Kontext mit dem generellen Aktivierungsverbot für Forschungs- und Entwicklungsaufwendungen in den US-GAAP zu sehen[1197]. Die technologische Realisierbarkeit als Aktivierungskriterium trennt ja gerade die nicht aktivierungsfähigen Forschungs- und Entwicklungsaufwendungen von aktivierungspflichtigen Softwareproduktionsaufwendungen[1198]. Auch wenn diese Differenzierung auf der Annahme des unterstellten Entwicklungsprozesses beruht, würden durch die Übertragung dieses Aktivierungskriteriums in IAS 38 Teile der Entwicklungsaufwendungen ohne weitere Überprüfung erfolgswirksam als laufender Aufwand erfasst, obwohl eine bedingte Aktivierungspflicht für Entwicklungsaufwendungen von IAS 38 gefordert wird. Gestützt wird dieses Argument durch die weitgehende materielle Übereinstimmung des Begriffes Entwicklungsaufwand in den US-GAAP und den IFRS[1199].

5.4.2.2.2.2 Methodische Einordnung zur Bestimmung eines eindeutigen Aktivierungszeitpunktes

Ein weiterer Ablehnungsgrund ergibt sich aus der bereits gezeigten Schwierigkeit der Bestimmung eines eindeutigen und sachgerechten Aktivierungszeitpunktes bei der

---

1195 Vgl. Epstein, B. J./ Mirza, A. A. (2002), S. 345.

1196 Vgl. Baetge, J./ von Keitz, I. (2002), Rn. 36.

1197 Vgl. Kapitel 5.2.2.2.

1198 Vgl. Kapitel 5.2.2.3.2.3.3.

1199 Vgl. Küting, K. (2001), S. 152.

Konkretisierung der Abbildung des abgeleiteten Bilanzierungsobjektes nach FAS 86[1200]. Eine Übertragung des Aktivierungskriteriums aus FAS 86 würde ebenso im Kontext der Auslegung des IAS 38 am Bilanzierungsobjekt zu keinem eindeutigen Aktivierungszeitpunkt führen und somit eine nicht sachgerechte bilanzielle Abbildung nach sich ziehen, die hier ebenfalls abzulehnen ist.

Diese bilanzielle Abbildung führt dazu, dass objektiv erst mit der Fertigstellung der Beta-Version der Software Entwicklungsaufwendungen überhaupt aktiviert werden können[1201]. Eine solche Vorgehensweise steht jedoch den konkretisierenden Aktivierungskriterien des IAS 38 insoweit entgegen, als dass eine bedingte Aktivierungspflicht für die Entwicklungsaufwendungen mit Beginn des Entwicklungsabschnittes vorliegt[1202]. Mit einer Aktivierung der Entwicklungsaufwendungen im Sinne des FAS 86, die erst bei einem sehr weit fortgeschrittenen Entwicklungszyklus greift, liegt auch hier ein Verstoß gegen diese bedingte Aktivierungspflicht vor.

5.4.3 Ergebnis und Fortgang der Auslegung

Im Ergebnis der Auslegung der Abbildung des Bilanzierungsobjektes nach IAS 38 mit Hilfe der Regelungen des FAS 86 der US-GAAP ist die Übertragung des Aktivierungskriteriums der technologischen Realisierbarkeit aus FAS 86 abzulehnen, da sowohl die begriffliche Einordnung scheitert sowie die methodische Einordnung der technologischen Realisierbarkeit unvereinbar mit den konkretisierenden Aktivierungskriterien in IAS 38 ist. Somit steht die herangezogene Verlautbarung der US-GAAP bestehenden IFRS entgegen und eine Verwendung als Auslegungshilfe nach IAS 8 ist nicht möglich[1203]. Daher ist eine alternative Auslegung des IAS 38 am Bilanzierungsobjekt vorzunehmen[1204], die im nächsten Abschnitt ausführlich diskutiert wird.

[1200] Vgl. Kapitel 5.3.3.

[1201] Vgl. Kapitel 5.3.3.

[1202] Vgl. Kapitel 5.4.2.2.2.1.

[1203] Vgl. IASB (2004), IAS 8, Abschn. 12 i.V.m. Abschn. 11.

[1204] Vgl. Baetge, J./ von Keitz, I. (2002), Rn. 56; Wagenhofer, A. (2003), S. 137.

5.5 Alternative Auslegung des International Accounting Standard 38 zur Abbildung des Bilanzierungsobjektes Softwareentwicklung

5.5.1 Vorgehensweise

Zur alternativen Auslegung ist es notwendig, die Aktivierungskonzeption des IAS 38 schrittweise nachzuvollziehen, um die Aktivierungsvoraussetzungen und -kriterien entsprechend abzuarbeiten. Zunächst sind für jede Aktivierungsvoraussetzung und für jedes Aktivierungsktierium die materielle Bedeutung und der Inhalt auf der Grundlage der Regelungen des IAS 38 zu erörtern. Im Anschluss erfolgt die konkrete Anwendung auf das Bilanzierungsobjekt mit dem Ziel, die Erfüllung der Aktivierungsvoraussetzungen und –kriterien zu einem eindeutigen Zeitpunkt im Entwicklungszyklus abzuleiten. Es wird sich dazu insbesondere der grammatischen und teleologisch objektiven Auslegung bemüht.

Zuerst erfolgt die Auslegung der ersten Stufe der Aktivierungskonzeption des IAS 38. Es wird festzustellen sein, ob das Bilanzierungsobjekt die Definitionskriterien eines immateriellen Vermögenswertes, wie sie in den Aktivierungsvoraussetzungen hinterlegt sind, erfüllt (abstrakte Aktivierungsfähigkeit)[1205]. Danach erfolgt die Segmentierung des Entwicklungszyklus in einen Forschungs- und Entwicklungsabschnitt, um präzise feststellen zu können, ab welchem Zeitpunkt im Entwicklungszyklus überhaupt eine bedingte Aktivierungspflicht vorliegt. Und anschließend erfolgt die Auslegung der Aktivierungskriterien, die neben den grundsätzlichen die konkretisierenden Aktivierungskriterien für selbst erstellte immaterielle Vermögenswerte umfassen (konkrete Aktivierungsfähigkeit)[1206].

Aus der Systematisierung der Aktivierungsvoraussetzungen und -kriterien wird ersichtlich, dass die grundsätzlichen und konkretisierenden Aktivierungskriterien für selbst erstellte immaterielle Vermögenswerte teilweise redundant sind beziehungsweise die Aktivierungskriterien mit Nachweiserfordernis die grundsätzlichen Aktivierungskriterien konkretisieren[1207]. Eine streng sequenzielle Diskussion jedes Aktivierungskriteriums ist deshalb nicht zielführend. Das grundsätzliche Aktivierungskriterium der Wahrscheinlichkeit des Zuflusses eines künftigen wirtschaftlichen Nutzens[1208] wird an erster Stelle konkretisiert

---

[1205] Vgl. Kapitel 5.2.1.2.3.

[1206] Vgl. Kapitel 5.2.1.2.4.1.

[1207] Vgl. Schellhorn, M./ Weichert, S. (2001), S. 866.

[1208] Vgl. IASB (2004), IAS 38, Abschn. 21a.

durch das Erfordernis, einen Nachweis für die Existenz eines aktiven Marktes zu erbringen und nachzuweisen, wie der immaterielle Vermögenswert einen wirtschaftlichen Nutzen stiftet[1209]. Das grundsätzliche Aktivierungskriterium der Zuverlässigkeit der Bemessung der Anschaffungs- oder Herstellungskosten[1210] wird konkretisiert durch das Erfordernis, einen Nachweis für die Fähigkeit der zuverlässigen Bewertung der zur Entwicklung zurechenbaren Aufwendungen zu erbringen[1211]. Diese objektivierungsbedingte Verschärfung der grundsätzlichen Aktivierungskriterien für selbst erstellte immaterielle Vermögenswerte erübrigt eine Auslegung dieser Aktivierungskriterien am Bilanzierungsobjekt. Mit der ausführlichen Diskussion der Auslegung der konkretisierenden Aktivierungskriterien werden auch die grundsätzlichen Aktivierungskriterien beachtet[1212]. Zudem treten innerhalb der konkretisierenden Aktivierungskriterien teilweise Redundanzen auf[1213]. So lässt sich das Kriterium der Nutzungsfähigkeit[1214] auch aus der Verfügbarkeit ausreichender Ressourcen zur Fertigstellung und Nutzung ableiten[1215]. Dies wird ebenfalls bei der Auslegung berücksichtigt.

5.5.2 Auslegung der Aktivierungsvoraussetzungen am Bilanzierungsobjekt

5.5.2.1 Identifizierbarkeit

5.5.2.1.1 Materielle Bedeutung der Aktivierungsvoraussetzung

Das Kriterium der Identifizierbarkeit dient der eindeutigen Trennung immaterieller Güter vom originären Geschäfts- oder Firmenwert[1216]. Einzeln identifizierbar ist ein immaterielles Gut dann, wenn eine von anderen Gütern unabhängige Existenz beobachtet werden kann[1217]. Die vom Geschäfts- oder Firmenwert unabhängige Existenz ist grundsätzlich dann gegeben, wenn die immaterielle Ressource ein formaljuristisches Recht begründet[1218]. Die Eigenschaft der Identifizierbarkeit wird auch erfüllt, wenn der zukünftige wirtschaftliche Nutzen dieser

---

[1209] Vgl. IASB (2004), IAS 38, Abschn. 57d.

[1210] Vgl. IASB (2004), IAS 38, Abschn. 21b.

[1211] Vgl. IASB (2004), IAS 38, Abschn. 57f.

[1212] Vgl. ähnlich Baetge, J./ von Keitz, I. (2002), Rn. 53

[1213] Vgl. Fülbier, R.-U./ Honold, D./ Klar, A. (2000), S. 838.

[1214] Vgl. IASB (2004), IAS 38, Abschn. 57c.

[1215] Vgl. IASB (2004), IAS 38, Abschn. 57e.

[1216] Vgl. IASB (2004), IAS 38, Abschn. 11.

[1217] Vgl. Epstein, B. J./ Mirza, A. A. (2002), S. 340.

[1218] Vgl. bspw. Hayn, S. (1996), S. 357; Wehrheim, M. (2000), S. 87; Baetge, J./ von Keitz, I. (2002), Rn. 14.

immateriellen Ressource im Zuge einer Vermarktung eindeutig zugeordnet werden kann, ohne einen Nutzenzufluss aus anderen Ressourcen des Unternehmens zu beeinträchtigen. Die so etablierte Separierbarkeit beziehungsweise Einzelverwertbarkeit stellt eine notwendige Bedingung zur Feststellung der Identifizierbarkeit dar[1219]. Unter dem Aspekt einer Höhergewichtung der Zuverlässigkeit der Rechnungslegungsinformationen selbst geschaffene immaterielle Vermögenswerte betreffend[1220] wird ausschließlich der Nachweis der Separierbarkeit zu einem zweifelsfrei identifizierbaren immateriellen Vermögenswert führen können[1221]. Darüber hinaus wird als konkretisierendes Aktivierungskriterium von IAS 38 ein Nachweis der Existenz eines Marktes gefordert[1222], woraus die Notwendigkeit eines Zeugnisses der Separierbarkeit erwächst[1223]. Einen zuverlässigen Nachweis der Identifizierbarkeit stellt somit das Vorliegen eines Rechts oder die Möglichkeit der konkreten Einzelverwertbarkeit dar[1224].

5.5.2.1.2 Anwendung der Aktivierungsvoraussetzung auf das Bilanzierungsobjekt

Zunächst ist am Bilanzierungsobjekt zu untersuchen, ob ein entsprechendes Recht vorliegt[1225], welches die Identifizierbarkeit begründen kann[1226]. Im Entwicklungszyklus des Bilanzierungsobjektes lebt das Urheberrecht auf, das jedoch nicht dem bilanzierenden Unternehmen sondern der natürlichen Person des Urhebers zuzurechnen ist[1227]. Dagegen erwirbt das bilanzierende Unternehmen derivativ ein ausschließliches Nutzungsrecht an der Software einschließlich des Entwurfsmaterials[1228] und das bereits zu einem frühen Zeitpunkt im Entwicklungszyklus[1229]. Daraus ergibt sich eine Identifizierbarkeit der Software einschließlich des Entwurfsmaterials aufgrund des aus dem Urheberrecht abgeleiteten ausschließlichen Nutzungsrechts[1230]. Der Zeitpunkt des Entstehens des ausschließlichen

---

[1219] Vgl. IASB (2004), IAS 38, Abschn. 12.

[1220] Vgl. Kapitel 2.2.5.3.3.

[1221] Vgl. Hommel, M. (2001), S. 1945.

[1222] Vgl. IASB (2004), IAS 38, Abschn. 57d.

[1223] Vgl. so auch Winnefeld, R. (2002), Ansatz der Aktiva und Passiva in der Handels- und Steuerbilanz, Rz. 475.

[1224] Vgl. Keitz, I. v. (1997), S. 225.

[1225] Vgl. ausführlich Abschn. 4.3.2.

[1226] Vgl. Küting, K./ Dawo, S. (2003), S. 398.

[1227] Vgl. Kapitel 4.2.2.2.

[1228] Vgl. Kapitel 4.2.2.3.

[1229] Vgl. Kapitel 4.2.2.1.3.

[1230] Vgl. Dawo, S. (2003), S. 195.

Nutzungsrechts befindet sich am Ende der Initiierungsphase im Entwicklungszyklus des Bilanzierungsobjektes[1231]. Weil das Urheberrecht automatisch im Zuge der Werkschöpfung entsteht[1232] und das ausschließliche Nutzungsrecht kraft Gesetzes dem bilanzierenden Unternehmen zufällt[1233], ist die Identifizierbarkeit des Immaterialgutes Software objektiv immer dann gegeben, wenn die Software vom Urheber in Arbeits- oder Dienstverhältnissen geschaffen wurde[1234]. Die Erfüllung dieser Aktivierungsvoraussetzung ist somit nicht abhängig von Annahmen des bilanzierenden Unternehmens[1235].

5.5.2.2 Nicht monetär

5.5.2.2.1 Materielle Bedeutung der Aktivierungsvoraussetzung

Das Abgrenzungskriterium, dass immaterielle Vermögenswerte nicht monetär sein dürfen, grenzt zweifelsfrei finanzielle Vermögenswerte aus dem Anwendungsbereich des IAS 38 aus[1236]. Dagegen fallen alle nicht explizit ausgegrenzten immateriellen Vermögenswerte des operativen Bereichs unter die Regelungen des IAS 38[1237].

5.5.2.2.2 Anwendung der Aktivierungsvoraussetzung auf das Bilanzierungsobjekt

Eindeutig festzustellen ist, dass es sich bei Software nicht um liquide Mittel oder ein finanzielles Gut handelt, für den ein fixer beziehungsweise bestimmbarer Geldbetrag dem Unternehmen zufließt[1238]. Diese Aktivierungsvoraussetzung ist im Fall von Software als immaterielle Ressource objektiv immer erfüllt. Darüber hinaus fällt die Software aufgrund der Geschäftstätigkeit und des entsprechenden Leistungserstellungsmodells in den operativen Bereich des bilanzierenden Unternehmens[1239].

[1231] Vgl. ausführlich Kapitel 4.2.2.1.3.

[1232] Vgl. Haberstumpf, H. (1993), Rn. 99.

[1233] Vgl. § 69b Abs. 1 UrhG.

[1234] Vgl. zu diesen Annahmen beim Bilanzierungsobjekt Kapitel 4.3.2.

[1235] Vgl. Küting, K./ Dawo, S. (2003), S. 401.

[1236] Vgl. hierzu Kapitel 5.2.1.2.1.

[1237] Vgl. Baetge, J./ von Keitz, I. (2002), Rn. 15.

[1238] Vgl. IASB (2004), IAS 38, Abschn. 8, Definition "Monetary Assets".

[1239] Vgl. Kapitel 4.3.2.

5.5.2.3 Ohne physische Substanz

5.5.2.3.1 Materielle Bedeutung der Aktivierungsvoraussetzung

Die Anforderung an immaterielle Vermögenswerte, dass sie unkörperliche Güter – also physisch nicht greifbare Güter – sein müssen, stellt ein weiteres Abgrenzungskriterium dar, das unmittelbar auf die Natur der Immaterialgüter abzielt[1240]. Beim Auftreten von immateriellen und materiellen Komponenten des betrachteten Gutes gilt es, an Hand bestimmter Kriterien zu entscheiden, ob das Gut als Ganzes ohne physische Substanz ist oder ob es den körperlichen Gütern zuzuordnen ist[1241]. Dies kann aus der Sicht der Funktionalität der materiellen und immateriellen Komponenten, aus der Sicht des wirtschaftlichen Gehaltes der Komponenten, aus der Sicht der Wertrelation der Komponenten oder aus der Sicht der Vervielfältigungsmöglichkeiten der Komponenten geschehen[1242].

5.5.2.3.2 Anwendung der Aktivierungsvoraussetzung auf das Bilanzierungsobjekt

An der Definition des Begriffes „Software“[1243] und der Ableitung des Bilanzierungsobjektes Softwareentwicklung[1244] wird ersichtlich, dass immaterielle und materielle Komponenten vorliegen. Während die Prozeduren, Regeln und Daten immaterieller Natur sind, werden das Computerprogramm sowie die zugehörige Dokumentation auf materiellen Datenträgern gespeichert. In diesem Fall kann nur die Dominanz der immateriellen beziehungsweise materiellen Komponenten ausschlaggebend für eine Zuordnung zu immateriellen oder materiellen Gütern sein[1245]. An dieser Stelle kann aus der Perspektive der Wertschöpfung beim Bilanzierungsobjekt Softwareentwicklung die eindeutige Dominanz der immateriellen Komponenten abgeleitet werden, weil sich die Wertschöpfung ausschließlich auf die Entwicklung der immateriellen Prozeduren, Regeln und Daten konzentriert[1246]. Die materiellen Komponenten dienen ferner ausschließlich als notwendiges Medium der dauerhaften Speicherung der Prozeduren, Regeln und Daten der Software im Entwicklungszyklus[1247]. Zudem handelt es sich bei der aus dem Bilanzierungsobjekt

---

1240 Vgl. Kählert, J.-P./ Lange, S. (1993), S. 614.

1241 Vgl. IASB (2004), IAS 38, Abschn. 4.

1242 Vgl. Kählert, J.-P./ Lange, S. (1993), S. 614.

1243 Vgl. Kapitel 3.1.1.

1244 Vgl. Kapitel 4.3.1.

1245 Vgl. IASB (2004), IAS 38, Abschn. 4; Baetge, J./ von Keitz, I. (2002), Rn. 16.

1246 Vgl. Hering, E. (2000), S. 197.

1247 Vgl. so auch Wehrheim, M. (2000), S. 87.

Softwareentwicklung hervorgehenden Software nicht um Software, die Bestandteil eines anderen Produktes oder Prozesses ist. Somit stellt die Software auch keinen integralen Bestandteil eines materiellen Gutes dar und ist auch aus dieser Perspektive als immaterielles Gut zu klassifizieren[1248]. Die Aktivierungsvoraussetzung ist somit generell erfüllt, da eine Ableitung unmittelbar aus dem immateriellen Charakter des Gutes Software erfolgt.

5.5.2.4 Verfügungsmacht

5.5.2.4.1 Materielle Bedeutung der Aktivierungsvoraussetzung

Die Kontrolle des Unternehmens über den künftigen Zufluss eines wirtschaftlichen Nutzens stellt eine weitere zentrale Anforderung an immaterielle Vermögenswerte dar[1249]. Die Verfügungsmacht über den wirtschaftlichen Nutzenzufluss ist dazu in zwei Ausprägungen zu sehen. Dem Unternehmen muss einerseits der wirtschaftliche Nutzen auch zufließen und es muss andererseits fähig sein Dritte vom Zufluss des wirtschaftlichen Nutzens auszuschließen[1250]. Insbesondere auf der zweiten Ausprägung basiert die Annahme, dass ein Ausschluss Dritter vom Nutzenzufluss regelmäßig nur auf der Grundlage durchsetzbarer formaljuristischer Ansprüche möglich sein wird[1251]. Rechtsansprüche sind zwar keine notwendige Voraussetzung, eine anderweitiger Ausschluss Dritter wird jedoch als schwierig erachtet[1252]. Verdeutlicht wird dies am Beispiel des Kundenstammes, der aufgrund fehlender rechtlich durchsetzbarer Ansprüche zur Erlangung der Kontrolle über den Zufluss eines wirtschaftlichen Nutzens kein immaterieller Vermögenswert im Sinne des IAS 38 sein kann[1253]. Die Verbindung mit dem Kriterium der Identifizierbarkeit drückt sich auch in der sich daraus ergebenden Verfügungsmacht über den Nutzenzufluss aus[1254]. Liegt ein entsprechendes Recht vor, dann ist sowohl die Identifizierbarkeit des Immaterialgutes als auch die Kontrolle über den Nutzenzufluss aus diesem Immaterialgut gegeben[1255].

[1248] Vgl. IASB (2004), IAS 38, Abschn. 4.

[1249] Vgl. Kapitel 2.2.8.1.3.

[1250] Vgl. IASB (2004), IAS 38, Abschn. 13, Satz 1.

[1251] Vgl. Achleitner, A.-K. (2000), S. 125; Wehrheim, M. (2000), S. 87; Pellens, B. (2001), S. 455; Lüdenbach, N. (2001), S. 60; Epstein, B. J./ Mirza, A. A. (2002), S. 340.

[1252] Vgl. IASB (2004), IAS 38, Abschn. 13, Satz 2.

[1253] Vgl. IASB (2004), IAS 38, Abschn. 16.

[1254] Vgl. Baetge, J./ von Keitz, I. (2002), Rn. 18.

[1255] Vgl. Küting, K./ Dawo, S. (2003), S. 402.

5.5.2.4.2 Anwendung der Aktivierungsvoraussetzung auf das Bilanzierungsobjekt

Das Vorliegen eines Rechts in Form des ausschließlichen Nutzungsrechts zur Identifizierung des Bilanzierungsobjektes als immateriellen Vermögenswert wurde bereits ausführlich dargestellt[1256]. An dieser Stelle ist nunmehr noch zu erörtern, ob dieses ausschließliche Nutzungsrecht:

- die geforderte Kontrolle über den künftigen Zufluss des erwarteten wirtschaftlichen Nutzens ermöglicht und
- ob Dritte vom erwarteten künftigen Zufluss des wirtschaftlichen Nutzens ausgeschlossen werden können.

Die mit dem ausschließlichen Nutzungsrecht eingeräumten umfassenden vermögensrechtlichen Befugnisse ermöglichen dem bilanzierenden Unternehmen das Ausschöpfen aller Nutzungsarten und damit die Kontrolle über den Nutzenzufluss. Die vermögensrechtlichen Befugnisse führen auch zum Ausschluss Dritter und zum Ausschluss des Urhebers von der wirtschaftlichen Nutzung der Software einschließlich der Entwurfsmaterialien, die im Entwicklungszyklus des Bilanzierungsobjektes vorliegen[1257]. Die Aktivierungsvoraussetzung der Verfügungsmacht ist somit für das Bilanzierungsobjekt erfüllt und zwar im Zeitpunkt des Auflebens des Urheberrechts bei gleichzeitigem derivativen Erwerb des ausschließlichen Nutzungsrechts durch das bilanzierende Unternehmen am Ende der Initiierungsphase. Und diese Aktivierungsvoraussetzung ist grundsätzlich und objektiv erfüllt, wenn die Software vom Urheber in Arbeits- oder Dienstverhältnissen beziehungsweise entsprechend ausgestalteten Auftragsverhältnissen geschaffen wurde[1258].

5.5.2.5 Nutzung im Geschäftsbetrieb

5.5.2.5.1 Materielle Bedeutung der Aktivierungsvoraussetzung

Das Kriterium der Nutzung im Geschäftsbetrieb umfasst zwei Dimensionen. Zunächst ist die Ressource im Geschäftsbetrieb des Unternehmens zu nutzen und die Dauer der Nutzung hat mehr als eine Periode zu betragen[1259]. Die Festlegung der Nutzungsdauer über mehr als eine Periode dient einzig der Abgrenzung der in IAS 38 behandelten immateriellen Vermögens-werte des langfristigen Anlagevermögens von immateriellen Vermögenswerten des

[1256] Vgl. Kapitel 5.5.2.1.2.

[1257] Vgl. hierzu ausführlich Kapitel 4.2.2.3.3.

[1258] Vgl. hierzu ausführlich Kapitel 4.2.2.3.1.

[1259] Vgl. IASB (2004), IAS 38, Abschn. 8.

kurzfristigen Umlaufvermögens[1260]. Die möglichen Nutzungsarten immaterieller Vermögenswerte im Geschäftsbetrieb werden von IAS 38 wie folgt vorgegeben:

- Herstellung von Erzeugnissen,
- Angebot von Erzeugnissen,
- Erbringung von Dienstleistungen,
- Vermietung an Dritte oder
- unternehmensinterne Verwaltungsaufgaben.[1261]

In IAS 38 in der Fassung vom 31. März 2004 sind die vorgegebenen Nutzungsarten nicht mehr in dieser Form enthalten[1262]. Begründet wird dies damit, dass diese nicht relevant für die Klassifizierung eines Immaterialgutes als immaterieller Vermögenswert sind[1263]. Dennoch wird in IAS 38 der Zufluss eines künftigen wirtschaftlichen Nutzens weiterhin im Verkauf von Produkten, dem Erbringen von Dienstleistungen, Kosteneinsparungen und anderen Vorteilen gesehen und damit als Aktivierungsvoraussetzung benannt[1264]. Die Aktivierungsvoraussetzung ist dahingehend zu konkretisieren, dass es sich um eine voraussichtliche Nutzung im Geschäftsbetrieb für mehr als eine Periode handelt[1265]. Das zu untersuchende immaterielle Gut muss sich daher nicht bereits in der Nutzungsphase befinden sondern die entsprechende Nutzungsabsicht für die Dauer von mehr als einer Periode muss gegeben sein[1266]. Auch zeigt sich bei näherer Betrachtung, dass diese Aktivierungsvoraussetzung unabhängig vom Wesen des betrachteten technischen Entwicklungsprozesses ist, weil Dauer und Art der Nutzung ausschließlich vom fertigen Produkt und den Absichten des bilanzierenden Unternehmens abhängen[1267].

5.5.2.5.2 Anwendung der Aktivierungsvoraussetzung auf das Bilanzierungsobjekt

Aus dem abgeleiteten Bilanzierungsobjekt ergibt sich eine beabsichtigte Nutzung der eigenentwickelten Software zur anonymen Vermarktung, also zur Einräumung eines dauerhaften Benutzungsrechts an beliebig viele Dritte[1268]. Zu diesem Zweck wird die

---

[1260] Vgl. Baetge, J./ von Keitz, I. (2002), Rn. 17.

[1261] Vgl. IASB (2003), IAS 38, Abschn. 7.

[1262] Vgl. IASB (2002a), ED-IAS 38, Abschn. 7.

[1263] Vgl. IASB (2002a), ED-IAS 38, App. B, B 5.

[1264] Vgl. IASB (2004), IAS 38, Abschn. 17.

[1265] Vgl. Baetge, J./ von Keitz, I. (2002), Rn. 17.

[1266] Vgl. Fülbier, R.-U./ Honold, D./ Klar, A. (2000), S. 838.

[1267] Vgl. Baetge, J./ von Keitz, I. (2002), Rn. 17.

[1268] Vgl. Kapitel 4.3.2.

Software auf geeignete Datenträger dupliziert und die notwendige Dokumentation vervielfältigt. Die Software sowie die zugehörige Dokumentation kann dann am Markt als Produkt angeboten werden und schließt die Erbringung bestimmter Dienstleistungen mit ein. Daraus lässt sich die Nutzungsabsicht des immateriellen Gutes Software zum Angebot von Erzeugnissen sowie zur Erbringung von Dienstleistungen im Sinne des IAS 38 ableiten. Entsprechend der Definition des Begriffes „Software" im Allgemeinen und der Abgrenzung des im vierten Kapitel konfigurierten Bilanzierungsobjekts ist Software grundsätzlich als abstrakt aktivierungsfähiger immaterieller Vermögenswert des langfristigen Vermögens im Sinne des IAS 38 anzusehen. Bestätigt wird diese Sichtweise durch die Literaturmeinung[1269] als auch durch die beispielhafte Aufzählung immaterieller Ressourcen in den International Accounting Standards[1270].

Zur Dauer der Nutzung ist zwischen dem Ergebnis des Entwicklungszyklus des Bilanzierungsobjektes und dem zur Vermarktung angebotenen Produkt zu differenzieren. Gegenstand der Betrachtung hier ist nur die fertig entwickelte Software, die aus dem Entwicklungszyklus als so genanntes Original oder als Masterkopie hervorgeht. Daraus ist unter Berücksichtigung des Entwicklungsziels einer dauerhaften Vermarktung von einem Nutzungszeitraum der Masterkopie von mehr als einer Periode auszugehen[1271]. Die zum Zweck der Vermarktung aus dem Original duplizierte Software, die letztendlich der Kunde und Anwender erhält, ist aus der Diskussion um die bilanzielle Abbildung ausgeblendet, weil es sich hierbei um einen Vermögenswert des Umlaufvermögens handelt[1272].

Diese Aktivierungsvoraussetzung ist für das Bilanzierungsobjekt somit erfüllt, weil wie im abgeleiteten Bilanzierungsobjekt die Nutzungsabsicht und die beabsichtigte Nutzungsdauer entsprechend vom bilanzierenden Unternehmen vor Initiierung des Entwicklungsprojektes festgelegt und dokumentiert worden sind[1273].

[1269] Vgl. Lüdenbach, N. (2001), S. 63; Epstein, B. J./ Mirza, A. A. (2002), S. 345; Küting, K./ Pilhofer, J./ Kirchhof, J. (2002), S. 82.

[1270] Vgl. IASB (2004), IAS 38, Abschn. 9.

[1271] Vgl. Kapitel 4.3.2.

[1272] Vgl. Küting, K./ Pilhofer, J./ Kirchhof, J. (2002), S. 83.

[1273] Vgl. Kapitel 4.3.2.

5.5.3 Auslegung der konkretisierenden Aktivierungskriterien am Bilanzierungsobjekt

5.5.3.1 Segmentierung des Entwicklungszyklus in Forschungs- und Entwicklungsabschnitt

5.5.3.1.1 Materielle Bedeutung der Segmentierung des Entwicklungszyklus

Die Segmentierung des Entwicklungsprozesses in einen Forschungs- und einen Entwicklungsabschnitt dient zur Trennung von nicht aktivierungsfähigen und bedingt aktivierungspflichtigen Aufwendungen im Zusammenhang mit der Entwicklung immaterieller Güter[1274]. Das Aktivierungsverbot sämtlicher im Forschungsabschnitt entstehender Aufwendungen wird mit der Unsicherheit des Zuflusses eines künftigen wirtschaftlichen Nutzens begründet[1275]. Erst mit Beginn des Entwicklungsabschnitts kann überhaupt ein immaterieller Vermögenswert identifiziert werden, der einen zukünftigen wirtschaftlichen Nutzen für das Unternehmen generiert[1276]. Forschungs- und Entwicklungsabschnitt im Sinne des IAS 38 werden durch entsprechende Definitionen voneinander abgegrenzt[1277] und durch eine Aufzählung beispielhafter Aktivitäten konkretisiert. Forschung ist demnach die eigenständige und planmäßige Suche mit dem Ziel, neue wissenschaftliche oder technische Erkenntnisse zu gewinnen und zu verstehen[1278]. Unter Entwicklung versteht der IASB die Anwendung von Forschungsergebnissen oder anderem Wissen auf die Planung oder den Entwurf zur Produktion neuer oder wesentlich verbesserter Materialien, Vorrichtungen, Produkte, Prozesse, Systeme oder Dienstleistungen vor der Aufnahme der kommerziellen Produktion oder vor der eigentlichen Nutzung[1279]. Die illustrativen Aktivitäten werden zunächst nur wiedergegeben, weil diese besser als die Definitionen das vom IASB Gewollte ausdrücken[1280]. In den Forschungsabschnitt fällt beziehungsweise fallen:

- Aktivitäten mit dem Ziel der Erlangung neuen Wissens oder neuer Erkenntnisse,
- die Suche nach, die Bewertung und endgültige Auswahl von auf Forschungsergebnissen basierenden Anwendungsmöglichkeiten oder anderem Wissen,

[1274] Vgl. KPMG (1999), S. 65f.

[1275] Vgl. IASB (2004), IAS 38, Abschn. 55.

[1276] Vgl. IASB (2004), IAS 38, Abschn. 58.

[1277] Vgl. IASB (2004), IAS 38, Abschn. 8.

[1278] Vgl. IASB (2004), IAS 38, Abschn. 8, Definition des Begriffes „Research“.

[1279] Vgl. IASB (2004), IAS 38, Abschn. 8, Definition des Begriffes „Development“.

[1280] Vgl. IASB (2004), IAS 38, Abschn. 52.

- die Suche nach Alternativen für Materialien, Einrichtungen, Produkten, Prozessen, Systemen oder Dienstleistungen und
- die Formulierung, das Design, die Bewertung und endgültige Auswahl möglicher Alternativen für neue oder verbesserte Materialien, Vorrichtungen, Produkte, Verfahren, Systeme oder Dienstleistungen.[1281]

Zur Kennzeichnung des Entwicklungsabschnitts werden in IAS 38 folgende beispielhafte Aktivitäten aufgeführt:

- der Entwurf, die Konstruktion und das Testen von Prototypen und Modellen vor Aufnahme der Produktion oder vor Nutzung dieser,
- der Entwurf von Werkzeugen, Spann- oder Bohrvorrichtungen, Gussformen unter Anwendung neuer Technologien,
- der Entwurf, die Konstruktion und der Betrieb von Pilotanlagen, die zur wirtschaftlichen Produktion nicht geeignet sind und
- der Entwurf, die Konstruktion und das Testen einer ausgewählten Alternative für neue oder verbesserte Materialien, Vorrichtungen, Verfahren, Systeme oder Dienstleistungen.[1282]

Hinsichtlich der Begriffsdefinitionen für Forschung und Entwicklung ergeben sich wenige formelle und keine materiellen Unterschiede zu den US-GAAP[1283]. Ebenso finden sich Übereinstimmungen hinsichtlich der beispielhaft aufgeführten Forschungs- und Entwicklungsaktivitäten[1284]. Grundsätzlich wird der Forschungsabschnitt aus Sicht des Entwicklungsprozesses vor dem Entwicklungsabschnitt angesiedelt sein[1285]. Die Dynamik eines Entwicklungsprozesses im Hinblick auf die durchgeführten Aktivitäten erschwert hier freilich das Festlegen eines eindeutigen Zeitpunktes, der den Übergang vom Forschungs- zum Entwicklungsabschnitt markiert[1286]. Ist es nicht möglich, die Abschnitte trennscharf zu segmentieren, fordert IAS 38, dass diese Aufwendungen so behandelt werden, als wären sie allesamt im Forschungsabschnitt verursacht worden[1287]. Das ist beispielsweise dann der Fall, wenn Forschungs- und Entwicklungsaktivitäten parallel durchgeführt werden.

[1281] Vgl. IASB (2004), IAS 38, Abschn. 56.

[1282] Vgl. IASB (2004), IAS 38, Abschn. 59.

[1283] Vgl. Kapitel 5.2.2.1.

[1284] Vgl. hierzu die beispielhafte Aufzählung in FASB (2003), FAS 2, Abschn. 9.

[1285] Vgl. Epstein, B. J./ Mirza, A. A. (2002), S. 344.

[1286] Vgl. am Beispiel von Biotechnologieunternehmen Fülbier, R.-U./ Honold, D./ Klar, A. (2000), S. 837.

[1287] Vgl. IASB (2004), IAS 38, Abschn. 53.

5.5.3.1.2 Anwendung des Aktivierungskriteriums auf das Bilanzierungsobjekt

5.5.3.1.2.1 Vorgehensweise bei der Segmentierung des Entwicklungszyklus

Das Ziel der Segmentierung des Entwicklungszyklus des abgeleiteten Bilanzierungsobjektes ist die Ableitung des Zeitpunktes, der das Ende des Forschungsabschnitts und den Beginn des Entwicklungsabschnitts in Übereinstimmung mit IAS 38 kennzeichnet. Dazu sind die Phasen im Entwicklungszyklus der Reihe nach zu untersuchen. Ein Abgleich der illustrativ aufgeführten Aktivitäten des IAS 38 mit den Aktivitäten im Entwicklungszyklus reicht jedoch nicht aus, da beispielsweise die Aktivität Design formell der in IAS 38 beispielhaft genannten Aktivität Entwurf im Entwicklungsabschnitt entspricht, die Aktivität dagegen nahezu während des gesamten Entwicklungszyklus durchgeführt wird. Daher sind die Aktivitäten im Entwicklungszyklus im Kontext mit den Zielen und Ergebnissen daraufhin zu beurteilen, ob die jeweiligen Phasen dem Forschungsabschnitt oder dem Entwicklungsabschnitt zuzuordnen sind. Für den Entwicklungszyklus des Bilanzierungsobjektes wird der Forschungsabschnitt daher folgendermaßen konkretisiert. Hierin werden Aktivitäten durchgeführt mit dem Ziel, neben der Erlangung neuen Wissens Alternativen für Entwicklungswege zu suchen und die Alternativen so zu bearbeiten, dass auf dieser Grundlage eine Beurteilung und endgültige Auswahl des Entwicklungsweges möglich ist. Im Entwicklungsabschnitt erfolgt dann die Verfolgung des ausgewählten Entwicklungsweges mit dem Ziel der Fertigstellung der zu entwickelnden Software.

5.5.3.1.2.2 Zur Einordnung von Initiierungs- und Entwurfsphase als Forschungsabschnitt

Die Initiierungsphase ist eindeutig Bestandteil des Forschungsabschnittes. Nahezu alle in IAS 38 beispielhaft aufgeführten Forschungsaktivitäten werden in der Initiierungsphase im Kontext mit den Zielen und Ergebnissen dieser Phase durchgeführt. In der Initiierungsphase geht es beispielsweise bei der Erfassung und Formulierung der Anforderungen um die Erlangung neuer Erkenntnisse. Auch sind hinsichtlich einer möglichen Architektur Alternativen zu suchen und gegeneinander abzuwägen[1288]. Ebenso ist die Entwurfsphase dem Forschungsabschnitt zuzurechnen, wenngleich die Zahl der Forschungsaktivitäten abnimmt und vermehrt Entwicklungsaktivitäten durchgeführt werden. Die Aktivitäten werden im Kontext mit den Ergebnissen in der Entwurfphase mit dem Ziel durchgeführt eine stabile Architektur zu entwerfen und zu beurteilen, welche der Alternativen den weiteren

[1288] Vgl. hierzu ausführlich Kapitel 4.1.4.3.4.1.

Entwicklungsweg definitiv vorgibt[1289]. Die Parallelität von Forschungs- und Entwicklungsaktivitäten in den ersten beiden Phasen des Entwicklungszyklus führt ebenfalls zur Einordnung dieser Phasen in den Forschungsabschnitt[1290].

5.5.3.1.2.3 Zur Einordnung der Konstruktions- und Einführungsphase als Entwicklungsabschnitt

Mit Beginn der Konstruktionsphase wird auf Basis der stabilen Architektur das Software-System entworfen, konstruiert und getestet, um es im Anschluss daran in die Nutzung zu überführen[1291]. Im Kontext mit dem Ziel der Konstruktionsphase, der Erstellung einer ersten operationalen Version der Software, sind diese Aktivitäten als Entwicklungstätigkeiten zu klassifizieren. Die Konstruktionsphase ist somit dem Entwicklungsabschnitt zuzuordnen. Diese Zuordnung basiert auf der Natur des zu Grunde liegenden Vorgehens beim Bilanzierungsobjekt und vor allem auf der zentralen Funktion der Architektur in der Softwareentwicklung. Die Architektur stellt *den* relevanten Meilenstein in der Softwareentwicklung dar[1292]. Neben der bedeutsamen Fixierung der statischen und dynamischen Struktur des Software-Systems ist auch der weitere Entwicklungsweg von der Architektur vorgezeichnet[1293]. Betrachtet man die Software als System im Kontext der Systementwicklung[1294] so ist der Forschungsabschnitt mit der Formulierung und dem Entwurf der endgültig ausgewählten Alternative für dieses System abgeschlossen. Die grundlegende statische und dynamische Gestaltung ist festgelegt und es ist nunmehr im Entwicklungsabschnitt die Software auf der Grundlage der gewählten Architektur zu entwickeln und zu testen. Auch beim Vorgehensmodell, das dem abgeleiteten Bilanzierungsobjekt Softwareentwicklung zu Grunde liegt, wird der Beginn der Konstruktionsphase mit dem Beginn von Entwicklungsaktivitäten gleich gesetzt[1295].

Natürlich werden in der Konstruktionsphase auch Aktivitäten durchgeführt, wie beispielsweise die Suche nach einem geeigneten Verfahren der Implementierung bestimmter

---

[1289] Vgl. hierzu ausführlich Kapitel 4.1.4.3.4.2.

[1290] Vgl. Kapitel 5.5.3.1.1.

[1291] Vgl. Jacobson, I./ Booch, G./ Rumbaugh, J. (1999), S. 382.

[1292] Vgl. Friedrich, H. (1999), S. 35.

[1293] Vgl. Jacobson, I./ Booch, G./ Rumbaugh, J. (1999), S. 6.

[1294] Vgl. Kapitel 3.1.2.2.

[1295] Vgl. Jacobson, I./ Booch, G./ Rumbaugh, J. (1999), S. 382.

Algorithmen in der gewählten Programmiersprache[1296]. Diese Aktivitäten würden bei rein formeller Betrachtung als Forschungsaktivitäten einzuordnen sein und dazu führen, die Konstruktionsphase aufgrund paralleler Forschungs- und Entwicklungsaktivitäten noch dem Forschungsabschnitt zuzurechnen beziehungsweise alle verursachten Aufwendungen nicht aktivieren zu dürfen. Bei einer Betrachtung im Kontext mit den Zielen und Ergebnissen der Phasen ergibt sich dagegen ein anderes Bild. Die Suche nach und die Auswahl der geeigneten Implementierung ist durch die Vorgaben der Architektur eng beschränkt[1297]. Die tatsächliche Implementierung im Rahmen der von der Architektur vorgegebenen Art und Weise[1298] kann daher nur rein technischer Natur sein und stellt lediglich eine Anwendung von bereits vorhandenem Implementierungswissen dar. Derartige Aktivitäten fallen wiederum in den Definitionsraum des Begriffes Entwicklung nach IAS 38[1299].

Das Ergebnis der hier verfolgten Argumentation ist kongruent mit den Definitionen und illustrativen Aktivitäten von Forschung und Entwicklung im Sinne des IAS 38. Bis zum Vorliegen der stabilen Basisarchitektur sind Alternativen entworfen und evaluiert worden. Mit dem Vorliegen der stabilen Basisarchitektur der Software ist der weitere Entwicklungsweg vorgegeben und zwar ohne Alternative zu der ausgewählten grundlegenden statischen und dynamischen Struktur des Software-Systems. Die Aktivitäten beziehen sich von nun an konkret auf ein definiertes Objekt und sind auch deshalb dem Entwicklungsabschnitt zuzuordnen[1300].

5.5.3.2 Nachweis der technischen Realisierbarkeit

5.5.3.2.1 Materielle Bedeutung des Aktivierungskriteriums

Die begriffliche Einordnung der technischen Realisierbarkeit wurde bereits bei Diskussion der Auslegung des IAS 38 am Bilanzierungsobjekt unter Heranziehung von FAS 86 erörtert[1301]. Zu betrachten ist also die jeweils dem Entwicklungsprozess zu Grunde liegende technische Realisierbarkeit der Fertigstellung. Aus dem Erfordernis der Erbringung eines Nachweises leitet sich mindestens die Dokumentation der technischen Realisierbarkeit ab.

[1296] Vgl. Braude, E. J. (2001), S. 361.

[1297] Vgl. Foegen, M./ Battenfeld, J. (2001), S. 296.

[1298] Vgl. Lassmann, W./ Picht, J./ Rogge, R. u.a. (2001), S. 153.

[1299] Vgl. Kapitel 5.5.3.1.1.

[1300] Vgl. Küting, K./ Dawo, S. (2003), S. 408.

[1301] Vgl. Kapitel 5.4.2.2.1.

5.5.3.2.2 Anwendung des Aktivierungskriteriums auf das Bilanzierungsobjekt

Grundsätzlich wird bei einem methodischen Vorgehen in der Softwareentwicklung die technische Realisierbarkeit der zu entwickelnden Software zu Beginn des Projektes evaluiert und bestätigt, bevor die eigentliche Entwicklung beginnt[1302]. Dies gilt prinzipiell für alle betrachteten Vorgehensmodelle[1303]. So steht am Ende der ersten Phase des Projektes beim Bilanzierungsobjekt die technische Realisierbarkeit fest[1304]. Dies gilt mit Sicherheit jedoch nur für die bis dahin in der Rangfolge der Kritikalität analysierten Anwendungsfälle, die ja nur einen Teil der Gesamtanforderungen an die Software repräsentieren[1305]. Noch bestehende Unsicherheiten sind dann erst mit Fertigstellung der stabilen Basisarchitektur am Ende der Entwurfsphase beseitigt[1306]. Beginnend mit der Konstruktionsphase liegt somit nachhaltig die technische Realisierbarkeit der Fertigstellung der zu entwickelnden Software beim Bilanzierungsobjekt vor. Weil der Nachweis der technischen Realisierbarkeit sich aus dem betrachteten Softwareentwicklungsprozess zu diesem Zeitpunkt ableitet, handelt es sich um ein objektiv nachweisbares Aktivierungskriterium[1307]. Es erweist sich dazu als günstig, dass die grundsätzliche technische Realisierbarkeit beim Bilanzierungsobjekt am Ende der Initiierungsphase vor dem Beginn der Entwurfs- und Konstruktionsphase, also noch im Forschungsabschnitt im Sinne des IAS 38 etabliert wird[1308].

5.5.3.3 Nachweis der Absicht zur Fertigstellung und Nutzung

5.5.3.3.1 Materielle Bedeutung des Aktivierungskriteriums

Die Regelungen des IAS 38 lassen offen, wie ein Nachweis der Fertigstellungs- und Nutzungsabsicht durch das Unternehmen zu erbringen ist[1309]. Allein der im Rahmen einer internen Unternehmensplanung geäußerte Wille wird wegen des Objektivierungserfordernisses für selbst erstellte immaterielle Vermögenswerte nicht als Beleg ausreichen[1310].

[1302] Vgl. bspw. Pagel, B.-U./ Six, H.-W. (1994), S. 83.

[1303] Vgl. für das Wasserfallmodell Kapitel 4.1.3.2.3.1.; für das V-Modell '97 Kapitel 4.1.4.2.3.1.; für den Unified Software Development Process Kapitel 4.1.4.3.4.1.; im Rahmen des Extreme Programming Kapitel 4.1.5.2.4.1.

[1304] Vgl. Jacobson, I./ Booch, G./ Rumbaugh, J. (1999), S. 319.

[1305] Vgl. Kapitel 4.1.4.3.4.1.

[1306] Vgl. Kapitel 4.1.4.3.4.2.

[1307] Vgl. Kirsch, H. (2003), S. 1111.

[1308] Vgl. Kapitel 5.5.3.1.2.2.

[1309] Vgl. Fülbier, R.-U./ Honold, D./ Klar, A. (2000), S. 838.

[1310] Vgl. so auch Keitz, I. v. (1997), S. 201.

Es ist jedoch mit einem zunehmend fortgeschrittenen Entwicklungsprozess davon auszugehen, dass sich die Fertigstellungs- und Nutzungsabsicht zunehmend festigt[1311].

5.5.3.3.2 Anwendung des Aktivierungskriteriums auf das Bilanzierungsobjekt

Aus den bisher gewonnenen Erkenntnissen kann eine bedingte Aktivierungspflicht für Entwicklungsaufwendungen im Sinne des IAS 38 frühestens mit dem Beginn der Konstruktionsphase im Entwicklungsabschnitt vorliegen[1312]. Dies bedeutet wiederum, dass ein Nachweis der Fertigstellungs- und Nutzungsabsicht erst ab diesem Zeitpunkt überhaupt relevant ist. Nun ist mit dem Beginn der Konstruktionsphase der Entwicklungsprozess schon recht weit fortgeschritten[1313], so dass der subjektive Nachweis in Form einer internen Unternehmensplanung, aus der sich die Fertigstellung und Nutzung der Software ergibt, als ausreichend angesehen werden kann. Dennoch handelt es sich hier um einen Nachweis, dessen Objektivierung schwierig ist. Als Anhaltspunkt zur Objektivierung kann beispielsweise der Umstand dienen, dass das bilanzierende Unternehmen die Entwicklung bis zur Aufstellung des Abschlusses fortgeführt hat[1314].

5.5.3.4 Nachweis der Fähigkeit zur Nutzung

Auch dieses Aktivierungskriterium wird nicht durch IAS 38 konkretisiert. Bei genauerer Betrachtung ergibt sich hier eine Redundanz der Aktivierungskriterien untereinander. Die erforderliche Fertigstellungs- und Nutzungsabsicht in Verbindung mit dem noch zu erörternden Nachweis der Verfügbarkeit adäquater Ressourcen zur Fertigstellung und Nutzung führt im gleichen Zuge zum Nachweis der Nutzungsfähigkeit[1315]. Eine separate Diskussion dieses Aktivierungskriteriums erübrigt sich somit.

[1311] Vgl. Baetge, J./ von Keitz, I. (2002), Rn. 57.

[1312] Vgl. Kapitel 5.5.3.1.2.3.

[1313] Vgl. Jacobson, I./ Booch, G./ Rumbaugh, J. (1999), S. 416f.

[1314] Vgl. Baetge, J./ von Keitz, I. (2002), Rn. 57.

[1315] Vgl. Fülbier, R.-U./ Honold, D./ Klar, A. (2000), S. 836; Schellhorn, M./ Weichert, S. (2001), S. 867.

5.5.3.5 Nachweis der Existenz eines aktiven Marktes

5.5.3.5.1 Materielle Bedeutung des Aktivierungskriteriums

5.5.3.5.1.1 Grundsätzliche Bedeutung des Aktivierungskriteriums

Der Zufluss eines künftigen wirtschaftlichen Nutzens stellt das zentrale Merkmal eines immateriellen Vermögenswertes in seiner dynamischen Ausprägung in den IFRS dar[1316]. Der wirtschaftliche Nutzen kann sich als Zahlungsmittelszufluss aus dem Verkauf von Produkten oder der Erbringung von Dienstleistungen oder der Reduzierung von Zahlungsmittelabflüssen konkretisieren[1317]. Mit dem Nachweis der Existenz eines Marktes wird gefordert, dass der Zufluss des künftigen wirtschaftlichen Nutzens zum Unternehmen wahrscheinlich ist, wobei eine Wahrscheinlichkeit von nur 50 % als nicht ausreichend erachtet wird[1318]. Diese Beurteilung muss vom bilanzierenden Unternehmen auf der Grundlage vernünftiger und begründeter Annahmen durchgeführt werden. Externe Hinweise auf die Wahrscheinlichkeit des Nutzenzuflusses sind dabei stärker zu gewichten. Daraus folgt, dass eine bloße Annahme beziehungsweise Schätzung der Wahrscheinlichkeit nicht ausreichen wird. Vielmehr sind Nachweise für die Wahrscheinlichkeit des Zuflusses eines wirtschaftlichen Nutzens zu erbringen, die objektivierungsbedingt durch externe Hinweise, wie beispielsweise Marktstudien Dritter, unterlegt sein müssen. Mit der Konkretisierung des Aktivierungskriteriums werden im Vergleich zu materiellen Vermögenswerten[1319] strengere Kriterien angelegt[1320]. Eine zur gesamten Unternehmensplanung plausible und auf den erwähnten vernünftigen und begründeten Annahmen beruhende Darstellung der Nettozahlungsmittelflüsse des betrachteten immateriellen Gutes kann die Wahrscheinlichkeit des Zuflusses eines künftigen wirtschaftlichen Nutzens belegen.

5.5.3.5.1.2 Konkretisierende inhaltliche Ausgestaltung des Aktivierungskriteriums

Der Nachweis, wie der immaterielle Vermögenswert einen wirtschaftlichen Nutzen stiftet erscheint zunächst in Teilen redundant zum grundsätzlichen Aktivierungskriterium der Wahrscheinlichkeit des künftigen Zuflusses eines wirtschaftlichen Nutzens. Das Objektivierungserfordernis für selbst geschaffene immaterielle Vermögenswerte spiegelt sich

---

[1316] Vgl. Baetge, J./ Beermann, Th. (1998), S. 161.

[1317] Vgl. IASB (2004), IAS 38, Abschn. 17; ausführlich Kapitel 2.2.8.1.2.

[1318] Vgl. Kapitel 2.2.8.1.2.

[1319] Vgl. IASB (2004), IAS 16, Abschn. 7f.

[1320] Vgl. Baetge, J./ von Keitz, I. (2002), Rn. 58.

bei diesem Aktivierungskriterium in der Form wieder, dass ein konkreter Nachweis des Nutzenzuflusses erbracht werden muss – die Wahrscheinlichkeit allein reicht nicht aus[1321].

Besteht eine Vermarktungsabsicht, so wird mit dem geforderten Nachweis der Existenz eines aktiven Marktes konkretisiert, wie der immaterielle Vermögenswert einen voraussichtlichen künftigen wirtschaftlichen Nutzen erzielt[1322]. Hinzu kommt das Erfordernis, die Regelungen des IAS 36 zum Nachweis des voraussichtlichen wirtschaftlichen Nutzens aus dem immateriellen Vermögenswertes anzuwenden[1323]. Es bestehen somit hinsichtlich dieser Ansatzvoraussetzung zwei Teilanforderungen. Doch zunächst zum Nachweis eines existierenden aktiven Marktes. Dazu werden in IAS 38 kumulativ zu erfüllende Bedingungen formuliert, die einen aktiven Markt begründen:

- die auf dem Markt gehandelten Produkte sind homogen,
- vertragswillige Käufer und Verkäufer können normalerweise jederzeit gefunden werden und
- Preise stehen der Öffentlichkeit zur Verfügung[1324].

Beispielsweise kann durch Aktivitäten der Marktforschung ein solcher aktiver Markt nachgewiesen werden[1325], wobei aufgrund der Objektivierung dieser Nachweis zumindest plausibel zu Einschätzungen Dritter sein muss.

Das Erfordernis der Anwendung der Regelungen des IAS 36 bezieht sich auf die Ermittlung des Nutzungswertes des immateriellen Vermögenswertes. Dieser Nutzungswert ist die Summe des Barwertes der erwarteten künftigen Nettozahlungsmittelzuflüsse aus den vorgesehenen Nutzungsarten und dem Barwert des Erlöses aus dem Abgang des immateriellen Vermögenswertes am Ende der Nutzungsdauer[1326]. Der Nutzungswert stellt dann den erzielbaren Betrag aus dem immateriellen Vermögenswert dar, wenn entweder wie im Falle des Bilanzierungsobjektes keine Veräußerung vorgesehen ist oder der Nettoveräußerungspreis niedriger als der Nutzungswert ist[1327].

[1321] Vgl. Baetge, J./ von Keitz, I. (2002), Rn. 58.

[1322] Vgl. IASB (2004), IAS 38, Abschn. 57d.

[1323] Vgl. IASB (2004), IAS 38, Abschn. 60.

[1324] Vgl. IASB (2004), IAS 38, Abschn. 8, Definition „Active Market".

[1325] Vgl. Baetge, J./ von Keitz, I. (2002), Rn. 58.

[1326] Vgl. Telkamp, H.-J./ Bruns, C. (2000), S. 27.

[1327] Vgl. IASB (2004), IAS 36, Abschn. 6, Definition „Recoverable Amount".

Zur Berechnung des Nutzungswertes sind die Zahlungsmittelzuflüsse und -abflüsse[1328] auf der Grundlage vernünftiger und vertretbarer Annahmen und insbesondere unter Berücksichtigung der wirtschaftlichen Rahmenbedingungen zu prognostizieren[1329] und angemessen abzuzinsen[1330]. Vorrangig sind dazu externe Quellen heranzuziehen[1331]. Auch ist für die Schätzung der jetzige Zustand des immateriellen Vermögenswertes unbeachtlich zukünftiger Erweiterungen oder Verbesserungen zugrunde zu legen[1332]. Zahlungsmittelbewegungen aus Finanzierungstätigkeiten und Ertragssteuereinnahmen oder –zahlungen sind nicht zu berücksichtigen[1333]. Die Prognose der Zahlungsmittelzuflüsse und -abflüsse aus dem immateriellen Vermögenswert muss auf genehmigten Finanzbudgets des Unternehmens basieren und darf sich dabei auf einen Zeitraum von maximal fünf Jahren erstrecken.[1334] Im Prognosezeitraum jenseits von fünf Jahren sind die Zahlungsmittelzuflüsse und -abflüsse unter Verwendung einer Wachstumsrate zu extrapolieren wobei die Wachstumsrate nur dann ein steigendes Wachstum unterstellen darf, wenn die langfristigen Durchschnittswachstumsraten der Branche dies rechtfertigen[1335]. Bei der Bestimmung des Nutzungswertes nach IAS 36 können zur Berücksichtigung von Wahrscheinlichkeiten grundsätzlich zwei näher bestimmte Methoden zur Ermittlung des Nutzungswertes angewendet werden[1336].

5.5.3.5.2 Anwendung des Aktivierungskriteriums auf das Bilanzierungsobjekt

5.5.3.5.2.1 Nachweis eines aktiven Marktes

An erster Stelle ist anzumerken, dass das hier diskutierte Aktivierungskriterium eine von der technischen Natur des Bilanzierungsobjektes weitgehend unabhängige Betrachtung rein betriebswirtschaftlicher Kriterien ist. Die Auslegung am Bilanzierungsobjekt kann sich daher nur auf die ebenfalls abgeleiteten Rahmenbedingungen ergänzt um weitere Überlegungen stützen.

[1328] Vgl. IASB (2004), IAS 36, Abschn. 39a-b.

[1329] Vgl. IASB (2004), IAS 36, Abschn. 33a.

[1330] Vgl. IASB (2004), IAS 36, Abschn. 55.

[1331] Vgl. IASB (2004), IAS 36, Abschn. 33a.

[1332] Vgl. IASB (2004), IAS 36, Abschn. 44.

[1333] Vgl. IASB (2004), IAS 36, Abschn. 50.

[1334] Vgl. IASB (2004), IAS 36, Abschn. 33b.

[1335] Vgl. IASB (2004), IAS 36, Abschn. 33c.

[1336] Vgl. (IASB 2004), IAS 36, Appendix A2 zum "Traditional Approach" und zum "Expected Cash Flow Approach".

Der Nachweis eines Marktes wird in der Regel vor Beginn der Initiierungsphase gelingen. Denn die Abschätzung der Nachfrage nach dem zu entwickelnden Softwareprodukt stellt einen Teil der Entscheidungsgrundlage dar, die über den Beginn der Initiierungsphase bestimmt[1337]. Über den Weg der Ermittlung der Nachfrage wird zugleich der relevante Markt eingegrenzt[1338]. Hinsichtlich der kumulativ zu erfüllenden Kriterien an einen aktiven Markt wird die Marktabgrenzung auf der Ebene der Arten von Software, wie zum Beispiel variabler Standardsoftware, nicht ausreichen. Hierzu ist der relevante Markt auf eine spezifizierbare Anwendungsform der Softwareart weiter zu konkretisieren. Dies könnte beispielsweise ein geografisch abgegrenzter Markt für ERP-Software sein. Die Softwareprodukte in diesem Marktsegment sind homogen, weil sie auf ein spezifisches Anwendungsgebiet eingegrenzt sind. Und die Auswertung der Marktstudien zur Softwareindustrie ergab, dass es sich bei diesem genannten Beispiel um einen aktiven Markt im Sinne des IAS 38 handelt[1339]. Aufgrund der getroffenen Annahmen beim Bilanzierungsobjekt kann das bilanzierende Unternehmen einen aktiven Markt nachweisen[1340]. Wird dieser Nachweis aus Objektivierungserfordernissen durch externe Quellen zumindest gestützt, dann ist diese erste Teilanforderung nachhaltig erfüllt.

5.5.3.5.2.2 Nachweis des Nutzungswertes

Aus dem Erfordernis der Anwendung der Regelungen des IAS 36 zur Bestimmung des Nutzungswertes ergibt sich die Notwendigkeit der Erstellung einer betriebswirtschaftlichen Zahlungsmittelrechnung, aus der die prognostizierten abdiskontierten Zahlungsmittelzuflüsse- und -abflüsse der Software im Kontext mit der Unternehmensfinanzplanung entsprechend ersichtlich sind. Es ist darauf hinzuweisen, dass im Zuge der Durchführbarkeitsstudie beim Bilanzierungsobjekt neben der technischen auch die wirtschaftliche Durchführbarkeit beurteilt wird[1341]. Dazu werden mindestens den geschätzten Aufwendungen der Entwicklung die geschätzten Erlöse gegenüber gestellt[1342]. Diese Beurteilung reicht jedoch nicht aus, um zu zeigen, wie die Software einen künftigen wirtschaftlichen Nutzen stiften wird.

[1337] Vgl. Kapitel 4.3.2.

[1338] Vgl. Kotler, Ph. (1999), S. 253

[1339] Vgl. Kapitel 3.2.1.2.2.

[1340] Vgl. Kapitel 4.3.2.; Kapitel 4.1.4.3.4.1.

[1341] Vgl. Jacobson, I./ Booch, G./ Rumbaugh, J. (1999), S. 320.

[1342] Vgl. Versteegen, G. (2000), S. 126.

Aufgrund der rasanten technologischen Entwicklung in der Softwarebranche wird die Nutzungsdauer einer Softwareversion regelmäßig deutlich kürzer als fünf Jahre sein[1343]. Den Prognosezeitraum verkürzend wirkt sich auch die Forderung nach der Schätzung der Zahlungsmittelzuflüsse und -abflüsse der Software im jetzigen Zustand, das heißt in der ersten Version die vermarktet wird, aus[1344]. Bei der Bemessung der Nutzungsdauer zu berücksichtigen sind auch typische Produktlebenszyklen im relevanten aktiven Markt[1345]. Das Problem der Festlegung der Wachstumsrate beim Planungshorizont von über fünf Jahren tritt somit nicht auf.

Wird der Nachweis eines aktiven Marktes insbesondere bei Stützung auf externe Quellen für gängige Softwareprodukte noch gelingen, so fußt die darüber hinaus erforderlich Prognose des Nutzungswertes regelmäßig auf Annahmen des Bilanzierenden. Selbst im Lichte der Forderung des IAS 36 nach vernünftigen und vertretbaren Annahmen handelt es sich dennoch um Annahmen[1346], die aufgrund des Prognosecharakters mit Unsicherheiten behaftet sind. Eine generelle Ablehnung der Aktivierung ist deswegen nicht haltbar[1347]. Die sich aus der Konfiguration des Bilanzierungsobjektes ergebende Prognose der wirtschaftlichen Realisierbarkeit des Entwicklungsprojektes[1348] im Einklang mit der erforderlichen Ermittlung des Nutzungswertes auf der Grundlage vernünftiger Annahmen im Kontext einer Unternehmensplanung erfüllt daher auch die zweite Teilanforderung.

5.5.3.6 Nachweis der Verfügbarkeit adäquater Ressourcen

5.5.3.6.1 Materielle Bedeutung des Aktivierungskriteriums

Zu diesem Aktivierungskriterium wird in IAS 38 ausgeführt, dass beispielsweise in einer Unternehmensplanung die adäquaten technischen, finanziellen und anderen Ressourcen nachgewiesen werden müssen[1349]. Weitere Konkretisierungen existieren in IAS 38 nicht. Relevant erscheint hier insbesondere die ständige Aktualisierung des Nachweises, die im Kontext mit den schon verursachten Entwicklungsaufwendungen im Verhältnis zu den

---

[1343] Vgl. IASB (2004), IAS 38, Abschn. 92.

[1344] Vgl. IASB (2004), IAS 36, Abschn. 45b.

[1345] Vgl. Baetge, J./ von Keitz, I. (2002), Rn. 112.

[1346] Vgl. Hoffmann, W.-D. (2003), § 13, Rz. 31.

[1347] Vgl. so auch Küting, K./ Pilhofer, J./ Kirchhof, J. (2002), S. 78.

[1348] Vgl. Kapitel 4.3.2.

[1349] Vgl. IASB (2004), IAS 38, Abschn. 61.

geschätzten noch anfallenden Aufwendungen zu sehen ist. Denn letztlich werden alle für die Softwareentwicklung benötigten Ressourcen, wie beispielsweise Entwickler, Computer und Programme als Mengen- und Preisgerüst in Form von Aufwendungen ausgedrückt[1350].

5.5.3.6.2 Anwendung des Aktivierungskriteriums auf das Bilanzierungsobjekt

Die schon erwähnte Prognose der Ressourcen sowie die betriebswirtschaftliche Projektverfolgung[1351], die den verursachten Aufwendungen die noch zu erwartenden Aufwendungen gegenüber stellt, dient hier als Grundlage des Nachweises der Verfügbarkeit adäquater Ressourcen. Die Unternehmensplanung, aus der die Verfügbarkeit der Ressourcen hervorgeht, bleibt jedoch subjektiv, weil diese ausschließlich vom bilanzierenden Unternehmen aufgestellt wird. Auch an dieser Stelle ist das Aktivierungskriterium annahmegemäß erfüllt; die vorliegenden Nachweise sind jedoch in anderen Fällen grundsätzlich kritisch dahingehend zu würdigen, ob sie der Erfüllung des Aktivierungskriteriums vollumfänglich genügen.

5.5.3.7 Nachweis der Zuverlässigkeit der Bewertung

5.5.3.7.1 Materielle Bedeutung des Aktivierungskriteriums

Dieses Aktivierungskriterium erfordert die eindeutige Zurechnung anfallender Aufwendungen zum Softwareentwicklungsprozess und konkretisiert das allgemeine Aktivierungskriterium der Bewertungszuverlässigkeit für selbst erstellte immaterielle Vermögenswerte[1352]. Ein geeignetes Kostenrechnungssystem ist zunächst notwendige Voraussetzung, um die Zuverlässigkeit der Bewertung zu gewährleisten[1353]. Da zur spezifischen Ausgestaltung eines solchen Kostenrechnungssystems Hinweise in den IFRS fehlen, wird davon ausgegangen, dass ein ordnungsmäßiges Kostenrechnungssystem, aus dem direkt oder auch indirekt die dem Entwicklungsprozess zurechenbaren Aufwendungen ermittelbar sind, die Anforderung an die Zuverlässigkeit der Bewertung erfüllt[1354]. Gegen eine pauschale indirekte Ermittlung der gesamten anfallenden Entwicklungsaufwendungen spricht insbesondere die Subjektivität der zu verwendenden Schlüssel[1355]. Gerade bei den Personalkosten, die den Großteil der

---

[1350] Vgl. Jacobson, I./ Booch, G./ Rumbaugh, J. (1999), S. 333f.

[1351] Vgl. Kapitel 4.3.2.

[1352] Vgl. Baetge, J./ von Keitz, I. (2002), Rn. 53.

[1353] Vgl. IASB (2004), IAS 38, Abschn. 62.

[1354] Vgl. Baetge, J./ von Keitz, I. (2002), Rn. 55; Küting, K./ Dawo, S. (2003), S. 410.

[1355] Vgl. Drury, C. (2001), S. 122.

Entwicklungsaufwendungen im Softwareentwicklungsprozess darstellen[1356], ist eine direkte und eindeutige Ermittlung notwendig, um das Aktivierungskriterium zu erfüllen.

5.5.3.7.2 Anwendung des Aktivierungskriteriums auf das Bilanzierungsobjekt

Eine eindeutige Zurechnung der anfallenden Aufwendungen zum Softwareentwicklungsprozess wird durch die Identifizierbarkeit von Software als immateriellen Vermögenswert begünstigt[1357]. Auch sieht das Bilanzierungsobjekt die entwicklungsprojektbezogene Kostenerfassung vor[1358], welche die oben genannten Anforderungen regelmäßig erfüllen wird.

5.5.4 Ableitung eines Aktivierungszeitpunktes

Der frühestmögliche Aktivierungszeitpunkt kennzeichnet den Augenblick im Entwicklungszyklus des abgeleiteten Bilanzierungsobjektes, an dem der Entwicklungsabschnitt nach IAS 38 beginnt und somit eine bedingte Aktivierungspflicht bei Erfüllung sämtlicher Aktivierungsvoraussetzungen und -kriterien begründet wird[1359]. Aus der Diskussion der Aktivierungsvoraussetzungen und -kriterien geht nun eine Differenzierung dieser hervor. Es zeigt sich, dass bestimmte Aktivierungsvoraussetzungen und -kriterien generell und objektiv zu einem bestimmten Zeitpunkt im Entwicklungszyklus erfüllt sind. Und dass die anderen Aktivierungsvoraussetzungen und -kriterien erfüllt sein können, ohne dass sich ein allgemeingültiger bestimmter Zeitpunkt im Entwicklungszyklus ableiten ließe. Auf der Grundlage dieser Erkenntnisse der Konkretisierung der Regelungen des IAS 38 am abgeleiteten Bilanzierungsobjekt sind folgende Aktivierungsvoraussetzungen grundsätzlich zum frühestmöglichen Aktivierungszeitpunkt, dem Eintritt des Entwicklungszyklus in den Entwicklungsabschnitt nach IAS 38 erfüllt:

- Identifizierbarkeit[1360],
- Verfügungsmacht[1361],
- nicht monetär[1362],
- ohne physische Substanz[1363],

[1356] Vgl. Munter, P. (2001), S. 6-8.

[1357] Vgl. Baetge, J./ von Keitz, I. (2002), Rn. 14.

[1358] Vgl. Kapitel 4.3.2.

[1359] Vgl. Anh. 2, Abb. 5.

[1360] Vgl. Kapitel 5.5.2.1.2.

[1361] Vgl. Kapitel 5.5.2.4.2.

[1362] Vgl. Kapitel 5.5.2.2.2.

[1363] Vgl. Kapitel 5.5.2.3.2.

- Segmentierung des Entwicklungszyklus in Forschungs- und Entwicklungsabschnitt[1364] und
- die technische Realisierbarkeit[1365].

Diese Aktivierungsvoraussetzungen und -kriterien sind darum immer zum abgeleiteten frühestmöglichen Aktivierungszeitpunkt objektiv erfüllt, weil sie unmittelbar mit den (technischen) Merkmalen von Software als immaterielles Gut und den (technischen) Eigenschaften des Entwicklungsprozesses des Bilanzierungsobjektes verbunden sind. Daher erfüllen die Nachweise der Aktivierungsvoraussetzungen und -kriterien auch das Objektivierungserfordernis, weil zur Erfüllung keine Annahmen des bilanzierenden Unternehmens zum Tragen kommen. Die qualitative Anforderung an die Zuverlässigkeit der so vermittelten Rechnungslegungsinformationen ist unter Berücksichtigung einer Höhergewichtung gegenüber der Relevanz gegeben.

Bei Betrachtung des abgeleiteten Bilanzierungsobjektes besteht dann die Pflicht zur Aktivierung der Softwareentwicklungsaufwendungen mit Beginn der Konstruktionsphase, wenn wie bei der Formulierung der getroffenen Annahmen beim Bilanzierungsobjekt auch die verbleibenden Aktivierungsvoraussetzungen und -kriterien erfüllt sind. Dabei handelt es sich im Einzelnen um:

- die Nutzung im Geschäftsbetrieb[1366],
- den Nachweis der Absicht zur Fertigstellung und Nutzung[1367],
- den Nachweis der Fähigkeit zur Nutzung[1368],
- den Nachweis der Existenz eines aktiven Marktes[1369],
- den Nachweis der Verfügbarkeit adäquater Ressourcen[1370] und
- den Nachweis der Zuverlässigkeit der Bewertung[1371].

[1364] Vgl. Kapitel 5.5.3.1.2.2; Kapitel 5.5.3.1.2.3.

[1365] Vgl. Kapitel 5.5.3.2.2.

[1366] Vgl. Kapitel 5.5.2.5.2.

[1367] Vgl. Kapitel 5.5.3.3.2.

[1368] Vgl. Kapitel 5.5.3.4.

[1369] Vgl. Kapitel 5.5.3.5.2.

[1370] Vgl. Kapitel 5.5.3.6.2.

[1371] Vgl. Kapitel 5.5.3.7.2.

Daraus leitet sich auf der Grundlage des konfigurierten Bilanzierungsobjektes eine Aktivierungspflicht nach IAS 38 für Softwareentwicklungsaufwendungen mit dem Beginn der Konstruktionsphase ab.

Nun sind die Annahmen bei der Konfiguration des Bilanzierungsobjektes idealtypisch. Das bedeutet, dass es regelmäßig nicht gelingen wird, alle Nachweise kumulativ zum frühestmöglichen Aktivierungszeitpunkt, dem Beginn der Konstruktionsphase, zu erbringen, woraus folgt, dass ein Ziel der alternativen Auslegung nicht erreicht wurde. Es lässt sich zwar theoretisch auf der Grundlage bestimmter Annahmen ein präziser Zeitpunkt der Aktivierung von Softwareentwicklungsaufwendungen beim Bilanzierungsobjekt fixieren. Es kann jedoch kein allgemeingültiger eindeutiger Aktivierungszeitpunkt für beliebige Softwareentwicklungsprozesse gemäß IAS 38 abgeleitet werden. Die Gründe hierfür liegen in den differenzierten Aktivierungsvoraussetzungen und -kriterien des IAS 38, deren Erfüllung einerseits vom technischen und formaljuristischen Charakter des Bilanzierungsobjektes determiniert wird und andererseits von Annahmen des Bilanzierenden abhängt. Sind erstgenannte objektiv immer zu Beginn des Entwicklungsabschnitts im Sinne des IAS 38 erfüllt, hängt die Erfüllung der übrigen Aktivierungsvoraussetzungen und -kriterien davon ab, ob das bilanzierende Unternehmen die Nachweise zur Erfüllung erbringen kann und ob diese Nachweise einer kritischen Beurteilung standhalten. Diese Aktivierungsvoraussetzungen und Aktivierungskriterien sind nicht unmittelbar mit Software als Immaterialgut oder dem Softwareentwicklungsprozess verbunden sondern aus betriebswirtschaftlicher Sicht zu beurteilen[1372]. Speziell für selbst erstellte immaterielle Vermögenswerte stellt IAS 38 somit hohe Anforderungen in Form objektivierungsbedingter Nachweise, die zur Erfüllung der Aktivierungsvoraussetzungen und -kriterien zu erbringen sind. Und gerade diese Stützung auf Annahmen des Bilanzierenden führt zu den oft zitierten Ermessens- und Gestaltungsspielräumen[1373], deren Vorhandensein im vorliegenden Kontext jedoch keine neue Erkenntnis darstellt. Bei Betrachtung des Aktivierungskriteriums der technischen Realisierbarkeit und bei der Segmentierung des Entwicklungszyklus in Forschungs- und Entwicklungsabschnitt existieren dagegen keine Gestaltungsspielräume. Beide Kriterien sind eindeutig mit dem gewählten Vorgehensmodell verbunden und präzise abgrenzbar[1374]. Auch erscheint eine

---

[1372] Vgl. ähnlich Kirsch, H. (2003), S. 1112.

[1373] Vgl. Baetge, J./ von Keitz, I. (2002), Rn. 59; Küting, K./ Pilhofer, J./ Kirchhof, J. (2002), S. 85; Engel-Ciric, D. (2002), S. 781; Kahle, H. (2003), S. 266; Kirsch, H. (2003), S. 1112; Keitz, I. v. (2003), S. 1802.

[1374] Vgl. Kapitel 5.5.3.1.

Auswahl des Vorgehensmodells unter bilanzpolitischen Gesichtspunkten im Lichte der Komplexität der Entwicklung von Software unwahrscheinlich. Prinzipiell leitet sich aus dem bisher Gesagten ein Zeitraum im Entwicklungszyklus ab, in dem eine bedingte Aktivierungspflicht für Softwareentwicklungsaufwendungen besteht.

Die alternative Auslegung stützt darüber hinaus auch die Ablehnung der These, dass die Regelungen des FAS 86 zur Auslegung des IAS 38 beim Bilanzierungsobjekt herangezogen werden können. Es zeigt sich, dass auf der Grundlage des konfigurierten Bilanzierungsobjektes anfallende Softwareentwicklungsaufwendungen aktivierungspflichtig im Sinne des IAS 38 sind, die bei analoger Anwendung der Regelungen des FAS 86 nicht als immaterieller Vermögenswert bilanziert worden wären[1375].

5.6 Spezifische Fragen

5.6.1 Alternative Auslegung des International Accounting Standard 38 zur Ableitung eines Aktivierungszeitpunktes auf der Grundlage des Vorgehens beim Ansatz des Extreme Programming

5.6.1.1 Vorgehensweise

Die zunehmende Bedeutung agiler Verfahren der Softwareentwicklung[1376] erfordert es, analog zum Unified Software Development Process einen Aktivierungszeitpunkt gemäß IAS 38 zu bestimmen. Verwendet wird hierzu der Ansatz des Extreme Programming. Das abgeleitete Bilanzierungsobjekt wird dazu wie folgt verändert: An die Stelle des Unified Software Development Process als Vorgehensmodell tritt nun der Entwicklungsprozess, der dem Extreme Programming zu Grunde liegt. Die Rahmenbedingungen des Bilanzierungsobjektes bleiben unverändert. Zur Identifizierung eines frühestmöglichen Aktivierungszeitpunktes ist es daher entscheidend, den Übergang vom Forschungs- zum Entwicklungsabschnitt zu bestimmen. Die nach IAS 38 zu erfüllenden Aktivierungs-voraussetzungen und -kriterien werden nur insoweit diskutiert, als sich Abweichungen aus dem Austausch des Vorgehensmodells ergeben. Dies betrifft insbesondere die Aktivierungs-voraussetzungen und -kriterien, die eng mit dem zu Grunde liegenden Entwicklungsprozess verbunden sind.

[1375] Vgl. Kapitel 5.4.2.2.2.1.

[1376] Vgl. Coldewey, J. (2002), S. 237.

5.6.1.2 Auslegung der Aktivierungsvoraussetzungen am Bilanzierungsobjekt beim Vorgehen nach dem Ansatz des Extreme Programming

Prinzipiell bedingt das Vorgehen beim Extreme Programming im Gegensatz zum Unified Software Development Process keine erneute Auslegung aller Aktivierungsvoraussetzungen und -kriterien. Durch die bereits diskutierten Eigenschaften von Software als immaterielles Gut sind die Aktivierungsvoraussetzungen:

- nicht monetär und
- ohne physische Substanz

generell erfüllt[1377].

Zur Erfüllung der Aktivierungsvoraussetzungen der Identifizierbarkeit und der Verfügungsmacht des Unternehmens ist nun noch festzustellen, wann im Entwicklungszyklus das Urheberrecht auflebt und durch den derivativen Erwerb der ausschließlichen Nutzungsrechte dem bilanzierenden Unternehmen zufällt. Aufgrund der Unbestimmtheit der Notation erzielter Ergebnisse[1378] und der Möglichkeit, entsprechende Dokumentationen während oder auch nach der Entwicklung betreffender Produkte anzufertigen[1379], kann das Aufleben des Urheberrechts bereits am Entwurfsmaterial nicht mehr zweifelsfrei bestimmt werden. Ein Urheberrecht lebt jedoch dann auf, wenn die Entwicklung des ersten Release begonnen wird und am Ende einer jeden Iteration eine ausführbare Version des ersten Release vorliegt[1380]. Hier dient dann bei fehlender Dokumentation des Entwurfsmaterials der vorliegende Quellcode der ausführbaren Version als Nachweis schöpferischer Aktivitäten. Die Aktivierungsvoraussetzung der Identifizierbarkeit ist somit am Ende der ersten Iteration der Phase der Entwicklung des ersten Release gegeben. Analog leitet sich die Erfüllung der Aktivierungsvoraussetzung der Verfügungsmacht ab[1381]. Auch hier kontrolliert das bilanzierende Unternehmen mit dem Aufleben des Urheberrechts bei gleichzeitigem Erwerb der ausschließlichen Nutzungsrechte den Zufluss eines künftigen wirtschaftlichen Nutzens und kann Dritte von diesem Nutzen ausschließen[1382]. Als letzte Aktivierungsvoraussetzung muss nun noch die Nutzung im Geschäftsbetrieb für mehr als eine Periode diskutiert werden.

[1377] Vgl. hierzu Kapitel 5.5.2.2.2; Kapitel 5.5.2.3.2.

[1378] Vgl. Kapitel 4.1.5.2.2.3.

[1379] Vgl. Coldewey, J. (2002), S. 245.

[1380] Vgl. Kapitel 4.2.2.1.3.

[1381] Vgl. Kapitel 5.5.2.4.1.

[1382] Vgl. Kapitel 5.5.2.4.2.

Weil die nachweisliche Erfüllung dieser Aktivierungsvoraussetzung unabhängig vom technischen Entwicklungsprozess allein auf Annahmen des bilanzierenden Unternehmens beruht[1383], kann auf bereits Gesagtes verwiesen werden[1384].

5.6.1.3 Auslegung der konkretisierenden Aktivierungskriterien am Bilanzierungsobjekt beim Vorgehen nach dem Ansatz des Extreme Programming

5.6.1.3.1 Segmentierung des Entwicklungszyklus in Forschungs- und Entwicklungsabschnitt

Analog zur Vorgehensweise im Unified Software Development Process ist das Vorliegen einer stabilen Basisarchitektur der Zeitpunkt im Entwicklungsprozess, der das Ende des Forschungs- und den Beginn des Entwicklungsabschnittes im Sinne des IAS 38 markiert[1385]. Es ist nunmehr festzustellen, wann beim Vorgehen nach dem Ansatz des Extreme Programming diese stabile Basisarchitektur implementiert ist. Aufgrund der fehlenden Anforderungen wann und in welchem Umfang die Dokumentation der Ergebnisse der Aktivitäten anzufertigen ist[1386], kann auf die Notation einer Architektur nicht zurückgegriffen werden. Als Maßstab ist deshalb eine implementierte und lauffähige Architektur heranzuziehen. Diese liegt nach der ersten Iteration in der Phase der Entwicklung des ersten Release vor. Einschränkend anzumerken ist, dass in dieser ersten Iteration entsprechend dem Prinzip der Einfachheit nur die unbedingt notwendigen Funktionalitäten berücksichtigt werden, um in möglichst kurzer Zeit eine ausführbare Architektur zu erhalten[1387]. Aufgrund bestehender Ungewissheit, ob gerade diese wenigen ausgewählten Funktionalitäten zur „richtigen" Basisarchitektur führen, schlägt *Beck* vor, diese Funktionalitäten vorerst zu implementieren und gegebenenfalls Änderungen in späteren Iterationen vorzunehmen[1388]. Im Vergleich zur stabilen Basisarchitektur beim Vorgehensmodell des Unified Software Development Process ist die Architektur am Ende der ersten Iteration noch mit Unsicherheiten behaftet, weil es sich bei dieser Architektur eben noch nicht um die ausgewählte und bestätigte stabile Basisarchitektur der zu entwickelnden Software handelt. Somit ist dieser Abschnitt im Entwicklungsprozess noch dem Forschungsabschnitt im Sinne

---

[1383] Vgl. Kapitel 5.5.2.5.1.

[1384] Vgl. Kapitel 5.5.2.5.2.

[1385] Vgl. Kapitel 5.5.3.1.2.3.

[1386] Vgl. Kapitel 4.1.5.2.2.3.

[1387] Vgl. Kapitel 4.1.5.2.4.2.

[1388] Vgl. Beck, K. (2000), S. 113.

des IAS 38 zuzuordnen. Erst mit dem Vorliegen der ersten Softwareversion am Ende der zweiten Phase[1389] kann mit hinreichender Sicherheit der Beginn des Entwicklungsabschnittes angenommen werden. Ab diesem Zeitpunkt beginnt die iterative und inkrementelle Entwicklung der Software auf der Grundlage der ersten Softwareversion[1390] bei gleichzeitigem Vorliegen einer stabilen Architektur, die der Basisarchitektur im Unified Software Development Process gleicht[1391].

5.6.1.3.2 Auslegung der konkretisierenden Aktivierungskriterien

Erneut auszulegen sind nunmehr nur die Aktivierungskriterien, die abhängig vom Wesen des Extreme Programming sind. Aktivierungskriterien, deren nachweisliche Erfüllung allein von Annahmen des bilanzierenden Unternehmens über betriebswirtschaftliche Aspekte abhängt, bedürfen keiner erneuten eingehenden Erörterung. So verbleibt lediglich der Nachweis der technischen Realisierbarkeit der Fertigstellung der Software als Aktivierungskriterium, das eng mit dem Entwicklungsprozess verbunden ist. Analogien zur Auslegung des IAS 38 am Bilanzierungsobjekt auf der Basis des Unified Software Development Process ergeben sich insoweit, als dass die technische Realisierbarkeit früh im Entwicklungszyklus feststeht und mit Vorliegen einer stabilen Basisarchitektur nachhaltig bestätigt wird[1392]. Somit ist die Anforderung an die technische Realisierbarkeit dann nachgewiesen, wenn die stabile Basisarchitektur zum Ende der Phase der Entwicklung der ersten Softwareversion implementiert worden ist.

5.6.1.4 Ableitung eines Aktivierungszeitpunktes

In Anlehnung an die Ableitung eines Aktivierungszeitpunktes auf der Grundlage des Vorgehensmodells des Unified Software Development Process ergibt sich der Zeitpunkt der Aktivierung beim Ansatz des Extreme Programming mit dem Abschluss der Entwicklung des ersten Release. Annahmegemäß sind hier ebenso die Aktivierungsvoraussetzungen und -kriterien erfüllt, die primär Nachweise unter betriebswirtschaftlichen Aspekten erfordern. Weiterhin ist darauf hinzuweisen, dass dieser Aktivierungszeitpunkt unter zeitlichen Aspekten nicht mit dem Aktivierungszeitpunkt übereinstimmt, der sich auf der Grundlage des Unified

---

[1389] Vgl. Kapitel 4.1.5.2.4.2.

[1390] Vgl. Kapitel 4.1.5.2.4.3.

[1391] Vgl. Eckstein, J. (2000), S. 5.

[1392] Vgl. hierzu ausführlich Kapitel 5.5.3.2.2.

Software Development Process ergibt, weil die zeitliche Dauer der einzelnen Phasen nicht zwangsläufig gleich ist.

5.6.2 Auslegung des International Accounting Standard 38 zur Ableitung eines Aktivierungszeitpunktes bei der Entwicklung von Software zum internen Gebrauch

5.6.2.1 Die Regelungen in den United States-Generally Accepted Accounting Principles: Statement of Position 98-1

5.6.2.1.1 Gegenstand und Anwendungsbereich

Bis zur Verabschiedung von SOP 98-1 durch die AICPA existierten keine expliziten Bilanzierungsregeln für eigenentwickelte Software, die nur zum unternehmensinternen Gebrauch bestimmt ist. Lediglich die Konkretisierung des FAS 2 durch die Interpretation des FASB weist zumindest Anhaltspunkte zu dieser Bilanzierungsfrage auf[1393]. Eine zunehmende Bedeutung der Entwicklung von Software auch für interne Zwecke führte zu einer uneinheitlichen bilanziellen Abbildung ähnlicher Sachverhalte[1394]. Eine ursprüngliche Anfrage der SEC an die EITF, sich mit diesem Thema auseinander zu setzen, wurde an das AcSEC („Accounting Standards Executive Committee“) der AICPA weitergeleitet[1395]. Im Jahre 1998 wurde als Ergebnis der Überlegungen SOP 98-1 verabschiedet. Verbindlich anzuwenden für Rechnungslegungsperioden, die nach dem 15. Dezember 1998 begonnen haben[1396] ist dieses Statement of Position auf der zweiten Ebene des „House of GAAP“ einzuordnen[1397]. Gegenstand des SOP 98-1 ist die bilanzielle Behandlung der Aufwendungen für die Entwicklung und den Erwerb von Computer-Software zum internen Gebrauch[1398]. Interne Nutzung im Sinne des Statement of Position liegt dann vor, wenn:

- Software erworben, intern entwickelt oder modifiziert wird, um ausschließlich intern im Unternehmen genutzt zu werden und
- keine Planung vorliegt oder angedacht ist, die Software extern zu vermarkten.[1399]

[1393] Vgl. hierzu Kapitel 5.2.2.2.2.

[1394] Vgl. Ernst & Young (1998), S. 1.

[1395] Vgl. Munter, P. (2001), S. 6-29.

[1396] Vgl. AICPA (2003), SOP 98-1, Abschn. 42.

[1397] Vgl. Kapitel 2.1.1.2.2.

[1398] Vgl. AICPA (2003), SOP 98-1, Abschn. 5.

[1399] Vgl. AICPA (2003), SOP 98-1, Abschn. 12.

Diese Kriterien sind kumulativ zu erfüllen, wobei unter Berücksichtigung des abgeleiteten Bilanzierungsobjektes hier lediglich der Fall der internen Entwicklung betrachtet wird. Weiterhin werden folgende Sachverhalte im Wege der Negativabgrenzung vom Geltungsbereich des SOP 98-1 ausgeschlossen:

- Software zur Vermarktung als eigenständiges Produkt[1400],
- Software zur Vermarktung als integraler Bestandteil eines Produktes oder einer Dienstleistung[1401],
- Software, die zu Forschungs- und Entwicklungszwecken genutzt wird[1402],
- vertraglich vereinbarte Softwareentwicklung für Dritte[1403] sowie
- Aufwendungen im Zusammenhang mit Re-Engineering-Aktivitäten[1404].

Zu diesen genannten Sachverhalten sind die entsprechend vorhandenen Regelungen anzuwenden[1405]. Somit wird der Anwendungsbereich des SOP 98-1 weitgehend eingeschränkt auf die Behandlung von Aufwendungen zur Entwicklung von eigenständiger Software ohne Auftrag zur internen Nutzung im Vertriebs- und Verwaltungsbereich des Unternehmens ohne Vermarktungsabsicht[1406].

5.6.2.1.2 Aktivierungskonzeption

Analog der Aktivierungskonzeption des FAS 86 sind beim Erreichen eines bestimmten Abschnittes der Entwicklung von Software näher bestimmte Aufwendungsarten zu aktivieren. Es handelt sich hier ebenso wie in FAS 86 um eine Aktivierungspflicht. Andere Aktivierungsvoraussetzungen ergeben sich nicht, da mit Erreichen des Entwicklungsabschnittes und der sich ergebenden Aktivierungspflicht das Vorliegen eines immateriellen Vermögenswertes vom Standardgeber impliziert wird[1407].

[1400] Vgl. AICPA (2003), SOP 98-1, Abschn. 6a, 1. Halbsatz.

[1401] Vgl. AICPA (2003), SOP 98-1, Abschn. 6a, 2. Halbsatz.

[1402] Vgl. AICPA (2003), SOP 98-1, Abschn. 6b.

[1403] Vgl. AICPA (2003), SOP 98-1, Abschn. 6c.

[1404] Vgl. AICPA (2003), SOP 98-1, Abschn. 11.

[1405] Vgl. AICPA (2003), SOP 98-1, Abschn. 6.

[1406] Vgl. so auch Küting, K./ Pilhofer, J./ Kirchhof, J. (2002), S. 77.

[1407] Vgl. AICPA (2003), SOP 98-1, Abschn. 69 i.V.m. Abschn. 64.

5.6.2.1.3 Aktivierung von Aufwendungen im Zusammenhang mit Software zur internen Nutzung

Zum Zweck der Abgrenzung zwischen nicht aktivierungsfähigen und aktivierungspflichtigen Aufwendungen im Rahmen der Entwicklung von Software wird der Entwicklungsprozess in drei Abschnitte eingeteilt:

- Einleitender Projektabschnitt („Preliminary Project Stage"),
- Entwicklungsabschnitt („Application Development Stage") und
- Betriebsabschnitt („Post-Implementation/ Operation Stage").[1408]

Zu den jeweiligen Abschnitten sind entsprechende Aktivitäten aufgezählt. Die wesentlichen Phasen der Entwicklung von Software, das Design, die Kodierung sowie der Test der Anwendung sind dabei unter dem zweiten Abschnitt subsumiert. Lediglich die Phase der Planung wurde dem ersten Abschnitt zugeordnet[1409].

Alle Aufwendungen, die im ersten einleitenden Abschnitt des Projektes anfallen, sind als Aufwand der laufenden Periode zu erfassen. Sämtliche Aufwendungen der Anwendungsentwicklung – dem zweiten Abschnitt – sind aktivierungspflichtig, vorausgesetzt das einleitende Projektstadium ist beendet[1410] und es ist wahrscheinlich, dass das Projekt erfolgreich zum Abschluss gebracht wird[1411]. Als Anhaltspunkt dient hier die Autorisierung der Freigabe von Ressourcen für die Fortführung des Projektes durch das verantwortliche Management[1412]. Während des Betriebs – des dritten Abschnitts – entstehende Aufwendungen sind nicht aktivierungsfähig. Die Frage der Aktivierungspflicht beziehungsweise der erfolgswirksamen Erfassung verursachter Aufwendungen ist dabei nicht von der zeitlichen Abfolge abhängig. Nach Beendigung des ersten Abschnittes, der „Preliminary Project Stage", ist vielmehr die sachliche Zuordnung der Aufwendungen entscheidend, ob eine Aktivierungspflicht vorliegt[1413]. Ergibt die sachliche Zuordnung entstandener Aufwendungen keine Zugehörigkeit zu den Aktivitäten des Entwicklungsabschnittes, so besteht für diese Aufwendungen, beispielsweise im Falle von Kosten für Schulungsmaßnahmen[1414], ein

---

[1408] Vgl. AICPA (2003), SOP 98-1, Abschn. 17.

[1409] Vgl. AICPA (2003), SOP 98-1, Abschn. 17.

[1410] Vgl. AICPA (2003), SOP 98-1, Abschn. 27a.

[1411] Vgl. AICPA (2003), SOP 98-1, Abschn. 27b.

[1412] Vgl. AICPA (2003), SOP 98-1, Abschn. 27b.

[1413] Vgl. Ernst & Young (1998), S. 14.

[1414] Vgl. AICPA (2003), SOP 98-1, Abschn. 17.

Aktivierungsverbot auch dann, wenn sie während des Entwicklungsabschnittes angefallen sind.

5.6.2.1.4 Vergleich der Regelungen des Statement of Position 98-1 mit Financial Accounting Standard 86

Deutlich zeigen sich in den US-GAAP differente Aktivierungszeitpunkte im Entwicklungszyklus von Software in Abhängigkeit von der Nutzungsart[1415]. So liegt der Zeitpunkt des Erstansatzes bei der Entwicklung von Software zur unternehmensinternen Nutzung ohne Vermarktungsabsicht deutlich vor dem erstmaligen Ansatz von Aufwendungen für die Entwicklung zu vermarktender Software[1416]. Obwohl objektiv nachvollziehbare Gründe für die unterschiedliche Aktivierungssystematik nicht direkt abzuleiten ist[1417], könnte sich die geänderte Auffassung der AcSEC im Vergleich zur Haltung des FASB bei Verabschiedung von FAS 86 aus einem besseren Verständnis und der zunehmenden wirtschaftlichen Bedeutung der Softwareentwicklung ergeben haben[1418]. Der eigentliche Grund für die unterschiedliche Behandlung liegt jedoch im Bezug der jeweiligen Aufwendungen für die Softwareentwicklung zum Terminus der Forschungs- und Entwicklungsaufwendungen in den US-GAAP. Während die Softwareentwicklungsaufwendungen gemäß FAS 86 in weiten Teilen unter das Aktivierungsverbot von Forschungs- und Entwicklungsaufwendungen des FAS 2 fallen, sind die in SOP 98-1 betrachteten Aufwendungen nicht unter dieses Aktivierungsverbot zu subsumieren[1419].

Eine diametrale bilanzielle Behandlung erfahren in SOP 98-1 Komponenten oder Module eines Software-Systems. Ist die Anwendung des Aktivierungskriteriums der technologischen Realisierbarkeit nach FAS 86 nur auf das Software-System als Ganzes anwendbar[1420], so erlaubt SOP 98-1 die individuelle Anwendung der Aktivierungskriterien auf einzelne Komponenten der Software[1421]. Es ist jedoch davon auszugehen, dass eine Segmentierung des

---

[1415] Vgl. Anh. 3, Abb. 6.

[1416] Vgl. Noll, D. (1998), S. 95.

[1417] Vgl. Frizlen, U./ Möhrle, M. (2001), S. 242.

[1418] Vgl. AICPA (2003), SOP 98-1, Abschn. 56 zur Einschätzung inhärenter Entwicklungsrisiken sowie Abschn. 66 zur Einschätzung des zukünftigen wirtschaftlichen Nutzens aus der internen Nutzung von Software.

[1419] Vgl. AICPA (2003), SOP 98-1, Abschn. 54f.

[1420] Vgl. Kapitel 5.3.3.

[1421] Vgl. AICPA (2003), SOP 98-1, Abschn. 10.

Software-Systems bis in die kleinsten Bestandteile nicht gewollt ist, sondern es muss sich mindestens um lauffähige Komponenten handeln, die im Software-System eigenständig Teilfunktionen ausführen können[1422].

5.6.2.1.5 Konkretisierung der Abbildung des Bilanzierungsobjektes Softwareentwicklung

5.6.2.1.5.1 Abgrenzung des Anwendungsbereiches

Entscheidend für die Anwendung von SOP 98-1 zur Abbildung des Bilanzierungsobjektes ist die Frage, ob das Bilanzierungsobjekt überhaupt zum Anwendungsbereich des SOP 98-1 zu zählen ist. Selbst wenn eine ausschließlich unternehmensinterne Nutzung ohne Vermarktungsabsicht vorliegt, ist die Art der internen Nutzung sehr genau zu untersuchen, da SOP 98-1 die zulässigen Nutzungsarten weitgehend einschränkt[1423]. Bei den in der vorliegenden Arbeit betrachteten Softwareentwicklungsunternehmen ist an erster Stelle die Unterstützung von Entwicklungsaktivitäten durch die zu entwickelnde Software als interne Art der Nutzung relevant. Hierbei kann es sich beispielsweise um eigenentwickelte Software in der Form eines Entwicklungstools handeln, das dazu dient, Entwicklungsaktivitäten effizienter zu gestalten[1424]. Die Aufwendungen für die Entwicklung dieser Art von Software zum internen Gebrauch unterliegen jedoch einem Aktivierungsverbot[1425]. Wiederum kommt an dieser Stelle das generelle Aktivierungsverbot der US-GAAP für Aufwendungen im Zusammenhang mit originär betriebener Forschung und Entwicklung zum Tragen[1426]. Sind primär für Forschungs- und Entwicklungsprojekte erworbene immaterielle Güter dann in der Bilanz anzusetzen, wenn diese einen über das ursprüngliche Projekt hinausgehenden Nutzen stiften[1427], so ist bei selbst erstellten immateriellen Gütern die Anforderung an die Zuverlässigkeit der Rechnungslegungsinformationen gegenüber der Relevanz höher gewichtet und schließt eine Aktivierung grundsätzlich aus. Auch wenn die entwickelte Software über das primäre Entwicklungsprojekt hinaus unternehmensintern eingesetzt werden kann – also einen zukünftigen wirtschaftlichen Nutzen stiftet – ist eine Aktivierung nicht möglich[1428]. Denn der Anwendungsbereich dieser Art intern genutzter Software fällt nicht unter die Regelungen des

---

[1422] Vgl. Ernst & Young (1998), S. 18.

[1423] Vgl. AICPA (2003), SOP 98-1, Abschn. 6.

[1424] Vgl. Kapitel 3.2.2.

[1425] Vgl. FASB (2003b), FIN 6, Abschn. 8.

[1426] Vgl. ausführlich Kapitel 5.2.2.2.

[1427] Vgl. FASB (2003), FAS 2, Abschn. 11c i.V.m. FASB (2003a), FAS 142, Abschn. D3.

[1428] Vgl. AICPA (2003), SOP 98-1, Abschn. 18b, Nr. 2.

SOP 98-1, das ausschließlich Vertriebs- und Verwaltungsaktivitäten als Anwendungsgebiete zulässt[1429].

5.6.2.1.5.2 Ableitung eines Aktivierungszeitpunktes

Fällt der Anwendungsbereich der entwickelten und intern genutzten Software in den Vertriebs- und Veraltungsbereich des Unternehmens, so greifen die Regelungen des SOP 98-1. Dazu sind die in SOP 98-1 definierten Abschnitte zunächst auf die Prozessarchitektur des abgeleiteten Bilanzierungsobjektes zu projizieren, um den Beginn und das Ende des Entwicklungsabschnittes zu konkretisieren. Wiederum geben hier die Aktivitäten des Entwicklungsabschnittes nach SOP 98-1 nur wenig Anhaltspunkte, weil die Prozessarchitektur des Bilanzierungsobjektes die auch in SOP 98-1 unterstellte Kongruenz von Phasen und Aktivitäten nicht aufweist. Eine präzise Abgrenzung gelingt jedoch, nimmt man als Kriterium wiederum das Vorliegen einer stabilen Basisarchitektur zur Grundlage. Gegenstand des einleitenden Projektabschnittes ist unter anderem die Formulierung und der Entwurf von Alternativen, wie die ermittelten funktionalen und nicht funktionalen Anforderungen[1430] an die zu entwickelnde Software erfüllt werden können[1431]. Das Ende des einleitenden Projektabschnittes markiert die endgültige Auswahl der Alternative, auf deren Basis durch die Aktivitäten Design, Implementierung und Test die Software zu entwickeln ist[1432]. Das Vorliegen einer stabilen Basisarchitektur der Software als zentraler Baustein eines jeden Softwareentwicklungsprozesses[1433] markiert nun genau diesen Punkt des Übergangs vom einleitenden Projektabschnitt zum Entwicklungsabschnitt. Dieser Punkt lässt sich eindeutig auf die Prozessarchitektur des Bilanzierungsobjektes übertragen. Eine stabile Basisarchitektur liegt als Ergebnis der Entwurfsphase vor und bildet die Grundlage für die sich unmittelbar anschließende Konstruktionsphase[1434]. In der Konstruktionsphase des Bilanzierungsobjektes wird dann die Software an Hand der stabilen Basisarchitektur entwickelt, wobei der Schwerpunkt auf den Aktivitäten Design, Implementierung und Test liegt. Auch aus der Sicht der Aktivitäten wird die Projektion des Beginns des Entwicklungsabschnittes gemäß SOP 98-1 auf den Beginn der Konstruktionsphase unterstützt.

[1429] Vgl. Ernst & Young (1998), S. 13.

[1430] Vgl. AICPA (2003), SOP 98-1, Abschn. 19b.

[1431] Vgl. AICPA (2003), SOP 98-1, Abschn. 19d.

[1432] Vgl. AICPA (2003), SOP 98-1, Abschn. 17.

[1433] Vgl. ausführlich Kapitel 5.5.3.1.2.3.

[1434] Vgl. Kapitel 4.1.4.3.4.2.

Somit entsprechen die Initiierungs- und Entwurfsphase des Bilanzierungsobjektes dem einleitenden Projektabschnitt. Alle in diesen Phasen verursachten Aufwendungen unterliegen einem Aktivierungsverbot und sind erfolgswirksam als Aufwand zu erfassen[1435]. Die Konstruktions- und Einführungsphase sind dem Entwicklungsabschnitt zuzuordnen. Für bestimmte Aufwendungen[1436], die funktional den Aktivitäten dieser Abschnitte zugerechnet werden können, besteht eine Aktivierungspflicht[1437]. Infolgedessen liegt für die Abbildung des Bilanzierungsobjektes nach SOP 98-1 anders als nach FAS 86[1438] ein präziser und sachgerechter Zeitpunkt im Entwicklungsprozess vor, ab dem bestimmte Aufwendungen in der Bilanz als immaterieller Vermögenswert zu aktivieren sind. Der Betriebsabschnitt im Sinne des SOP 98-1 liegt nicht mehr im Entwicklungs- sondern im Einsatzzyklus der Software und ist folglich nicht Gegenstand der Betrachtungen.

5.6.2.2 Auslegung des International Accounting Standard 38 zur Abbildung des Bilanzierungsobjektes Softwareentwicklung unter Heranziehung von Statement of Position 98-1

Da in SOP 98-1 zur Trennung zwischen nicht aktivierungsfähigen und aktivierungspflichtigen Aufwendungen kein spezifisches definiertes Aktivierungskriterium existiert sondern die Aktivierung bestimmter Aufwendung einzig von den definierten Abschnitten des Entwicklungs- und Einsatzzyklus von Software abhängt, kann eine begriffliche Einordnung von Aktivierungskriterien nicht durchgeführt werden. Es ist daher ausschließlich eine methodische Einordnung der Regelungen des SOP 98-1 zur Auslegung von IAS 38 zu diskutieren. Das heißt, es ist zu prüfen, ob bei Anwendung des identifizierten und eindeutigen Aktivierungszeitpunktes nach SOP 98-1 in IAS 38 die Regelungen des IAS 38 dem nicht entgegenstehen. Bei der Erörterung der methodischen Einordnung kann zudem auf die Erkenntnisse der alternativen Auslegung des IAS 38 zur Abbildung des Bilanzierungsobjektes bei einer anonymen Vermarktung als Nutzungsart zurückgegriffen werden, da eine interne Nutzung lediglich eine abweichende Nutzungsart in IAS 38 darstellt[1439].

1435 Vgl. AICPA (2003), SOP 98-1, Abschn. 20.

1436 Vgl. AICPA (2003), SOP 98-1, Abschn. 31.

1437 Vgl. AICPA (2003), SOP 98-1, Abschn. 21.

1438 Vgl. ausführlich Kapitel 5.3.3.

1439 Vgl. Küting, K./ Pilhofer, J./ Kirchhof, J. (2002), S. 78.

Zunächst entspricht der Aktivierungszeitpunkt mit Beginn der Konstruktionsphase dem abgeleiteten frühestmöglichen Aktivierungszeitpunkt nach IAS 38. Unter dem bilanzierungstechnischen Aspekt der Segmentierung des Entwicklungszyklus von Software in einen Forschungs- und Entwicklungsabschnitt fällt der Beginn der Konstruktionsphase und der Beginn des Entwicklungsabschnitts zusammen[1440]. Insofern steht dieses Aktivierungskriterium einer Übertragung der Regelungen des SOP 98-1 in IAS 38 nicht entgegen. Schwierigkeiten ergeben sich jedoch aus der Tatsache, dass in SOP 98-1 mit Beginn des hier festgelegten Entwicklungsabschnittes das Vorliegen eines Vermögenswertes ähnlich wie bei der Aktivierungskonzeption des FAS 86 impliziert wird[1441]. Es wird mit der sich ergebenden Aktivierungspflicht also unterstellt, dass die Aktivierungsvoraussetzungen und -kriterien erfüllt sind und hier insbesondere der Zufluss eines wirtschaftlichen Nutzens wahrscheinlich ist[1442]. Eine erforderliche Einzelbetrachtung der Aktivierungs- und Ansatzvoraussetzungen des IAS 38 zeigte jedoch, dass keineswegs ein aktivierungspflichtiger selbst erstellter immaterieller Vermögenswertes zu Beginn des Entwicklungsabschnitts vorliegen muss[1443]. Daraus ergibt sich analog zur Diskussion der Übertragung der Regelungen des FAS 86 in die IFRS der Grund, weshalb eine Anwendung der Aktivierungsregeln des SOP 98-1 in IAS 38 abzulehnen ist. Werden Aufwendungen für die Eigenentwicklung unternehmensintern genutzter Software generell ab dem Beginn der Konstruktionsphase aktiviert, so kann dann ein Aktivierungsverbot für diese Aufwendungen im Sinne des IAS 38 vorliegen, wenn das bilanzierende Unternehmen nicht alle Nachweise zur Erfüllung der Aktivierungsvoraussetzungen und -kriterien erbringen kann.

5.6.2.3 Alternative Auslegung des International Accounting Standards 38

Es handelt sich bei der Entwicklung von Software zum internen Gebrauch aus Sicht des IAS 38 lediglich um eine andere Nutzungsart, wobei in IAS 38 keine zum SOP 98-1 vergleichbaren Einschränkungen hinsichtlich der zulässigen internen Nutzungsarten vorgenommen werden[1444]. Somit ist der Nachweis des Zuflusses eines künftigen wirtschaftlichen Nutzens für diese spezifische Nutzungsart zu erbringen. Alle übrigen Aktivierungsvoraussetzungen und -kriterien bleiben unberührt. Bestimmte Aktivierungs-

---

[1440] Vgl. ausführlich Kapitel 5.5.3.1.

[1441] Vgl. ausführlich Kapitel 5.2.2.3.2.2.

[1442] Vgl. AICPA (2003), SOP 98-1, Abschn. 69 i.V.m. Abschn. 64.

[1443] Vgl. Kapitel 5.5.4.

[1444] Vgl. IASB (2004), IAS 38, Abschn. 57d.

voraussetzungen und -kriterien sind dabei objektiv immer zu Beginn des Entwicklungsabschnittes erfüllt, weil diese unmittelbar mit den Charakteristika der Software beim abgeleiteten Bilanzierungsobjekt zusammen hängen. Im Falle der beabsichtigten internen Nutzung wird davon ausgegangen, dass der Nachweis eines ausschließlich internen Nutzens weitaus schwieriger sei als der Nachweis eines aktiven Marktes[1445]. Eine grundsätzliche Verneinung der Aktivierung verursachter Entwicklungsaufwendungen für Software zum internen Gebrauch[1446] würde jedoch der bedingten Aktivierungspflicht des IAS 38 entgegen stehen. An dieser Stelle ist vielmehr der Nutzungswert entsprechend zu ermitteln[1447] und der Nachweis einer kritischen Würdigung zu unterziehen. Wird Software zur internen Nutzung im Unternehmen entwickelt, so kommt man prinzipiell zum selben Ergebnis wie für Software, die zur anonymen Vermarktung entwickelt wird, wenn der Nachweis für den wirtschaftlichen Nutzen der Software erbracht werden kann.

5.6.3 Auslegung des International Accounting Standard 38 zur Aktivierung von Aufwendungen für die Erweiterung von Software

5.6.3.1 Updates und Upgrades: Begriffsabgrenzung

Das Software Engineering kennt zwei Formen der Erweiterung von Software, die sich im Einsatzzyklus befindet. Der Begriff des Updates lässt sich den im vierten Kapitel erläuterten Wartungsaktivitäten[1448] des Einsatzzyklus zuordnen. Die Verrichtung der hier genannten leistungssteigernden, fehlerbeseitigenden und anpassenden Aktivitäten führt zu einem Update der Software[1449]. Dagegen führen Pflegeaktivitäten zu einer über den ursprünglichen Funktionsumfang hinausgehenden Funktionalität der Software. Bei einer so erweiterten Version des Software-Produktes spricht man von einem Upgrade[1450].

5.6.3.2 Zur Aktivierung nachträglicher Entwicklungsaufwendungen

Ein Einbeziehen nachträglicher Entwicklungsaufwendungen in die aktivierten Herstellungskosten wird den Regelungen des IAS 38 zufolge nur in Ausnahmefällen möglich sein[1451].

[1445] Vgl. Küting, K./ Pilhofer, J./ Kirchhof, J. (2002), S. 78.

[1446] Vgl. Epstein, B. J./ Mirza, A. A. (2002), S. 346.

[1447] Vgl. Kapitel 5.5.3.5.1.2.

[1448] Vgl. Kapitel 4.1.3.2.3.8.

[1449] Vgl. Stickel, E. (1997), S. 726.

[1450] Vgl. Stickel, E. (1997), S. 726.

[1451] Vgl. IASB (2004), IAS 38, Abschn. 69.

Diese nachträglichen Ausgaben sind nur dann den Herstellungskosten des aktivierten immateriellen Vermögenswertes zuzurechnen, wenn:

- ein über die ursprünglich geschätzte Ertragskraft hinausgehender wirtschaftlicher Nutzen aus dem immateriellen Vermögenswert wahrscheinlich ist und
- die Entwicklungsaufwendungen zuverlässig bemessen und eindeutig diesem immateriellen Vermögenswert zugeordnet werden können[1452].

Insofern finden sich in dieser Regelung die konzeptionellen Grundlagen des Rahmenkonzeptes der IFRS wieder, die einen Ansatz von Vermögenswerten nur dann rechtfertigen, wenn der Zufluss eines wirtschaftlichen Nutzens hinreichend sicher ist und ein Kausalzusammenhang mit den getätigten Ausgaben besteht[1453]. Ausgaben, die im Rahmen der leistungssteigernden, fehlerbeseitigenden oder anpassenden Wartung der Software anfallen[1454], erfüllen die oben aufgeführten Bedingungen nicht. Diese Ausgaben dienen lediglich der Erhaltung der originär geplanten Funktionalität[1455] und damit der originär erwarteten Ertragskraft der Software. Daher wird durch ein Update kein über den ursprünglichen Nutzen hinausgehender Nutzen geschaffen.

Zu einem anderen Ergebnis gelangt man dagegen bei Pflegemaßnahmen, die dazu dienen, die Ertragskraft über das Ursprüngliche hinaus zu erhöhen. Das Hinzufügen neuer Funktionen zum Software-Produkt mit dem Ziel der Verlängerung des Lebenszyklus[1456] kann zu einer Aktivierungspflicht dieser nachträglichen Ausgaben führen. Im Kontext der Regelungen des IAS 38 ergibt sich hierzu folgender Schluss. Das Vorliegen eines Upgrades als einziges Kriterium zur Trennung nicht aktivierungsfähiger und aktivierungspflichtiger nachträglicher Aufwendungen ist nicht ausreichend. Es ist vielmehr erforderlich, den zusätzlichen künftigen Nutzen der erweiterten Software nachzuweisen. Dieser Nachweis ist in der Form der Ermittlung des Nutzungswertes zu erbringen, wie er analog schon beim Erstansatz der zur anonymen Vermarktung entwickelten Software erbracht werden musste[1457]. Nur mit diesem Nachweis kann den Anforderungen des IAS 38 zur Aktivierung nachträglicher Ausgaben entsprochen werden, die ausschließlich auf den künftigen wirtschaftlichen Nutzen

---

[1452] Vgl. IASB (2004), IAS 38, Abschn. 68a.

[1453] Vgl. IASB (2004), Framework, Abschn. 89-90.

[1454] Vgl. zu den begrifflichen Grundlagen Abschn. 4.1.3.2.3.8.

[1455] Vgl. Kapitel 5.6.3.1.

[1456] Vgl. Balzert, H. (2001), S. 1094.

[1457] Vgl. Kapitel 5.5.3.5.2.2.

abstellen[1458]. Die Anforderung an die zuverlässige Bewertung ist generell erfüllt, weil der Erstansatz von Software als selbst erstellter immaterieller Vermögenswert die zuverlässige Bewertung bereits erforderte und damit nachgewiesen sein muss[1459].

5.7 Ergebnis

International Accounting Standard 1 schreibt für die Auslegung der IFRS beim Fehlen eindeutiger beziehungsweise expliziter Regelungen anzuwendende Prinzipien vor, die in Form von nebeneinander stehenden Auslegungshilfen konkretisiert werden[1460]. Eine erste Analyse der Regelungen des IAS 38 zur Abbildung des Bilanzierungsobjektes Softwareentwicklung führte wegen des Fehlens eindeutiger Abbildungsregeln zu einer Auslegungsbedürftigkeit dieses Standards. Infolgedessen wird für die Abbildung des Bilanzierungsobjektes nach IFRS in der Literatur das Heranziehen der entsprechenden Verlautbarung der US-GAAP, dem Financial Accounting Standard 86, als nächstliegende Auslegungshilfe vorgeschlagen[1461].

Die Erörterung der Abbildung des Bilanzierungsobjektes nach FAS 86 führt indes zu einem unbefriedigenden weil nicht eindeutigem Ergebnis. Das den Aktivierungsregeln zu Grunde liegende lineare Vorgehensmodell erweist sich als ungeeignet, das Aktivierungskriterium der technologischen Realisierbarkeit in der entsprechenden Ausprägung auf das Bilanzierungsobjekt anzuwenden, dem eine nichtlineare Vorgehensweise inhärent ist. Dies führt im Ergebnis zur Unmöglichkeit der Bestimmung eines präzisen und vor allem sachgerechten Aktivierungszeitpunktes[1462].

Die grundsätzlich mögliche und in der Literatur vorgezogene Auslegung von IAS 38 unter Hinzuziehung von FAS 86 ist nach ausführlicher Diskussion aus drei Gründen abzulehnen. Erstens ergibt sich aufgrund des nicht eindeutig bestimmbaren Aktivierungszeitpunktes in FAS 86 das Problem, dass bei der Übertragung dieser Regelungen ein Aktivierungszeitpunkt in IAS 38 ebenso wenig präzisiert werden kann. Zweitens findet sich in IAS 38 mit dem Aktivierungskriterium der technischen Realisierbarkeit zwar ein formell gleicher Begriff

---

[1458] Vgl. IASB (2004), IAS 38, Abschn. 68a.

[1459] Vgl. Kapitel 5.5.3.7.2.

[1460] Vgl. Kapitel 5.1.1.

[1461] Vgl. Kapitel 5.2.1.4.

[1462] Vgl. Kapitel 5.3.3; Kapitel 5.3.4.

analog zur technologischen Realisierbarkeit in FAS 86. Die Überprüfung der begrifflichen Ähnlichkeit ergibt jedoch, dass in FAS 86 die technologische Realisierbarkeit per Definition als Kriterium zur Trennung nicht aktivierungsfähiger Forschungs- und Entwicklungsaufwendungen und aktivierungspflichtiger Softwareproduktionsaufwendungen dient. Die hier verwendete technologische Realisierbarkeit ist außerdem untrennbar verbunden mit dem in FAS 86 angenommenen linearen Vorgehensmodell der Softwareentwicklung und dem generellen Aktivierungsverbot für Entwicklungsaufwendungen in den US-GAAP. Und weil es im allgemein gültigen IAS 38 an einer expliziten Definition der technischen Realisierbarkeit fehlt, ist dieser Begriff einzig abhängig vom jeweils betrachteten Entwicklungsprozess festzulegen. Eine auf den ersten Blick formelle Übereinstimmung der Begriffe führt bei näherer Betrachtung des Bilanzierungsobjektes infolgedessen zu einem klaren materiellen Unterschied. Drittens und letztens ist das Ergebnis der methodischen Einordnung des Aktivierungskriteriums des FAS 86 in IAS 38 eine Kollision mit den dort formulierten Aktivierungsvoraussetzungen und -kriterien für selbst erstellte immaterielle Vermögenswerte. Wird der Erstansatz von Softwareentwicklungsaufwendungen auf der Grundlage von FAS 86 bestimmt, so befindet sich dieser Aktivierungszeitpunkt am Ende der Konstruktionsphase des Vorgehensmodells beim Bilanzierungsobjekt. Dadurch werden bereits entstandene Softwareentwicklungsaufwendungen als laufender Aufwand bilanziert, für die – wie gezeigt werden konnte – eine bedingte Aktivierungspflicht nach IAS 38 vorliegt. Dieses Ergebnis führt nunmehr zur Notwendigkeit, die Regelungen des IAS 38 zur Bestimmung eines Aktivierungszeitpunktes alternativ zu konkretisieren[1463].

Die alternative Auslegung des IAS 38 am Bilanzierungsobjekt mit der sich anschließenden Ableitung eines Aktivierungszeitpunktes bestätigt die zuvor erarbeiteten Ergebnisse. Die Ablehnung der Übertragung der Regelungen des FAS 86 in IAS 38 ist begründet, weil sich ein früherer Aktivierungszeitpunkt bei der alternativen Auslegung ergibt, als dies bei der Übertragung der Regelungen des FAS 86 der Fall ist[1464]. Zum festgestellten Zeitpunkt, ab dem eine bedingte Aktivierungspflicht für Softwareentwicklungsaufwendungen nach IAS 38 besteht, sind bestimmte Aktivierungsvoraussetzungen und -kriterien auf Grund der Eigenschaften des Immaterialgutes Software und des zu Grunde gelegten Vorgehensmodells objektiv immer erfüllt. Und die übrigen Aktivierungsvoraussetzungen und -kriterien sind auf

---

[1463] Vgl. Kapitel 5.4.3.

[1464] Vgl. Anh. 2, Abb. 5.

Grund der begründeten Konfiguration des Bilanzierungsobjektes nachgewiesen. Dieser Zeitpunkt der Aktivierung stellt prinzipiell beim Vorgehen nach dem Unified Software Development Process den frühestmöglichen Aktivierungszeitpunkt dar. Denn erst hier beginnt bei diesem Vorgehensmodell der Entwicklungsabschnitt im Sinne des IAS 38, ab dem überhaupt ein immaterieller Vermögenswert greifbar wird. Weil die verbleibenden Aktivierungsvoraussetzungen und -kriterien jedoch nur durch annahmegestützte Nachweise vom bilanzierenden Unternehmen zu erfüllen sind, lässt sich für die Auswertung der empirischen Analyse eine recht breite Streuung der aktivierten Softwareentwicklungsaufwendungen in nach IFRS aufgestellten Abschlüssen prognostizieren.

Eine weitere relevante Erkenntnis erbringt die Konkretisierung der materiellen Bedeutung der Aktivierungsvoraussetzungen und -kriterien. In IAS 38 stehen Aktivierungs- und Ansatzvoraussetzungen nebeneinander, deren nachweisliche Erfüllung unmittelbar vom technischen Charakter des Vorgehensmodells und des Immaterialgutes Software und von rein betriebswirtschaftlichen Aspekten abhängt[1465]. Ausschließlich abhängig von Software als immaterielles Gut und abhängig vom verwendeten Vorgehen sind die Segmentierung des Entwicklungszyklus in einen Forschungs- und Entwicklungsabschnitt und der Nachweis der technischen Realisierbarkeit. Das kann dazu führen, dass bei identischen Rahmenbedingungen allein durch die Wahl des Vorgehensmodells verschiedene Aktivierungszeitpunkte im Zeitablauf eines Entwicklungsprozesses auftreten[1466].

Wird beim Bilanzierungsobjekt die Art der Nutzung abgewandelt in eine ausschließlich unternehmensinterne Nutzung, so könnte dieser Spezialfall in den IFRS unter Heranziehung der eindeutigen Regelungen des SOP 98-1 konkretisiert werden. Aufgrund der Ergebnisse der alternativen Auslegung zeigt sich auch hier ein methodischer Unterschied zwischen den Regelungen des SOP 98-1 und IAS 38, weshalb eine Auslegung auf diesem Wege abzulehnen ist.[1467]

[1465] Vgl. ähnlich Kirsch, H. (2003), S. 1111f.

[1466] Vgl. Kapitel 5.6.1.4.

[1467] Vgl. Kapitel 5.6.2.2.

6. Empirische Analyse

6.1 Untersuchungsgegenstand

6.1.1 Der Neue Markt

6.1.1.1 Ziele und Funktionen des Neuen Marktes

Aufgrund eines seit Mitte des Jahres 2000 anhaltenden Kursverfalls, der unter anderem durch ein Reihe von Insolvenzen der notierten Unternehmen sowie Bilanz- und Kursmanipulationen nachhaltig verstärkt wurde, ist das Handelssegment Neuer Markt im Verlauf des Jahres 2003 abgeschafft worden[1468]. Die notierten Unternehmen wurden neu strukturierten Handelssegmenten zugeordnet[1469]. Seither werden nur im Premiumsegment („Prime Standard") vergleichbar hohe Anforderungen an die Publizität gestellt, wie etwa die Rechnungslegung nach internationalen Grundsätzen[1470]. Weitgehend übernommen für dieses neue Premiumsegment wurden auch die Regelungen, die zum Zeitpunkt der hier durchgeführten Untersuchung am Neuen Markt Gültigkeit besaßen[1471]. Der alte „Neue Markt" lebt somit in Form des neuen „Prime Standard" fort[1472]. In Anbetracht der skizzierten Veränderungen bietet sich dennoch auf der Grundlage der Geschäftsberichte der Berichtszeiträume 2001/ 2002 eine empirische Analyse der Einzel- und Konzernabschlüsse der Unternehmen des Neuen Marktes an, weil hier einzigartig an einem Börsenplatz in der Europäischen Union[1473] die Bilanzierung nach IFRS und auch US-GAAP innerhalb einer Branche und innerhalb eines einzigen Handelssegmentes zu finden war. Zunächst werden in wenigen Worten die früheren Rahmenbedingungen des Neuen Marktes erläutert, die für eine spätere Abgrenzung des Untersuchungsgegenstandes relevant sind.

Der Neue Markt wurde von der Deutschen Börse AG im Jahre 1997 gegründet mit dem Ziel, die Kapitalversorgung innovativer junger Wachstumsunternehmen zu verbessern[1474]. Gleichzeitig entstand mit dem Aufbau dieses Handelssegmentes eine Alternative zu den

---

[1468] Vgl. Deutsche Börse AG (2002a), Abschn. 5; o.V. (2002), S. 1; Ossadnik, W./ Barklage, D. (2003), S. 1285.

[1469] Vgl. Antonoff, A./ Zschäpitz, H. (2002), S. 17.

[1470] Vgl. Deutsche Börse AG (2002a), Abschn. 2; Beherens, S./ Müller, U. (2002), S. 16.

[1471] Vgl. Deutsche Börse AG (2002a), Abschn. 5.

[1472] Vgl. Zielke, W./ Kronner, M. (2003), S. 48.

[1473] Vgl. Ilg, P./ Hasler, S. (2001), S. 340.

[1474] Vgl. Peemöller, V. H./ Finsterer, H./ Neubert, M. (1999), S. 1103.

internationalen Technologiebörsen in Europa und den Vereinigten Staaten von Amerika[1475]. Das Regelwerk des Neuen Marktes benannte als Emittenten „[...] insbesondere innovative Unternehmen, die neue Absatzmärkte erschließen, neue Verfahren etwa in der Beschaffung, Produktion oder beim Absatz verwenden, beziehungsweise neue Produkte und/ oder Dienstleistungen anbieten und ein überdurchschnittliches Umsatz- und Gewinnwachstum erwarten lassen“[1476]. Angesprochen waren hier vor allem Unternehmen, die sich beispielsweise finanziert durch Venture Capital in einer frühen Finanzierungsphase befanden und im Anschluss daran über die Börse Eigenkapital aufnehmen wollten[1477]. Für Unternehmen mit einem derartigen Chancen- und Risikoprofil kamen als potenzielle Eigenkapitalgeber neben risikobereiten Privatanlegern vor allem institutionelle Investoren in Betracht. Für letztere ergab sich die Möglichkeit einer einfacher zu gestaltenden Diversifizierung ihres Aktienportfolios aufgrund stärkerer gegenläufiger Schwankungen der Aktienkurse am Neuen Markt[1478].

Die zusätzlich zur klassischen Börsenfunktion – der Schaffung von Handelsvoraussetzungen – von der Deutschen Börse AG am Neuen Markt wahrgenommenen Aufgaben waren:

- die Informationsvermittlung,
- die Überwachung der Marktteilnehmer und des Marktgeschehens,
- die Prüfung der Eignung der Unternehmen, die am Neuen Markt gelistet werden sollten,
- die Ermittlung und Pflege verschiedener Indizes sowie
- das Aussprechen von Sanktionen.[1479]

Insbesondere waren für den Neuen Markt zahlreiche Informations- und Publizitätspflichten vorgeschrieben. Gerade auf der Informationsebene sollte mit einer umfangreichen und hochwertigen Publizität von Informationen der Sekundärmarkt unterstützt werden[1480]. Diese Aussage war als ein Ziel der Deutschen Börse AG zu interpretieren.

[1475] Vgl. Gerke, W./ Rank, M./ Seitz, S. (1999), S. 199.

[1476] Deutsche Börse AG (2001), S. 2.

[1477] Vgl. Francioni, R. (1997), Abschn. 2.5, S. 3.

[1478] Vgl. Küffner, P./ Hock, B. (1998), S. 64; Blättchen, W. (1998), S. 28.

[1479] Vgl. Förschle, G./ Helmschrott, H. (1997), S. 188.

[1480] Vgl. Blättchen, W. (1998), S. 29.

6.1.1.2 Rechtliche Rahmenbedingungen und Zulassungsvoraussetzungen am Neuen Markt

Neben den weiteren Handelssegmenten am Börsenplatz Frankfurt – dem amtlichen Handel, dem geregelten Markt und dem Freiverkehr - galten für den Neuen Markt spezifische rechtliche Rahmenbedingungen. Die Organisation war im Gegensatz zu den aufgeführten Marktsegmenten privatrechtlicher Natur[1481]. Neben den relevanten rechtlichen Bestimmungen zum Aktienhandel in Deutschland, dem Börsengesetz (BörsG) und der Börsenverordnung (BörsVO) erfolgte die privatrechtliche Ausgestaltung mit dem Regelwerk Neuer Markt. Um die Wirkung relevanter Bestimmungen des Geregelten Marktes auf den Neuen Markt übertragen zu können, war zunächst eine erfolgreiche Zulassung der Unternehmen zum Geregelten Markt notwendig[1482]. Erst mit Erfüllung dieser Voraussetzung konnten eine Zulassung zum Neuen Markt und damit eine Notierung in diesem Handelssegment erfolgen. Diese gesamte, im Verlauf der Zeit gefestigte rechtliche Struktur ermöglichte im Regelwerk eine im Rahmen bestehender Gesetze und Verordnungen inhaltlich freie und zielführende Ausgestaltung der Bestimmungen in diesem Marktsegment. Im Regelwerk Neuer Markt waren neben allgemeinen Vorschriften die Zulassungsbedingungen und die Handelsbedingungen kodifiziert[1483].

Voraussetzung zur Zulassung zum Handel am Neuen Markt war das Erfüllen eines umfangreichen Katalogs quantitativer und qualitativer Kriterien[1484]. Die Zulassungsvoraussetzungen des Regelwerkes sollten hier insbesondere wieder die Ziele des Neuen Marktes unterstützen. Auf eine ausführliche Darstellung der wiederholt im Schrifttum behandelten Kriterien wird hier verzichtet; es erfolgt vielmehr ein Verweis auf diese Fundstellen[1485].

Generell war vom Antragsteller ein Emissionsprospekt mit umfangreichen Angaben über die Vermögens-, Finanz- und Ertragslage zu erstellen. Dies geschah in Form vergleichender, den Berichtszeitraum sowie zwei Vergleichsperioden umfassender Jahresabschlüsse[1486]. Ein wesentliches Merkmal waren dabei die Anforderungen an die Rechnungslegung der Emittenten. Als anwendbare Rechnungslegungsstandards kamen ausschließlich und

---

[1481] Vgl. Blättchen, W. (1998), S. 28.

[1482] Vgl. Groß, W. (2002), § 71 BörsG, Rn. 3b.

[1483] Vgl. Deutsche Börse AG (2001a), S. 56f.

[1484] Vgl. Francioni, R. (1997), Abschn. 2.5, S. 10f.

[1485] Vgl. stellvertretend Förschle, G./ Helmschrott, H. (2001), S. 13f.

[1486] Vgl. Deutsche Börse AG (2001), Abschn. 4.1.8, Nr. 1.

namentlich die IFRS oder die US-GAAP in Betracht. Hinreichend war die Anwendung der IFRS oder US-GAAP für den Konzernabschluss[1487]. Ohne das Vorhandensein von Konzernstrukturen sind die IFRS oder US-GAAP auch bei der Aufstellung des entsprechenden Einzelabschlusses zu beachten gewesen[1488]. Handelsrechtliche Abschlüsse ergänzt um eine Überleitung des Periodenergebnisses und des Eigenkapitals auf die IFRS oder US-GAAP wurden von der Deutschen Börse AG auf Antrag in Ausnahmefällen einmalig akzeptiert[1489]. Als formale Orientierung für diese Überleitungsrechnung diente Item 18 des Form 20-F der SEC[1490].

6.1.1.3 Der Jahresabschluss als Zulassungsfolgepflicht

6.1.1.3.1 Anzuwendende Rechnungslegungsgrundsätze

Der Jahresabschluss musste wie schon im Emissionsprospekt nach den Grundsätzen der Rechnungslegung der IFRS oder US-GAAP aufgestellt werden[1491]. Das Regelwerk Neuer Markt sah jedoch auch hier eine Möglichkeit der Befreiung von der Aufstellung des Jahresabschlusses nach den genannten Rechnungslegungsgrundsätzen vor. Dies geschah jedoch nur einmalig und auf positiven Bescheid eines Antrags des Unternehmens, das glaubhaft machen musste, die Verpflichtung zur Anwendung der IFRS oder US-GAAP nicht erfüllen zu können[1492]. Wurde in der Vergangenheit die Offenlegung einer Überleitungsrechnung in mehreren Fällen gestattet, so war mit dem aktuellsten Regelwerk vom 1. Januar 2001 eine Verschärfung eingetreten[1493]. Publiziert werden musste der Jahresabschluss oder in Ausnahmefällen die Überleitungsrechnung auf die IFRS oder US-GAAP und zwar unverzüglich nach der Feststellung oder bis spätestens drei Monate nach dem Ende des Berichtszeitraumes[1494]. Konzernabschlüsse nach deutschen handelsrechtlichen Vorschriften brauchten nicht veröffentlicht werden, wenn das Unternehmen einen befreienden Konzernabschluss nach § 292a HGB aufstellte und publizierte[1495].

1487 Vgl. Deutsche Börse AG (2001), Abschn. 4.1.9, Nr. 3.

1488 Vgl. d'Arcy, A./ Leuz, Chr. (2000), S. 385.

1489 Vgl. Deutsche Börse AG (2001), Abschn. 4.1.9, Nr. 3.

1490 Vgl. d'Arcy, A./ Leuz, Chr. (2000), S. 385.

1491 Vgl. Deutsche Börse AG (2001), Abschn. 7.2.2, Nr. 1.

1492 Vgl. Deutsche Börse AG (2001), Abschn. 7.2.2, Nr. 1.

1493 Vgl. Zwirner, Chr./ Ranker, D./ Wohlgemuth F. (2001), S. 479.

1494 Vgl. Deutsche Börse AG (2001), Abschn. 7.2.2, Nr. 2.

1495 Vgl. Wollmert, P./ Oser, P. (2000), S. 730.

6.1.1.3.2 Problembereiche bei der Anwendung internationaler Rechnungslegungsgrundsätze

Nicht eindeutig abgegrenzt war der Umfang der für eine Rechnungslegung nach US-GAAP am Neuen Markt anzuwendenden Vorschriften[1496]. Unter Berücksichtigung der Abgrenzung des Begriffes US-GAAP im zweiten Kapitel lassen sich als anzuwendende Normen im engeren Sinne die des House of GAAP ableiten[1497]. Darüber hinaus waren die Regelungen der SEC von einer verpflichtenden Anwendung ausgegrenzt[1498]. Diese Ausgrenzung strahlte dann auch auf die Formvorschriften der SEC und auf die so genannten Branchenrichtlinien („Industry Guides") aus. Branchenrichtlinien geben Anleitung zu branchenspezifischen Fragen im Rahmen der Regelungen der SEC. Dazwischen befindet sich jedoch eine Grauzone. Die SEC verabschiedet regelmäßig die Staff Accounting Bulletins (SAB) und die Financial Reporting Releases (FRR). In den SAB und FRR werden Bilanzierungsfragen besprochen und Interpretationen in Bezug auf US-GAAP-Standards vorgenommen[1499]. Fraglich ist, ob hier eine Verpflichtung zur Anwendung bei der Rechnungslegung nach US-GAAP am Neuen Markt bestand. In einer engen Auslegung des House of GAAP kann die Anwendung durchaus verneint werden. Auch wird zumindest in den SAB explizit ausgesagt, dass die SAB keine Standards oder Interpretationen im eigentlichen Sinne darstellen und daher bestehenden autorisierten US-GAAP keinesfalls vorgehen. In den SAB wird vielmehr die Ansicht der Abteilung „Corporation Finance" beziehungsweise des Büros des „Chief Accountant" der SEC zu bestimmten Bilanzierungsproblemen dargestellt[1500]. Zudem ist die Pflicht zur Berücksichtigung der SAB und FRR auf Unternehmen im Einflussbereich des Securities Act und des Securities Exchange Act beschränkt[1501].

6.1.1.4 Zusammenfassung weiterer Zulassungsfolgepflichten

6.1.1.4.1 Quartalsberichte

Neben dem Jahresabschluss stellten die zu publizierenden Quartalsberichte eine weitere wesentliche Zulassungsfolgepflicht für Unternehmen am Neuen Markt dar[1502]. Durch die

---

[1496] Vgl. Hütten, Chr./ Brakensiek, S. (2000), S. 872.

[1497] Vgl. Kapitel 2.1.1.2.2.

[1498] Vgl. Galler, B. (2000), S. 423.

[1499] Vgl. Fischer, N./ Iannaconi, T. E./ Lechner H. W. (2001), S. 2870.

[1500] Vgl. SEC (2002), SAB 101, Summary.

[1501] Vgl. Fischer, N./ Iannaconi, T. E./ Lechner H. W. (2001), S. 2869.

[1502] Vgl. Deutsche Börse AG (2001), Abschn. 7.1.1, Nr. 1.

Quartalsberichte wurde eine vierteljährliche Berichterstattung an interessierte Adressaten über die Finanz-, Vermögens- und Ertragslage der gelisteten Firmen ermöglicht[1503]. Seit Juli 2001 waren die Quartalsberichte zudem in strukturierter Form einzureichen, eine Folge der Verschärfung der Anforderung an die Berichterstattung der gelisteten Unternehmen mit Inkrafttreten des überarbeiteten Regelwerks vom 1. Januar 2001. Zur Darstellung der inhaltlichen Ausgestaltung sei hier auf einen Beitrag im Schrifttum verwiesen[1504]. Der Quartalsbericht war grundsätzlich unverzüglich nach der Fertigstellung, spätestens jedoch zwei Monate nach dem Ende des Berichtszeitraumes der Öffentlichkeit zur Verfügung zu stellen[1505].

6.1.1.4.2 Ad-hoc-Berichterstattung

Die Ad-hoc Mitteilungspflicht am Neuen Markt war ein Instrument der Berichterstattung, die über die periodische Berichterstattung der Jahresabschlüsse und Quartalsberichte hinaus aktuelle Informationen den interessierten Adressaten zukommen lassen sollte. Diese Angaben betrafen kursbeeinflussende Informationen, deren Publizität in § 15 WpHG geregelt ist.

Weiterhin mussten zur Verbesserung der Transparenz Wertpapiergeschäfte der Organmitglieder mit Aktien des eigenen Unternehmens spätestens drei Tage nach der Transaktion gemeldet werden. Fristen und Form werden seit Juli 2002 im § 15a WpHG geregelt, auf welchen die Deutsche Börse AG in Bezug auf den Neuen Markt verwies[1506].

6.1.1.5 Bilanzierungsgepflogenheiten am Neuen Markt

6.1.1.5.1 Zur Anwendung der International Financial Reporting Standards und United States-Generally Accepted Accounting Principles im Zeitablauf

Zur Anwendung der Rechnungslegungsgrundsätze der IFRS und US-GAAP am Neuen Markt existiert eine Reihe empirischer Untersuchungen, die allesamt ähnliche Ergebnisse zeigen[1507].

[1503] Vgl. Deutsche Börse AG (2001), Abschn. 7.1.1, Nr. 2.

[1504] Vgl. Zwirner, Chr./ Ranker, D./ Wohlgemuth F. (2001), S. 477f.

[1505] Vgl. Deutsche Börse AG (2001), Abschn. 7.1.7, Nr. 3.

[1506] Vgl. Deutsche Börse AG (2002), S. 1.

[1507] Vgl. stellvertretend d'Arcy, A./ Leuz, Chr. (2000), S. 388, Im Oktober 1999, dem letzten Untersuchungszeitpunkt, bilanzierten 49,7% der 173 analysierten Unternehmen gemäß den US-GAAP, 49,7% folgten den Rechnungslegungsgrundsätzen der IAS und nur 0,6% der Unternehmen publizierten handelsrechtliche Abschlüsse, zu ähnlichen Ergebnissen für einen anderen Zeitraum kommen auch Spanheimer, J./ Koch, Chr. (2000), S. 307; Küting, K./ Zwirner, Chr. (2001), S. 175; Leuz, Chr. (2003), S. 454f.

Etwa die Hälfte der Unternehmen am Neuen Markt bilanzierte nach International Financial Reporting Standards, die andere Hälfte nach United States-Generally Accepted Accounting Principles. Ein abweichendes Bild erhält man bei Betrachtung einzelner Branchen oder dem Nemax 50, einem Index, in dem die fünfzig Unternehmen des Neuen Marktes mit der höchsten Marktkapitalisierung gelistet waren. Hier verschob sich je nach Branche und auch innerhalb des Index die Verteilung in der Anwendung der IFRS und US-GAAP.

Um unter den Aspekten der ausschließlichen Anwendung der IFRS ab 2005[1508] und der seit 1998 geschaffenen Erleichterung der Erstellung eines befreienden Konzernabschlusses nach § 292a HGB ein detailliertes und so noch nicht publiziertes Bild der Rechnungslegungsgepflogenheiten am Neuen Markt zu erhalten, wurde auch im Rahmen der vorliegenden Arbeit eine Erhebung der angewandten Rechnungslegungsgrundsätze durchgeführt. Die Erhebung erstreckt sich auf die zwei aufeinander folgenden Berichtszeiträume der Jahre 1999/ 2000 und 2001/ 2002 und ist differenziert in die Branchen des Neuen Marktes. Zudem wird die Inanspruchnahme des § 292a HGB im Zeitablauf gezeigt.

In der Gesamtbetrachtung des Neuen Marktes ergibt sich folgendes Bild: Im Berichtszeitraum 1999/ 2000 legten 49,1 % der Unternehmen nach IFRS und 50,9 % der Unternehmen nach US-GAAP Rechnung[1509]. Im darauf folgenden Berichtszeitraum 2001/ 2002 ergibt sich ein kaum abweichendes Bild. Die IFRS wurden von 52,9 % der Unternehmen, die US-GAAP von 47,1 % der Unternehmen angewendet. Eine Bevorzugung der IFRS oder US-GAAP lässt sich daraus nicht ableiten[1510]. Zudem ist diese geringe Verschiebung auch ein Ergebnis der Verringerung der Zahl der gelisteten Unternehmen von 338 auf 297 im Jahre 2001[1511]. Auch innerhalb der Branchen ist im Zeitablauf keine signifikante Veränderung sichtbar. Die Dominanz der Anwendung der US-GAAP in den Branchen Biotechnology, Internet und Telecommunications sowie die Dominanz der IFRS in den Branchen Media and Entertainment und Financial Services zeigt sich im Berichtszeitraum 1999/ 2000 wie auch im darauf folgenden Berichtszeitraum[1512]. Nur in der Branche IT-Services lässt sich eine Tendenz hin zu den IFRS konstatieren. Bilanzierten in 1999/ 2000 nach IFRS 51,3 % der

[1508] Vgl. Kapitel 1.1.

[1509] Vgl. Anh. 4, Tab. 1, Angewandte Rechnungslegungsgrundsätze.

[1510] Vgl. Anh. 4, Tab. 2, Angewandte Rechnungslegungsgrundsätze.

[1511] Vgl. Anh. 4, Tab. 2 im Vergleich zu Tab. 1, Anzahl der Unternehmen.

[1512] Vgl. Anh. 4, Tab. 2 im Vergleich zu Tab. 1, Angewandte Rechnungslegungsgrundsätze

Unternehmen und 48,7 % nach US-GAAP[1513] so waren es im darauf folgenden Berichtszeitraum 68,6 % nach IFRS und 31,4 % nach US-GAAP[1514] bilanzierende Firmen.

Wesentliche Veränderungen ergaben sich bei der Anwendung einer Überleitungsrechnung auf die IFRS oder die US-GAAP und bei der Inanspruchnahme der Erleichterungen des § 292a HGB. So legten in 1999/ 2000 zweiundzwanzig Unternehmen eine Überleitungsrechnung vor. Im Berichtszeitraum 2001/ 2002 waren es dagegen nur sechs Unternehmen[1515]. Dies ist hauptsächlich auf die Verschärfung des Regelwerkes zum 1. Januar 2001 zurückzuführen, nach der ab dem Jahr 2001 eine Überleitungsrechnung nur einmalig angewendet werden durfte und zudem bei der Deutschen Börse AG zu beantragen war[1516]. Die Erleichterungen des § 292a HGB nahmen in 2001/ 2002 deutlich mehr Unternehmen wahr als im Berichtszeitraum zuvor. In 1999/ 2000 legten 199 der 277 in Deutschland ansässigen gelisteten Unternehmen befreiende Konzernabschlüsse offen; das entspricht 71,8 %[1517]. Im Berichtszeitraum 2001/ 2002 stieg die Zahl der Unternehmen auf 84,6 % an[1518]. Dieser Anstieg ist allerdings auch maßgeblich beeinflusst durch das Delisting von 30 Unternehmen mit Sitz in Deutschland. So weist die Statistik im Jahre 2001 noch 247 in Deutschland ansässige gelistete Firmen im Vergleich zu den bereits erwähnten 277 in 2000 aus[1519].

Abschließend ist zu bemerken, dass sich auch im Zeitablauf unter dem Aspekt einer ausschließlichen Anwendung der IFRS ab dem Jahre 2005 keine signifikanten Veränderungen in der Anwendung der IFRS und US-GAAP ergeben haben. Das Bild der in etwa hälftigen Anwendung der IAS und US-GAAP findet sich so auch in anderen Marktsegmenten am Börsenplatz Frankfurt wieder[1520].

[1513] Vgl. Anh. 4, Tab. 1, Angewandte Rechnungslegungsgrundsätze.

[1514] Vgl. Anh. 4, Tab. 2, Angewandte Rechnungslegungsgrundsätze.

[1515] Vgl. Anh. 4, Tab. 2 im Vergleich zu Tab. 1, Nationale Abschlüsse mit Überleitung auf die IAS und US-GAAP.

[1516] Vgl. Zwirner, Chr./ Ranker, D./ Wohlgemuth F. (2001), S. 479

[1517] Vgl. Anh. 4, Tab. 1, Befreiende Konzernabschlüsse.

[1518] Vgl. Anh. 4, Tab. 2, Befreiende Konzernabschlüsse.

[1519] Vgl. Anh. 4, Tab. 2 im Vergleich zu Tab. 1, Anzahl der Unternehmen gesamt.

[1520] Vgl. Küting, K./ Dürr, U./ Zwirner, Chr. (2001), S. 4.

6.1.1.5.2 Zur Konformität der Abschlüsse mit International Financial Reporting Standards und United States-Generally Accepted Accounting Principles

Analysen betreffend die Qualität der Rechnungslegung bieten ein differenziertes Bild. Die Qualität wird dabei an Hand der Konformität der publizierten Abschlüsse mit den angewendeten Rechnungslegungsgrundsätzen gemessen[1521]. Untersuchungsobjekte waren hier Emissionsprospekte, Jahres- und Zwischenabschlüsse von Unternehmen aller Branchen. Dem Anspruch des Regelwerks Neuer Markt, eine transparente, zeitnahe und investororientierte Rechnungslegung auf Basis der IFRS und US-GAAP zu ermöglichen wurde – so die einhelligen Ergebnisse im Schrifttum – nicht genügt[1522]. Insbesondere wurde auf die mangelnde Konformität der Untersuchungsobjekte mit den jeweils anzuwendenden Vorschriften hingewiesen[1523] sowie ein systematisches Problem der Verfügbarkeit innerbetrieblicher Informationen für Zwecke der Rechnungslegung gesehen[1524]. Im Rahmen der empirischen Analyse dieser Arbeit wird begrenzt auf das Bilanzierungsobjekt Softwareentwicklung ebenfalls auf die Übereinstimmung der Abschlüsse mit den IFRS und US-GAAP eingegangen, um auch hier zur notwendigen Aufdeckung von Schwachstellen in der Berichterstattung beizutragen. Diese Erkenntnisse sollen ein besseres Verständnis der Probleme der Berichterstattung[1525] einerseits und andererseits der damit einhergehenden Schwierigkeiten der Bilanzanalyse[1526] schaffen.

6.1.2 Abgrenzung des Untersuchungsgegenstandes

6.1.2.1 Grundsätzliche Anforderungen an den Untersuchungsgegenstand

Um die empirische Analyse fundiert vornehmen zu können, sind bestimmte grundsätzliche Anforderungen an die Jahresabschlüsse der Unternehmen definiert. Voraussetzung ist zunächst, dass ein Geschäftsbericht einschließlich eines geprüften Einzel- oder Konzernabschlusses zu einem Bilanzstichtag im Jahre 2001 oder 2002 publiziert wurde. Weiterhin musste das Unternehmen zum Zeitpunkt der Abgrenzung des Untersuchungsgegenstandes im Mai 2002 am Neuen Markt gelistet sein. Um die empirische Analyse in der

---

[1521] Vgl. bspw. Glaum, M./ Street, D. (2002), S. 123.

[1522] Vgl. bspw. Zwirner, Chr./ Ranker, D./ Wohlgemuth F. (2001), S.480; d'Arcy, A./ Grabensberger, S. (2001), S. 1478; Glaum, M./ Street, D. (2002), S. 136.

[1523] Vgl. Zwirner, Chr./ Ranker, D./ Wohlgemuth F. (2001), S. 481.

[1524] Vgl. Behr, G./ Gusinde Ph. (1999), S. 154

[1525] Vgl. Hütten, Chr./ Lorson, P. (2000), S. 525f.

[1526] Vgl. Zwirner, Chr./ Ranker, D./ Wohlgemuth F. (2001), S. 483.

erforderlichen Detailtiefe zur Unterstützung des theoretischen Teils der Arbeit durchführen zu können, ist es darüber hinaus zwingend erforderlich, dass die Jahresabschlüsse vollständig nach IFRS oder US-GAAP aufgestellt worden sind. Dabei kann es sich um befreiende Konzernabschlüsse, parallel aufgestellte Konzernabschlüsse oder Einzelabschlüsse handeln. Jahresabschlüsse nach anderen nationalen Rechnungslegungsvorschriften mit einer entsprechenden Überleitung des Jahresergebnisses und des Eigenkapitals auf die IFRS oder die US-GAAP sind infolgedessen aus dem Untersuchungsgegenstand ausgegrenzt. Als weiterer Ausschlussgrund wurde ein anhängiges Insolvenzverfahren definiert. Überprüft wurde dieser Ausschlussgrund an Hand der Ad-hoc-Meldungen der Unternehmen. Eine komprimierte Übersicht über den Untersuchungsgegenstand befindet sich im Verzeichnis der Geschäftsberichte im Anhang[1527].

6.1.2.2 Geschäftsmodellorientierte Abgrenzung des Untersuchungsgegenstandes

Aufgrund der stetig gestiegenen Anzahl gelisteter Unternehmen hat die Deutsche Börse AG den Neuen Markt branchenorientiert aufgeteilt. Die angegebene Anzahl der Unternehmen repräsentiert den Zeitpunkt der Abgrenzung des Untersuchungsgegenstandes im Mai 2002:

- Biotechnology (21 Unternehmen),
- Financial Services (5 Unternehmen),
- Industrials and Industry Services (18 Unternehmen),
- Internet (49 Unternehmen),
- IT Services (35 Unternehmen),
- Media and Entertainment (32 Unternehmen),
- Medical and Healthcare (11 Unternehmen),
- Software (44 Unternehmen),
- Technology (68 Unternehmen) und
- Telecommunications (13 Unternehmen).[1528]

Die Abgrenzung des Untersuchungsgegenstandes stellt eine bewusste Auswahl der Unternehmen aus dem Nemax-All-Share dar. Der Nemax All-Share umfasst alle am Neuen Markt gelisteten Unternehmen. Der Auswahlprozess ist ein zweistufiger Prozess, der auf der ersten Stufe neben den oben definierten grundsätzlichen Anforderungen[1529] die Branchenzugehörigkeit als Abgrenzungskriterium und auf der zweiten Stufe die

[1527] Vgl. Verzeichnis der Geschäftsberichte.

[1528] Vgl. Anh. 4, Tab. 2, Neuer Markt, Branchensegmentierung Nemax All-Share.

[1529] Vgl. Kapitel 6.1.2.1.

Geschäftstätigkeit der Unternehmen berücksichtigt. Zentrales Abgrenzungskriterium ist dabei das vom Unternehmen verfolgte Leistungserstellungsmodell[1530]. Als wesentliche Geschäftstätigkeit ist hierfür die Entwicklung von Software festgelegt, ohne jedoch quantitative Kriterien zu definieren. Dieser zweistufige Prozess ist notwendig, da die Trennschärfe der Zuordnung der Unternehmen zu den Branchen den Anforderungen an den Untersuchungsgegenstand nicht genügte.

Zunächst sind auf der ersten Stufe alle Unternehmen des Branchenindex Software einbezogen worden. Es ist anzunehmen, dass die wesentliche Leistungserstellung der eingeordneten Unternehmen die Entwicklung von Software ist. Diese Unternehmen erfüllen auch die definierten grundsätzlichen Anforderungen an die Publizität[1531]. Auf der zweiten Stufe des Auswahlprozesses wurden aus dem Branchenindex Software bestimmte Unternehmen ausgegrenzt, deren wesentliche Geschäftstätigkeit im Sinne einer Leistungserstellung nicht die Entwicklung von Software ist. Dabei handelt es sich im Einzelnen um die:

- b.i.s. Börseninformationssysteme AG,
- Parsytec AG,
- PC-Ware AG und die
- Prout AG.

Die wesentliche Geschäftstätigkeit der b.i.s. Börseninformationssysteme AG ist die Errichtung von Börseninformationssystemen sowie die Übernahme und Weiterverarbeitung von Börseninformationen[1532]. Die Parsytec AG entwickelt und produziert Oberflächenqualitätskontrollsysteme[1533]. Die PC-Ware AG erzielt mehr als 90 % ihrer Umsatzerlöse aus der Lizenzierung von Software, die von Drittanbietern entwickelt wurde[1534]. Und die Prout AG weist im Geschäftsbericht mehr als 96 % der Umsatzerlöse aus dem Verkauf von Hardware und zugehörigen Dienstleistungen aus[1535]. Zwar entwickeln einige der Unternehmen auch Software, dies jedoch nicht primär und nicht als wesentlichen Gegenstand der Leistungserstellung und Geschäftstätigkeit, woraus sich ein Ausschluss aus dem Untersuchungsgegenstand ergibt.

[1530] Vgl. Kapitel 3.1.3 zur eindeutigen Abgrenzung des Geschäftsmodells Softwareentwicklung und –absatz.

[1531] Vgl. Kapitel 6.1.2.1.

[1532] Vgl. b.i.s. Börseninformationssysteme AG (2001), S. 32.

[1533] Vgl. Parsytec AG (2002), S. 18.

[1534] Vgl. PC-Ware Information Technologies AG (2002), S. 12 i.V.m. S. 70.

[1535] Vgl. Prout AG (2002), S. 26 i.V.m. S. 42.

Aufgrund der Übereinstimmung der aus den Geschäftsberichten zu entnehmenden wesentlichen Geschäftstätigkeit mit der definierten Geschäftstätigkeit der Entwicklung von Software wurden folgende Unternehmen in den Untersuchungsgegenstand einbezogen, die nicht dem Branchenindex Software angehören:

- Broadvision Inc. (Branchenindex Internet),
- Caatoosee AG (Branchenindex Internet),
- CPU Softwarehouse (Branchenindex Internet),
- Datadesign AG (Branchenindex Internet),
- Fantastic Corporation (Branchenindex Internet),
- Gauss Interprise AG (Branchenindex Internet),
- Heiler Software AG (Branchenindex Internet),
- Internolix AG (Branchenindex Internet),
- Intershop Communications AG (Branchenindex Internet),
- Softing AG (Branchenindex Technology) und
- Trintech Group Plc. (Branchenindex Internet).

Im Ergebnis des zweistufigen bewussten Auswahlprozesses liegt ein Untersuchungsgegenstand vor, der insgesamt 51 Unternehmen umfasst und sich aus Unternehmen der Branchen Software, Internet und Technology zusammensetzt.

6.2 Untersuchungsaufbau

6.2.1 Überblick über den Untersuchungsaufbau

Beim Untersuchungsaufbau handelt es sich im Grundsatz um eine strukturierte Erhebung primärer quantitativer und qualitativer Daten aus den veröffentlichten Geschäftsberichten der Unternehmen des Untersuchungsgegenstandes. Der Untersuchungsaufbau ist in drei Bereiche gegliedert und in Form von Tabellen im Anhang aufbereitet. Der erste Bereich umfasst mit den ersten vier Abschnitten allgemeine Angaben zum Unternehmen, die Geschäftstätigkeit des Unternehmens, die Bestandteile des offen gelegten Abschlusses sowie eine Analyse der angewandten Rechnungslegungsmethoden in Bezug auf die selbst erstellten immateriellen Vermögenswerte[1536]. Der fünfte und wesentliche Abschnitt enthält die empirische Auswertung zu den aktivierten Softwareentwicklungs- und Softwareproduktionsauf-

[1536] Vgl. bspw. Anh. 7, Tab. 3, Abschn. 1-4.

wendungen beginnend mit einer Aufbereitung quantitativer Informationen in Form einer Bilanzstruktur- und Kennzahlenerhebung[1537].

Im Rahmen der empirischen Analyse wurden neben den quantitativen Untersuchungen der Informations- und Aussagegehalt zu den als selbst erstellten immateriellen Vermögenswerten aktivierten Softwareentwicklungs- und Softwareproduktionsaufwendungen detailliert betrachtet und gewürdigt. Daher sind alle verpflichtend offen zu legenden Angaben zum Ansatz, zur Bewertung und zur Folgebewertung entsprechend den Regelungen der IFRS und US-GAAP abgefragt, um den Informations- und Aussagegehalt zu analysieren. Vermieden wird so eine zu unstrukturierte Erhebung und Interpretation der Daten, die nur einen Teil der nach den zugrunde gelegten Rechnungslegungsstandards offen zu legenden Angaben berücksichtigen würde. Nur so ist es legitim, Aussagen über die Konformität der Jahresabschlüsse mit den entsprechenden Rechnungslegungsnormen im Hinblick auf das Bilanzierungsobjekt Softwareentwicklung vorzunehmen. Angaben zu anderen Positionen des Geschäftsberichtes werden nur insoweit untersucht, als sie die oben genanten Bereiche tangieren. Die Analyse ist natürlich vom Inhalt und Aussagegehalt der Informationen der Geschäftsberichte abhängig. Fehlende oder unklare Informationen werden daher werturteilsfrei als solche dargestellt und nicht durch Annahmen ersetzt. Eine quantitative Messung des Qualitätsniveaus der Informationen[1538] wird nicht durchgeführt, da nach Ansicht des Verfassers die rein summarische Aufaddierung vorhandener oder nicht vorhandener Pflichtangaben oder zusätzlicher Angaben keinen Erkenntnisgewinn liefert. Solche Methoden sind bei strukturiert nach Vorgaben zu erstellenden Abschlüssen – wie beispielsweise bei strukturierten Quartalsberichten – aufgrund der Homogenität dieser Abschlüsse vorteilhafter.

6.2.2 Erfassung der Pflichtangaben zu angewandten Rechnungslegungsmethoden

Die allgemeinen Pflichtangaben umfassen neben Sitz und Branchenzugehörigkeit des Unternehmens die angewandten Rechnungslegungsgrundsätze und Besonderheiten des Abschlusses. Ein befreiender Konzernabschluss gemäß § 292a HGB stellt eine solche Besonderheit dar, die eine Offenlegung weiterer Pflichtbestandteile nach sich zieht. Auch wird die Aussage des erteilten Testats des Abschlussprüfers wiedergegeben[1539]. Die Erhebung dieser Angaben spiegelt einen Teil der grundsätzlichen Anforderungen an den

---

[1537] Vgl. bspw. Anh. 7, Tab. 3, Abschn. 5.

[1538] Vgl. bspw. d'Arcy, A./ Grabensberger, S. (2001), S. 1468ff.

[1539] Vgl. bspw. Anh. 7, Tab. 3, Abschn. 1.7.

Untersuchungsgegenstand wieder, die im entsprechenden vorangegangenen Abschnitt formuliert worden sind[1540]. In den beiden folgenden Abschnitten wird die Offenlegung der Pflichtbestandteile des Abschlusses erfasst und zwar in Abhängigkeit der Vorgaben der IFRS und US-GAAP[1541]. Als Besonderheit wurde auch das Vorhandensein eines Konzernlageberichts und eines konsolidierten Anlagespiegels überprüft, wenn das Unternehmen die Befreiungsregelung des § 292a HGB in Anspruch nahm[1542]. Eine kurze Zusammenfassung der Geschäftstätigkeit des Unternehmens erfolgt in Abschnitt Zwei. Im vierten Abschnitt wird die allgemeine Darstellung der für das Bilanzierungsobjekt relevanten angewendeten Rechnungslegungsmethoden gezeigt[1543].

6.2.3 Erfassung spezifischer Jahresabschlussinformationen zu aktivierten Softwareentwicklungs- beziehungsweise Softwareproduktionsaufwendungen

An erster Stelle erfolgt die Erhebung der Bilanzstrukturen. Dafür wurden zunächst die vom jeweiligen Unternehmen in der Bilanz ausgewiesenen Positionen zur Bilanzsumme ins Verhältnis gesetzt. Danach sind die selbst erstellten immateriellen Vermögenswerte – die Softwareentwicklungs- und Softwareproduktionsaufwendungen – in ihrer Relation zum ausgewiesenen immateriellen Vermögen und zum ausgewiesenen Anlagevermögen dargestellt[1544]. Im Anschluss an die Bilanzstrukturen erfolgt die Erhebung der Kennzahlen zu Forschungs- und Entwicklungsaufwendungen und zu aktivierten Softwareentwicklungs- und Softwareproduktionsaufwendungen[1545]. Insbesondere die Aktivierungsrate ist sehr gut für einen statistischen Vergleich zwischen den Unternehmen geeignet. Diese Kennzahl dient als Indiz dafür, welche Unternehmen Softwareentwicklungsaufwendungen zu welchem Zeitpunkt im Entwicklungsprozess aktivieren. Bis einschließlich dieses Abschnitts unterscheidet sich die empirische Erhebung formell nicht für Unternehmen die nach IFRS oder US-GAAP bilanzieren. Erst im weiteren Verlauf der Auswertung wird den unterschiedlichen Anforderungen der Rechnungslegungsgrundsätze Rechnung getragen. Dies beschränkt sich jedoch in formeller Hinsicht auf die Gliederung der Abschnitte in den Tabellen.

[1540] Vgl. Kapitel 6.1.2.

[1541] Vgl. bspw. Anh. 7, Tab. 3, Abschn. 3.1.

[1542] Vgl. bspw. Anh. 7, Tab. 3, Abschn. 3.2.

[1543] Vgl. bspw. Anh. 7, Tab. 3, Abschn. 4.

[1544] Vgl. bspw. Anh. 7, Tab. 3, Abschn. 5.1.1., Abschn. 5.1.2.

[1545] Vgl. bspw. Anh. 7, Tab. 3, Abschn. 5.1.3.

Im Anschluss an die Darstellung der quantitativen Daten erfolgt die Erhebung des Informations- und Aussagegehaltes der Abschlüsse zu Softwareentwicklungs- und Softwareproduktionsaufwendungen[1546]. Zugrunde gelegt wurden hierfür die nach IFRS und US-GAAP erforderlichen Pflichtangaben zum Ansatz und zur Bewertung selbst erstellter immaterieller Vermögenswerte. Für die nach IFRS bilanzierenden Unternehmen sind dies die Vorschriften des IAS 1 und des IAS 38. Tangiert werden hiervon auch Angaben zu wertberichtigten selbst geschaffenen immateriellen Vermögenswerten gemäß IAS 36, wie in IAS 38, Abschn. 107e (iii), (iv) und (v) gefordert. Nach US-GAAP sind die Regelungen des FAS 86, FAS 2, der APB 22, APB 12, und des SOP 98-1 zu beachten. Auch hier sind gegebenenfalls Angaben zu wertberichtigten immateriellen Vermögenswerten nach FAS 121 erforderlich. Neuere Entwicklungen, wie die Verabschiedung von FAS 144 wurden entsprechend berücksichtigt. Um zu einer abschließenden Erkenntnis Erstens über die Konformität der Abschlüsse mit den Rechnungslegungsregeln und Zweitens über den Informations- und Aussagegehalt zu gelangen, ist die Berücksichtigung der aufgezählten Rechnungslegungsregeln erforderlich, weil diese die Abbildung des Bilanzierungsobjektes direkt beim Ansatz, der Bewertung und der Folgebewertung beeinflussen. Dies trifft zumindest für die erforderlichen Angaben im Anhang zu, die nach IFRS und US-GAAP offen zu legen sind.

6.3 Auswertung der empirischen Analyse

6.3.1 Vollständigkeit der Jahresabschlüsse

Die Vollständigkeit der Jahresabschlüsse bezieht sich auf die Offenlegung aller erforderlichen Pflichtbestandteile eines Jahresabschlusses nach IFRS und US-GAAP. Danach besteht ein Jahresabschluss aus der:

- Bilanz,
- Gewinn- und Verlustrechnung,
- Kapitalflussrechnung,
- Eigenkapitalveränderungsrechnung,
- Segmentberichterstattung und
- dem Anhang.[1547]

Des Weiteren ist das Ergebnis je Aktie offen zu legen, wobei eine Angabe in der Gewinn- und Verlustrechnung erfolgen muss[1548]. Zu allen Bestandteilen außer dem Anhang sind die

[1546] Vgl. bspw. für die IFRS Anh. 7, Tab. 3, Abschn. 5.2ff. und für die US-GAAP Anh. 7, Tab. 9, Abschn. 5.2ff.

[1547] Vgl. KPMG (1999), S. 27; Fischer, N./ Iannaconi, T. E./ Lechner H. W. (2001), S. 2878.

entsprechenden Vorjahreswerte anzugeben[1549]. Da weder nach IFRS[1550] noch nach US-GAAP[1551] außer bestimmten Mindestgliederungen spezifische Formvorschriften existieren, wurde nur das Vorhandensein der Pflichtbestandteile untersucht. Als weitere Pflichtbestandteile bei Aufstellung eines befreienden Konzernabschlusses nach § 292a HGB sind ein Konzernlagebericht und ein konsolidierter Anlagenspiegel erfasst[1552]. Ergebnis der Auswertung ist, dass außer im Falle von drei Abschlüssen alle Pflichtbestandteile offen gelegt wurden. Dazu nun im Detail: Im Abschluss der Atoss Software AG ist das Ergebnis je Aktie nicht in der Gewinn- und Verlustrechnung enthalten[1553]. Die Gauss Interprise AG hat von der Erleichterung des § 292a HGB Gebrauch gemacht. Im befreienden Konzernabschluss fehlt jedoch ein konsolidierter Anlagenspiegel[1554]. Und im Abschluss der Pironet NDH AG fehlen Angaben über das Ergebnis je Aktie in der Gewinn- und Verlustrechnung[1555].

6.3.2 Pflichtangaben im Anhang zu aktivierten Softwareentwicklungs- und Softwareproduktionsaufwendungen

6.3.2.1 Pflichtangaben zur allgemeinen Darstellung angewandter Rechnungslegungsmethoden

Die allgemeine Darstellung angewandter Rechnungslegungsmethoden erfordern nach IFRS als auch nach US-GAAP Angaben über Ansatz und Bewertung einzelner Bilanzpositionen. Hierzu zählen insbesondere Ansatz- und Bewertungsmethoden zum Zeitpunkt des Erstansatzes sowie die Methoden der Folgebewertung[1556]. Diese Angaben sind für jede wesentliche Bilanzposition anzugeben. Ausnahmslos alle Unternehmen kamen dieser Offenlegungspflicht nach[1557]. Ein differenziertes Bild zeigt sich jedoch bei der Bezeichnung der hier betrachteten selbst erstellten immateriellen Vermögenswerte. Eine Reihe der nach IFRS bilanzierenden Unternehmen, die selbst erstellte immaterielle Vermögenswerte in den Bilanzen aktiviert

---

[1548] Vgl. FASB (2003a), FAS 128, Abschn. 40 i.V.m. Abschn. 36; IASB (2003), IAS 33, Abschn. 49 i.V.m. Abschn. 47f.

[1549] Vgl. Delaney, P. R./ Epstein, B. J./ Nach, R. u.a. (2002), S. 40.

[1550] Vgl. Knorr, L./ Ebbers, G. (2001), S. 1474f.

[1551] Vgl. Delaney, P. R./ Epstein, B. J./ Nach, R. u.a. (2002), S. 40.

[1552] Vgl. Hoyos/ Lechner (1999), § 292a HGB, Rn. 25.

[1553] Vgl. Anh. 7, Tab. 9, Atoss AG, Abschn. 3.1.

[1554] Vgl. Anh. 7, Tab. 10, Gauss Interprise AG, Abschn. 3.2.

[1555] Vgl. Anh. 7, Tab. 12, Pironet NDH AG, Abschn. 3.1.

[1556] Vgl. IASB (2003), IAS 1, Abschn. 99e i.V.m. IAS 1, Abschn. 97; FASB (2003b), APB 22, Abschn. 12.

[1557] Vgl. Anh. 7, Tab. 3-13, Abschn. 4.

haben, weisen hier Softwareentwicklungskosten[1558], Entwicklungs-kosten[1559] oder auch Entwicklungskosten für Produkte[1560] aus. Vermittelt die Benennung von Softwareentwicklungskosten noch relevante Rechnungslegungsinformationen, so ist die Angabe von Entwicklungskosten unspezifisch und entspricht so auch nicht den Vorgaben der IFRS[1561]. Ein nach IFRS bilanzierendes Unternehmen bezeichnet die selbst erstellten immateriellen Vermögenswerte nicht näher[1562].

Ausnahmslos alle nach US-GAAP Rechnung legenden Unternehmen, die aktivierte selbst erstellte immaterielle Vermögenswerte bilanzieren, weisen diese als Softwareentwicklungskosten aus[1563]. Kritisch zu beurteilen ist hier insbesondere die Spezifizierung der gemäß FAS 86 aktivierten Aufwendungen als Softwareentwicklungskosten. Bei diesen Aufwendungen handelt es sich eindeutig um Softwareproduktionsaufwendungen beziehungsweise Softwareproduktionskosten[1564]. Zudem unterliegen Entwicklungaufwendungen beziehungsweise Entwicklungskosten dem Aktivierungsverbot des FAS 2[1565]. Die in den Jahresabschlüssen zu findende Bezeichnung „Softwareentwicklungskosten" ist somit nicht sachgerecht. Ein Unternehmen weist zusätzlich Entwicklungskosten für selbst genutzte Intranet-Software[1566] und ein Unternehmen des Weiteren Entwicklungskosten für selbst genutzte Software[1567] aus. Die Spezifizierung der intern genutzten, in Entwicklung befindlichen Software als Entwicklungskosten ist hier sachgerecht, da die entsprechend anzuwendende Verlautbarung eine Aktivierungspflicht von Entwicklungsaufwendungen beziehungsweise Entwicklungskosten für intern genutzte Software vorsieht[1568].

[1558] Vgl. bspw. Anh. 7, Tab. 3, Brain International AG, Abschn. 4.

[1559] Vgl. bspw. Anh. 7, Tab. 3, Brainforce AG, Abschn. 4.

[1560] Vgl. bspw. Anh. 7, Tab. 3, Abit AG, Abschn. 4.

[1561] Vgl. IASB (2003), IAS 38, Abschn. 108 i.V.m. Abschn. 107.

[1562] Vgl. Anh. 7, Tab. 3, Group Technologies AG, Abschn. 4.

[1563] Vgl. Anh. 7, Tab. 9-13, Abschn. 4.

[1564] Vgl. FASB (2003), FAS 86, Abschn. 5; ausführlich Kapitel 5.2.2.3.2.3.2.

[1565] Vgl. FASB (2003), FAS 2, Abschn. 12; ausführlich Kapitel 5.2.2.2.

[1566] Vgl. Anh. 7, Tab. 9, Broadvision Inc., Abschn. 4.

[1567] Vgl. Anh. 7, Tab. 9, CAA AG, Abschn. 4.

[1568] Vgl. AICPA (2003), SOP 98-1, Abschn. 21.

6.3.2.2 Pflichtangaben im Anhang zu aktivierten Softwareentwicklungs- und Softwareproduktionsaufwendungen

6.3.2.2.1 Pflichtangaben zu Aktivierungsvoraussetzungen und Aktivierungskriterien

6.3.2.2.1.1 Pflichtangaben zu Aktivierungsvoraussetzungen und -kriterien in den Jahresabschlüssen nach International Financial Reporting Standards

In den IFRS ergibt sich die Pflicht zu Anhangangaben hinsichtlich der zu Grunde gelegten Aktivierungsvoraussetzungen und -kriterien für selbst erstellte immaterielle Vermögenswerte aus dem Erfordernis der Darstellung der verwendeten Bilanzierungs- und Bewertungsmethoden[1569]. Eine Verpflichtung zu einer expliziten Aufzählung leitet sich daraus jedoch nicht ab. Es genügt hier ein Verweis auf die grundsätzlichen und konkretisierenden Aktivierungsvoraussetzungen und -kriterien des IAS 38. Diese Schlussfolgerung ergibt sich aus der Forderung nach der Verständlichkeit von Rechnungslegungsinformationen, die beim Adressaten auch Kenntnisse der Rechnungslegung voraussetzt[1570]. Werden dagegen die einzelnen Kriterien zur Aktivierung genau ausgewiesen, sollte dies vollständig geschehen. Nur zwei der neunzehn Unternehmen kamen dem nach[1571]. Im Anhang zum Jahresabschluss der übrigen siebzehn Unternehmen findet sich dagegen eine lückenhafte Auflistung der Aktivierungsvoraussetzungen und -kriterien für Softwareentwicklungsaufwendungen[1572]. Angaben zur Bewertung der aktivierten Softwareentwicklungsaufwendungen sind hier nicht offen zu legen, weil diese bereits Bestandteil der allgemeinen Darstellung der Ansatz- und Bewertungsmethoden sind[1573].

Werden in der Aufzählung der angewandten Rechnungslegungsmethoden selbst erstellte immaterielle Vermögenswerte erwähnt, jedoch keine solchen in der Bilanz ausgewiesen, so stellt sich die Frage nach den Gründen für eine Nichtaktivierung von Aufwendungen im Zusammenhang mit der Entwicklung von Software. Auch hierzu legten die Unternehmen Informationen offen. Zumeist wurde die Erfüllung ein oder mehrerer Aktivierungs-

---

[1569] Vgl. IASB (2003), IAS 1, Abschn. 97-101.

[1570] Vgl. IASB (2003), Framework, Abschn. 25.

[1571] Vgl. Anh. 7, Tab. 3, COR AG, Abschn. 5.2.1., Anh. 7, Tab. 6, Nemetschek AG, Abschn. 5.2.1.

[1572] Vgl. bspw. Anh. 7, Tab. 3, Brain International AG, Abschn. 5.2.1.

[1573] Vgl. IASB (2003), IAS 1, Abschn. 99e i.V.m. IAS 1, Abschn. 99.

voraussetzungen beziehungsweise -kriterien verneint[1574]. In einem anderen Fall wurden in der Berichtsperiode keine Entwicklungsaktivitäten durchgeführt[1575]. Und vier Unternehmen wiesen zu Gründen der Nichtaktivierung keine beziehungsweise unklare Informationen aus[1576].

6.3.2.2.1.2 Pflichtangaben zu Aktivierungskriterien in den Jahresabschlüssen nach United States-Generally Accepted Accounting Principles

Die Aktivierungskriterien für Softwareproduktionsaufwendungen sind in FAS 86 geregelt. In Abhängigkeit vom Vorgehen bei der Entwicklung der Software schreibt FAS 86 die Anwendung unterschiedlicher Ausprägungen des Aktivierungskriteriums der technologischen Realisierbarkeit vor[1577], woraus sich auch die Pflicht zur expliziten Angabe der zu Grunde gelegten Ausprägung ableitet[1578]. Demnach ist die herangezogene Ausprägung des Aktivierungskriteriums der technologischen Realisierbarkeit[1579] als auch Informationen über den gewählten Zeitpunkt des Erstansatzes[1580] und den Zeitpunkt, an dem die Aktivierung endet, offen zu legen[1581]. Lediglich zwei der sechs Unternehmen, die aktivierte Softwareproduktionsaufwendungen ausweisen, benannten vollständig die entsprechenden Aktivierungskriterien[1582]. Die Angaben der übrigen vier Unternehmen weisen dagegen Lücken auf. So fehlen hier eindeutige Informationen zur herangezogenen Ausprägung des Kriteriums der technologischen Realisierbarkeit[1583] und Angaben zum Beginn und Ende des Zeitraumes, in dem eine Aktivierungspflicht für Softwareproduktionsaufwendungen besteht[1584]. In den Jahresabschlüssen der Unternehmen, die keine aktivierten Softwareproduktionsaufwendungen ausweisen, sind die Angaben zu den Aktivierungskriterien und zu

---

[1574] Vgl. Anh. 7, Tab. 4, Fabasoft AG, Abschn. 5.2.1.; Anh. 7, Tab. 4, FJA AG, Abschn. 5.2.1.; Anh. 7, Tab. 8, Valor Computerized Systems Ltd., Abschn. 5.2.1.

[1575] Vgl. Anh. 7, Tab. 6, Nemetschek AG, Abschn. 5.2.1.

[1576] Vgl. Anh. 7, Tab. 4, Dicom Plc., Abschn. 5.2.1.; Anh. 7, Tab. 5, MIS AG, Abschn. 5.2.1.; Anh. 7, Tab. 6, NSE Software AG, Abschn. 5.2.1.; Anh. 7, Tab. 7, Ultimaco Safeware AG, Abschn. 5.2.1.

[1577] Vgl. FASB (2003), FAS 86, Abschn. 4a, Abschn. 4b.

[1578] Vgl. FASB (2003), FAS 86, Abschn. 4a, Abschn. 4b i.V.m. APB 22, Abschn. 12.

[1579] Vgl. hierzu ausführlich Kapitel 5.2.2.3.2.3.3.

[1580] Vgl. FASB (2003), FAS 86, Abschn. 5.

[1581] Vgl. FASB (2003), FAS 86, Abschn. 6.

[1582] Vgl. Anh. 7, Tab. 11, IBS AG, Abschn. 5.2.1.; Anh. 7, Tab. 12, Pironet NDH AG, Abschn. 5.2.1.

[1583] Vgl. Anh. 7, Tab. 9, Bäurer AG, Abschn. 5.2.1.; Anh. 7, Tab. 11, Betasystems AG, Abschn. 5.2.1.; Anh. 7, Tab. 10, Graphisoft N.V., Abschn. 5.2.1.

[1584] Vgl. Anh. 7, Tab. 10, Graphisoft N.V., Abschn. 5.2.1.; Anh. 7, Tab. 12, PSI AG, Abschn. 5.2.1.

den Gründen, die zu einer Nichtaktivierung führten nur bei einer Minderheit vollständig[1585]. Offen zu legende Informationen zur Bewertung sind wie auch in den IFRS nicht erforderlich, weil diese bereits in der allgemeinen Darstellung der Ansatz- und Bewertungsmethoden enthalten sind[1586].

Als ebenso lückenhaft erweisen sich die Angaben zu den Aktivierungskriterien im Anhang des Unternehmens, das aktivierte Softwareentwicklungsaufwendungen für Software zum internen Gebrauch ausweist[1587]. Spezifische Offenlegungspflichten begründet SOP 98-1 zwar nicht[1588]. Ein Gebot zur Angabe von Rechnungslegungsinformationen über den Ansatz und die Bewertung von Entwicklungsaufwendungen für Software zum internen Gebrauch ergibt sich allerdings aus der generellen Offenlegungspflicht angewandter Rechnungslegungsmethoden[1589]. Aufgrund der spezifischen Bewertung im Zeitpunkt des Erstansatzes[1590] sind deshalb auch Informationen zu den aktivierten Kostenbestandteilen auszuweisen.

6.3.2.2.2 Pflichtangaben zur Folgebewertung

6.3.2.2.2.1 Pflichtangaben zur Folgebewertung aktivierter Softwareentwicklungsaufwendungen in den Jahresabschlüssen nach International Financial Reporting Standards

Die Offenlegungspflichten zur Folgebewertung leiten sich ebenfalls aus IAS 38 ab. Anzugeben ist die Abschreibungsmethode und die zu Grunde gelegte Nutzungsdauer[1591]. Weiterhin ist die Angabe der Bruttobuchwerte und kumulierten Abschreibungen erforderlich[1592]. Gezeigt werden muss auch, in welcher Position der Gewinn- und Verlustrechnung die Abschreibungen enthalten sind[1593]. Des Weiteren ist eine Überleitung des

---

[1585] Vgl. Anh. 7, Tab. 9, Broadvision Inc., Abschn. 5.2.1.; Anh. 7, Tab. 10, CPU Softwarehouse AG, Abschn. 5.2.1.; Anh. 7, Tab. 11, IXOS Software AG, Abschn. 5.2.1.; Anh. 7, Tab. 12, Kleindienst Datentechnik AG, Abschn. 5.2.1.; Anh. 7, Tab. 13, Trintech Group Plc., Abschn. 5.2.1.; Anh. 7, Tab. 13, USU AG, Abschn. 5.2.1.; Anh. 7, Tab. 13, VIZRT Ltd., Abschn. 5.2.1.

[1586] Vgl. FASB (2003b), APB 22, Abschn. 12.

[1587] Vgl. Anh. 7, Tab. 9, Broadvision Inc., Abschn. 5.3.1.; Abschn. 5.3.2.

[1588] Vgl. AICPA (2003), SOP 98-1, Abschn. 41.

[1589] Vgl. AICPA (2003), SOP 98-1, Abschn. 41 i.V.m. FASB (2003b), APB 22, Abschn. 12; APB 12, Abschn. 5.

[1590] Vgl. AICPA (2003), SOP 98-1, Abschn. 31.

[1591] Vgl. IASB (2003), IAS 38, Abschn. 107a-b.

[1592] Vgl. IASB (2003), IAS 38, Abschn. 107c.

[1593] Vgl. IASB (2003), IAS 38, Abschn. 107d.

Buchwertes vom Anfang zum Ende der Periode unter Angabe sämtlicher Wertveränderungen offen zu legen[1594]. Grundsätzlich erlaubt IAS 38 neben der bevorzugten Folgebewertung zu fortgeführten Anschaffungs- oder Herstellungskosten[1595] auch die Anwendung der Neubewertungsmethode[1596]. Die Neubewertungsmethode als alternativ zulässige Methode („Allowed Alternative Treatment") ist zwar als echtes Wahlrecht zur bevorzugten Methode („Benchmark Treatment") zu sehen[1597], allerdings nur unter einschränkenden Bedingungen anwendbar[1598]. Kein nach IFRS bilanzierendes Unternehmen des Untersuchungsgegenstandes nahm die Neubewertungsmethode in Anspruch[1599].

Die bevorzugte Folgebewertung zu fortgeführten Anschaffungs- oder Herstellungskosten wird in der Regel in der Form planmäßiger linearer Abschreibungen über die Nutzungsdauer erfolgen[1600]. Dies spiegelt sich so auch bei der Auswertung der empirischen Daten wieder[1601]. Da IAS 38 außer einer maximal zwanzigjährigen Nutzungsdauer keine festen Anhaltspunkte zur Bemessung vorgibt[1602], sind Nutzungsdauern zu verwenden, welche entweder den Zeitraum rechtlich durchsetzbarer Verfügungsansprüche umfassen oder wirtschaftliche sowie technologische Aspekte berücksichtigen[1603]. Gerade wegen der rasanten technologischen Entwicklung von Software gepaart mit entsprechend kurzen Produktlebenszyklen einer Softwareversion[1604], ist die Nutzungsdauer unter diesen Aspekten eher gering zu bemessen. Selbst eine als zulässig angesehene maximale Nutzungsdauer von fünf Jahren[1605] ist unter diesen Bedingungen wohl nur in Ausnahmefällen vertretbar. Von den neunzehn Unternehmen, die aktivierte Softwareentwicklungsaufwendungen ausweisen, legten dreizehn Unternehmen Nutzungsdauern von drei bis vier Jahren[1606], vier Unternehmen Nutzungsdauern

---

1594 Vgl. IASB (2003), IAS 38, Abschn. 107e.

1595 Vgl. IASB (2003), IAS 38, Abschn. 63.

1596 Vgl. IASB (2003), IAS 38, Abschn. 64.

1597 Vgl. Wollmert, P./ Achleitner, A.-K. (2002), Rn. 15.

1598 Vgl. Schellhorn, M./ Weichert, S. (2001), S. 867f.

1599 Vgl. Anh. 7, Tab. 3-8, Abschn. 5.3.

1600 Vgl. Knorr, L./ Ebbers, G. (2001), S. 1489.

1601 Vgl. Anh. 7, Tab. 3-8, Abschn. 5.2.1.

1602 Vgl. IASB (2003), IAS 38, Abschn. 79.

1603 Vgl. Epstein, B. J./ Mirza, A. A. (2002), S. 352.

1604 Vgl. bspw. Friedewald, M./ Blind, K./ Edler, J. (2002), S. 155f.

1605 Vgl. Küting, K./ Pilhofer, J./ Kirchhof, J. (2002), S. 83.

1606 Vgl. bspw. Anh. 7, Tab. 3, Brain International AG, Abschn. 5.2.2.; Anh. 7, Tab. 3, COR AG, Abschn. 5.2.2.

von fünf Jahren[1607] und ein Unternehmen eine Nutzungsdauer von bis zu sechs[1608] Jahren fest. In den Abschlüssen einiger weniger nach IFRS bilanzierender Unternehmen finden sich dagegen keine Angaben zur Nutzungsdauer[1609].

6.3.2.2.2.2 Pflichtangaben zur Folgebewertung aktivierter Softwareproduktions- und Softwareentwicklungsaufwendungen in den Jahresabschlüssen nach United States-Generally Accepted Accounting Principles

Bei der Folgebewertung aktivierter Softwareproduktionsaufwendungen ist ausschließlich FAS 86 relevant. Der anzusetzende Abschreibungsbetrag ist demnach der höhere Betrag aus:

- dem Verhältnis der Bruttoumsatzerlöse der Periode zur Summe der Bruttoumsatzerlöse der Periode und der künftigen erwarteten Bruttoumsatzerlöse des Softwareproduktes[1610] oder
- den planmäßigen linearen Abschreibungen über die erwartete wirtschaftliche Nutzungsdauer des Softwareproduktes[1611].

Zur Ermittlung des Abschreibungsbetrages ist zunächst unter Berücksichtigung der aktivierten Softwareproduktionsaufwendungen und der geschätzten Nutzungsdauer der Betrag der planmäßigen linearen Abschreibungen („Straight-Line Amortization") zu ermitteln. Dieser Abschreibungsbetrag ist dann mit dem Betrag aus dem Verhältnis der Bruttoumsatzerlöse („Revenue-Based Amortization") zu vergleichen; der jeweils höhere Betrag ist dann der Abschreibungsbetrag der Periode für jedes einzeln zu betrachtende Softwareprodukt[1612]. Daraus ergibt sich zunächst die Pflicht zur Offenlegung der verwendeten Abschreibungsmethode und der erwarteten Nutzungsdauern[1613]. Zwei der sechs Unternehmen, die aktivierte Softwareproduktionsaufwendungen ausweisen, kamen dieser Offenlegungspflicht nicht nach[1614]. Die übrigen Unternehmen bemaßen den Abschreibungszeitraum zwischen drei[1615] und fünf[1616] Jahren. Zu grundsätzlichen Aspekten bei der Bemessung von Nutzungsdauern für

---

[1607] Vgl. bspw. Anh. 7, Tab. 4, Easy Software AG, Abschn. 5.2.2.

[1608] Vgl. bspw. Anh. 7, Tab. 7, Softing AG, Abschn. 5.2.2.

[1609] Vgl. Anh. 7, Tab. 3, Abit AG, Abschn. 5.2.2.; Anh. 7, Tab. 6, NSE Software AG, Abschn. 5.2.2.

[1610] Vgl. FASB (2003), FAS 86, Abschn. 8a.

[1611] Vgl. FASB (2003), FAS 86, Abschn. 8b.

[1612] Vgl. Munter, P. (2001), S. 6-15f.

[1613] Vgl. FASB (2003), FAS 86, Abschn. 8 i.V.m. APB 22, Abschn. 12.

[1614] Vgl. Anh. 7, Tab. 9, Bäurer AG, Abschn. 5.2.2.; Anh. 7, Tab. 10, Graphisoft N. V., Abschn. 5.2.2.

[1615] Vgl. bspw. Anh. 7, Tab. 11, IBS AG, Abschn. 5.2.2.

[1616] Vgl. bspw. Anh. 7, Tab. 9, Betasystems AG, Abschn. 5.2.2.

Software kann auf das zu den IFRS Gesagte verwiesen werden[1617]. Des Weiteren verlangt FAS 86 die Angabe der Bruttobuchwerte und des Betrages der Abschreibungen des Berichtszeitraumes[1618]. Aus den generellen Offenlegungspflichten der APB 12, Abschn. 5 zur Folgebewertung ergibt sich zudem die Angabe des Buchwertes zum Bilanzstichtag und die Angabe des Betrages der kumulierten Abschreibungen. Diese Beträge können entweder im Anhangtext oder in einem Anlagespiegel in der erweiterten Bruttodarstellung enthalten sein. Nur ein Unternehmen kam der Pflicht zur Offenlegung dieser Beträge nicht vollständig nach[1619].

Ein Unternehmen aktivierte Softwareentwicklungsaufwendungen in Übereinstimmung mit SOP 98-1. Da laut Geschäftsbericht die Entwicklungsphase bereits im Berichtsjahr abgeschlossen wurde[1620], hätten auch Beträge, die aus der Folgebewertung resultieren, angegeben werden müssen[1621]. Im Übrigen werden die aktivierten Softwareentwicklungsaufwendungen mit Fertigstellung planmäßig linear über einen Zeitraum von zwei Jahren abgeschrieben[1622].

6.3.2.2.3 Pflichtangaben zur Wertberichtigung aktivierter Softwareentwicklungs- und Softwareproduktionsaufwendungen

6.3.2.2.3.1 Pflichtangaben zur Wertberichtigung aktivierter Softwareentwicklungsaufwendungen in den Jahresabschlüssen nach International Financial Reporting Standards

Zur Beurteilung, ob ein Bedarf zur Wertberichtigung aktivierter Softwareentwicklungsaufwendungen besteht, sind neben den allgemeinen Vorschriften des IAS 36 zusätzlich Anforderungen des IAS 38 zu beachten, wenn:

- die als immaterieller Vermögenswert aktivierte Software noch nicht zur Nutzung verfügbar sind[1623] und

---

[1617] Vgl. Kapitel 6.3.2.2.2.1.

[1618] Vgl. FASB (2003), FAS 86, Abschn. 11.

[1619] Vgl. Anh. 7, Tab. 10, Graphisoft N. V., Abschn. 5.2.2.

[1620] Vgl. Broadvision Inc. (2002), S. 62.

[1621] Vgl. SOP 98-1, Abschn. 36 i.V.m. Abschn. 41 i.V.m. APB 12, Abschn. 5a-b.

[1622] Vgl. Anh. 7, Tab. 9, Broadvision Inc., Abschn. 5.3.3.

[1623] Vgl. IASB (2003), IAS 38, Abschn. 99a.

- die als immaterieller Vermögenswert aktivierte Software eine erwartete Nutzungsdauer von mehr als zwanzig Jahren hat[1624].

Aufgrund der kurzen Nutzungsdauern von Software wird ausschließlich der erstgenannte Grund zu berücksichtigen sein. In diesem Fall ist der nach IAS 36 zu ermittelnde erzielbare Betrag („Recoverable Amount")[1625] auch dann zu berechnen und den aktivierten Softwareentwicklungsaufwendungen gegenüberzustellen, wenn keine Anzeichen einer Wertminderung vorliegen[1626]. Nach IAS 36 sind Angaben über die von einer Wertminderung betroffenen Vermögenswerte sowie die Abwertungsverluste und Angaben über die Segmente des Unternehmens offen zu legen, die von der Abwertung betroffen sind. Zwei Unternehmen weisen alle erforderlichen Angaben vollständig im Jahresabschluss aus[1627]. Die Angaben der übrigen sechs Unternehmen sind dagegen nicht eindeutig oder unvollständig[1628].

6.3.2.2.3.2 Pflichtangaben zur Wertberichtigung aktivierter Softwareproduktions- und Softwareentwicklungsaufwendungen in den Jahresabschlüssen nach United States-Generally Accepted Accounting Principles

Die Maßnahmen zur Ermittlung eines Wertberichtigungsbedarfs aktivierter Softwareproduktionsaufwendungen richten sich nicht nach den allgemeinen Regelungen zur Ermittlung von Wertberichtigungen bei langlebigen (immateriellen) Vermögenswerten[1629], wie sie in FAS 121[1630] beziehungsweise FAS 144[1631] kodifiziert sind. Vielmehr sind nach FAS 86 zu jedem Bilanzstichtag die aktivierten und noch nicht um planmäßige Abschreibungen verminderten Softwareproduktionsaufwendungen mit dem erzielbaren Betrag („Net Realizable Value") des entsprechenden Softwareproduktes zu vergleichen. Wertmindernd zu erfassen ist dann eine Differenz zwischen dem niedrigeren realisierbaren Wert und den aktivierten und noch nicht um planmäßige Abschreibungen verminderten Softwareproduktionsaufwendungen[1632]. Zudem besteht ein generelles Wertaufholungs-

---

[1624] Vgl. IASB (2003), IAS 38, Abschn. 99b.

[1625] Vgl. IASB (2003), IAS 36, Abschn. 5.

[1626] Vgl. IASB (2003), IAS 38, Abschn. 100.

[1627] Vgl. Anh. 7, Tab. 3, COR AG, Abschn. 5.4.1.; Abschn. 5.4.2.; Anh. 7, Tab. 7, Softing AG, Abschn. 5.4.1.; Abschn. 5.4.2.

[1628] Vgl. bspw. Anh. 7, Tab. 3, Brain International AG, Abschn. 5.4.1.; Abschn. 5.4.2.

[1629] Vgl. Munter, P. (2001), S. 6-18.

[1630] Vgl. FASB (2003a), FAS 121, Abschn. 3.

[1631] Vgl. FASB (2002c), FAS 144, Abschn. 3.

[1632] Vgl. FASB (2003), FAS 86, Abschn. 10.

verbot[1633]. Im Jahresabschluss offen zu legen ist der Betrag der aus der Wertberichtigung resultierenden außerplanmäßigen Abschreibung[1634]. Hier bestätigt sich einmal mehr die Stellung des FAS 86 als Spezialregelung im System der US-GAAP[1635], die neben Ansatz- und Bewertung auch die Folgebewertung und die Erfassung von Wertminderungen für den eingegrenzten Anwendungsbereich in sich vereinigt. Angaben zur Vorgehensweise bei der Ermittlung eines Wertberichtigungsbedarfs legten zwei der sechs Unternehmen nicht offen, die aktivierte Softwareproduktionsaufwendungen ausweisen[1636]. Daraus ergeben sich Unklarheiten, ob ein Wertberichtigungsbedarf bestand. In den Abschlüssen der übrigen Unternehmen finden sich diese Angaben, wobei zwei Unternehmen außerplanmäßige Abschreibungen vornahmen und die korrespondierenden Beträge entsprechend ausweisen[1637].

Aktiviert ein Unternehmen Softwareentwicklungsaufwendungen in Übereinstimmung mit SOP 98-1, so richtet sich die Ermittlung eines Wertberichtigungsbedarfs nach den allgemeinen Regelungen zur Wertberichtigung langlebiger Vermögenswerte[1638]. Bislang war FAS 121 zu beachten, der mit Verabschiedung von FAS 144 im August 2001 nicht mehr gültig ist. Verpflichtend anzuwenden ist FAS 144 für alle Geschäftsjahre, die nach dem 15. Dezember 2001 beginnen, wobei zu einer früheren Anwendung ermutigt wird[1639]. Für die Unternehmen des Untersuchungsgegenstandes sind hingegen noch die Regelungen des FAS 121 relevant, da die Bilanzstichtage zwischen dem 31. März 2001 und dem 31. März 2002 liegen[1640]. Das Unternehmen, welches aktivierte Softwareentwicklungsaufwendungen in Übereinstimmung mit SOP 98-1 ausweist, benennt keinen Wertberichtigungsbedarf[1641].

[1633] Vgl. Munter, P. (2001), S. 6-18.

[1634] Vgl. FASB (2003), FAS 86, Abschn. 11b.

[1635] Vgl. Williams, J. R. (2002), S. 7-02.

[1636] Vgl. Anh. 7, Tab. 10, Graphisoft N.V., Abschn. 5.4.1.; Anh. 7, Tab. 12, Pironet NDH AG, Abschn. 5.4.1.

[1637] Vgl. Anh. 7, Tab. 9, Bäurer AG, Abschn. 5.4.1.; Anh. 7, Tab. 12, Betasystems AG, Abschn. 5.4.1.

[1638] Vgl. AICPA (2003), SOP 98-1, Abschn. 34.

[1639] Vgl. FASB (2002c), FAS 144, Abschn. 49.

[1640] Vgl. Anh. 7, Tab. 9-13, Abschn. 1.4.

[1641] Vgl. Anh. 7, Tab. 9, Broadvision Inc., Abschn. 5.4.2.; Abschn. 5.4.3.

6.3.2.2.4 Pflichtangaben zu Forschungs- und Entwicklungsaufwendungen der Berichtsperiode

Nach IFRS als auch nach US-GAAP sind die Forschungs- und Entwicklungsaufwendungen, die als laufender Aufwand im Berichtszeitraum erfasst wurden, offen zu legen[1642]. Wird die Gewinn- und Verlustrechnung nach dem Umsatzkostenverfahren aufgestellt, so sind die Forschungs- und Entwicklungsaufwendungen bereits ein Bestandteil. Weil das Umsatzkostenverfahren nach US-GAAP die einzig erlaubte Methode ist[1643], weisen diese Unternehmen des Untersuchungsgegenstandes die Forschungs- und Entwicklungsaufwendungen generell aus[1644]. Wird dagegen das nach IFRS zulässige Gesamtkostenverfahren angewendet[1645], so muss im Anhang eine Angabe der als laufender Aufwand erfassten Forschungs- und Entwicklungsaufwendungen erfolgen. Dieser Offenlegungspflicht kamen einige der nach IFRS bilanzierenden Unternehmen nicht nach[1646].

6.3.2.3 Zwischenergebnis

Die Auswertung der empirischen Analyse in Bezug auf die Vollständigkeit der Anhangangaben ergibt, dass eine Vielzahl von Unternehmen Offenlegungspflichten nicht beziehungsweise nicht vollständig nachkam. Dies beginnt bereits bei teilweise unvollständigen Angaben zu den Aktivierungsvoraussetzungen und Aktivierungskriterien und zu den Gründen einer Nichtaktivierung von Softwareentwicklungs- und Softwareproduktionsaufwendungen[1647]. Kein anderes Bild ergibt sich bei den Pflichtangaben zur Folgebewertung und zur Wertberichtigung aktivierter Softwareentwicklungs- und Softwareproduktionsaufwendungen[1648]. Wesentliche qualitative Unterschiede zwischen Jahresabschlüssen nach IFRS oder US-GAAP sind dabei nicht zu finden. Auch zeigen nicht alle nach IFRS bilanzierenden Unternehmen die Beträge der Forschungs- und Entwicklungsaufwendungen der laufenden Periode[1649]. Gerade das Fehlen dieser Pflichtangabe verhindert die Berechnung

[1642] Vgl. IASB (2003), IAS 38, Abschn. 115; FASB (2003), FAS 2, Abschn. 13.

[1643] Vgl. KPMG (2003), S. 133.

[1644] Vgl. Anh. 7, Tab. 9-13, Abschn. 5.5.

[1645] Vgl. IASB (2003), IAS 1, Abschn. 77.

[1646] Vgl. Anh. 7, Tab. 3, Abit AG, Abschn. 5.6.; Anh. 7, Tab. 3, Brainforce AG, Abschn. 5.6.; Anh. 7, Tab. 4, FJA AG, Abschn. 5.6.; Anh. 7, Tab. 6, Nexus AG, Abschn. 5.6.; Anh. 7, Tab. 6, NSE Software AG, Abschn. 5.6.; Anh. 7, Tab. 7, ProDV AG, Abschn. 5.6.

[1647] Vgl. Kapitel 6.3.2.2.

[1648] Vgl. Kapitel 6.3.2.2.2; Kapitel 6.3.2.2.3.

[1649] Vgl. Kapitel 6.3.2.2.4.

analytischer Kennzahlen, die Grundlage der statistischen Analyse der Jahresabschlussinformationen im sich anschließenden Abschnitt ist.

6.3.3 Statistische Analyse der Jahresabschlussinformationen zur bilanziellen Behandlung von Softwareentwicklungs- beziehungsweise Softwareproduktionsaufwendungen

6.3.3.1 Vorgehensweise

6.3.3.1.1 Gliederung und Erhebung der Bilanzstrukturen

Die statistische Analyse des Untersuchungsgegenstandes zur Bilanzierung von Softwareentwicklungs- und Softwareproduktionsaufwendungen basiert auf den Bilanzstrukturen der Unternehmen. Dazu wurden alle relevanten Bilanzpositionen zur Bilanzsumme ins Verhältnis gesetzt und diese Relationen für sämtliche Unternehmen erfasst[1650]. Ebenso als Merkmalsausprägung erhoben wurde die Relation der ausgewiesenen aktivierten Softwareentwicklungs- und Softwareproduktionsaufwendungen zu den Bilanzpositionen:

- immaterielle Vermögenswerte,
- Anlagevermögen und
- Eigenkapital.[1651]

Auf diesen Erhebungen zur Bilanzstruktur basiert ein wesentlicher Teil der sich anschließenden beschreibenden und vergleichenden statistischen Analyse. Für einen Erkenntnisgewinn aus dem Vergleich der Bilanzstrukturen und Kennzahlen werden Methoden der deskriptiven Statistik angewendet. Unterstützt von grafischen Darstellungen werden Lagemaße und Streuungsmaße der beobachteten Merkmalsausprägungen genutzt. Relevant ist hierbei insbesondere das arithmetische Mittel als das Verhältnis aus der Summe der beobachteten Einzelwerte zur Anzahl der beobachteten Einzelwerte[1652]. Als Streuungsmaße zur Beschreibung der erhobenen Daten dient neben der Standardabweichung die Spannweite. Die Standardabweichung wird als positive Quadratwurzel aus der Varianz[1653], dem arithmetischen Mittel der Abweichungsquadrate, ermittelt[1654]. Die Spannweite kennzeichnet den Abstand zwischen dem kleinsten und dem größten beobachteten Wert[1655].

1650 Vgl. Anh. 7, Tab. 3-13, Abschn. 5.1.1.

1651 Vgl. Anh. 7, Tab. 3-13, Abschn. 5.1.2.

1652 Vgl. Hartung, J. (1999), S. 31.

1653 Vgl. Hartung, J. (1999), S. 46.

1654 Vgl. Hartung, J. (1999), S. 44.

1655 Vgl. Eckey, H.-F./ Kosfeld, R./ Dreger, C. (2002), S. 64.

Weil die Bilanzstrukturen sämtlicher am Neuen Markt notierten Softwareentwicklungsunternehmen erhoben und analysiert wurden, handelt es sich um zwei Grundgesamtheiten. Die erste Grundgesamtheit repräsentiert alle nach IFRS bilanzierenden, die zweite Grundgesamtheit alle nach US-GAAP bilanzierenden Softwareentwicklungsunternehmen. Somit ist ein direkter Vergleich der arithmetischen Mittel und Streuungsmaße dieser Grundgesamtheiten zulässig.

6.3.3.1.2 Kennzahlenbildung und angewandte statistische Verfahren

Zur Vertiefung der statistischen Analyse und zum Vergleich der Aktivierungsgepflogenheiten hinsichtlich der Softwareentwicklungs- und Softwareproduktionsaufwendungen der Unternehmen sind geeignete analytische Kennzahlen definiert und erhoben worden. Die Kennzahl Forschungs- und Entwicklungsintensität setzt die Forschungs- und Entwicklungsaufwendungen der Periode in Relation zu den erwirtschafteten Nettoumsatzerlösen. Das Verhältnis der in einer Periode aktivierten Softwareentwicklungs- beziehungsweise Softwareroduktionsaufwendungen zu den Forschungs- und Entwicklungsaufwendungen dieser Periode wird durch die Kennzahl der Aktivierungsrate beschrieben[1656]. Die hier verwendeten analytischen Kennzahlen finden speziell Berücksichtigung bei empirischen Studien zur Wertelevanz aktivierter Softwareentwicklungs- beziehungsweise Softwareproduktionsufendungen[1657].

6.3.3.2 Analyse der Bilanzstrukturen und erhobenen Kennzahlen der in die Untersuchung einbezogenen Unternehmen

6.3.3.2.1 Vergleich der Bilanzstrukturen des gesamten Untersuchungsgegenstandes

In die Untersuchung einbezogen wurden 51 Unternehmen, von denen 26 Unternehmen nach IFRS und 25 Unternehmen nach US-GAAP Rechnung legen[1658]. Mit Blick auf die Anwendung der Rechnungslegungsgrundsätze liegt demnach eine Ausgewogenheit des Unteruchungsegenstandes vor, die sich gut als Ausgangsbasis für vergleichende Analysen eignet. Unternehmen, die nach IFRS bilanzieren, weisen im Mittel 7,9 % der Bilanzsumme als selbst erstellte immaterielle Vermögenswerte aus. Dagegen beträgt der Anteil selbst erstellter immaterieller Vermögenswerte an der Bilanzsumme bei Unternehmen, die nach US-GAAP

[1656] Vgl. Anh. 5, Definition analytischer Kennzahlen.

[1657] Vgl. bspw. Den Adel, K. J. (1999), S. 33.

[1658] Vgl. Anh. 8, Tab. 14.

bilanzieren, nur 1,1 %[1659]. Der Grund für diesen evidenten Unterschied zeigt sich bei genauerer Betrachtung des Untersuchungsgegenstandes. Weisen neunzehn der sechsundzwanzig nach IFRS bilanzierenden Unternehmen aktivierte Softwareentwicklungsaufwendungen aus, so sind es bei den nach US-GAAP Rechnung legenden Unternehmen lediglich sieben der fünfundzwanzig Unternehmen des Untersuchungsgegenstandes, die aktivierte Softwareproduktions- beziehungsweise Softwareentwicklungsaufwendungen in der Bilanz zeigen[1660]. Dies entspricht einem Anteil von 73,1 % respektive 28,0 % und ist der Grund für die unterschiedlichen Bilanzstrukturen der Unternehmen. Im weiteren Verlauf wird die vergleichende Analyse deshalb auf die Unternehmen eingeschränkt, die in den Bilanzen Softwareentwicklungs- oder Softwareproduktionsaufwendungen aktivierten.

6.3.3.2.2 Vergleich der Bilanzstrukturen der Unternehmen des Untersuchungsgegenstandes, die aktivierte Softwareentwicklungs- oder Softwareproduktionsaufwendungen ausweisen

Auch die Betrachtung der Bilanzstrukturen des nunmehr eingeschränkten Untersuchungsgegenstandes zeigt einen sichtbaren Unterschied im Hinblick auf aktivierte Softwareentwicklungs- beziehungsweise Softwareproduktionsaufwendungen. Spiegeln aktivierte Softwareentwicklungsaufwendungen in den Abschlüssen nach IFRS noch 12,4 % der Bilanzsumme wieder, so verringert sich dies in den Abschlüssen, die nach US-GAAP erstellt wurden, auf 4,1 %[1661]. Es zeigt sich auch an den Anteilen aktivierter Softwareentwicklungs- beziehungsweise Softwareproduktionsaufwendungen an anderen Bilanzpositionen[1662], dass nach IFRS bilanzierende Unternehmen weitaus mehr der Entwicklungsaufwendungen im Zusammenhang mit Software aktivieren als die nach US-GAAP bilanzierenden Unternehmen dies tun. Wählt man zur Darstellung der Häufigkeitsverteilung die Form eines Histogramms, so wird diese Beobachtung nochmals plastischer[1663]. Zur Ergründung der Ursachen wurden die definierten analytischen Kennzahlen erhoben, deren Diskussion im nächsten Abschnitt erfolgt.

[1659] Vgl. Anh. 8, Tab. 14.

[1660] Vgl. Anh. 8, Tab. 15.

[1661] Vgl. Anh. 8, Tab. 16.

[1662] Vgl. Anh. 8, Tab. 17, Tab. 18.

[1663] Vgl. Anh. 8, Abb. 7, Abb. 8.

6.3.3.2.3 Begründung evidenter Unterschiede in den Aktivierungsgepflogenheiten der Unternehmen

Eine Betrachtung der Kennzahl der Aktivierungsrate liefert einen wesentlichen Grund für die unterschiedlichen Bilanzstrukturen der Unternehmen nach IFRS und US-GAAP. Anzumerken ist, dass eine Bereinigung der Grundgesamtheit der nach IFRS bilanzierenden Unternehmen vorgenommen worden ist. Von den neunzehn Unternehmen, die aktivierte Softwareentwicklungsaufwendungen ausweisen, legten vier Unternehmen keine Angaben über die Forschungs- und Entwicklungsausgaben der Periode offen[1664]. Für diese vier Unternehmen konnte die Kennzahl der Aktivierungsrate daher nicht ermittelt werden.

Es zeigt sich nun, dass bei einer um 41,3 % höheren Forschungs- und Entwicklungsintensität der nach IFRS bilanzierenden Unternehmen (26,0 %) im Vergleich zu den nach US-GAAP bilanzierenden Unternehmen (18,4 %) die Aktivierungsrate in den Abschlüssen nach IFRS (46,2 %) um 153,8 % über der beobachteten Aktivierungsrate in den Abschlüssen nach US-GAAP (18,2 %) liegt[1665]. Veranschaulicht wird der Unterschied der Aktivierungsraten durch eine grafische Darstellung des Zusammenhangs zwischen der Aktivierungsrate und dem Anteil der Softwareentwicklungs- beziehungsweise Softwareproduktionsaufwendungen an der Bilanzsumme[1666]. Des Weiteren auffällig sind Unterschiede zwischen den Grundgesamtheiten bei einer Betrachtung der Streuungsmaße Standardabweichung und Spannweite. Die Standardabweichung der Aktivierungsrate ist bei den nach IFRS bilanzierenden Unternehmen (31,5 %) um 33,5 % größer als bei den Unternehmen, die Abschlüsse nach US-GAAP erstellen (23,6 %)[1667]. Auch eine größere Spannweite der Aktivierungsrate der nach IFRS bilanzierenden Unternehmen unterstreicht dies[1668]. Alles deutet darauf hin, dass sich in den Abschlüssen nach IFRS die Aktivierungszeitpunkte im Entwicklungszyklus stärker voneinander unterscheiden als in den nach US-GAAP aufgestellten Abschlüssen.

Generell umfassen die aktivierungspflichtigen Kostenbestandteile der Herstellungskosten direkt zurechenbare Einzelkosten, zurechenbare Gemeinkosten und auch qualifizierende

---

[1664] Vgl. Anh. 7, Tab. 3, Abit AG, Abschn. 5.6.; Anh. 7, Tab. 3, Brainforce AG, Abschn. 5.6.; Anh. 7, Tab. 6, Nexus AG, Abschn. 5.6.; Anh. 7, Tab. 7, ProDV AG, Abschn. 5.6.

[1665] Vgl. Anh. 8, Tab. 19.

[1666] Vgl. Anh. 8, Abb. 9, Abb. 10.

[1667] Vgl. Anh. 8, Tab. 20.

[1668] Vgl. Anh. 8, Tab. 21.

Fremdkapitalkosten[1669]. Da der Umfang aktivierungspflichtiger Kostenbestandteile nach IFRS und US-GAAP somit Vollkosten umfasst und daher nur unwesentlich variiert[1670], kann die höhere Aktivierungsrate in den Abschlüssen nach IFRS nur durch eine frühere Aktivierung von Entwicklungsaufwendungen im Entwicklungszyklus erklärt werden. Zwar sind bei einer solchen Schlussfolgerung der unterschiedliche Reifegrad der Unternehmen und ein unterschiedlicher Stand der Entwicklungszyklen zu berücksichtigen. Doch ein so evidenter Unterschied der Bilanzstrukturen und der erklärenden Kennzahl der Aktivierungsrate lässt einzig diesen Schluss zu, der im folgenden noch durch eine Analyse der angewandten Aktivierungskriterien für aktivierte Softwareentwicklungs- und Softwareproduktionsaufwendungen unterstrichen wird.

6.3.3.3 Analyse der angewandten Aktivierungskriterien für aktivierte Softwareentwicklungs- und Softwareproduktionsaufwendungen

Die bisher gewonnenen Erkenntnisse sollen nunmehr durch eine Untersuchung der Aktivierungskriterien und der Gründe für eine Nichtaktivierung von Softwareentwicklungs- oder Softwareproduktionsaufwendungen gesichert werden. Die bisher abgeleiteten Schlussfolgerungen führen zu der These, dass bei einer Rechnungslegung nach US-GAAP bei Anwendung von FAS 86 weniger Unternehmen aktivierte Softwareproduktionsaufwendungen ausweisen als bei einer Bilanzierung nach IAS 38. Und die Anwendung von FAS 86 führt zu einem Aktivierungszeitpunkt, an dem der Entwicklungszyklus schon weit fortgeschritten ist.

Von den fünfundzwanzig Unternehmen, die nach US-GAAP bilanzieren, führen zunächst alle FAS 86 als angewendete Rechnungslegungsregel auf. Eindeutige und vollständige Angaben zu den Aktivierungskriterien und zu den Gründen einer Nichtaktivierung legten dabei achtzehn Unternehmen in den Abschlüssen offen. Von diesen achtzehn Unternehmen gaben zwei den Abschluss des detaillierten Designs und sechzehn Unternehmen die Fertigstellung eines Arbeitsmodells als Ausprägungen des Aktivierungskriteriums[1671] der technologischen Realisierbarkeit an[1672]. Beide Unternehmen, die den Abschluss des detaillierten Designs als Aktivierungskriterium anwendeten, weisen auch aktivierte Softwareproduktionsauf-

---

[1669] Vgl. zu den Herstellungskosten für immaterielle Vermögenswerte nach IFRS Baetge, J./ von Keitz, I. (2002), Rn. 31; nach US-GAAP Munter, P. (2001), S. 6-8 – 6-12.

[1670] Vgl. Küting, K./ Harth, H.-J. (1999), S. 2346.

[1671] Vgl. hierzu ausführlich Kapitel 5.2.2.3.2.3.

[1672] Vgl. Anh. 8, Tab. 22.

wendungen aus. Das ist ebenso der Fall bei zwei der sechzehn Unternehmen, die als Ansatzvoraussetzung die Fertigstellung eines Arbeitsmodells zu Grunde legten[1673]. Als Argument für eine Nichtaktivierung gibt die überwiegende Mehrheit der Unternehmen die Unwesentlichkeit der Aufwendungen an[1674]. Dies beruht auf dem geringen Zeitraum im Entwicklungszyklus, der zwischen der Fertigstellung des Arbeitsmodells und der Freigabe der Software für die Vermarktung liegt[1675].

Dass nur zwei Unternehmen die Aktivierung der Softwareproduktionsaufwendungen an die Fertigstellung eines detaillierten Designs knüpfen überrascht nicht. Denn schon der theoretische Teil erbringt die Erkenntnis, dass dieser Aktivierungszeitpunkt auf der Grundlage moderner Vorgehensmodelle der Softwareentwicklung nicht präzise bestimmt werden kann[1676]. So ist anzunehmen, dass es den übrigen Unternehmen nicht gelang, den Abschluss des detaillierten Designs im Entwicklungszyklus zu definieren beziehungsweise der Abschluss des detaillierten Designs fiel mit der Fertigstellung eines Arbeitsmodells der Software (Beta-Version) zusammen, was dann dazu führt, die zweite Ausprägung des Kriteriums der technologischen Realisierbarkeit für eine Aktivierung zu Grunde zu legen.

6.3.3.4 Zwischenergebnis

Die Analyse der Bilanzstrukturen und Kennzahlen im Zusammenhang mit den Offenlegungen im Anhang zu den Aktivierungskriterien für Softwareentwicklungs- und Softwareproduktionsaufwendungen führt nachweislich zu drei Erkenntnissen:

- Im Vergleich zu Unternehmen, die nach US-GAAP bilanzieren, aktivieren *mehr* Unternehmen, die nach IFRS Rechnung legen, Aufwendungen im Zusammenhang mit der Entwicklung von Software.
- Die Unternehmen, die nach IFRS Rechnung legen, aktivieren Softwareentwicklungsaufwendungen zu einem *früheren* Zeitpunkt im Entwicklungszyklus, als dies Unternehmen tun, die nach US-GAAP bilanzieren.
- Die Unternehmen, die nach IFRS Rechnung legen, aktivieren Softwareentwicklungsaufwendungen zu vielen *unterschiedlichen* Zeitpunkten im Entwicklungszyklus.

[1673] Vgl. Anh. 8, Tab. 22.

[1674] Vgl. stellvertretend Anh. 7, Tab. 11, Intershop Communications AG, Abschn. 5.2.1.

[1675] Vgl. Hering, E. (2000), S. 197.

[1676] Vgl. Kapitel 5.3.3.

Alle diese Erkenntnisse stehen im Einklang mit den Ergebnissen des theoretischen Teils der Arbeit aus dem fünften Kapitel. Grundsätzlich sind die Aktivierungsregeln in FAS 86 restriktiver und nicht auf die Anwendung iterativer und inkrementeller Vorgehensweisen zugeschnitten. Die Restriktivität wird durch das generelle Aktivierungsverbot von Forschungs- und Entwicklungsaufwendungen in den US-GAAP begründet, das den Zeitraum im Entwicklungszyklus für die Aktivierung von Softwareproduktionsaufwendungen in FAS 86 stark einschränkt. In IAS 38 ist dieser Zeitraum durch die bedingte Aktivierungspflicht von Entwicklungsaufwendungen im Vergleich dazu länger.

Weiterhin führt das Aktivierungskriterium der technologischen Realisierbarkeit in FAS 86 auf der Grundlage iterativer und inkrementeller Vorgehensmodelle zu einem Aktivierungszeitpunkt, an dem der Entwicklungsprozess schon weit fortgeschritten ist. Deshalb legt die Mehrzahl der nach US-GAAP bilanzierenden Unternehmen die Fertigstellung eines Arbeitsmodells als Ausprägung des Aktivierungskriteriums zu Grunde, weil dieser Zeitpunkt bei iterativen und inkrementellen Vorgehensmodellen eindeutig bestimmbar ist und auch mit dem Abschluss des detaillierten Designs zusammenfällt[1677]. Demgegenüber kann die technische Realisierbarkeit als ein konkretisierendes Aktivierungskriterium nach IAS 38 im Kontext mit dem verwendeten Entwicklungsprozess schon wesentlich früher nachgewiesen werden[1678]. Und, die bedingte Aktivierungspflicht ist neben dem Nachweis der technischen Realisierbarkeit vom (annahmegestützten) Nachweis eines künftigen wirtschaftlichen Nutzens abhängig[1679]. Alle diese Aspekte sind hier zu berücksichtigen, denn die alternative Auslegung des IAS 38 am Bilanzierungsobjekt ergibt nur auf der Grundlage der getroffenen und begründeten Annahmen einen eindeutigen Aktivierungszeitpunkt. Vielmehr konnte präzise nur der frühestmögliche Aktivierungszeitpunkt mit Beginn des Entwicklungsabschnittes bestimmt werden. Ab diesem Zeitpunkt liegt dann eine Aktivierungspflicht vor, wenn das Unternehmen alle verbleibenden Aktivierungsvoraussetzungen und -kriterien nachweislich erfüllen kann[1680]. Auch diese Erkenntnis spiegelt sich in den Ergebnissen der empirischen Erhebung wieder. Ausgedrückt durch das Streuungsmaß zeigen sich evidente Unterschiede in

[1677] Vgl. Kapitel 5.3.3.

[1678] Vgl. Kapitel 5.5.3.2.2.; Kapitel 5.6.1.3.2.

[1679] Vgl. anderer Auffassung Küting, K. (2001), S. 409, der eine weite Auslegung des Begriffes der technologischen Realisierbarkeit in IAS 38 als einzige Ursache für unterschiedliche Aktivierungsgepflogenheiten ansieht.

[1680] Vgl. Küting, K./ Pilhofer, J./ Kirchhof, J. (2002), S. 82.

der Aktivierungsrate der Unternehmen, die nach IFRS Rechnung legen und weisen auf diesen Zeitraum hin, indem die Aktivierungsvoraussetzungen und -kriterien von einigen Unternehmen früher und von anderen später nachweislich erfüllt werden. Natürlich bietet sich hier auch Raum für das Argument von Gestaltungs- und Ermessensspielräumen, die IAS 38 bei der Bilanzierung selbst geschaffener immaterieller Vermögenswerte eröffnet[1681]. Dieser Argumentation wird an dieser Stelle jedoch nicht uneingeschränkt gefolgt, weil die Erkenntnisse des theoretischen Teils der vorliegenden Arbeit eben zu diesem Zeitraum führen, in dem nach IAS 38 eine bedingte Aktivierungspflicht vorliegen kann, die nur dann zum Ansatz eines immateriellen Vermögenswertes führt, wenn der Nachweis der kumulativen Erfüllung aller Aktivierungsvoraussetzungen und Aktivierungskriterien gelingt.

6.4 Ergebnis

Das Ergebnis der Auswertung der empirischen Analyse hinsichtlich verpflichtend offen zu legender Angaben zu aktivierten Softwareentwicklungs- und Softwareproduktionsaufwendungen[1682] ähnelt dem verschiedener veröffentlichter Untersuchungen zum Thema Offenlegungs- und Informationspolitik der bilanzierenden Unternehmen[1683]. Insgesamt entspricht die Qualität der Abschlüsse nicht den Anforderungen der Rechnungslegung nach IFRS und US-GAAP, betrachtet man die Offenlegungspflichten als einen wesentlichen Qualitätsmaßstab. Zum Teil fehlende oder unklare Angaben zur Bilanzierung von Softwareentwicklungs- und Softwareproduktionsaufwendungen erschweren zudem auch eine eingehende Analyse dieser Bilanzen. Somit ist auch an dieser Stelle der Ruf nach einer unabhängigen Überwachung der konformen Anwendung der IFRS und US-GAAP mit entsprechenden Sanktionierungsmöglichkeiten angezeigt[1684].

Neue Erkenntnisse lassen sich dagegen aus der durchgeführten statistischen Untersuchung zu aktivierten Softwareentwicklungs- und Softwareproduktionsaufwendungen gewinnen. Unternehmen, die nach IFRS Rechnung legen aktivieren größere Teile der angefallenen Entwicklungsaufwendungen, das heißt die Aktivierung erfolgt zu einem früheren Zeitpunkt im Entwicklungszyklus. Zudem weichen die Aktivierungszeitpunkte stärker voneinander ab als bei den nach US-GAAP bilanzierenden Unternehmen. Bestätigt wird dadurch der evidente

1681 Vgl. bspw. Engel-Ciric, D. (2002), S. 781; Baetge, J./ von Keitz, I. (2002), Rn. 59.

1682 Vgl. Kapitel 6.3.4.3.

1683 Vgl. Ranker, D./ Wohlgemuth, F./ Zwirner, Chr. (2001), S. 276; Keitz, I. v. (2003), S. 1806.

1684 Vgl. Glaum, M./ Street, D. (2002), S. 137.

methodische Unterschied zwischen FAS 86 und IAS 38 im Hinblick auf die bilanzielle Abbildung von Softwareproduktions- beziehungsweise Softwareentwicklungsaufwendungen. Dieser grundsätzliche methodische Unterschied ist auch der herausgearbeitete Grund, warum eine Auslegung des IAS 38 unter Heranziehung von FAS 86 abzulehnen ist[1685].

[1685] Vgl. hierzu ausführlich Kapitel 5.4.3.

7. Zusammenfassung der Ergebnisse und Ausblick

7.1 Zusammenfassung der Ergebnisse

Empirische Studien belegen, dass die Entwicklung von Software zunehmend zentraler Gegenstand der Leistungserstellung im Geschäftsmodell von Unternehmen wird. Die auch im Angesicht konjunktureller Schwankungen rasant voranschreitende Informations- und Kommunikationstechnologie generiert ständig neue Anwendungsmöglichkeiten, deren funktionelles Potenzial nur mit geeigneter Software auszuschöpfen ist. Der Prozess der Softwareentwicklung ist nun in den Abschlüssen der Unternehmen entsprechend den angewendeten Rechnungslegungsgrundsätzen abzubilden. Insbesondere die zunehmende Bedeutung der International Financial Reporting Standards an den Kapitalmärkten Europas und auch weltweit, jedoch auch der zunehmende Einfluss auf nationaler Ebene sind relevante Gründe, weshalb sich die vorliegende Arbeit mit der bilanziellen Abbildung des Softwareentwicklungsprozesses in den IFRS beschäftigte. Aufgrund des nachgewiesenen Fehlens eindeutiger Regelungen zur Bilanzierung dieser Entwicklungsprozesse wird vom Schrifttum und auch von den IFRS selbst unter bestimmten Bedingungen ein Heranziehen von Verlautbarungen anderer Standardgeber befürwortet. Die erste Bedingung hierfür ist der konzeptionelle Einklang der jeweiligen Rechnungslegung mit den IFRS, welcher für die US-GAAP im zweiten Kapitel belegt werden konnte[1686]. Um nun die Abbildung des Bilanzierungsobjektes Softwareentwicklung nach US-GAAP zu konkretisieren und im Anschluss die IFRS entsprechend den Verlautbarungen der US-GAAP auszulegen, bedurfte es zuvor genauer Kenntnisse über dieses Bilanzierungsobjekt.

Der aktuelle Stand der theoretischen und praktischen Informatik zur Softwareentwicklung ist gekennzeichnet durch einen Paradigmenwechsel hin zu modernen Vorgehensmodellen, die sich aus der vermehrten Anwendung objektorientierter Programmiersprachen ergeben[1687]. Die inkrementelle und iterative Prozessarchitektur dieser Vorgehensmodelle trägt dem Aspekt einer zunehmenden Komplexität der zu entwickelnden Software bei gleichzeitiger Minimierung des Entwicklungsrisikos Rechnung. Aus diesem Grund wurden die Eigenschaften ausgewählter theoretisch wie empirisch relevanter Vorgehensmodelle

[1686] Vgl. Kapitel 2.3.

[1687] Vgl. Kapitel 3.2.2.

beleuchtet, um so die notwendigen Grundlagen für die Konkretisierung der Bilanzierung dieser Entwicklungsprozesse in den IFRS zu schaffen[1688].

Die spezifischen Regelungen des FAS 86 in den US-GAAP führen aufgrund des dort unterstellten streng sequenziellen Vorgehens bei der Entwicklung von Software bei der Betrachtung moderner Softwareentwicklungsprozesse nicht zu einer sachgerechten bilanziellen Abbildung[1689]. Es konnte gezeigt werden, dass die Auslegung der IFRS unter Heranziehung der US-GAAP am Bilanzierungsobjekt Softwareentwicklung abzulehnen ist aufgrund der Probleme bei der Ableitung eines präzisen Aktivierungszeitpunktes nach FAS 86, der Inkompatibilität des materiellen Inhalts des formell identischen Aktivierungskriteriums der technologischen Realisierbarkeit und dem Fehlschlagen der methodischen Einordnung des Aktivierungskriteriums aus FAS 86 in die Regelungen des IAS 38. Eine Anwendung dieses Aktivierungskriteriums im Sinne von FAS 86 würde generell zu einer Bilanzierung von Entwicklungsaufwendungen als Aufwand führen, für die eine bedingte Aktivierungspflicht gemäß IAS 38 vorliegt. Somit stehen Rechnungslegungsregeln der IFRS der Anwendung der Verlautbarungen der US-GAAP entgegen. Eine Verwendung dieser Rechnungslegungsregeln als Auslegungshilfe ist aus diesem Grund gemäß IAS 8, Abschn. 12, nicht möglich[1690].

Im Ergebnis der daraufhin diskutierten alternativen Auslegung der Aktivierungsvoraussetzungen und Aktivierungskriterien des IAS 38 am Bilanzierungsobjekt bestätigt sich der methodische Unterschied zwischen den Regelungen des FAS 86 und des IAS 38, der zur Ablehnung der eingangs formulierten These führt. Das Ergebnis der alternativen Auslegung im Hinblick auf eine normative Aussage zur Abbildung des Bilanzierungsobjektes nach IAS 38 ist jedoch zweischneidig. Es gelingt hier zwar die Ableitung eines Aktivierungszeitpunktes, in dem die bedingte Aktivierungspflicht für Entwicklungsaufwendungen des IAS 38 greift. Dies ergibt sich aus den objektiv immer erfüllten Aktivierungsvoraussetzungen und -kriterien auf Grund der Eigenschaften des Immaterialgutes Software und den Merkmalen des Bilanzierungsobjektes Softwareentwicklung und Aktivierungskriterien, die vom bilanzierenden Unternehmen durch Nachweise annahmegemäß erfüllt sind. Daraus ergibt sich als

---

[1688] Vgl. Kapitel 4.1.

[1689] Vgl. Kapitel 5.3.3.

[1690] Vgl. Kapitel 5.4.3.

frühestmöglicher Aktivierungszeitpunkt beim Bilanzierungsobjekt der Beginn der Konstruktionsphase der zu entwickelnden Software. Legt man stattdessen ein anderes Vorgehensmodell zu Grunde, so verändert sich ebenso der Aktivierungszeitpunkt in zeitlicher Hinsicht. Dies zeigt nochmals deutlich, dass eine Diskussion der bilanziellen Abbildung von Softwareentwicklungsprozessen speziell nach den International Financial Reporting Standards nicht ohne das Wissen um die Eigenschaften der Entwicklungsprozesse selbst erfolgen kann. Eine nachhaltige und allgemeingültige normative Aussage zur Abbildung von Softwareentwicklungsprozessen kann deshalb und aufgrund der Aktivierungskriterien, die durch Annahmen des bilanzierenden Unternehmens nachzuweisen sind, nicht getroffen werden[1691].

Die Erkenntnisse des theoretischen Teils der Arbeit spiegeln sich deutlich in den Ergebnissen der empirischen Analyse der Jahresabschlüsse von 51 Softwareentwicklungsunternehmen am Neuen Markt wieder. Signifikant mehr der nach IFRS Rechnung legenden Unternehmen aktivieren Softwareentwicklungsaufwendungen. Diese Unternehmen aktivieren auch einen größeren Teil der Forschungs- und Entwicklungsaufwendungen, als dies nach US-GAAP bilanzierende Unternehmen tun. Und es zeigt sich in der Aktivierungsrate der nach IFRS bilanzierenden Unternehmen eine breitere Streuung, die auf den Aktivierungszeitraum im Entwicklungsprozess hindeutet, der im theoretischen Teil herausgearbeitet worden ist[1692]. Auch empirisch bestätigt ist somit der evidente methodische Unterschied der Aktivierungskonzeption des FAS 86 und des IAS 38 im Hinblick auf eigenentwickelte Software[1693].

7.2 Ausblick

Die in der vorliegenden Arbeit diskutierte These zur Auslegung der Abbildung des Bilanzierungsobjektes Softwareentwicklung in den IFRS beschränkt sich ausschließlich auf den Zeitpunkt des erstmaligen Ansatzes von Softwareentwicklungsaufwendungen als immateriellen Vermögenswert. Damit ist lediglich ein Teil der Bilanzierung des gesamten Softwarelebenszyklus abschließend behandelt worden. Es bieten sich gerade hier noch weitere interessante und diskussionswürdige Aspekte an. Die rasante technologische Entwicklung erfasst auch in der Nutzung befindliche Software, die dadurch einer schnellen technischen Veralterung unterliegt. Bei der Folgebewertung sind dazu geeignete Methoden zu verwenden,

---

[1691] Vgl. Kapitel 5.5.4.

[1692] Vgl. Kapitel 6.3.3.4.

[1693] Vgl. Kapitel 6.4.

um Abschreibungsbedarfe zu analysieren und zu konkretisieren. Dies wiederum ist nur in Kenntnis der betrachteten Software und der Märkte sinnvoll möglich.

In eine andere Richtung, jedoch mit Bezug auf das Geschäftsmodell Softwareentwicklung und Softwareabsatz, zielt die Frage der bilanziellen Abbildung von Mehrkomponentenverträgen, mittels derer Software oft am Markt angeboten wird. Die Umsatzrealisierung bei Vorliegen interdependenter Haupt- und Nebenleistungen ist zwar für den Verkauf von Software in den US-GAAP geregelt[1694]. In den IFRS fehlt es hierzu an einer eindeutigen und expliziten Regelung. Auch zu diesem Thema ergeben sich im Lichte zunehmend komplexer werdender Vertragsgestaltungen[1695] diskussionswürdige Fragestellungen.

Generell bieten sich wissenschaftliche Arbeiten zu Bereichen der Rechnungslegung nach International Financial Reporting Standards an. Eine Auseinandersetzung mit diesen Themen würde zudem eine Bereicherung der noch nicht lückenlosen Sekundärliteratur zu den IFRS sein. Das trifft besonders dann zu, wenn die International Financial Reporting Standards ab dem Jahre 2005 die Rechnungslegungslandschaft an Europas Kapitalmärkten nachhaltig verändern werden[1696] und auch zentraler Diskussionsgegenstand einer Anwendung für Einzel- und Konzernabschlüsse nicht kapitalmarktorientierter Unternehmen auf nationaler Ebene sind[1697].

[1694] Vgl. Küting, K./ Turowski, Ph./ Pilhofer, J. (2001), S. 305f.

[1695] Vgl. Roth, F./ Foley, M. (2001), S. 1167.

[1696] Vgl. Ilg, P./ Hasler, S. (2001), S. 342; Helleman, v. J./ Slomp, S. (2002), S. 213.

[1697] Vgl. Busse von Colbe, W. (2001), S. 205; Zabel, M. (2002), S. 924; Boecking, H.-J. (2002), S. 928; Kahle, H. (2003), S. 274f.; Kirsch, H. (2003), S. 278; Behringer S. (2003), S. 538f.; Prinz, U. (2003), S. 1362-1364.; Zeitler, F.-Chr. (2003), S. 1534.

Anhang 1: Klassifikation von Computersoftware

Abbildung 1: Funktionale Klassifikation von Computersoftware

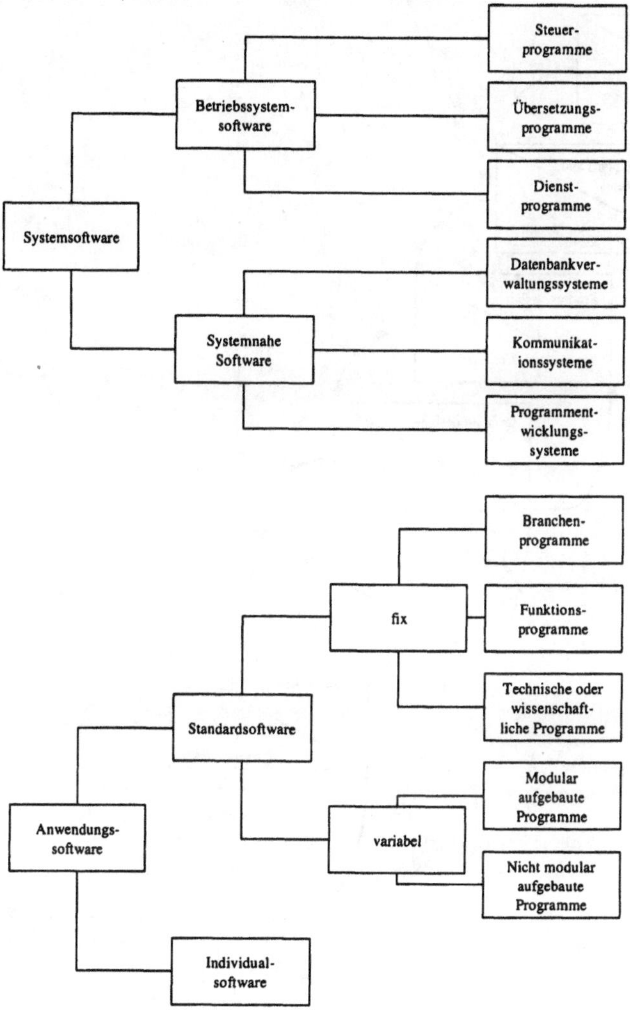

Quelle: Pirker, S. (1997), Bilanzierung von Software: Rechnungslegung aus der Sicht des Herstellers; nach österreichischen, deutschen und internationalen Vorschriften (IAS/ US-GAAP/ EG-RL), 1. Auflage, Wien 1997, S. 19.

Anhang 2: Vorgehensmodelle der Softwareentwicklung

Abbildung 2: Das Wasserfallmodell der Softwareentwicklung nach *Boehm*

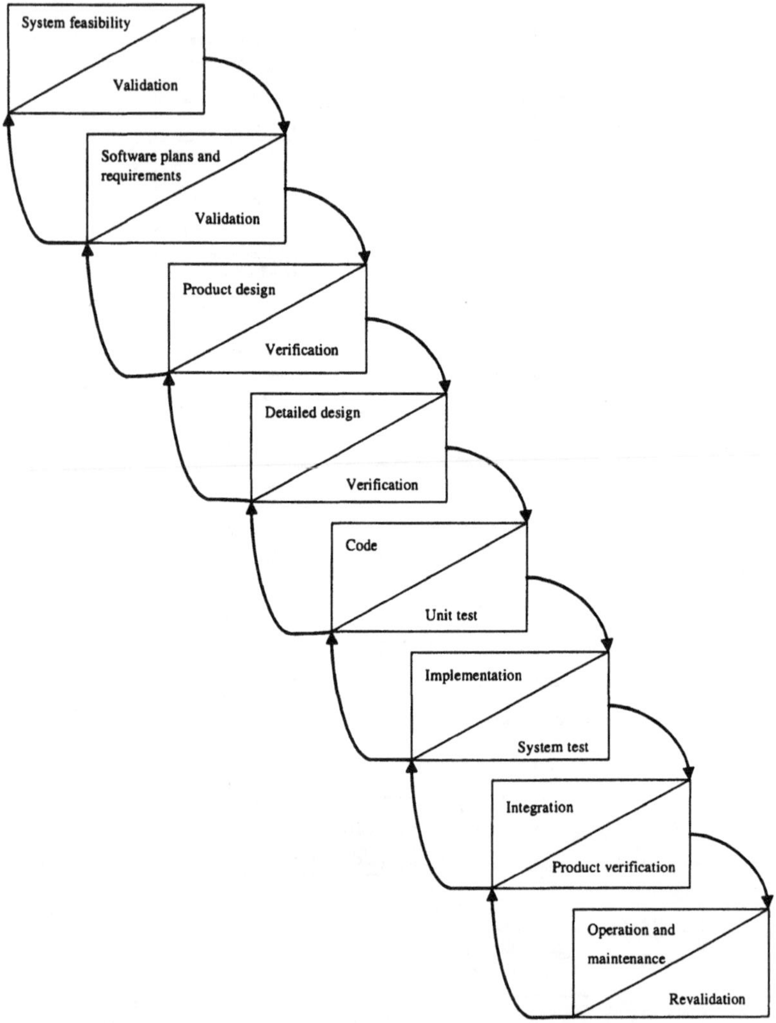

Quelle: Boehm, B. W. (1997), A Spiral Model of Software Development and Enhancement, in: Software Engineering, hrsg. v. M. Dorfman u. R. H. Thayer, 1. Auflage, Los Alamitos 1997, S. 416.

Abbildung 3: Das V-Modell 97 der Softwareentwicklung

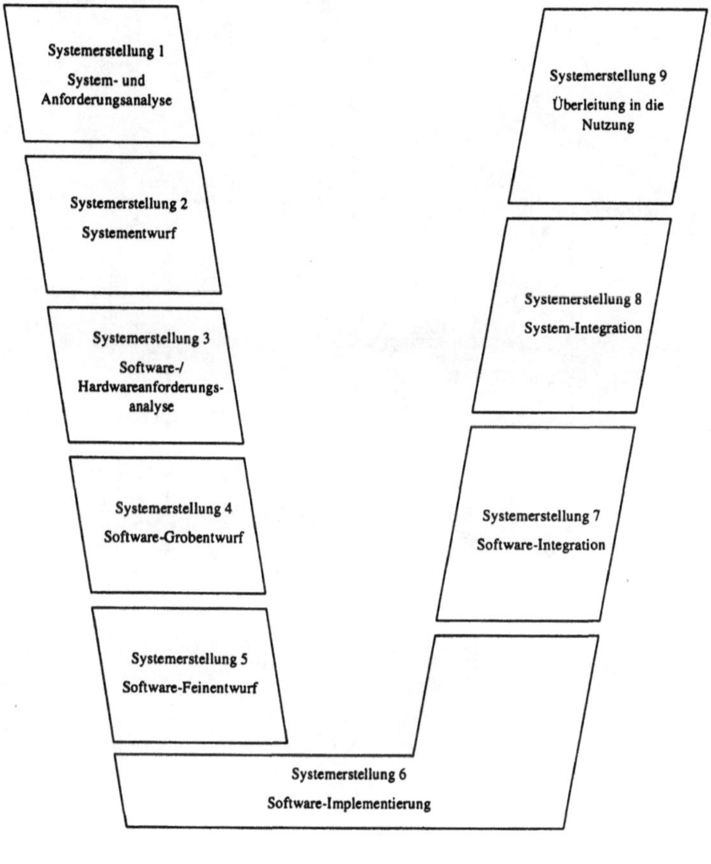

Quelle: Vereinfachte Darstellung in Anlehung an: Bundesministerium des Innern, BMI (1997), Entwicklungsstandard für IT-Systeme des Bundes: Vorgehensmodell in der Fassung vom Juni 1997, Allgemeiner Umdruck Nr. 250/1, Bonn 1997, Abschn. 4, S. 50.

Abbildung 4: Der Rational Unified Software Development Process der Softwareentwicklung

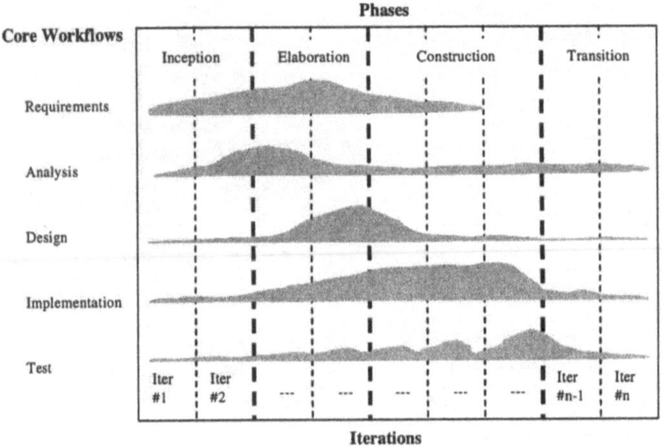

Quelle: Jacobson, I./ Booch, G./ Rumbaugh, J. (1999), The unified software development process, 1. Aufl., Reading 1999, S. 11.

Abbildung 5: Aktivierungszeitpunkte und -abschnitte bei Konkretisierung der Abbildung des Bilanzierungsobjektes auf der Grundlage des Unified Software Development Process nach IAS 38 im Vergleich zu FAS 86

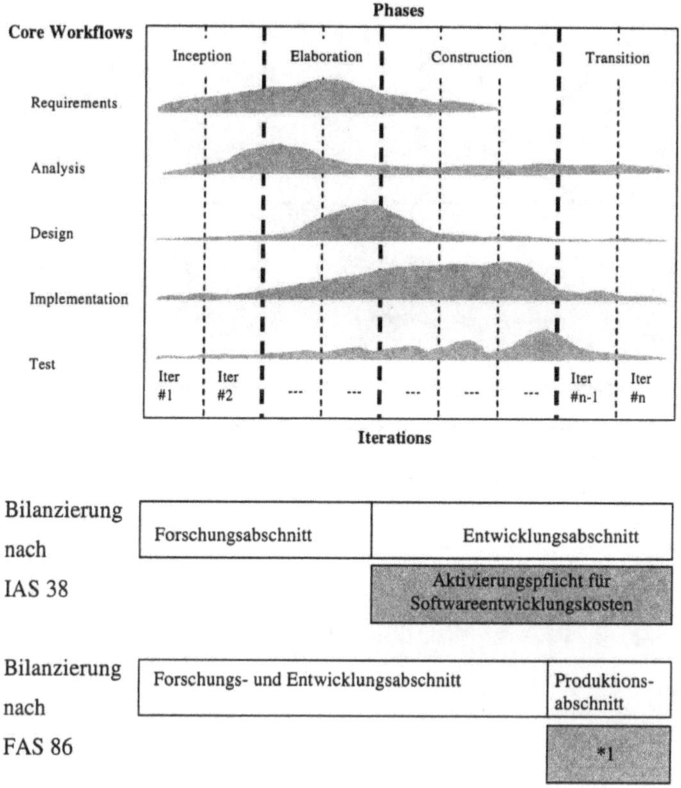

*1: Aktivierungspflicht für Softwareproduktionsaufwendungen

Quelle: Eigene Darstellung in Anlehnung an: Jacobson, I./ Booch, G./ Rumbaugh, J. (1999), The unified software development process, 1. Aufl., Reading 1999, S. 11.

Anhang 3: Vergleichende Darstellung der Aktivierungsregeln des FAS 86 und des SOP 98-1

Abbildung 6: Aktivierungspflichtige Aufwendungen nach FAS 86 und SOP 98-1

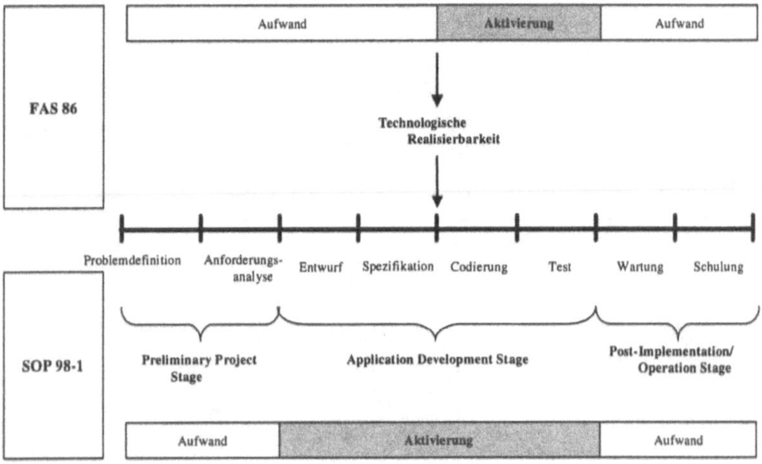

Quelle: Frizlen, U./ Möhrle, M. (2001), Aktivierung eigenentwickelter Programme in den Bilanzen der Softwarehersteller nach HGB und US-GAAP, in: Zeitschrift für kapitalmarktorientierte Rechnungslegung 2001, Abb. 2, S. 241.

Anhang 4: Bilanzierungspraxis am Neuen Markt im Vergleich

Tabelle 1: Bilanzierungspraxis am Neuen Markt; Jahresabschlüsse des Jahres 2000

	Anzahl der Unternehmen gesamt	Angewandte Rechnungslegungsgrundsätze				davon: Internationale Abschlüsse				Nationale Abschlüsse mit Überleitung auf				Unternehmen mit Sitz in Deutschland	davon Befreiende Konzernabschlüsse nach § 292a HGB	
		US-GAAP	[%]	IAS	[%]	US-GAAP	[%]	IAS	[%]	US-GAAP	[%]	IAS	[%]			
Biotechnology	20	14	70,0%	6	30,0%	13	65,0%	5	25,0%	1	5,0%	1	5,0%	13	9	69,2%
Internet	67	42	62,7%	25	37,3%	38	56,7%	22	32,8%	4	6,0%	3	4,5%	55	37	67,3%
Technology	67	33	49,3%	34	50,7%	31	46,3%	34	50,7%	2	3,0%	0	0,0%	53	37	69,8%
Industy and Industrial Services	17	8	47,1%	9	52,9%	7	41,2%	8	47,1%	1	5,9%	1	5,9%	13	8	61,5%
Media and Entertainment	42	14	33,3%	28	66,7%	13	31,0%	27	64,3%	1	2,4%	1	2,4%	38	30	78,9%
Telecommunications	20	12	60,0%	8	40,0%	10	50,0%	8	40,0%	2	10,0%	0	0,0%	17	11	64,7%
Medical and Healthcare	11	5	45,5%	6	54,5%	4	36,4%	5	45,5%	1	9,1%	1	9,1%	9	4	44,4%
IT Services	39	19	48,7%	20	51,3%	18	46,2%	20	51,3%	1	2,6%	0	0,0%	35	31	88,6%
Software	49	23	46,9%	26	53,1%	22	44,9%	26	53,1%	1	2,0%	0	0,0%	40	31	77,5%
Financial Services	6	2	33,3%	4	66,7%	1	16,7%	4	66,7%	1	16,7%	0	0,0%	4	1	25,0%
Summe	338	172	50,9%	166	49,1%	157		159		15		7		277	199	71,8%

Quelle: Geschäftsberichte der Unternehmen des Neuen Marktes.

Tabelle 2: Bilanzierungspraxis am Neuen Markt; Jahresabschlüsse des Jahres 2001

	Anzahl der Unternehmen gesamt	Angewandte Rechnungslegungsgrundsätze				davon: Internationale Abschlüsse				Nationale Abschlüsse mit Überleitung auf				Unternehmen mit Sitz in Deutschland	davon Befreiende Konzernabschlüsse nach § 292a HGB	
		US-GAAP	[%]	IAS	[%]	US-GAAP	[%]	IAS	[%]	US-GAAP	[%]	IAS	[%]			
Biotechnology	21	13	61,9%	8	38,1%	13	61,9%	7	33,3%	0	0,0%	1	4,8%	14	13	92,9%
Internet	49	33	67,3%	16	32,7%	32	65,3%	16	32,7%	1	2,0%	0	0,0%	40	33	82,5%
Technology	68	28	41,2%	40	58,8%	28	41,2%	40	58,8%	0	0,0%	0	0,0%	54	44	81,5%
Industy and Industrial Services	18	10	55,6%	8	44,4%	8	44,4%	8	44,4%	2	11,1%	0	0,0%	15	11	73,3%
Media and Entertainment	32	9	28,1%	23	71,9%	0	0,0%	0	0,0%	0	0,0%	0	0,0%	30	28	93,3%
Telecommunications	13	8	61,5%	5	38,5%	8	61,5%	5	38,5%	0	0,0%	0	0,0%	13	9	69,2%
Medical and Healthcare	11	6	54,5%	5	45,5%	6	54,5%	4	36,4%	0	0,0%	1	9,1%	10	9	90,0%
IT Services	35	11	31,4%	24	68,6%	11	31,4%	24	68,6%	0	0,0%	0	0,0%	32	29	90,6%
Software	44	20	45,5%	24	54,5%	20	45,5%	23	52,3%	0	0,0%	1	2,3%	35	32	91,4%
Financial Services	6	2	33,3%	4	66,7%	0	0,0%	0	0,0%	0	0,0%	0	0,0%	4	1	25,0%
Summe	297	140	47,1%	157	52,9%	126		127		3		3		247	209	84,6%

Quelle: Geschäftsberichte der Unternehmen des Neuen Marktes.

Anhang 5: Definition analytischer Kennzahlen

$$\text{Aktivierungsrate} = \frac{\text{Aktivierte Entwicklungs- bzw. Softwareproduktionsaufwendungen}}{\text{Gesamte Forschungs- und Entwicklungsaufwendungen der Periode*}}$$

$$\text{Forschungs- und Entwicklungsintensität} = \frac{\text{Gesamte Forschungs- und Entwicklungsaufwendungen der Periode*}}{\text{Nettumsatzerlöse der Periode}}$$

*Die gesamten Forschungs- und Entwicklungsaufwendungen der Periode umfassen die als Aufwand ausgewiesenen Forschungs- und Entwicklungsaufwendungen sowie die aktivierten Entwicklungs- bzw. Softwareproduktionsaufwendungen der Periode.

Anhang 6: Legende zur Analyse der Rechnungslegung nach IFRS und US-GAAP

Ja......................Angaben sind vorhanden bzw. Methoden sind angewendet im Sinne der IFRS bzw. US-GAAP

(Ja)..................Angaben sind vorhanden aber unvollständig bzw. nicht ausreichend erläutert und nachvollziehbar

Nein................Methoden sind nicht in Übereinstimmung mit den IFRS bzw. US-GAAP angewendet

Unklar............Wegen fehlender Angaben ist die Vorgehensweise bzw. auch die daraus entstehende Pflicht zur Offenlegung nicht nachprüfbar, es könnte ein Verstoß gegen anzuwendende IFRS bzw. US-GAAP-Regelungen vorliegen

k.A. ....Den Pflichtoffenlegungen und –angaben wird nicht nachgekommen beziehungsweise es sind keine Angaben vorhanden

N/A.................Nicht zutreffend, die Rechnungslegungsmethode findet keine Anwendung bzw. es liegen keine Anhaltspunkte vor, die eine Angabe oder einen Ausweis erfordern

Bemerkung......Wertfreie, sinngemäße oder wortwörtliche Wiedergabe von im Prospekt enthaltenen Angaben zum besseren Verständnis

Quelle: Eigene Darstellung in Anlehnung an Hayn, Sven (1997), Küting, Karlheinz (Hrsg.)/ Wöhe, Günter (Hrsg.): Internationale Rechnungslegung, Ursachen, Wirkungen und Lösungsansätze zur Überwindung internationaler Rechnungslegungsdivergenzen, 1. Auflage, Stuttgart 1997, S. 246 ff.

Anhang 7: Empirische Auswertung der Abschlüsse der Unternehmen des Untersuchungsgegenstandes

Tabelle 3: Empirische Auswertung der Abschlüsse der Unternehmen, die nach IFRS Rechnung legen (Teil 1 von 6)

1. Unternehmen	***Abit AG***	***Brain International AG***	***Brainforce AG***	***Brainpower N.V.***	***COR AG***
1.1. Sitz des Unternehmens	Deutschland	Deutschland	Österreich	Niederlande	Deutschland
1.2. Nemax All-Share Branche	Software	Software	Software	Software	Software
1.3. Art des Abschlusses	Konzernabschluss	Konzernabschluss	Konzernabschluss	Konzernabschluss	Konzernabschluss
1.4. Bilanzstichtag	31. Dezember 2001	31. Dezember 2001	31. Dezember 2001	31. Dezember 2001	31. Dezember 2001
1.5. Angewandte Rechnungslegungsgrundsätze	IAS	IAS	IAS	IAS	IAS
1.6. Besonderheiten	Befreiender Konzernabschluss gemäß § 292a HGB	Befreiender Konzernabschluss gemäß § 292a HGB	N/A	N/A	Befreiender Konzernabschluss gemäß § 292a HGB
1.7. Aussage des Bestätigungsvermerks des Abschlussprüfers	Uneingeschränkter Bestätigungsvermerk	Uneingeschränkter Bestätigungsvermerk	Uneingeschränkter Bestätigungsvermerk	Uneingeschränkter Bestätigungsvermerk	Uneingeschränkter Bestätigungsvermerk
2. Angaben zum Unternehmen					
Beschreibung der Geschäftstätigkeit im Anhang oder im Geschäftsbericht (IAS 1, Abschn. 102b)	Ja Bemerkung: Entwicklung und Vertrieb von Software für das Kredit- und Forderungsmanagement sowie Erbringung zugehöriger Dienstleistungen	Ja Bemerkung: Entwicklung und Vertrieb von Software für Fertigungs- und Logistikprozesse sowie Erbringung zugehöriger Dienstleistungen	Ja Bemerkung: Erstellung von Konzepten für die strategische Integration von Hard- und Software-systemen, im einzelnen Entwicklung und Implementierung spezifischer Software-lösungen und Erbringung von Beratungs- und Implementierungsdienstleistungen	Ja Bemerkung: Entwicklung und Vertrieb von Investmentanalyse- und Entscheidungsunterstützungssoftware	Ja Bemerkung: Entwicklung und Vertrieb von Software für die Bestandsverwaltung bei Lebensversicherungen sowie Erbringung zugehöriger Beratungs- und Entwicklungsdienstleistungen
3. Bestandteile des Abschlusses					
3.1. Pflichtbestandteile gemäß IAS					
Bilanz einschließlich Vorjahresangaben (IAS 1, Abschn. 7a i.V.m. IAS 1, Abschn. 38)	Ja	Ja	Ja	Ja	Ja

	Abit AG	*Brain International AG*	*Brainforce AG*	*Brainpower N.V.*	*COR AG*
GuV einschließlich Vorjahresangaben (IAS 1, Abschn. 7b i.V.m. IAS 1, Abschn. 38)	Ja Bemerkung: Gesamtkostenverfahren	Ja Bemerkung: Gesamtkostenverfahren	Ja Bemerkung: Gesamtkostenverfahren	Ja Bemerkung: Umsatzkostenverfahren	Ja Bemerkung: Gesamtkostenverfahren
Kapitalflussrechnung einschließlich Vorjahresangaben (IAS 1, Abschn. 7d i.V.m. IAS 1, Abschn. 38)	Ja	Ja	Ja	Ja	Ja
Anhang (IAS 1, Abschn. 7e i.V.m. IAS 1, Abschn. 38)	Ja	Ja	Ja	Ja	Ja
Segmentberichterstattung einschließlich Vorjahresangaben (IAS 14, Abschn. 1 i.V.m. IAS 1, Abschn. 38)	Ja	Ja	Ja	Ja	Ja
Eigenkapitalveränderungsrechnung einschließlich Vorjahresangaben (IAS 1, Abschn. 7c (i) u. (ii) i.V.m. IAS 1, Abschn. 38)	Ja	Ja	Ja	Ja	Ja
3.2. Pflichtbestandteile eines befreienden Konzernabschlusses gemäß § 292a HGB					
Konzernlagebericht (§ 292a Abs. 2 HGB)	Ja	Ja	N/A	N/A	Ja
Konsolidierter Anlagespiegel (§ 292a Abs. 2b HGB i.V.m. DRS 1, Abschn. 195)	Ja	Ja	N/A	N/A	Ja
4. Allgemeine Darstellung der relevanten angewandten Rechnungslegungsmethoden					
Beschreibung des Ansatzes und der Bewertung selbst erstellter immaterieller Vermögenswerte (IAS 1, Abschn. 99e i.V.m. IAS 1, Abschn. 97)	Ja	Ja	Ja	Ja	Ja
Beschreibung der Abschreibungsmethoden für selbst erstellte immaterielle Vermögenswerte (IAS 1, Abschn. 99e i.V.m. IAS 1, Abschn. 97)	Ja	Ja	Ja	Ja	Ja
Spezifizierung der Arten von Entwicklungsaufwendungen	• Entwicklungskosten für Produkte	• Softwareentwicklungs-kosten	• Entwicklungskosten	• Softwareentwicklungs-kosten	• Softwareentwicklungs-kosten

	Abit AG	*Brain International AG*	*Brainforce AG*	*Brainpower N.V.*	*COR AG*
5. Aktivierte Softwareentwicklungs-aufwendungen als selbst erstellte immaterielle Vermögenswerte					
5.1.1. Anteile der Bilanzpositionen an der Bilanzsumme					
Anteil erworbener immaterieller Vermögenswerte an der Bilanzsumme	2,5 %	0,7 %	0,4 %	0,0 %	1,0 %
Anteil selbst erstellter immaterieller Vermögenswerte an der Bilanzsumme	5,1 %	18,4 %	1,1 %	3,2 %	18,1 %
Anteil der Geschäfts- und Firmenwerte an der Bilanzsumme	31,1 %	15,7 %	15,2 %	4,3 %	29,5 %
Anteil der geleisteten Anzahlungen auf immaterielle Vermögenswerte an der Bilanzsumme	0,0 %	5,5 %	0,0 %	0,0 %	0,0 %
Anteil des Sach- und Finanzanlagevermögens an der Bilanzsumme	15,2 %	7,4 %	7,4 %	10,2 %	6,0 %
Anteil des Umlaufvermögens an der Bilanzsumme	46,1 %	51,1 %	70,2 %	82,3 %	37,7 %
Anteil der latenten Steuern und der Rechnungsabgrenzung an der Bilanzsumme	0,0 %	1,2 %	5,7 %	0,0 %	7,7 %
Bilanzsumme	100,0 %	100,0 %	100,0 %	100,0 %	100,0 %
5.1.2. Selbst erstellte immaterielle Vermögenswerte					
Ausweis von wesentlichen Einzelpositionen in der Bilanz bzw. im Anhang	Ja	Ja	Ja	Ja	Ja
Anteil der selbst erstellten immateriellen Vermögenswerte an den ausgewiesenen immateriellen Vermögenswerten	13,2 %	45,6 %	6,5 %	42,7 %	37,2 %
Anteil der selbst erstellten immateriellen Vermögenswerte am ausgewiesenen Anlagevermögen	9,5 %	38,5 %	4,5 %	18,0 %	33,1 %
Anteil der selbst erstellten immateriellen Vermögenswerte am ausgewiesenen Eigenkapital	10,5 %	66,0 %	2,8 %	4,2 %	23,6 %

	Abit AG	*Brain International AG*	*Brainforce AG*	*Brainpower N.V.*	*COR AG*
5.1.3. Kennzahlen zu Forschungs- und Entwicklungsaufwendungen und aktivierten Softwareentwicklungs-aufwendungen					
Forschungs- und Entwicklungs-intensität (Verhältnis der ausgewiesenen Forschungs- und Entwicklungsauf-wendungen zu den Nettoumsatz-erlösen der analysierten Periode)	N/A Bemerkung: Keine Angabe der Forschungs- und Ent-wicklungsaufwendungen	13,2 %	N/A Bemerkung: Keine Angabe der Forschungs- und Ent-wicklungsaufwendungen	50,8 %	15,5 %
Aktivierungsrate (Verhältnis der aktivierten Softwareentwicklungsaufwendunge n zu den gesamten Forschungs- und Entwicklungsaufwendungen der analysierten Periode)	N/A Bemerkung: Keine Angabe der Forschungs- und Ent-wicklungsaufwendungen	41,8 %	N/A Bemerkung: Keine Angabe der Forschungs- und Ent-wicklungsaufwendungen	15,2 %	29,1 %
5.2. Pflichtangaben im Anhang zu aktivierten Softwareentwicklungs-aufwendungen					
5.2.1. Angaben zu Aktivierungskriterien					
Technische Realisierbarkeit der Fertigstellung (IAS 38, Abschn. 45a i.V.m. IAS 1, Abschn. 97)	Ja	k.A.	k.A.	Ja	Ja
Absicht zur Fertigstellung (IAS 38, Abschn. 45b i.V.m. IAS 1, Abschn. 97)	Ja	k.A.	k.A.	k.A.	Ja
Fähigkeit zur Nutzung oder zur Vermarktung (IAS 38, Abschn. 45c i.V.m. IAS 1, Abschn. 97)	Ja	Ja	k.A.	k.A.	Ja
Nachweis der Existenz eines Marktes bzw. des internen Nutzens (Zufluss eines künftigen wirtschaftlichen Nutzens) (IAS 38, Abschn. 45d i.V.m. IAS 1, Abschn. 97)	Ja	Ja	k.A.	k.A.	Ja
Nachweis der Verfügbarkeit adäquater technischer, finanzieller und sonstiger Ressourcen (IAS 38, Abschn. 45e i.V.m. IAS 1, Abschn. 97)	k.A.	k.A.	k.A.	k.A.	Ja

	Abit AG	*Brain International AG*	*Brainforce AG*	*Brainpower N.V.*	*COR AG*
Zuverlässigkeit der Bewertung (IAS 38, Abschn. 45f i.V.m. IAS 1, Abschn. 97)	Ja	Ja		**k.A.**	Ja
Angabe von Gründen bei Nichtaktivierung von Entwicklungsaufwendungen	N/A	N/A	N/A	N/A	N/A
5.2.2. Allgemeine Angaben zu Folgebewertung					
Nutzungsdauer (IAS 38, Abschn. 107a)	**k.A.**	Ja Bemerkung: 3 Jahre	Ja Bemerkung: 4-5 Jahre	Ja Bemerkung: 3 Jahre	Ja Bemerkung: 4 Jahre
Abschreibungsmethoden (IAS 38, Abschn. 107b)	Ja Bemerkung: Planmäßige lineare Abschreibungen, es wurden außerplanmäßige Abschreibungen vorgenommen	Ja Bemerkung: Planmäßige lineare Abschreibungen, es wurden Wertaufholungen vorgenommen	Ja Bemerkung: Planmäßige lineare Abschreibungen, es wurden außerplanmäßige Abschreibungen vorgenommen	Ja Bemerkung: Planmäßige lineare Abschreibungen, es wurden keine außerplanmäßigen Abschreibungen vorgenommen	Ja Bemerkung: Planmäßige lineare Abschreibungen, es wurden außerplanmäßige Abschreibungen vorgenommen
Bruttobuchwerte und kumulierte Abschreibungen (IAS 38, Abschn. 107c)	Ja	Ja	Ja	Ja	**k.A.**
Position in der GuV, in dem die Abschreibung erfasst wurde (IAS 38, Abschn. 107d)	Ja	Ja	Ja	Ja	Ja
5.2.3. Überleitung vom Wert am Anfang der Rechnungslegungsperiode zum Bilanzstichtag					
Offenlegung der Zugänge, wobei Zugänge an Geschäfts- und Firmenwerten getrennt darzustellen sind (IAS 38, Abschn. 107e (i))	Ja	Ja	Ja	Ja	Ja
Offenlegung der Abgänge (IAS 38, Abschn. 107e (ii))	Ja	Ja	Ja	Ja	**k.A.**
Offenlegung der Erhöhung oder Verminderung begründet durch Anwendung der Neubewertungs-methode oder bei Abwertungen bzw. Wertaufholungen gem. IAS 36, die mit dem Eigenkapital verrechnet wurden (IAS 38, Abschn. 107e (iii))	N/A	N/A	N/A	N/A	N/A

	Abit AG	*Brain International AG*	*Brainforce AG*	*Brainpower N.V.*	*COR AG*
Offenlegung von Wertaufholungen gem. IAS 36, die in der GuV erfasst wurden (IAS 38, Abschn. 107e (v))	N/A	Ja	N/A	N/A	N/A
Offenlegung des Betrages der in der Periode erfassten Abschreibungen (IAS 38, Abschn. 107e (vi))	Ja	Ja	Ja	Ja	Ja
Offenlegung von Nettoveränderungen aus Währungsumrechnungen (IAS 38, Abschn. 107e (vii))	Ja	Ja	Ja	Ja	Unklar
Offenlegung sonstiger Wertänderungen (IAS 38, Abschn. 107e (viii))	N/A	N/A	N/A	N/A	N/A
5.3. Pflichtangaben zu aktivierten Softwareentwicklungsaufwendungen, die mit der Neubewertungsmethode bewertet wurden („Allowed Alternative Treatment“)					
5.3.1. Pflichtangaben für jede Gruppe immaterieller Vermögenswerte					
Zeitpunkt der Neubewertung (IAS 38, Abschn. 113a (i))	N/A	N/A	N/A	N/A	N/A
Buchwert der immateriellen Vermögenswerte (IAS 38, Abschn. 113a (ii))	N/A	N/A	N/A	N/A	N/A
Buchwert der immateriellen Vermögenswerte bei Anwendung der „Benchmark“-Methode (IAS 38, Abschn. 113a (iii))	N/A	N/A	N/A	N/A	N/A
5.3.2. Weitere Pflichtangaben					
Betrag der Neubewertungsrücklage zu Beginn der Rechnungslegungsperiode und zum Bilanzstichtag (IAS 38, Abschn. 113b)	N/A	N/A	N/A	N/A	N/A
Betrag vorhandener Ausschüttungssperren aus der Neubewertungsrücklage (IAS 38, Abschn. 113b)	N/A	N/A	N/A	N/A	N/A

	Abit AG	*Brain International AG*	*Brainforce AG*	*Brainpower N.V.*	*COR AG*
5.4. Weitere Pflichtangaben zu aktivierten Softwareentwicklungs-aufwendungen					
5.4.1.Angaben zu immateriellen Vermögenswerten, deren Nutzungsdauer 20 Jahre übersteigt					
Angaben über die wesentlichen Einflussfaktoren, die zur Annahme einer mehr als 20-jährigen Nutzungsdauer führten (IAS 38, Abschn. 111a)	N/A	N/A	N/A	N/A	N/A
Beschreibung, Wert zum Bilanzstichtag und verbleibende Nutzungsdauer für einzelne wesentliche immaterielle Vermögenswerte mit einer Nutzungsdauer von mehr als 20 Jahren (IAS 38, Abschn. 111b)	N/A	N/A	N/A	N/A	N/A
5.4.2. Pflichtangaben zum juristischen Eigentum und zu Sicherungsübereignungen					
Angaben über die Existenz und den Wert immaterieller Vermögens-werte, die nicht juristisches Eigen-tum des Unternehmens sind oder die als Sicherheit für Schulden übereignet wurden (IAS 38, Abschn. 111d)	N/A	Ja Bemerkung: Quellcodes bestimmter Software-Programme wurden verpfändet	N/A	N/A	N/A
Angaben über Verpflichtungen zum Erwerb immaterieller Vermögenswerte (IAS 38, Abschn. 111e)	N/A	N/A	N/A	N/A	N/A
5.5. Pflichtangaben zu wert-berichtigten aktivierten Soft-wareentwicklungsaufwendungen					
5.5.1. Angaben in der Segmentberichterstattung					
Angabe eines Abwertungsverlustes je Segment, das in der GuV bzw. im Eigenkapital erfasst wurde (IAS 36, Abschn. 116a)	Ja	N/A	Ja	N/A	Ja

	Abit AG	*Brain International AG*	*Brainforce AG*	*Brainpower N.V.*	*COR AG*
Angabe des Wertaufholungsbetrages je Segment, der in der GuV bzw. im Eigenkapital erfasst wurde (IAS 36, Abschn. 116b)	N/A	Unklar	N/A	N/A	N/A
5.5.2. Angaben zu wesentlichen Bewertungsverlusten der Berichtsperiode					
Angabe der Gründe, die zur Abwertung bzw. zu einer Wertaufholung führten (IAS 36, Abschn. 117a)	Ja	Ja	Ja	N/A	Ja
Angabe der Abwertungs- oder Wertaufholungsbeträge (IAS 36, Abschn. 117b i.V.m. Abschn. 113a)	Ja	Ja	Ja	N/A	Ja
Beschreibung der einzelnen Vermögenswerte und Angabe der Segmente, zu denen die Vermögenswerte zuzurechnen sind (IAS 36, Abschn. 117c (i)(ii))	(Ja)	Unklar	Ja	N/A	Ja
Angaben über die Werte und Methoden zur Ermittlung des Wertminderungsaufwandes (IAS 36, Abschn. 117e-g)	(Ja)	Ja	**k.A.**	N/A	Ja
5.6. Forschungs- und Entwicklungsaufwendungen					
Angabe des Betrages der Forschungs- und Entwicklungsaufwendungen, die Aufwand der Periode darstellen (IAS 38, Abschn. 115)	**k.A.**	Ja	**k.A.**	Ja	Ja

Tabelle 4: Empirische Auswertung der Abschlüsse der Unternehmen, die nach IFRS Rechnung legen (Tabelle 2 von 6)

1. Unternehmen	***Dicom Plc.***	***Easy Software AG***	***Fabasoft AG***	***FJA AG***	***Group Technologies AG***
1.1. Sitz des Unternehmens	Großbritannien	Deutschland	Österreich	Deutschland	Deutschland
1.2. Nemax All-Share Branche	Software	Software	Software	Software	Software
1.3. Art des Abschlusses	Konzernabschluss	Konzernabschluss	Konzernabschluss	Konzernabschluss	Konzernabschluss
1.4. Bilanzstichtag	31. Dezember 2001	31. Dezember 2001	31. März 2002	31. Dezember 2001	31. Dezember 2001
1.5. Angewandte Rechnungslegungsgrundsätze	IAS	IAS	IAS	IAS	IAS
1.6. Besonderheiten	N/A	Befreiender Konzernabschluss gemäß § 292a HGB	N/A	Befreiender Konzernabschluss gemäß § 292a HGB	N/A
1.7. Aussage des Bestätigungsvermerks des Abschlussprüfers	Uneingeschränkter Bestätigungsvermerk	Uneingeschränkter Bestätigungsvermerk	Uneingeschränkter Bestätigungsvermerk	Uneingeschränkter Bestätigungsvermerk	Uneingeschränkter Bestätigungsvermerk
2. Angaben zum Unternehmen					
Beschreibung der Geschäftstätigkeit im Anhang oder im Geschäftsbericht (IAS 1, Abschn. 102b)	Ja Bemerkung: Entwicklung und Vertrieb von Softwarelösungen zur Informationserfassung sowie Erbringung zugehöriger Dienstleistungen	Ja Bemerkung: Entwicklung und Vertrieb von Softwarelösungen für die elektronische Archivierung und das Dokumenten-Management	Ja Bemerkung: Entwicklung und Vertrieb von Software für das Kundenbeziehungsmanagement	Ja Bemerkung: Entwicklung und Implementierung von Standardsoftware für Versicherer und Finanzdienstleister	Ja Bemerkung: Entwicklung und Vertrieb von E-Mail Sicherheitssoftware
3. Bestandteile des Abschlusses					
3.1. Pflichtbestandteile gemäß IAS					
Bilanz einschließlich Vorjahresangaben (IAS 1, Abschn. 7a i.V.m. IAS 1, Abschn. 38)	Ja	Ja	Ja	Ja	Ja
GuV einschließlich Vorjahresangaben (IAS 1, Abschn. 7b i.V.m. IAS 1, Abschn. 38)	Ja Bemerkung: Gesamtkostenverfahren	Ja Bemerkung: Gesamtkostenverfahren	Ja Bemerkung: Gesamtkostenverfahren	Ja Bemerkung: Gesamtkostenverfahren	Ja Bemerkung: Gesamtkostenverfahren
Kapitalflussrechnung einschließlich Vorjahresangaben (IAS 1, Abschn. 7d i.V.m. IAS 1, Abschn. 38)	Ja	Ja	Ja	Ja	Ja
Anhang (IAS 1, Abschn. 7e i.V.m. IAS 1, Abschn. 38)	Ja	Ja	Ja	Ja	Ja

	Dicom Plc.	*Easy Software AG*	*Fabasoft AG*	*FJA AG*	*Group Technologies AG*
Ergebnis je Aktie einschließlich Vorjahresangaben im Anhang und in der Gewinn- und Verlustrechnung (IAS 33, Abschn. 1 u. 47ff. i.V.m. IAS 1, Abschn. 38)	Ja	Ja	Ja	Ja	Ja
Segmentberichterstattung einschließlich Vorjahresangaben (IAS 14, Abschn. 1 i.V.m. IAS 1, Abschn. 38)	Ja	Ja	Ja	Ja	Ja
3.2. Pflichtbestandteile eines befreienden Konzernabschlusses gemäß § 292a HGB					
Konzernlagebericht (§ 292a Abs. 2 HGB)	N/A	Ja	N/A	Ja	N/A
Konsolidierter Anlagespiegel (§ 292a Abs. 2b HGB i.V.m. DRS 1, Abschn. 195)	N/A	Ja	N/A	Ja	N/A
4. Allgemeine Darstellung der relevanten angewandten Rechnungslegungsmethoden					
Beschreibung des Ansatzes und der Bewertung selbst erstellter immaterieller Vermögenswerte (IAS 1, Abschn. 99e i.V.m. IAS 1, Abschn. 97)	N/A	Ja	Ja	Ja	Ja
Beschreibung der Abschreibungsmethoden für selbst erstellte immaterielle Vermögenswerte (IAS 1, Abschn. 99e i.V.m. IAS 1, Abschn. 97)	N/A	Ja	Ja	Ja	Ja
Spezifizierung der Arten von Entwicklungsaufwendungen	N/A	• Softwareentwicklungs-kosten	• Entwicklungskosten	• Entwicklungskosten	**k.A.**
5. Aktivierte Softwareentwicklungsaufwendungen als selbst erstellte immaterielle Vermögenswerte					
5.1. Bilanzstruktur					
5.1.1. Anteile der Bilanzpositionen an der Bilanzsumme					

	Dicom Plc.	*Easy Software AG*	*Fabasoft AG*	*FJA AG*	*Group Technologies AG*
Anteil erworbener immaterieller Vermögenswerte an der Bilanzsumme	0,0 %	4,3 %	3,2 %	0,0 %	2,8 %
Anteil selbst erstellter immaterieller Vermögenswerte an der Bilanzsumme	0,0 %	22,5 %	0,0 %	0,0 %	2,4 %
Anteil der Geschäfts- und Firmenwerte an der Bilanzsumme	40,2 %	7,0 %	6,6 %	3,7 %	0,0 %
Anteil der geleisteten Anzahlungen auf immaterielle Vermögenswerte an der Bilanzsumme	0,0 %	0,0 %	0,0 %	0,0 %	0,0 %
Anteil des Sach- und Finanzanlagevermögens an der Bilanzsumme	13,6 %	6,6 %	4,4 %	81,1 %	4,2 %
Anteil des Umlaufvermögens an der Bilanzsumme	43,0 %	57,2 %	78,8 %	15,2 %	62,5 %
Anteil der latenten Steuern und der Rechnungsabgrenzung an der Bilanzsumme	3,2 %	2,4 %	7,0 %	0,0 %	28,1 %
Bilanzsumme	100,0 %	100,0 %	100,0 %	100,0 %	100,0 %
5.1.2. Selbst erstellte immaterielle Vermögenswerte					
Ausweis von wesentlichen Einzelpositionen in der Bilanz bzw. im Anhang	N/A	Ja	N/A	N/A	Ja
Anteil der selbst erstellten immateriellen Vermögenswerte an den ausgewiesenen immateriellen Vermögenswerten	0,0 %	66,6 %	0,0 %	0,0 %	45,8 %
Anteil der selbst erstellten immateriellen Vermögenswerte am ausgewiesenen Anlagevermögen	0,0 %	55,7 %	0,0 %	0,0 %	25,3 %
Anteil der selbst erstellten immateriellen Vermögenswerte am ausgewiesenen Eigenkapital	0,0 %	67,3 %	0,0 %	0,0 %	3,1 %
5.1.3. Kennzahlen zu Forschungs- und Entwicklungsaufwendungen und aktivierten Softwareentwicklungsaufwendungen					
Forschungs- und Entwicklungsintensität (Verhältnis der ausgewiesenen Forschungs- und Entwicklungsaufwendungen zu den Nettoumsatzerlösen der Periode)	3,8 %	13,0 %	40,2 %	N/A Bemerkung: Keine Angabe der Forschungs- und Entwicklungsaufwendungen	15,5 %

	Dicom Plc.	*Easy Software AG*	*Fabasoft AG*	*FJA AG*	*Group Technologies AG*
Aktivierungsrate (Verhältnis der aktivierten Softwareentwicklungsaufwendungen zu den gesamten Forschungs- und Entwicklungsaufwendungen der analysierten Periode)	0,0 %	100,0 %	0,0 %	N/A Bemerkung: Keine Angabe der Forschungs- und Entwicklungsaufwendungen	32,2 %
5.2. Pflichtangaben im Anhang zu aktivierten Softwareentwicklungsaufwendungen					
5.2.1. Angaben zu Aktivierungskriterien					
Technische Realisierbarkeit der Fertigstellung (IAS 38, Abschn. 45a i.V.m. IAS 1, Abschn. 97)	N/A	**k.A.**	N/A	N/A	**k.A.**
Absicht zur Fertigstellung (IAS 38, Abschn. 45b i.V.m. IAS 1, Abschn. 97)	N/A	**k.A.**	N/A	N/A	**k.A.**
Fähigkeit zur Nutzung oder zur Vermarktung (IAS 38, Abschn. 45c i.V.m. IAS 1, Abschn. 97)	N/A	**k.A.**	N/A	N/A	**k.A.**
Nachweis der Existenz eines Marktes bzw. des internen Nutzens (Zufluss eines künftigen wirtschaftlichen Nutzens) (IAS 38, Abschn. 45d i.V.m. IAS 1, Abschn. 97)	N/A	Ja	N/A	N/A	**k.A.**
Nachweis der Verfügbarkeit adäquater technischer, finanzieller und sonstiger Ressourcen (IAS 38, Abschn. 45e i.V.m. IAS 1, Abschn. 97)	N/A	**k.A.**	N/A	N/A	**k.A.**
Zuverlässigkeit der Bewertung (IAS 38, Abschn. 45f i.V.m. IAS 1, Abschn. 97)	N/A	**k.A.**	N/A	N/A	**k.A.**
Angabe von Gründen bei Nichtaktivierung von Entwicklungsaufwendungen	**k.A.**	N/A	Ja Bemerkung: Technische Machbarkeit nicht mit ausreichender Wahrscheinlichkeit gegeben	Ja Bemerkung: Aktivierungsvoraussetzungen nicht erfüllt	N/A

	Dicom Plc.	Easy Software AG	Fabasoft AG	FJA AG	Group Technologies AG
5.2.2. Allgemeine Angaben zur Folgebewertung					
Nutzungsdauer (IAS 38, Abschn. 107a)	N/A	Ja Bemerkung: 5 Jahre	N/A	N/A	Ja Bemerkung: 3 Jahre
Abschreibungsmethoden (IAS 38, Abschn. 107b)	N/A	Ja Bemerkung: Planmäßige lineare Abschreibungen, es wurden keine außerplanmäßigen Abschreibungen vorgenommen	N/A	N/A	Ja Bemerkung: Planmäßige lineare Abschreibungen, es wurden keine außerplanmäßigen Abschreibungen vorgenommen
Bruttobuchwerte und kumulierte Abschreibungen (IAS 38, Abschn. 107c)	N/A	Ja	N/A	N/A	Ja
Position in der GuV, in dem die Abschreibung erfasst wurde (IAS 38, Abschn. 107d)	N/A	Ja	N/A	N/A	Ja
5.2.3. Überleitung vom Wert am Anfang der Rechnungslegungsperiode zum Bilanzstichtag					
Offenlegung der Zugänge, wobei Zugänge an Geschäfts- und Firmenwerten getrennt darzustellen sind (IAS 38, Abschn. 107e (i))	N/A	Ja	N/A	N/A	Ja
Offenlegung der Abgänge (IAS 38, Abschn. 107e (ii))	N/A	Ja	N/A	N/A	Ja
Offenlegung der Erhöhung oder Verminderung begründet durch Anwendung der Neubewertungsmethode oder bei Abwertungen bzw. Wertaufholungen gem. IAS 36, die mit dem Eigenkapital verrechnet wurden (IAS 38, Abschn. 107e (iii))	N/A	N/A	N/A	N/A	N/A
Offenlegung der Verluste aus Abwertungen gem. IAS 36, die in der GuV erfasst wurden (IAS 38, Abschn. 107e (iv))	N/A	N/A	N/A	N/A	N/A

	Dicom Plc.	*Easy Software AG*	*Fabasoft AG*	*FJA AG*	*Group Technologies AG*
Offenlegung von Wertaufholungen gem. IAS 36, die in der GuV erfasst wurden (IAS 38, Abschn. 107e (v))	N/A	N/A	N/A	N/A	N/A
Offenlegung des Betrages der in der Periode erfassten Abschreibungen (IAS 38, Abschn. 107e (vi))	N/A	Ja	N/A	N/A	Ja
Offenlegung von Nettoveränderungen aus Währungsumrechnungen (IAS 38, Abschn. 107e (vii))	N/A	Ja	N/A	N/A	Ja
Offenlegung sonstiger Wertänderungen (IAS 38, Abschn. 107e (viii))	N/A	N/A	N/A	N/A	N/A
5.3. Pflichtangaben zu aktivierten Softwareentwicklungsaufwendungen, die mit der Neubewertungsmethode bewertet wurden („Allowed Alternative Treatment")					
5.3.1. Pflichtangaben für jede Gruppe immaterieller Vermögenswerte					
Zeitpunkt der Neubewertung (IAS 38, Abschn. 113a (i))	N/A	N/A	N/A	N/A	N/A
Buchwert der immateriellen Vermögenswerte (IAS 38, Abschn. 113a (ii))	N/A	N/A	N/A	N/A	N/A
Buchwert der immateriellen Vermögenswerte bei Anwendung der „Benchmark"-Methode (IAS 38, Abschn. 113a (iii))	N/A	N/A	N/A	N/A	N/A
5.3.2. Weitere Pflichtangaben					
Betrag der Neubewertungsrücklage zu Beginn der Rechnungslegungsperiode und zum Bilanzstichtag (IAS 38, Abschn. 113b)	N/A	N/A	N/A	N/A	N/A
Betrag vorhandener Ausschüttungssperren aus der Neubewertungsrücklage (IAS 38, Abschn. 113b)	N/A	N/A	N/A	N/A	N/A

	Dicom Plc.	*Easy Software AG*	*Fabasoft AG*	*FJA AG*	*Group Technologies AG*
5.4. Weitere Pflichtangaben zu aktivierten Softwareentwicklungs-aufwendungen					
5.4.1.Angaben zu immateriellen Vermögenswerten, deren Nutzungsdauer 20 Jahre übersteigt					
Angaben über die wesentlichen Einflussfaktoren, die zur Annahme einer mehr als 20-jährigen Nutzungsdauer führten (IAS 38, Abschn. 111a)	N/A	N/A	N/A	N/A	N/A
Beschreibung, Wert zum Bilanzstichtag und verbleibende Nutzungsdauer für einzelne wesentliche immaterielle Vermögenswerte mit einer Nutzungsdauer von mehr als 20 Jahren (IAS 38, Abschn. 111b)	N/A	N/A	N/A	N/A	N/A
5.4.2. Pflichtangaben zum juristischen Eigentum und zu Sicherungsübereignungen					
Angaben über die Existenz und den Wert immaterieller Vermögenswerte, die nicht juristisches Eigentum des Unternehmens sind oder die als Sicherheit für Schulden übereignet wurden (IAS 38, Abschn. 111d)	N/A	N/A	N/A	N/A	N/A
Angaben über Verpflichtungen zum Erwerb immaterieller Vermögenswerte (IAS 38, Abschn. 111e)	N/A	N/A	N/A	N/A	N/A
5.5. Pflichtangaben zu wertberichtigten aktivierten Softwareentwicklungsaufwendungen					
5.5.1. Angaben in der Segmentberichterstattung					
Angabe eines Abwertungsverlustes je Segment, das in der GuV bzw. im Eigenkapital erfasst wurde (IAS 36, Abschn. 116a)	N/A	N/A	N/A	N/A	N/A

	Dicom Plc.	*Easy Software AG*	*Fabasoft AG*	*FJA AG*	*Group Technologies AG*
Angabe des Wertaufholungsbetrages je Segment, der in der GuV bzw. im Eigenkapital erfasst wurde (IAS 36, Abschn. 116b)	N/A	N/A	N/A	N/A	N/A
5.5.2. Angaben zu wesentlichen Bewertungsverlusten der Berichtsperiode					
Angabe der Gründe, die zur Abwertung bzw. zu einer Wertaufholung führten (IAS 36, Abschn. 117a)	N/A	N/A	N/A	N/A	N/A
Angabe der Abwertungs- oder Wertaufholungsbeträge (IAS 36, Abschn. 117b i.V.m. Abschn. 113a)	N/A	N/A	N/A	N/A	N/A
Beschreibung der einzelnen Vermögenswerte und Angabe der Segmente, zu denen die Vermögenswerte zuzurechnen sind (IAS 36, Abschn. 117c (i)(ii))	N/A	N/A	N/A	N/A	N/A
Angaben über die Werte und Methoden zur Ermittlung des Wertminderungsaufwandes (IAS 36, Abschn. 117e-g)	N/A	N/A	N/A	N/A	N/A
5.6. Forschungs- und Entwicklungsaufwendungen					
Angabe des Betrages der Forschungs- und Entwicklungsaufwendungen, die Aufwand der Periode darstellen (IAS 38, Abschn. 115)	Ja	Ja	Ja	**k.A.**	Ja

Tabelle 5: Empirische Auswertung der Abschlüsse der Unternehmen, die nach IFRS Rechnung legen (Tabelle 3 von 6)

1. Unternehmen	***i:Fao AG***	***infor business solutions AG***	***Intraware AG***	***Mensch und Maschine AG***	***MIS AG***
1.1. Sitz des Unternehmens	Deutschland	Deutschland	Deutschland	Deutschland	Deutschland
1.2. Nemax All-Share Branche	Software	Software	Software	Software	Software
1.3. Art des Abschlusses	Konzernabschluss	Konzernabschluss	Konzernabschluss	Konzernabschluss	Konzernabschluss
1.4. Bilanzstichtag	31. Dezember 2001	31. Dezember 2001	31. Dezember 2001	31. Dezember 2001	31. Dezember 2001
1.5. Angewandte Rechnungslegungsgrundsätze	IAS	IAS	IAS	IAS	IAS
1.6. Besonderheiten	Befreiender Konzernabschluss gemäß § 292a HGB	Befreiender Konzernabschluss gemäß § 292a HGB	Befreiender Konzernabschluss gemäß § 292a HGB	Befreiender Konzernabschluss gemäß § 292a HGB	Befreiender Konzernabschluss gemäß § 292a HGB
1.7. Aussage des Bestätigungsvermerks des Abschlussprüfers	Uneingeschränkter Bestätigungsvermerk	Uneingeschränkter Bestätigungsvermerk	Uneingeschränkter Bestätigungsvermerk	Uneingeschränkter Bestätigungsvermerk	Uneingeschränkter Bestätigungsvermerk
2. Angaben zum Unternehmen					
Beschreibung der Geschäftstätigkeit im Anhang oder im Geschäftsbericht (IAS 1, Abschn. 102b)	Ja Bemerkung: Entwicklung und Vertrieb von Electronic Procurement-Software für das Business Travel Management	Ja Bemerkung: Entwicklung und Vertrieb von Enterprise-Ressource-Planning Software sowie Erbringung zugehöriger Dienstleistungen	Ja Bemerkung: Entwicklung und Vertrieb von Software für das Customer-Relationship-Management sowie Erbringung zugehöriger Dienstleistungen	Ja Bemerkung: Entwicklung und Vertrieb von Computer Aided Design-Software sowie Erbringung zugehöriger Dienstleistungen	Ja Bemerkung: Allgemeine Unternehmensberatung, Entwicklung und Vertrieb von Informationssystemen, Consulting sowie die Durchführung von Schulungen und Seminaren
3. Bestandteile des Abschlusses					
3.1. Pflichtbestandteile gemäß IAS					
Bilanz einschließlich Vorjahresangaben (IAS 1, Abschn. 7a i.V.m. IAS 1, Abschn. 38)	Ja	Ja	Ja	Ja	Ja
GuV einschließlich Vorjahresangaben (IAS 1, Abschn. 7b i.V.m. IAS 1, Abschn. 38)	Ja Bemerkung: Gesamtkostenverfahren	Ja Bemerkung: Gesamtkostenverfahren	Ja Bemerkung: Gesamtkostenverfahren	Ja Bemerkung: Umsatzkostenverfahren	Ja Bemerkung: Umsatzkostenverfahren
Kapitalflussrechnung einschließlich Vorjahresangaben (IAS 1, Abschn. 7d i.V.m. IAS 1, Abschn. 38)	Ja	Ja	Ja	Ja	Ja

	i:Fao AG	*infor business solutions AG*	*Intraware AG*	*Mensch und Maschine AG*	*MIS AG*
Anhang (IAS 1, Abschn. 7e i.V.m. IAS 1, Abschn. 38)	Ja	Ja	Ja	Ja	Ja
Ergebnis je Aktie einschließlich Vorjahresangaben im Anhang und in der Gewinn- und Verlustrechnung (IAS 33, Abschn. 1 u. 47ff. i.V.m. IAS 1, Abschn. 38)	Ja	Ja	Ja	Ja	Ja
Segmentberichterstattung einschließlich Vorjahresangaben (IAS 14, Abschn. 1 i.V.m. IAS 1, Abschn. 38)	Ja	Ja	Ja	Ja	Ja
Eigenkapitalveränderungsrechnung einschließlich Vorjahresangaben (IAS 1, Abschn. 7c (i) u. (ii) i.V.m. IAS 1, Abschn. 38)	Ja	Ja	Ja	Ja	Ja
3.2. Pflichtbestandteile eines befreienden Konzernabschlusses gemäß § 292a HGB					
Konzernlagebericht (§ 292a Abs. 2 HGB)	Ja	Ja	Ja	Ja	Ja
Konsolidierter Anlagespiegel (§ 292a Abs. 2b HGB i.V.m. DRS 1, Abschn. 195)	Ja	Ja	Ja	Ja	Ja
4. Allgemeine Darstellung der relevanten angewandten Rechnungslegungsmethoden					
Beschreibung des Ansatzes und der Bewertung selbst erstellter immaterieller Vermögenswerte (IAS 1, Abschn. 99e i.V.m. IAS 1, Abschn. 97)	Ja	Ja	Ja	Ja	N/A
Beschreibung der Abschreibungsmethoden für selbst erstellte immaterielle Vermögenswerte (IAS 1, Abschn. 99e i.V.m. IAS 1, Abschn. 97)	Ja	Ja	Ja	Ja	N/A
Spezifizierung der Arten von Entwicklungsaufwendungen	• Softwareentwicklungs-kosten	• Softwareentwicklungs-kosten	• Softwareentwicklungs-kosten	• Entwicklungskosten	N/A

	i:Fao AG	*infor business solutions AG*	*Intraware AG*	*Mensch und Maschine AG*	*MIS AG*
5. Aktivierte Softwareentwicklungs-aufwendungen als selbst erstellte immaterielle Vermögenswerte					
5.1. Bilanzstruktur					
5.1.1. Anteile der Bilanzpositionen an der Bilanzsumme					
Anteil erworbener immaterieller Vermögenswerte an der Bilanzsumme	1,9 %	4,1 %	2,8 %	0,8 %	0,5 %
Anteil selbst erstellter immaterieller Vermögenswerte an der Bilanzsumme	11,0 %	12,4 %	17,6 %	5,0 %	0,0 %
Anteil der Geschäfts- und Firmenwerte an der Bilanzsumme	12,2 %	23,7 %	1,2 %	17,5 %	17,5 %
Anteil der geleisteten Anzahlungen auf immaterielle Vermögenswerte an der Bilanzsumme	0,0 %	0,0 %	0,0 %	0,0 %	0,0 %
Anteil des Sach- und Finanzanlagevermögens an der Bilanzsumme	6,8 %	14,5 %	3,8 %	12,4 %	7,2 %
Anteil des Umlaufvermögens an der Bilanzsumme	51,8 %	32,1 %	56,5 %	60,5 %	61,1 %
Anteil der latenten Steuern und der Rechnungsabgrenzung an der Bilanzsumme	16,3 %	13,2 %	18,0 %	3,8 %	13,7 %
Bilanzsumme	100,0 %	100,0 %	100,0 %	100,0 %	100,0 %
Ausweis von wesentlichen Einzelpositionen in der Bilanz bzw. im Anhang	Ja	Ja	Ja	Ja	N/A
Anteil der selbst erstellten immateriellen Vermögenswerte am ausgewiesenen Anlagevermögen	34,6 %	22,7 %	69,0 %	14,1 %	0,0 %
Anteil der selbst erstellten immateriellen Vermögenswerte am ausgewiesenen Eigenkapital	12,0 %	15,5 %	25,2 %	16,2 %	0,0 %

	i:Fao AG	*infor business solutions AG*	*Intraware AG*	*Mensch und Maschine AG*	*MIS AG*
5.1.3. Kennzahlen zu Forschungs- und Entwicklungsaufwendungen und aktivierten Softwareentwicklungsaufwendungen					
Forschungs- und Entwicklungsintensität (Verhältnis der ausgewiesenen Forschungs- und Entwicklungsaufwendungen zu den Nettoumsatzerlösen der analysierten Periode)	75,5 %	18,5 %	52,1 %	5,0 %	10,2 %
Aktivierungsrate (Verhältnis der aktivierten Softwareentwicklungsaufwendungen zu den gesamten Forschungs- und Entwicklungsaufwendungen der analysierten Periode)	100,0 %	35,0 %	61,9 %	36,5 %	N/A
5.2. Pflichtangaben im Anhang zu aktivierten Softwareentwicklungsaufwendungen					
5.2.1. Angaben zu Aktivierungskriterien					
Technische Realisierbarkeit der Fertigstellung (IAS 38, Abschn. 45a i.V.m. IAS 1, Abschn. 97)	Ja	Ja	Ja	k.A.	N/A
Absicht zur Fertigstellung (IAS 38, Abschn. 45b i.V.m. IAS 1, Abschn. 97)	k.A.	k.A.	k.A.	k.A.	N/A
Fähigkeit zur Nutzung oder zur Vermarktung (IAS 38, Abschn. 45c i.V.m. IAS 1, Abschn. 97)	Ja	k.A.	Ja	k.A.	N/A
Nachweis der Existenz eines Marktes bzw. des internen Nutzens (Zufluss eines künftigen wirtschaftlichen Nutzens) (IAS 38, Abschn. 45d i.V.m. IAS 1, Abschn. 97)	Ja	k.A.	Ja	Ja	N/A
Nachweis der Verfügbarkeit adäquater technischer, finanzieller und sonstiger Ressourcen (IAS 38, Abschn. 45e i.V.m. IAS 1, Abschn. 97)	k.A.	k.A.	k.A.	k.A.	N/A

	i:Fao AG	*infor business solutions AG*	*Intraware AG*	*Mensch und Maschine AG*	*MIS AG*
Zuverlässigkeit der Bewertung (IAS 38, Abschn. 45f i.V.m. IAS 1, Abschn. 97)	Ja	k.A.	Ja	k.A.	N/A
Angabe von Gründen bei Nichtaktivierung von Entwicklungsaufwendungen	N/A	N/A	N/A	N/A	k.A.
5.2.2. Allgemeine Angaben zur Folgebewertung					
Nutzungsdauer (IAS 38, Abschn. 107a)	Ja Bemerkung: 4 Jahre	Ja Bemerkung: 3 Jahre	Ja Bemerkung: 3 Jahre	Ja Bemerkung: 3 Jahre	N/A
Abschreibungsmethoden (IAS 38, Abschn. 107b)	Ja Bemerkung: Planmäßige lineare Abschreibungen, es wurden keine außerplanmäßigen Abschreibungen vorgenommen	Ja Bemerkung: Planmäßige lineare Abschreibungen, es wurden außerplanmäßige Abschreibungen vorgenommen	Ja Bemerkung: Planmäßige lineare Abschreibungen, es wurden keine außerplanmäßigen Abschreibungen vorgenommen	Ja Bemerkung: Planmäßige lineare Abschreibungen, es wurden keine außerplanmäßigen Abschreibungen vorgenommen	N/A
Bruttobuchwerte und kumulierte Abschreibungen (IAS 38, Abschn. 107c)	Ja	Ja	Ja	Ja	N/A
Position in der GuV, in dem die Abschreibung erfasst wurde (IAS 38, Abschn. 107d)	Ja	Ja	Ja	Ja	N/A
5.2.3. Überleitung vom Wert am Anfang der Rechnungslegungsperiode zum Bilanzstichtag					
Offenlegung der Zugänge, wobei Zugänge an Geschäfts- und Firmenwerten getrennt darzustellen sind (IAS 38, Abschn. 107e (i))	Ja	Ja	Ja	Ja	N/A
Offenlegung der Abgänge (IAS 38, Abschn. 107e (ii))	Ja	Ja	Ja	Ja	N/A
Offenlegung der Erhöhung oder Verminderung begründet durch Anwendung der Neubewertungsmethode oder bei Abwertungen bzw. Wertaufholungen gem. IAS 36, die mit dem Eigenkapital verrechnet wurden (IAS 38, Abschn. 107e (iii))	N/A	N/A	Ja	N/A	N/A

	i:Fao AG	*infor business solutions AG*	*Intraware AG*	*Mensch und Maschine AG*	*MIS AG*
Offenlegung der Verluste aus Abwertungen gem. IAS 36, die in der GuV erfasst wurden (IAS 38, Abschn. 107e (iv))	N/A	Ja	N/A	N/A	N/A
Offenlegung von Wertaufholungen gem. IAS 36, die in der GuV erfasst wurden (IAS 38, Abschn. 107e (v))	N/A	N/A	N/A	N/A	N/A
Offenlegung des Betrages der in der Periode erfassten Abschreibungen (IAS 38, Abschn. 107e (vi))	Ja	Ja	Ja	Ja	N/A
Offenlegung von Nettoveränderungen aus Währungsumrechnungen (IAS 38, Abschn. 107e (vii))	Ja	Ja	Ja	Ja	N/A
Offenlegung sonstiger Wertänderungen (IAS 38, Abschn. 107e (viii))	Ja	Ja	Ja	Ja	N/A
5.3. Pflichtangaben zu aktivierten Softwareentwicklungsaufwendungen, die mit der Neubewertungsmethode bewertet wurden („Allowed Alternative Treatment")					
5.3.1. Pflichtangaben für jede Gruppe immaterieller Vermögenswerte					
Zeitpunkt der Neubewertung (IAS 38, Abschn. 113a (i))	N/A	N/A	N/A	N/A	N/A
Buchwert der immateriellen Vermögenswerte (IAS 38, Abschn. 113a (ii))	N/A	N/A	N/A	N/A	N/A
Buchwert der immateriellen Vermögenswerte bei Anwendung der „Benchmark"-Methode (IAS 38, Abschn. 113a (iii))	N/A	N/A	N/A	N/A	N/A
5.3.2. Weitere Pflichtangaben					
Betrag der Neubewertungsrücklage zu Beginn der Rechnungslegungsperiode und zum Bilanzstichtag (IAS 38, Abschn. 113b)	N/A	N/A	N/A	N/A	N/A
Betrag vorhandener Ausschüttungssperren aus der Neubewertungsrücklage (IAS 38, Abschn. 113b)	N/A	N/A	N/A	N/A	N/A

	i:Fao AG	*infor business solutions AG*	*Intraware AG*	*Mensch und Maschine AG*	*MIS AG*
5.4. Weitere Pflichtangaben zu aktivierten Softwareentwicklungs-aufwendungen					
5.4.1.Angaben zu immateriellen Vermögenswerten, deren Nutzungsdauer 20 Jahre übersteigt					
Angaben über die wesentlichen Einflussfaktoren, die zur Annahme einer mehr als 20-jährigen Nutzungsdauer führten (IAS 38, Abschn. 111a)	N/A	N/A	N/A	N/A	N/A
Beschreibung, Wert zum Bilanzstichtag und verbleibende Nutzungsdauer für einzelne wesentliche immaterielle Vermögenswerte mit einer Nutzungsdauer von mehr als 20 Jahren (IAS 38, Abschn. 111b)	N/A	N/A	N/A	N/A	N/A
5.4.2. Pflichtangaben zum juristischen Eigentum und zu Sicherungsübereignungen					
Angaben über die Existenz und den Wert immaterieller Vermögenswerte, die nicht juristisches Eigentum des Unternehmens sind oder die als Sicherheit für Schulden übereignet wurden (IAS 38, Abschn. 111d)	N/A	N/A	N/A	N/A	N/A
Angaben über Verpflichtungen zum Erwerb immaterieller Vermögenswerte (IAS 38, Abschn. 111e)	N/A	N/A	N/A	N/A	N/A
5.5. Pflichtangaben zu wertberichtigten aktivierten Software-entwicklungsaufwendungen					
5.5.1. Angaben in der Segmentberichterstattung					
Angabe eines Abwertungsverlustes je Segment, das in der GuV bzw. im Eigenkapital erfasst wurde (IAS 36, Abschn. 116a)	N/A	**k.A.**	N/A	N/A	N/A

	i:Fao AG	*infor business solutions AG*	*Intraware AG*	*Mensch und Maschine AG*	*MIS AG*
Angabe des Wertaufholungsbetrages je Segment, der in der GuV bzw. im Eigenkapital erfasst wurde (IAS 36, Abschn. 116b)	N/A	N/A	N/A	N/A	N/A
5.5.2. Angaben zu wesentlichen Bewertungsverlusten der Berichtsperiode					
Angabe der Gründe, die zur Abwertung bzw. zu einer Wertaufholung führten (IAS 36, Abschn. 117a)	N/A	Ja	N/A	N/A	N/A
Angabe der Abwertungs- oder Wertaufholungsbeträge (IAS 36, Abschn. 117b i.V.m. Abschn. 113a)	N/A	Ja	N/A	N/A	N/A
Beschreibung der einzelnen Vermögenswerte und Angabe der Segmente, zu denen die Vermögenswerte zuzurechnen sind (IAS 36, Abschn. 117c (i)(ii))	N/A	Ja	N/A	N/A	N/A
Angaben über die Werte und Methoden zur Ermittlung des Wertminderungsaufwandes (IAS 36, Abschn. 117e-g)	N/A	k.A.	N/A	N/A	N/A
5.6. Forschungs- und Entwicklungsaufwendungen					
Angabe des Betrages der Forschungs- und Entwicklungsaufwendungen, die Aufwand der Periode darstellen (IAS 38, Abschn. 115)	Ja	Ja	Ja	Ja	Ja

Tabelle 6: Empirische Auswertung der Abschlüsse der Unternehmen, die nach IFRS Rechnung legen (Tabelle 4 von 6)

1. Unternehmen	***Mosaic Software AG***	***Nemetschek AG***	***Nexus AG***	***NorCom Information Technology AG***	***NSE Software AG***
1.1. Sitz des Unternehmens	Deutschland	Deutschland	Deutschland	Deutschland	Deutschland
1.2. Nemax All-Share Branche	Software	Software	Software	Software	Software
1.3. Art des Abschlusses	Konzernabschluss	Konzernabschluss	Konzernabschluss	Konzernabschluss	Konzernabschluss
1.4. Bilanzstichtag	31. Dezember 2001	31. Dezember 2001	31. Dezember 2001	31. Dezember 2001	31. Dezember 2001
1.5. Angewandte Rechnungslegungsgrundsätze	IAS	IAS	IAS	IAS	IAS
1.6. Besonderheiten	Befreiender Konzernabschluss gemäß § 292a HGB	Befreiender Konzernabschluss gemäß § 292a HGB	Befreiender Konzernabschluss gemäß § 292a HGB	Befreiender Konzernabschluss gemäß § 292a HGB	Befreiender Konzernabschluss gemäß § 292a HGB
1.7. Aussage des Bestätigungsvermerks des Abschlussprüfers	Uneingeschränkter Bestätigungsvermerk	Uneingeschränkter Bestätigungsvermerk	Uneingeschränkter Bestätigungsvermerk	Uneingeschränkter Bestätigungsvermerk	Uneingeschränkter Bestätigungsvermerk
2. Angaben zum Unternehmen					
Beschreibung der Geschäftstätigkeit im Anhang oder im Geschäftsbericht (IAS 1, Abschn. 102b)	Ja Bemerkung: Entwicklung und Vertrieb von EDI/ E-Business-Software und Erbringung zugehöriger Dienstleistungen	Ja Bemerkung: Lösungsanbieter von Informationstechnologie und Consulting für das Planen, Bauen und Nutzen von Bauwerken und Immobilien	Ja Bemerkung: Entwicklung und Vertrieb von Software für Krankenhaus-Informations-Systeme sowie Erbringung zugehöriger Dienstleistungen	Ja Bemerkung: Entwicklung und Vertrieb von Softwarelösungen zur Erhöhung der Sicherheit im Electronic Business sowie Erbringung von Consulting-leistungen zur Implementierung der zugehörigen IT-Infrastrukturen	Ja Bemerkung: Entwicklung und Vertrieb von Softwarelösungen für die Finanzwirtschaft sowie Consulting, Implementierung und Schulung
3. Bestandteile des Abschlusses					
3.1. Pflichtbestandteile gemäß IAS					
Bilanz einschließlich Vorjahresangaben (IAS 1, Abschn. 7a i.V.m. IAS 1, Abschn. 38)	Ja	Ja	Ja	Ja	Ja
GuV einschließlich Vorjahresangaben, (IAS 1, Abschn. 7b i.V.m. IAS 1, Abschn. 38)	Ja Bemerkung: Gesamtkostenverfahren	Ja Bemerkung: Gesamtkostenverfahren	Ja Bemerkung: Gesamtkostenverfahren	Ja Bemerkung: Gesamtkostenverfahren	Ja Bemerkung: Gesamtkostenverfahren
Kapitalflussrechnung einschließlich Vorjahresangaben (IAS 1, Abschn. 7d i.V.m. IAS 1, Abschn. 38)	Ja	Ja	Ja	Ja	Ja

	Mosaic Software AG	*Nemetschek AG*	*Nexus AG*	*NorCom Information Technology AG*	*NSE Software AG*
Anhang (IAS 1, Abschn. 7e i.V.m. IAS 1, Abschn. 38)	Ja	Ja	Ja	Ja	Ja
Ergebnis je Aktie einschließlich Vorjahresangaben im Anhang und in der Gewinn- und Verlustrechnung (IAS 33, Abschn. 1 u. 47ff. i.V.m. IAS 1, Abschn. 38)	Ja	Ja	Ja	Ja	Ja
Segmentberichterstattung einschließlich Vorjahresangaben (IAS 14, Abschn. 1 i.V.m. IAS 1, Abschn. 38)	Ja	Ja	Ja	Ja	Ja
Eigenkapitalveränderungsrechnung einschließlich Vorjahresangaben (IAS 1, Abschn. 7c (i) u. (ii) i.V.m. IAS 1, Abschn. 38)	Ja	Ja	Ja	Ja	Ja
3.2. Pflichtbestandteile eines befreienden Konzernabschlusses gemäß § 292a HGB					
Konzernlagebericht (§ 292a Abs. 2 HGB)	Ja	Ja	Ja	Ja	Ja
Konsolidierter Anlagespiegel (§ 292a Abs. 2b HGB i.V.m. DRS 1, Abschn. 195)	Ja	Ja	Ja	Ja	Ja
4. Allgemeine Darstellung der relevanten angewandten Rechnungslegungsmethoden					
Beschreibung des Ansatzes und der Bewertung selbst erstellter immaterieller Vermögenswerte (IAS 1, Abschn. 99e i.V.m. IAS 1, Abschn. 97)	Ja	Ja	Ja	Ja	Ja
Beschreibung der Abschreibungsmethoden für selbst erstellte immaterielle Vermgenswerte (IAS 1, Abschn. 99e i.V.m. IAS 1, Abschn. 97)	Ja	Ja	Ja	Ja	Ja
Spezifizierung der Arten von Entwicklungsaufwendungen	• Entwicklungskosten	• Softwareentwicklungs-kosten	• Entwicklungskosten	• Softwareentwicklungs-kosten	• Softwareentwicklungs-kosten

	Mosaic Software AG	*Nemetschek AG*	*Nexus AG*	*NorCom Information Technology AG*	*NSE Software AG*
5. Aktivierte Softwareentwicklungs-aufwendungen als selbst erstellte immaterielle Vermögenswerte					
5.1. Bilanzstruktur					
5.1.1. Anteile der Bilanzpositionen an der Bilanzsumme					
Anteil erworbener immaterieller Vermögenswerte an der Bilanzsumme	0,9 %	5,1 %	4,4 %	12,0 %	12,0 %
Anteil selbst erstellter immaterieller Vermögenswerte an der Bilanzsumme	24,3 %	2,7 %	9,0 %	3,2 %	0,0 %
Anteil der Geschäfts- und Firmenwerte an der Bilanzsumme	18,8 %	34,3 %	0,0 %	23,3 %	0,0 %
Anteil der geleisteten Anzahlungen auf immaterielle Vermögenswerte an der Bilanzsumme	0,0 %	0,0 %	0,0 %	0,0 %	0,0 %
Anteil des Sach- und Finanzanlagevermögens an der Bilanzsumme	9,7 %	8,4 %	3,9 %	1,7 %	17,7 %
Anteil des Umlaufvermögens an der Bilanzsumme	37,1 %	47,0 %	70,6 %	59,8 %	68,8 %
Anteil der latenten Steuern und der Rechnungsabgrenzung an der Bilanzsumme	9,2 %	2,5 %	12,1 %	0,0 %	1,5 %
Bilanzsumme	100,0 %	100,0 %	100,0 %	100,0 %	100,0 %
Ausweis von wesentlichen Einzelpositionen in der Bilanz bzw. im Anhang	Ja	Ja	Ja	Ja	N/A
Anteil der selbst erstellten immateriellen Vermögenswerte an den ausgewiesenen immateriellen Vermögenswerten	55,2 %	6,3 %	67,3 %	8,3 %	0,0 %
Anteil der selbst erstellten immateriellen Vermögenswerte am ausgewiesenen Anlagevermögen	45,2 %	5,3 %	52,3 %	8,0 %	0,0 %
Anteil der selbst erstellten immateriellen Vermögenswerte am ausgewiesenen Eigenkapital	30,4 %	3,9 %	10,2 %	4,7 %	0,0 %

	Mosaic Software AG	*Nemetschek AG*	*Nexus AG*	*NorCom Information Technology AG*	*NSE Software AG*
5.1.3. Kennzahlen zu Forschungs- und Entwicklungsaufwendungen und aktivierten Softwareentwicklungs-aufwendungen					
Forschungs- und Entwicklungsintensität (Verhältnis der ausgewiesenen Forschungs- und Entwicklungsaufwendungen zu den Nettoumsatzerlösen der analysierten Periode)	43,3 %	22,1 %	N/A Bemerkung: Keine Angabe der Forschungs- und Entwicklungsaufwendungen	14,7 %	N/A Bemerkung: Keine Angabe der Forschungs- und Entwicklungsaufwendungen
Aktivierungsrate (Verhältnis der aktivierten Softwareentwicklungsaufwendungen zu den gesamten Forschungs- und Entwicklungsaufwendungen der analysierten Periode)	51,9 %	0,0 %	N/A Bemerkung: Keine Angabe der Forschungs- und Entwicklungsaufwendungen	33,2 %	N/A Bemerkung: Keine Angabe der Forschungs- und Entwicklungsaufwendungen
5.2. Pflichtangaben im Anhang zu aktivierten Softwareentwicklungs-aufwendungen					
5.2.1. Angaben zu Aktivierungskriterien					
Technische Realisierbarkeit der Fertigstellung (IAS 38, Abschn. 45a i.V.m. IAS 1, Abschn. 97)	**k.A.**	Ja	Ja	**k.A.**	**k.A.**
Absicht zur Fertigstellung (IAS 38, Abschn. 45b i.V.m. IAS 1, Abschn. 97)	**k.A.**	Ja	**k.A.**	**k.A.**	**k.A.**
Fähigkeit zur Nutzung oder zur Vermarktung (IAS 38, Abschn. 45c i.V.m. IAS 1, Abschn. 97)	**k.A.**	Ja	Ja	Ja	**k.A.**
Nachweis der Existenz eines Marktes bzw. des internen Nutzens (Zufluss eines künftigen wirtschaftlichen Nutzens) (IAS 38, Abschn. 45d i.V.m. IAS 1, Abschn. 97)	**k.A.**	Ja	Ja	Ja	**k.A.**
Nachweis der Verfügbarkeit adäquater technischer, finanzieller und sonstiger Ressourcen (IAS 38, Abschn. 45e i.V.m. IAS 1, Abschn. 97)	**k.A.**	Ja	**k.A.**	**k.A.**	**k.A.**

	Mosaic Software AG	*Nemetschek AG*	*Nexus AG*	*NorCom Information Technology AG*	*NSE Software AG*
Zuverlässigkeit der Bewertung (IAS 38, Abschn. 45f i.V.m. IAS 1, Abschn. 97)	**k.A.**	Ja	**k.A.**	**k.A.**	**k.A.**
Angabe von Gründen bei Nichtaktivierung von Entwicklungsaufwendungen	N/A	Ja Bemerkung: Im Berichtsjahr erfolgte keine projektspezifische Produktentwicklung	N/A	N/A	**k.A.**
5.2.2. Allgemeine Angaben zur Folgebewertung					
Nutzungsdauer (IAS 38, Abschn. 107a)	Ja Bemerkung: 4 Jahre	Ja Bemerkung: 5 Jahre	Ja Bemerkung: 4 Jahre	Ja Bemerkung: 3 Jahre	N/A
Abschreibungsmethoden (IAS 38, Abschn. 107b)	Ja Bemerkung: Planmäßige lineare Abschreibungen, es wurden keine außerplanmäßigen Abschreibungen vorgenommen	Ja Bemerkung: Planmäßige lineare Abschreibungen, es wurden keine außerplanmäßigen Abschreibungen vorgenommen	Ja Bemerkung: Planmäßige lineare Abschreibungen, es wurden keine außerplanmäßigen Abschreibungen vorgenommen	Ja Bemerkung: Planmäßige lineare Abschreibungen, es wurden keine außerplanmäßigen Abschreibungen vorgenommen	N/A
Bruttobuchwerte und kumulierte Abschreibungen (IAS 38, Abschn. 107c)	Ja	Ja	Ja	Ja	N/A
Position in der GuV, in dem die Abschreibung erfasst wurde (IAS 38, Abschn. 107d)	Ja	Ja	Ja	Ja	N/A
5.2.3. Überleitung vom Wert am Anfang der Rechnungslegungsperiode zum Bilanzstichtag					
Offenlegung der Zugänge, wobei Zugänge an Geschäfts- und Firmenwerten getrennt darzustellen sind (IAS 38, Abschn. 107e (i))	Ja	Ja	Ja	Ja	N/A
Offenlegung der Abgänge (IAS 38, Abschn. 107e (ii))	Ja	Ja	Ja	Ja	N/A
Offenlegung der Erhöhung oder Verminderung begründet durch Anwendung der Neubewertungsmethode oder bei Abwertungen bzw. Wertaufholungen gem. IAS 36, die mit dem Eigenkapital verrechnet wurden (IAS 38, Abschn. 107e (iii))	N/A	N/A	N/A	N/A	N/A

	Mosaic Software AG	*Nemetschek AG*	*Nexus AG*	*NorCom Information Technology AG*	*NSE Software AG*
Offenlegung der Verluste aus Abwertungen gem. IAS 36, die in der GuV erfasst wurden (IAS 38, Abschn. 107e (iv))	N/A	N/A	N/A	N/A	N/A
Offenlegung von Wertaufholungen gem. IAS 36, die in der GuV erfasst wurden (IAS 38, Abschn. 107e (v))	N/A	N/A	N/A	N/A	N/A
Offenlegung des Betrages der in der Periode erfassten Abschreibungen (IAS 38, Abschn. 107e (vi))	Ja	Ja	Ja	Ja	N/A
Offenlegung von Nettoveränderungen aus Währungsumrechnungen (IAS 38, Abschn. 107e (vii))	Ja	Ja	Ja	Ja	N/A
Offenlegung sonstiger Wertänderungen (IAS 38, Abschn. 107e (viii))	Ja	Ja	Ja	Ja	N/A
5.3. Pflichtangaben zu aktivierten Softwareentwicklungsaufwendungen, die mit der Neubewertungsmethode bewertet wurden („Allowed Alternative Treatment")					
5.3.1. Pflichtangaben für jede Gruppe immaterieller Vermögenswerte					
Zeitpunkt der Neubewertung (IAS 38, Abschn. 113a (i))	N/A	N/A	N/A	N/A	N/A
Buchwert der immateriellen Vermögenswerte (IAS 38, Abschn. 113a (ii))	N/A	N/A	N/A	N/A	N/A
Buchwert der immateriellen Vermögenswerte bei Anwendung der „Benchmark"-Methode (IAS 38, Abschn. 113a (iii))	N/A	N/A	N/A	N/A	N/A
5.3.2. Weitere Pflichtangaben					
Betrag der Neubewertungsrücklage zu Beginn der Rechnungslegungsperiode und zum Bilanzstichtag (IAS 38, Abschn. 113b)	N/A	N/A	N/A	N/A	N/A

	Mosaic Software AG	*Nemetschek AG*	*Nexus AG*	*NorCom Information Technology AG*	*NSE Software AG*
Betrag vorhandener Ausschüttungssperren aus der Neubewertungsrücklage (IAS 38, Abschn. 113b)	N/A	N/A	N/A	N/A	N/A
5.4. Weitere Pflichtangaben zu aktivierten Softwareentwicklungs-aufwendungen					
5.4.1.Angaben zu immateriellen Vermögenswerten, deren Nutzungsdauer 20 Jahre übersteigt					
Angaben über die wesentlichen Einflussfaktoren, die zur Annahme einer mehr als 20-jährigen Nutzungsdauer führten (IAS 38, Abschn. 111a)	N/A	N/A	N/A	N/A	N/A
Beschreibung, Wert zum Bilanzstichtag und verbleibende Nutzungsdauer für einzelne wesentliche immaterielle Vermögenswerte mit einer Nutzungsdauer von mehr als 20 Jahren (IAS 38, Abschn. 111b)	N/A	N/A	N/A	N/A	N/A
5.4.2. Pflichtangaben zum juristischen Eigentum und zu Sicherungsübereignungen					
Angaben über die Existenz und den Wert immaterieller Vermögenswerte, die nicht juristisches Eigentum des Unternehmens sind oder die als Sicherheit für Schulden übereignet wurden (IAS 38, Abschn. 111d)	N/A	N/A	N/A	N/A	N/A
Angaben über Verpflichtungen zum Erwerb immaterieller Vermögenswerte (IAS 38, Abschn. 111e)	N/A	N/A	N/A	N/A	N/A

	Mosaic Software AG	*Nemetschek AG*	*Nexus AG*	*NorCom Information Technology AG*	*NSE Software AG*
5.5. Pflichtangaben zu wertberichtigten aktivierten Softwareentwicklungsaufwendungen					
5.5.1. Angaben in der Segmentberichterstattung					
Angabe eines Abwertungsverlustes je Segment, das in der GuV bzw. im Eigenkapital erfasst wurde (IAS 36, Abschn. 116a)	N/A	N/A	N/A	N/A	N/A
Angabe des Wertaufholungsbetrages je Segment, der in der GuV bzw. im Eigenkapital erfasst wurde (IAS 36, Abschn. 116b)	N/A	N/A	N/A	N/A	N/A
5.5.2. Angaben zu wesentlichen Bewertungsverlusten der Berichtsperiode					
Angabe der Gründe, die zur Abwertung bzw. zu einer Wertaufholung führten (IAS 36, Abschn. 117a)	N/A	N/A	N/A	N/A	N/A
Angabe der Abwertungs- oder Wertaufholungsbeträge (IAS 36, Abschn. 117b i.V.m. Abschn. 113a)	N/A	N/A	N/A	N/A	N/A
Beschreibung der einzelnen Vermögenswerte und Angabe der Segmente, zu denen die Vermögenswerte zuzurechnen sind (IAS 36, Abschn. 117c (i)(ii))	N/A	N/A	N/A	N/A	N/A
Angaben über die Werte und Methoden zur Ermittlung des Wertminderungsaufwandes (IAS 36, Abschn. 117e-g)	N/A	N/A	N/A	N/A	N/A
5.6. Forschungs- und Entwicklungsaufwendungen					
Angabe des Betrages der Forschungs- und Entwicklungsaufwendungen, die Aufwand der Periode darstellen (IAS 38, Abschn. 115)	Ja	Ja	**k.A.**	Ja	**k.A.**

Tabelle 7: Empirische Auswertung der Abschlüsse der Unternehmen, die nach IFRS Rechnung legen (Tabelle 5 von 6)

1. Unternehmen	***P&I Informatik AG***	***ProDV AG***	***Softing AG***	***SoftM AG***	***Ultimaco Safeware AG***
1.1. Sitz des Unternehmens	Deutschland	Deutschland	Deutschland	Deutschland	Deutschland
1.2. Nemax All-Share Branche	Software	Software	Technology	Software	Software
1.3. Art des Abschlusses	Konzernabschluss	Konzernabschluss	Konzernabschluss	Konzernabschluss	Konzernabschluss
1.4. Bilanzstichtag	31. März 2001	31. Dezember 2001	31. Dezember 2001	31. Dezember 2001	30. Juni 2001
1.5. Angewandte Rechnungslegungsgrundsätze	IAS	IAS	IAS	IAS	IAS
1.6. Besonderheiten	Befreiender Konzernabschluss gemäß § 292a HGB	Befreiender Konzernabschluss gemäß § 292a HGB	Befreiender Konzernabschluss gemäß § 292a HGB	Befreiender Konzernabschluss gemäß § 292a HGB	Befreiender Konzernabschluss gemäß § 292a HGB
1.7. Aussage des Bestätigungsvermerks des Abschlussprüfers	Uneingeschränkter Bestätigungsvermerk	Uneingeschränkter Bestätigungsvermerk	Uneingeschränkter Bestätigungsvermerk	Uneingeschränkter Bestätigungsvermerk	Uneingeschränkter Bestätigungsvermerk
2. Angaben zum Unternehmen					
Beschreibung der Geschäftstätigkeit im Anhang oder im Geschäftsbericht (IAS 1, Abschn. 102b)	Ja Bemerkung: Erstellung, Vertrieb und die Wartung von Software vornehmlich im Bereich des Personalwesens und die hiermit verbundene Beratung und Schulung des Bedienungspersonals	Ja Bemerkung: Entwicklung und Vertrieb internetfähiger Informationssysteme unter Einsatz von Standard-software und eigenent-wickelter Softwarelö-sungen, Systemintegration, Training und Schulung der Anwender	Ja Bemerkung: Analyse, Beratung, Entwicklung und Durchführung von EDV-Projekten sowie betriebswirtschaftliche Studien, Gutachten und Schulungen, insbesondere für die Bereiche Prozessautomatisierung und Betriebsdatenerfassung	Ja Bemerkung: Entwicklung und Vertrieb von ERP-Softwarelösungen sowie Erbringung von Service- und Beratungsleistungen	Ja Bemerkung: Herstellung und Vertrieb von Soft- und Hardware mit dem Schwerpunkt Sicherheitslösungen einschließlich der Wahrung von Lizenzen, Beratung und Schulung
3. Bestandteile des Abschlusses					
3.1. Pflichtbestandteile gemäß IAS					
Bilanz einschließlich Vorjahresangaben (IAS 1, Abschn. 7a i.V.m. IAS 1, Abschn. 38)	Ja	Ja	Ja	Ja	Ja
GuV einschließlich Vorjahresangaben, (IAS 1, Abschn. 7b i.V.m. IAS 1, Abschn. 38)	Ja Bemerkung: Umsatzkostenverfahren	Ja Bemerkung: Gesamtkostenverfahren	Ja Bemerkung: Gesamtkostenverfahren	Ja Bemerkung: Gesamtkostenverfahren	Ja Bemerkung: Umsatzkostenverfahren
Kapitalflussrechnung einschließlich Vorjahresangaben (IAS 1, Abschn. 7d i.V.m. IAS 1, Abschn. 38)	Ja	Ja	Ja	Ja	Ja

	P&I Informatik AG	*ProDV AG*	*Softing AG*	*SoftM AG*	*Ultimaco Safeware AG*
Anhang (IAS 1, Abschn. 7e i.V.m. IAS 1, Abschn. 38)	Ja	Ja	Ja	Ja	Ja
Ergebnis je Aktie einschließlich Vorjahresangaben im Anhang und in der Gewinn- und Verlustrechnung (IAS 33, Abschn. 1 u. 47ff. i.V.m. IAS 1, Abschn. 38)	Ja	Ja	Ja	Ja	Ja
Segmentberichterstattung einschließlich Vorjahresangaben (IAS 14, Abschn. 1 i.V.m. IAS 1, Abschn. 38)	Ja	Ja	Ja	Ja	Ja
Eigenkapitalveränderungsrechnung einschließlich Vorjahresangaben (IAS 1, Abschn. 7c (i) u. (ii) i.V.m. IAS 1, Abschn. 38)	Ja	Ja	Ja	Ja	Ja
3.2. Pflichtbestandteile eines befreienden Konzernabschlusses gemäß § 292a HGB					
Konzernlagebericht (§ 292a Abs. 2 HGB)	Ja	Ja	Ja	Ja	Ja
Konsolidierter Anlagespiegel (§ 292a Abs. 2b HGB i.V.m. DRS 1, Abschn. 195)	Ja	Ja	Ja	Ja	Ja
4. Allgemeine Darstellung der relevanten angewandten Rechnungslegungsmethoden					
Beschreibung des Ansatzes und der Bewertung selbst erstellter immaterieller Vermögenswerte (IAS 1, Abschn. 99e i.V.m. IAS 1, Abschn. 97)	Ja	Ja	Ja	Ja	Ja
Beschreibung der Abschreibungsmethoden für selbst erstellte immaterielle Vermögenswerte (IAS 1, Abschn. 99e i.V.m. IAS 1, Abschn. 97)	Ja	Ja	Ja	Ja	Ja
Spezifizierung der Arten von Entwicklungsaufwendungen	• Softwareentwicklungs-kosten	• Softwareentwicklungs-kosten	• Softwareentwicklungs-kosten	• Softwareentwicklungs-kosten	• Softwareentwicklungs-kosten

	P&I Informatik AG	*ProDV AG*	*Softing AG*	*SoftM AG*	*Ultimaco Safeware AG*
5. Aktivierte Softwareentwicklungs-aufwendungen als selbst erstellte immaterielle Vermögenswerte					
5.1. Bilanzstruktur					
5.1.1. Anteile der Bilanzpositionen an der Bilanzsumme					
Anteil erworbener immaterieller Vermögenswerte an der Bilanzsumme	1,4 %	0,8 %	0,7 %	10,7 %	2,1 %
Anteil selbst erstellter immaterieller Vermögenswerte an der Bilanzsumme	3,7 %	2,7 %	30,8 %	11,0 %	0,0 %
Anteil der Geschäfts- und Firmenwerte an der Bilanzsumme	44,5 %	11,8 %	0,1 %	14,6 %	13,2 %
Anteil der geleisteten Anzahlungen auf immaterielle Vermögenswerte an der Bilanzsumme	0,0 %	0,0 %	1,1 %	1,4 %	0,0 %
Anteil des Sach- und Finanzanlagevermögens an der Bilanzsumme	5,2 %	17,4 %	3,5 %	4,9 %	26,3 %
Anteil des Umlaufvermögens an der Bilanzsumme	44,8 %	58,6 %	53,8 %	56,7 %	58,4 %
Bilanzsumme	100,0 %	100,0 %	100,0 %	100,0 %	100,0 %
5.1.2. Selbst erstellte immaterielle Vermögenswerte					
Ausweis von wesentlichen Einzelpositionen in der Bilanz bzw. im Anhang	Ja	Ja	Ja	Ja	N/A
Anteil der selbst erstellten immateriellen Vermögenswerte an den ausgewiesenen immateriellen Vermögenswerten	7,5 %	17,6 %	93,9 %	29,2 %	0,0 %
Anteil der selbst erstellten immateriellen Vermögenswerte am ausgewiesenen Anlagevermögen	6,8 %	8,2 %	84,7 %	25,9 %	0,0 %
Anteil der selbst erstellten immateriellen Vermögenswerte am ausgewiesenen Eigenkapital	6,7 %	3,3 %	43,1 %	25,4 %	0,0 %

	P&I Informatik AG	*ProDV AG*	*Softing AG*	*SoftM AG*	*Ultimaco Safeware AG*
5.1.3. Kennzahlen zu Forschungs- und Entwicklungsaufwendungen und aktivierten Softwareentwicklungsaufwendungen					
Forschungs- und Entwicklungsintensität (Verhältnis der ausgewiesenen Forschungs- und Entwicklungsaufwendungen zu den Nettoumsatzerlösen der analysierten Periode)	20,2 %	N/A Bemerkung: Keine Angabe der Forschungs- und Entwicklungsaufwendungen	20,6 %	9,4 %	36,2 %
Aktivierungsrate (Verhältnis der aktivierten Softwareentwicklungsaufwendungen zu den gesamten Forschungs- und Entwicklungsaufwendungen der analysierten Periode)	16,2 %	N/A Bemerkung: Keine Angabe der Forschungs- und Entwicklungsaufwendungen	99,7 %	25,9 %	N/A
5.2. Pflichtangaben im Anhang zu aktivierten Softwareentwicklungsaufwendungen					
5.2.1. Angaben zu Aktivierungskriterien					
Technische Realisierbarkeit der Fertigstellung (IAS 38, Abschn. 45a i.V.m. IAS 1, Abschn. 97)	k.A.	k.A.	Ja	k.A.	N/A
Absicht zur Fertigstellung (IAS 38, Abschn. 45b i.V.m. IAS 1, Abschn. 97)	k.A.	k.A.	k.A.	k.A.	N/A
Fähigkeit zur Nutzung oder zur Vermarktung (IAS 38, Abschn. 45c i.V.m. IAS 1, Abschn. 97)	k.A.	Ja	k.A.	Ja	N/A
Nachweis der Existenz eines Marktes bzw. des internen Nutzens (Zufluss eines künftigen wirtschaftlichen Nutzens) (IAS 38, Abschn. 45d i.V.m. IAS 1, Abschn. 97)	Ja	Ja	k.A.	Ja	N/A
Nachweis der Verfügbarkeit adäquater technischer, finanzieller und sonstiger Ressourcen (IAS 38, Abschn. 45e i.V.m. IAS 1, Abschn. 97)	k.A.	k.A.	k.A.	k.A.	N/A

	P&I Informatik AG	*ProDV AG*	*Softing AG*	*SoftM AG*	*Ultimaco Safeware AG*
Zuverlässigkeit der Bewertung (IAS 38, Abschn. 45f i.V.m. IAS 1, Abschn. 97)	Ja	Ja	**k.A.**	**k.A.**	N/A
Angabe von Gründen bei Nichtaktivierung von Entwicklungsaufwendungen	N/A	N/A	N/A	N/A	Unklar
5.2.2. Allgemeine Angaben zur Folgebewertung					
Nutzungsdauer (IAS 38, Abschn. 107a)	Ja Bemerkung: 5 Jahre	Ja Bemerkung: 5 Jahre	Ja Bemerkung: 3-6 Jahre	Ja Bemerkung: 3 Jahre	N/A
Abschreibungsmethoden (IAS 38, Abschn. 107b)	Ja Bemerkung: Planmäßige lineare Abschreibungen, es wurden keine außerplanmäßigen Abschreibungen vorgenommen	Ja Bemerkung: Planmäßige lineare Abschreibungen, es wurden außerplanmäßige Abschreibungen vorgenommen	Ja Bemerkung: Planmäßige lineare Abschreibungen, es wurden außerplanmäßige Abschreibungen vorgenommen	Ja Bemerkung: Planmäßige lineare Abschreibungen, es wurden keine außerplanmäßigen Abschreibungen vorgenommen	N/A
Bruttobuchwerte und kumulierte Abschreibungen (IAS 38, Abschn. 107c)	Ja	Ja	Ja	Ja	N/A
Position in der GuV, in dem die Abschreibung erfasst wurde (IAS 38, Abschn. 107d)	Ja	Ja	Ja	Ja	N/A
5.2.3. Überleitung vom Wert am Anfang der Rechnungslegungsperiode zum Bilanzstichtag					
Offenlegung der Zugänge, wobei Zugänge an Geschäfts- und Firmenwerten getrennt darzustellen sind, (IAS 38, Abschn. 107e (i))	Ja	Ja	Ja	Ja	N/A
Offenlegung der Abgänge (IAS 38, Abschn. 107e (ii))	N/A	Ja	Ja	Ja	N/A
Offenlegung der Erhöhung oder Verminderung begründet durch Anwendung der Neubewertungsmethode oder bei Abwertungen bzw. Wertaufholungen gem. IAS 36, die mit dem Eigenkapital verrechnet wurden (IAS 38, Abschn. 107e (iii))	N/A	N/A	N/A	N/A	N/A
Offenlegung der Verluste aus Abwertungen gem. IAS 36, die in der GuV erfasst wurden (IAS 38, Abschn. 107e (iv))	N/A	Ja	Ja	N/A	N/A

	P&I Informatik AG	*ProDV AG*	*Softing AG*	*SoftM AG*	*Ultimaco Safeware AG*
Offenlegung von Wertaufholungen gem. IAS 36, die in der GuV erfasst wurden (IAS 38, Abschn. 107e (v))	N/A	N/A	N/A	N/A	N/A
Offenlegung des Betrages der in der Periode erfassten Abschreibungen (IAS 38, Abschn. 107e (vi))	Ja	Ja	Ja	Ja	N/A
Offenlegung von Nettoveränderungen aus Währungsumrechnungen (IAS 38, Abschn. 107e (vii))	N/A	Ja	Ja	N/A	N/A
Offenlegung sonstiger Wertänderungen (IAS 38, Abschn. 107e (viii))	N/A	Ja	Ja	N/A	N/A
5.3. Pflichtangaben zu aktivierten Softwareentwicklungsaufwendungen, die mit der Neubewertungs-methode bewertet wurden („Allowed Alternative Treatment“)					
5.3.1. Pflichtangaben für jede Gruppe immaterieller Vermögenswerte					
Zeitpunkt der Neubewertung (IAS 38, Abschn. 113a (i))	N/A	N/A	N/A	N/A	N/A
Buchwert der immateriellen Vermögenswerte (IAS 38, Abschn. 113a (ii))	N/A	N/A	N/A	N/A	N/A
Buchwert der immateriellen Vermögenswerte bei Anwendung der „Benchmark“-Methode (IAS 38, Abschn. 113a (iii))	N/A	N/A	N/A	N/A	N/A
5.3.2. Weitere Pflichtangaben					
Betrag der Neubewertungsrücklage zu Beginn der Rechnungslegungsperiode und zum Bilanzstichtag (IAS 38, Abschn. 113b)	N/A	N/A	N/A	N/A	N/A
Betrag vorhandener Ausschüttungssperren aus der Neubewertungsrücklage (IAS 38, Abschn. 113b)	N/A	N/A	N/A	N/A	N/A

	P&I Informatik AG	*ProDV AG*	*Softing AG*	*SoftM AG*	*Ultimaco Safeware AG*
5.4. Weitere Pflichtangaben zu aktivierten Softwareentwicklungs-aufwendungen					
5.4.1.Angaben zu immateriellen Vermögenswerten, deren Nutzungsdauer 20 Jahre übersteigt					
Angaben über die wesentlichen Einflussfaktoren, die zur Annahme einer mehr als 20-jährigen Nutzungsdauer führten (IAS 38, Abschn. 111a)	N/A	N/A	N/A	N/A	N/A
Beschreibung, Wert zum Bilanzstichtag und verbleibende Nutzungsdauer für einzelne wesentliche immaterielle Vermögenswerte mit einer Nutzungsdauer von mehr als 20 Jahren (IAS 38, Abschn. 111b)	N/A	N/A	N/A	N/A	N/A
5.4.2. Pflichtangaben zum juristischen Eigentum und zu Sicherungsübereignungen					
Angaben über die Existenz und den Wert immaterieller Vermögenswerte, die nicht juristisches Eigentum des Unternehmens sind oder die als Sicherheit für Schulden übereignet wurden (IAS 38, Abschn. 111d)	N/A	N/A	N/A	N/A	N/A
Angaben über Verpflichtungen zum Erwerb immaterieller Vermögenswerte (IAS 38, Abschn. 111e)	N/A	N/A	N/A	N/A	N/A
5.5. Pflichtangaben zu wertberichtigten aktivierten Software-entwicklungsaufwendungen					
5.5.1. Angaben in der Segmentberichterstattung					
Angabe eines Abwertungsverlustes je Segment, das in der GuV bzw. im Eigenkapital erfasst wurde (IAS 36, Abschn. 116a)	N/A	(Ja)	Ja	N/A	N/A

	P&I Informatik AG	***ProDV AG***	***Softing AG***	***SoftM AG***	***Ultimaco Safeware AG***
Angabe des Wertaufholungsbetrages je Segment, der in der GuV bzw. im Eigen-kapital erfasst wurde (IAS 36, Abschn. 116b)	N/A	N/A	N/A	N/A	N/A
5.5.2. Angaben zu wesentlichen Bewertungsverlusten der Berichtsperiode					
Angabe der Gründe, die zur Abwertung bzw. zu einer Wertaufholung führten (IAS 36, Abschn. 117a)	N/A	Ja	Ja	N/A	N/A
Angabe der Abwertungs- oder Wertaufholungsbeträge (IAS 36, Abschn. 117b i.V.m. Abschn. 113a)	N/A	Ja	Ja	N/A	N/A
Beschreibung der einzelnen Vermögenswerte und Angabe der Segmente, zu denen die Vermögenswerte zuzurechnen sind (IAS 36, Abschn. 117c (i)(ii))	N/A	(Ja)	Ja	N/A	N/A
Angaben über die Werte und Methoden zur Ermittlung des Wertminderungsaufwandes (IAS 36, Abschn. 117e-g)	N/A	**k.A.**	Ja	N/A	N/A
5.6. Forschungs- und Entwicklungsaufwendungen					
Angabe des Betrages der Forschungs- und Entwicklungsaufwendungen, die Aufwand der Periode darstellen (IAS 38, Abschn. 115)	Ja	**k.A.**	Ja	Ja	Ja

Tabelle 8: Empirische Auswertung der Abschlüsse der Unternehmen, die nach IFRS Rechnung legen (Tabelle 6 von 6)

1. Unternehmen	***Valor Computerized Systems Ltd.***
1.1. Sitz des Unternehmens	Israel
1.2. Nemax All-Share Branche	Software
1.3. Art des Abschlusses	Konzernabschluss
1.4. Bilanzstichtag	31. Dezember 2001
1.5. Angewandte Rechnungslegungsgrundsätze	IAS
1.6. Besonderheiten	N/A
1.7. Aussage des Bestätigungsvermerks des Abschlussprüfers	Uneingeschränkter Bestätigungsvermerk
2. Angaben zum Unternehmen	
Beschreibung der Geschäftstätigkeit im Anhang oder im Geschäftsbericht (IAS 1, Abschn. 102b)	Ja Bemerkung: Entwurf, Entwicklung und Vermarktung von Softwarelösungen für die Herstellung, Konstruktion und Montage in der Elektronikbranche
3. Bestandteile des Abschlusses	
3.1. Pflichtbestandteile gemäß IAS	
Bilanz einschließlich Vorjahresangaben (IAS 1, Abschn. 7a i.V.m. IAS 1, Abschn. 38)	Ja
GuV einschließlich Vorjahresangaben (IAS 1, Abschn. 7b i.V.m. IAS 1, Abschn. 38)	Ja Bemerkung: Umsatzkostenverfahren
Kapitalflussrechnung einschließlich Vorjahresangaben (IAS 1, Abschn. 7d i.V.m. IAS 1, Abschn. 38)	Ja
Anhang (IAS 1, Abschn. 7e i.V.m. IAS 1, Abschn. 38)	Ja

	Valor Computerized Systems Ltd.
Ergebnis je Aktie einschließlich Vorjahresangaben im Anhang und in der Gewinn- und Verlustrechnung (IAS 33, Abschn. 1 u. 47ff. i.V.m. IAS 1, Abschn. 38)	Ja
Segmentberichterstattung einschließlich Vorjahresangaben (IAS 14, Abschn. 1 i.V.m. IAS 1, Abschn. 38)	Ja
3.2. Pflichtbestandteile eines befreienden Konzernabschlusses gemäß § 292a HGB	
Konzernlagebericht (§ 292a Abs. 2 HGB)	N/A
Konsolidierter Anlagespiegel (§ 292a Abs. 2b HGB i.V.m. DRS 1, Abschn. 195)	N/A
4. Allgemeine Darstellung der relevanten angewandten Rechnungslegungsmethoden	
Beschreibung des Ansatzes und der Bewertung selbst erstellter immaterieller Vermögenswerte (IAS 1, Abschn. 99e i.V.m. IAS 1, Abschn. 97)	Ja
Beschreibung der Abschreibungsmethoden für selbst erstellte immaterielle Vermögenswerte (IAS 1, Abschn. 99e i.V.m. IAS 1, Abschn. 97)	Ja
Spezifizierung der Arten von Entwicklungsaufwendungen	• Entwicklungskosten
5. Aktivierte Softwareentwicklungsaufwendungen als selbst erstellte immaterielle Vermögenswerte	
5.1. Bilanzstruktur	
5.1.1. Anteile der Bilanzpositionen an der Bilanzsumme	
Anteil erworbener immaterieller Vermögenswerte an der Bilanzsumme	0,0 %

	Valor Computerized Systems Ltd.
Anteil selbst erstellter immaterieller Vermögenswerte an der Bilanzsumme	0,0 %
Anteil der Geschäfts- und Firmenwerte an der Bilanzsumme	0,0 %
Anteil der geleisteten Anzahlungen auf immaterielle Vermögenswerte an der Bilanzsumme	0,0 %
Anteil des Sach- und Finanzanlagevermögens an der Bilanzsumme	7,2 %
Anteil des Umlaufvermögens an der Bilanzsumme	90,9 %
Anteil der latenten Steuern und der Rechnungsabgrenzung an der Bilanzsumme	1,9 %
Bilanzsumme	100,0 %
5.1.2. Selbst erstellte immaterielle Vermögenswerte	
Ausweis von wesentlichen Einzelpositionen in der Bilanz bzw. im Anhang	N/A
Anteil der selbst erstellten immateriellen Vermögenswerte an den ausgewiesenen immateriellen Vermögenswerten	0,0 %
Anteil der selbst erstellten immateriellen Vermögenswerte am ausgewiesenen Anlagevermögen	0,0 %
Anteil der selbst erstellten immateriellen Vermögenswerte am ausgewiesenen Eigenkapital	0,0 %
5.1.3. Kennzahlen zu Forschungs- und Entwicklungsaufwendungen und aktivierten Softwareentwicklungsaufwendungen	
Forschungs- und Entwicklungs-intensität (Verhältnis der ausgewiesenen Forschungs- und Entwicklungsaufwendungen zu den Nettoumsatzerlösen der analysierten Periode)	42,2 %

	Valor Computerized Systems Ltd.
Aktivierungsrate (Verhältnis der aktivierten Softwareentwicklungsaufwendungen zu den gesamten Forschungs- und Entwicklungsaufwendungen der analysierten Periode)	N/A
5.2. Pflichtangaben im Anhang zu aktivierten Softwareentwicklungs-aufwendungen	
5.2.1. Angaben zu Aktivierungskriterien	
Technische Realisierbarkeit der Fertigstellung (IAS 38, Abschn. 45a i.V.m. IAS 1, Abschn. 97)	N/A
Absicht zur Fertigstellung (IAS 38, Abschn. 45b i.V.m. IAS 1, Abschn. 97)	N/A
Fähigkeit zur Nutzung oder zur Vermarktung (IAS 38, Abschn. 45c i.V.m. IAS 1, Abschn. 97)	N/A
Nachweis der Existenz eines Marktes bzw. des internen Nutzens (Zufluss eines künftigen wirtschaftlichen Nutzens) (IAS 38, Abschn. 45d i.V.m. IAS 1, Abschn. 97)	N/A
Nachweis der Verfügbarkeit adäquater technischer, finanzieller und sonstiger Ressourcen (IAS 38, Abschn. 45e i.V.m. IAS 1, Abschn. 97)	N/A
Zuverlässigkeit der Bewertung (IAS 38, Abschn. 45f i.V.m. IAS 1, Abschn. 97)	N/A
Angabe von Gründen bei Nichtaktivierung von Entwicklungsaufwendungen	Ja Bemerkung: Technische Umsetzbarkeit wird nicht mit ausreichender Wahrscheinlichkeit angenommen

	Valor Computerized Systems Ltd.
5.2.2. Allgemeine Angaben zu Folgebewertung	
Nutzungsdauer (IAS 38, Abschn. 107a)	N/A
Abschreibungsmethoden (IAS 38, Abschn. 107b)	N/A
Bruttobuchwerte und kumulierte Abschreibungen (IAS 38, Abschn. 107c)	N/A
Position in der GuV, in dem die Abschreibung erfasst wurde (IAS 38, Abschn. 107d)	N/A
5.2.3. Überleitung vom Wert am Anfang der Rechnungslegungsperiode zum Bilanzstichtag	
Offenlegung der Zugänge, wobei Zugänge an Geschäfts- und Firmenwerten getrennt darzustellen sind (IAS 38, Abschn. 107e (i))	N/A
Offenlegung der Abgänge (IAS 38, Abschn. 107e (ii))	N/A
Offenlegung der Erhöhung oder Verminderung begründet durch Anwendung der Neubewertungsmethode oder bei Abwertungen bzw. Wertaufholungen gem. IAS 36, die mit dem Eigenkapital verrechnet wurden (IAS 38, Abschn. 107e (iii))	N/A
Offenlegung der Verluste aus Abwertungen gem. IAS 36, die in der GuV erfasst wurden (IAS 38, Abschn. 107e (iv))	N/A
Offenlegung von Wertaufholungen gem. IAS 36, die in der GuV erfasst wurden (IAS 38, Abschn. 107e (v))	N/A
Offenlegung des Betrages der in der Periode erfassten Abschreibungen (IAS 38, Abschn. 107e (vi))	N/A

	Valor Computerized Systems Ltd.
Offenlegung von Nettoveränderungen aus Währungsumrechnungen, (IAS 38, Abschn. 107e (vii))	N/A
Offenlegung sonstiger Wertänderungen, (IAS 38, Abschn. 107e (viii))	N/A
5.3. Pflichtangaben zu aktivierten Softwareentwicklungsaufwendungen, die mit der Neubewertungsmethode bewertet wurden („Allowed Alternative Treatment")	
5.3.1. Pflichtangaben für jede Gruppe immaterieller Vermögenswerte	
Zeitpunkt der Neubewertung (IAS 38, Abschn. 113a (i))	N/A
Buchwert der immateriellen Vermögenswerte (IAS 38, Abschn. 113a (ii))	N/A
Buchwert der immateriellen Vermögenswerte bei Anwendung der „Benchmark"-Methode (IAS 38, Abschn. 113a (iii))	N/A
5.3.2. Weitere Pflichtangaben	
Betrag der Neubewertungsrücklage zu Beginn der Rechnungslegungsperiode und zum Bilanzstichtag (IAS 38, Abschn. 113b)	N/A
Betrag vorhandener Ausschüttungssperren aus der Neubewertungsrücklage (IAS 38, Abschn. 113b)	N/A
5.4. Weitere Pflichtangaben zu aktivierten Softwareentwicklungsaufwendungen	
5.4.1. Angaben zu immateriellen Vermögenswerten, deren Nutzungsdauer 20 Jahre übersteigt	
Angaben über die wesentlichen Einflussfaktoren, die zur Annahme einer mehr als 20-jährigen Nutzungsdauer führten (IAS 38, Abschn. 111a)	N/A

	Valor Computerized Systems Ltd.
Beschreibung, Wert zum Bilanzstichtag und verbleibende Nutzungsdauer für einzelne wesentliche immaterielle Vermögenswerte mit einer Nutzungsdauer von mehr als 20 Jahren (IAS 38, Abschn. 111b)	N/A
5.4.2. Pflichtangaben zum juristischen Eigentum und zu Sicherungsübereignungen	
Angaben über die Existenz und den Wert immaterieller Vermögenswerte, die nicht juristisches Eigentum des Unternehmens sind oder die als Sicherheit für Schulden übereignet wurden (IAS 38, Abschn. 111d)	N/A
Angaben über Verpflichtungen zum Erwerb immaterieller Vermögenswerte (IAS 38, Abschn. 111e)	N/A
5.5. Pflichtangaben zu wertberichtigten aktivierten Softwareentwicklungsaufwendungen	
5.5.1. Angaben in der Segmentberichterstattung	
Angabe eines Abwertungsverlustes je Segment, das in der GuV bzw. im Eigenkapital erfasst wurde (IAS 36, Abschn. 116a)	N/A
Angabe des Wertaufholungsbetrages je Segment, der in der GuV bzw. im Eigenkapital erfasst wurde (IAS 36, Abschn. 116b)	N/A
5.5.2. Angaben zu wesentlichen Bewertungsverlusten der Berichtsperiode	
Angabe der Gründe, die zur Abwertung bzw. zu einer Wertaufholung führten (IAS 36, Abschn. 117a)	N/A

	Valor Computerized Systems Ltd.
Angabe der Abwertungs- oder Wertaufholungsbeträge (IAS 36, Abschn. 117b i.V.m. Abschn. 113a)	N/A
Beschreibung der einzelnen Vermögenswerte und Angabe der Segmente, zu denen die Vermögenswerte zuzurechnen sind (IAS 36, Abschn. 117c (i)(ii))	N/A
Angaben über die Werte und Methoden zur Ermittlung des Wertminderungsaufwandes (IAS 36, Abschn. 117e-g)	N/A
5.6. Forschungs- und Entwicklungsaufwendungen	
Angabe des Betrages der Forschungs- und Entwicklungsaufwendungen, die Aufwand der Periode darstellen (IAS 38, Abschn. 115)	Ja

Tabelle 9: Empirische Auswertung der Abschlüsse der Unternehmen, die nach US-GAAP Rechnung legen (Tabelle 1 von 5)

1. Unternehmen	***Atoss Software AG***	***Bäurer AG***	***Betasystems AG***	***Broadvision Inc.***	***CAA AG***
1.1. Sitz des Unternehmens	Deutschland	Deutschland	Deutschland	U.S.A.	Deutschland
1.2. Nemax All-Share Branche	Software	Software	Software	Internet	Software
1.3. Art des Abschlusses	Konzernabschluss	Konzernabschluss	Konzernabschluss	Konzernabschluss	Konzernabschluss
1.4. Bilanzstichtag	31. Dezember 2001	31. Dezember 2001	31. Dezember 2001	31. Dezember 2001	31. Dezember 2001
1.5. Angewandte Rechnungslegungsgrundsätze	US-GAAP	US-GAAP	US-GAAP	US-GAAP	US-GAAP
1.6. Besonderheiten	Befreiender Konzernabschluss gemäß § 292a HGB	Befreiender Konzernabschluss gemäß § 292a HGB	Befreiender Konzernabschluss gemäß § 292a HGB	N/A	Befreiender Konzernabschluss gemäß § 292a HGB
1.7. Aussage des Bestätigungsvermerks des Abschlussprüfers	Uneingeschränkter Bestätigungsvermerk	Uneingeschränkter Bestätigungsvermerk	Uneingeschränkter Bestätigungsvermerk	Uneingeschränkter Bestätigungsvermerk	Uneingeschränkter Bestätigungsvermerk
2. Angaben zum Unternehmen					
Beschreibung der Geschäftstätigkeit	Ja Bemerkung: Entwicklung und Vertrieb von Software „...zur elektronischen Unterstützung aller Unternehmensprozesse zum effizienten Personaleinsatz in Unternehmen und öffentlichen Einrichtungen."	Ja Bemerkung: Entwicklung und Vertrieb branchenübergreifender Enterprise-Resource-Planning-Software	Ja Bemerkung: Entwicklung, Vertrieb und Betreuung unternehmensweiter Automatisierungs-Softwarelösungen für Großrechner und andere Hardware	Ja Bemerkung: Entwicklung und Vertrieb von Electronic Business-Software sowie Erbringung zugehöriger Dienstleistungen	Ja Bemerkung: Entwicklung und Vertrieb von Softwarelösungen für benutzerfreundliche Fahrerinformations- und Multimediasysteme in der Automobilindustrie sowie dazugehörige Dienstleistungen
3. Bestandteile des Abschlusses					
3.1. Pflichtbestandteile gemäß US-GAAP					
Bilanz einschließlich Vorjahresangaben (CON 5, Abschn. 13)	Ja	Ja	Ja	Ja	Ja
GuV einschließlich Vorjahresangaben (CON 5, Abschn. 13)	Ja	Ja	Ja	Ja	Ja
Comprehensive Income einschließlich Vorjahresangaben (FAS 130, Abschn. 6 i.V.m. CON 5, Abschn. 13)	Ja	Ja	Ja	Ja	Ja

	Atoss Software AG	*Bäurer AG*	*Betasystems AG*	*Broadvision Inc.*	*CAA AG*
Kapitalflussrechnung einschließlich Vorjahresangaben (CON 5, Abschn. 13)	Ja	Ja	Ja	Ja	Ja
Anhang	Ja	Ja	Ja	Ja	Ja
Ergebnis je Aktie einschließlich Vorjahresangaben im Anhang und in der Gewinn- und Verlustrechnung (FAS 128, Abschn. 40 u. 36 i.V.m. Abschn. 6)	**k.A.** **Bemerkung: Angabe nur im Anhang**	Ja	Ja	Ja	Ja
Eigenkapitalveränderungsrechnung einschließlich Vorjahresangaben (FAS 129, Abschn. 3 i.V.m. CON 5, Abschn. 13)	Ja	Ja	Ja	Ja	Ja
3.2. Pflichtbestandteile eines befreienden Konzernabschlusses gemäß § 292a HGB					
Konzernlagebericht (§ 292a Abs. 2 HGB)	Ja	Ja	Ja	N/A	Ja
Konsolidierter Anlagespiegel (§ 292a Abs. 2b HGB i.V.m. DRS 1, Abschn. 195)	Ja	Ja	Ja	N/A	Ja
4. Allgemeine Darstellung der relevanten angewandten Rechnungslegungsmethoden					
Beschreibung des Ansatzes und der Bewertung selbst erstellter immaterieller Vermögenswerte (APB 22, Abschn. 12)	Ja	Ja	Ja	Ja	Ja
Beschreibung der Abschreibungs-methoden für selbst erstellte immaterielle Vermögenswerte (APB 22, Abschn. 12)	N/A	Ja	Ja	Ja	Ja
Spezifizierung der Arten von Entwicklungsaufwendungen	N/A	• Softwareentwicklungsko sten	• Softwareentwicklungsko sten	• Softwareentwicklungsko sten • Entwicklungskosten für intern genutzte Intranet-Software	• Entwicklungskosten für Software, die zur Ver-marktung bestimmt ist • Entwicklungskosten für selbst genutzte Software
Angaben zur Anwendung von industriespezifischen Rechnungs-legungsmethoden und zur Anwend-ung ungewöhnlicher oder innova-tiver Methoden (APB 22, Abschn. 12b-c)	N/A	N/A	N/A	N/A	N/A

	Atoss Software AG	*Bäurer AG*	*Betasystems AG*	*Broadvision Inc.*	*CAA AG*
5. Softwareproduktions- und Softwareentwicklungsaufwendungen als selbst erstellter immaterieller Vermögenswert					
5.1. Bilanzstruktur und Kennzahlen					
5.1.1. Anteile der Bilanzpositionen an der Bilanzsumme					
Anteil erworbener immaterieller Vermögenswerte an der Bilanzsumme	3,9 %	8,0 %	0,8 %	4,3 %	1,7 %
Anteil selbst erstellter immaterieller Vermögenswerte an der Bilanzsumme	0,0 %	6,6 %	11,8 %	0,5 %	0,0 %
Anteil der Geschäfts- und Firmenwerte an der Bilanzsumme	0,0 %	14,2 %	11,8 %	11,3 %	1,0 %
Anteil der geleisteten Anzahlungen auf immaterielle Vermögenswerte an der Bilanzsumme	0,0 %	0,0 %	0,0 %	0,0 %	0,0 %
Anteil des Sach- und Finanzanlagevermögens an der Bilanzsumme	2,9 %	24,0 %	5,8 %	26,9 %	6,6 %
Anteil des Umlaufvermögens an der Bilanzsumme	90,5 %	34,3 %	65,2 %	57,0 %	90,7 %
Anteil der latenten Steuern und der Rechnungsabgrenzung an der Bilanzsumme	2,7 %	13,0 %	4,6 %	0,0 %	0,0 %
Bilanzsumme	100,0 %	100,0 %	100,0 %	100,0 %	100,0 %
5.1.2. Selbst erstellte immaterielle Vermögenswerte					
Ausweis von wesentlichen Einzelpositionen in der Bilanz bzw. im Anhang	N/A	Ja	Ja	Ja	0,0 %
Anteil der selbst erstellten immateriellen Vermögenswerte an den ausgewiesenen immateriellen Vermögenswerten	0,0 %	22,9%	48,5 %	3,3 %	0,0 %
Anteil der selbst erstellten immateriellen Vermögenswerte am ausgewiesenen Anlagevermögen	0,0 %	12,4%	39,1 %	1,2 %	0,0 %
Anteil der selbst erstellten immateriellen Vermögenswerte am ausgewiesenen Eigenkapital	0,0 %	56,5 %	23,7 %	1,0 %	0,0 %

	Atoss Software AG	*Bäurer AG*	*Betasystems AG*	*Broadvision Inc.*	*CAA AG*
5.1.3. Kennzahlen zu Forschungs- und Entwicklungsaufwendungen und aktivierten Softwareentwicklungsaufwendungen					
Forschungs- und Entwicklungsintensität (Verhältnis der ausgewiesenen Forschungs- und Entwicklungsaufwendungen zu den Nettoumsatzerlösen der analysierten Periode)	14,3 %	25,0%	17,0 %	33,0 %	117,6 %
Aktivierungsrate (Verhältnis der aktivierten Softwareentwicklungsaufwendungen zu den gesamten Forschungs- und Entwicklungsaufwendungen der analysierten Periode)	N/A	17,6%	13,7 %	2,6 %	N/A
5.2. Zur Vermarktung bestimmte, selbst erstellte Software					
5.2.1. Angaben zu Aktivierungskriterien					
Aktivierung beginnt mit der technologischen Realisierbarkeit (FAS 86, Abschn. 5)	N/A	Ja	Ja	Ja	N/A
Aktivierung endet mit Freigabe für die Vermarktung (FAS 86, Abschn. 6)	N/A	Ja Bemerkung: Markteinführung der Softwareversion	Ja Bemerkung: Markteinführung der Softwareversion	Ja Bemerkung: Freigabe für den Markt	N/A
Aktivierungszeitpunkt ist die technologische Realisierbarkeit mit Abschluss des detaillierten Designs (FAS 86, Abschn. 5 i.V.m. Abschn. 4a)	N/A	Unklar	**k.A.**	N/A	N/A
Aktivierungszeitpunkt ist die technologische Realisierbarkeit mit Fertigstellung eines Arbeitsmodells (FAS 86, Abschn. 5 i.V.m. Abschn. 4b)	N/A	Unklar	**k.A.**	Ja	Ja
Benennung von Gründen, die zur Nichtaktivierung von Softwareproduktionsaufwendungen führten		N/A	N/A	Ja Bemerkung: Unwesentlichkeit der Kosten	Ja Bemerkung: Aus Unsicherheits- und Vorsichtsgründen

	Atoss Software AG	*Bäurer AG*	*Betasystems AG*	*Broadvision Inc.*	*CAA AG*
5.2.2. Angaben zur Folgebewertung					
Angabe der Abschreibungsmethode (FAS 86, Abschn. 8 i.V.m. APB 22, Abschn. 13)	N/A	(Ja) Bemerkung: Planmäßige lineare Abschreibungen, es wurden außerplanmäßige Abschreibungen vorgenommen	Ja Bemerkung: Planmäßige lineare Abschreibungen beziehungsweise Verhältnis der Bruttoumsatzerlöse der Periode zu den gesamten erwarteten Bruttoumsatzerlösen, es erfolgten außerplanmäßige Abschreibungen	N/A	N/A
Angabe der Nutzungsdauer (FAS 86, Abschn. 8 i.V.m. APB 22, Abschn. 13)	N/A	k.A.	Ja Bemerkung: 5 Jahre	N/A	N/A
Angabe des Bruttowertes der aktivierten Kosten zum Bilanzstichtag (FAS 86, Abschn. 11a)	N/A	Ja	Ja	N/A	N/A
Angabe des Betrages der Abschreibungen der aktivierten Entwicklungsaufwendungen zum Bilanzstichtag (FAS 86, Abschn. 11b)	N/A	Ja	Ja	N/A	N/A
Buchwert zum Bilanzstichtag (APB 12, Abschn. 5b)	N/A	Ja	Ja	N/A	N/A
Betrag der kumulierten Abschreibungen (APB 12, Abschn. 5c)	N/A	Ja	Ja	N/A	N/A
5.3. Selbst erstellte Software für den internen Gebrauch					
5.3.1. Angaben zur Aktivierung					
Aktivierung erfolgt nach Abschluss der Planungs- und Konzeptionsphase (SOP 98-1, Abschn. 21 i.V.m. Abschn. 41 i.V.m. APB 22, Abschn. 12)	N/A	N/A	N/A	k.A.	Ja Bemerkung: Aus Unsicherheits- und Vorsichtsgründen erfolgte im Berichtsjahr keine Aktivierung
5.3.2. Angaben zu den aktivierten Kostenbestandteilen					
Aktivierung von Materialeinzelkosten (SOP 98-1, Abschn. 31a i.V.m. Abschn. 41 i.V.m. APB 22, Abschn. 12)	N/A	N/A	N/A	k.A.	Ja

	Atoss Software AG	*Bäurer AG*	*Betasystems AG*	*Broadvision Inc.*	*CAA AG*
Aktivierung von Personaleinzelkosten (SOP 98-1, Abschn. 31b i.V.m. Abschn. 41 i.V.m. APB 22, Abschn. 12)	N/A	N/A	N/A	k.A.	Ja
Aktivierung bestimmter Fremdkapitalkosten (SOP 98-1, Abschn. 31c i.V.m. Abschn. 41 i.V.m. APB 22, Abschn. 12)	N/A	N/A	N/A	k.A.	Ja
Aktivierung bestimmter Kosten für umfassende Erweiterungen während der Betriebsphase (SOP 98-1, Abschn. 24f. i.V.m. Abschn. 41 i.V.m. APB 22, Abschn. 12)	N/A	N/A	N/A	k.A.	Ja
5.3.3. Angaben zur Folgebewertung					
Beginn der Abschreibung bei Fertigstellung (SOP 98-1, Abschn. 38 i.V.m. Abschn. 41 i.V.m. APB 22, Abschn. 12)	N/A	N/A	N/A	Ja	Ja
Angaben zur Abschreibungsmethode (SOP 98-1, Abschn. 36 i.V.m. Abschn. 41 i.V.m. APB 12, Abschn. 5d)	N/A	N/A	N/A	Ja Bemerkung: Planmäßige lineare Abschreibungen	N/A
Angaben zur Nutzungsdauer (SOP 98-1, Abschn. 37 i.V.m. Abschn. 41 i.V.m. APB 12, Abschn. 5d)	N/A	N/A	N/A	Ja Bemerkung: 2 Jahre	N/A
Angabe der Abschreibungen der Periode (SOP 98-1, Abschn. 36 i.V.m. Abschn. 41 i.V.m. APB 12, Abschn. 5a)	N/A	N/A	N/A	N/A	N/A
Angabe der kumulierten Abschreibungen (SOP 98-1, Abschn. 36 i.V.m. Abschn. 41 i.V.m. APB 12, Abschn. 5c)	N/A	N/A	N/A	N/A	N/A

	Atoss Software AG	*Bäurer AG*	*Betasystems AG*	*Broadvision Inc.*	*CAA AG*
5.4 Pflichtangaben zu wertberichtigten Softwareproduktions- und Softwareentwicklungsaufwendungen					
5.4.1. Pflichtangaben bei außerplanmäßigen Abschreibungen auf aktivierte Softwareproduktionsaufwendungen					
Vergleich der aktivierten und noch nicht um planmäßige Abschreibungen verminderten Softwareproduktionsaufwendungen mit dem erzielbaren Betrag („Net Realizable Value") (FAS 86, Abschn. 10 i.V.m. APB 22, Abschn. 12)	N/A	Ja	Ja	N/A	N/A
Angabe der Beträge außerplanmäßiger Abschreibungen auf den „Net Realizable Value" (FAS 86, Abschn. 11b)	N/A	Ja	Ja	N/A	N/A
5.4.2. Pflichtangaben bei außerplanmäßigen Abschreibungen auf aktivierte Softwareentwicklungsaufwendungen, die weiter genutzt werden					
Anwendung von FAS 144 (FAS 144, Abschn. 49)	N/A	N/A	N/A	N/A	N/A
Ausweis des Abschreibungsbetrages als Teil des Einkommens aus operativer Geschäftstätigkeit (FAS 121, Abschn. 13)	N/A	N/A	N/A	N/A	N/A
Beschreibung der Vermögenswerte und der Umstände, die zur Abwertung führten (FAS 121, Abschn. 14a)	N/A	N/A	N/A	N/A	N/A
Angabe des Abwertungsverlustes und der Methode, die zur Bestimmung des „Fair Value" benutzt worden ist (FAS 121, Abschn. 14b)	N/A	N/A	N/A	N/A	N/A
Angabe der Position in der GuV, in dem der Abwertungsverlust erfasst worden ist (FAS 121, Abschn. 14c)	N/A	N/A	N/A	N/A	N/A

	Atoss Software AG	*Bäurer AG*	*Betasystems AG*	*Broadvision Inc.*	*CAA AG*
Angabe der von der Abwertung betroffenen Segmente des Unternehmens, falls eine Segmentierung erfolgte (FAS 121, Abschn. 14d)	N/A	N/A	N/A	N/A	N/A
5.4.3. Pflichtangaben bei außerplanmäßigen Abschreibungen auf aktivierte Softwareentwicklungsaufwendungen, die nicht weiter genutzt sondern abgestoßen werden					
Anwendung von FAS 144 (FAS 144, Abschn. 49)	N/A	N/A	N/A	N/A	N/A
Ausweis des Abschreibungsbetrages als Teil des Einkommens aus operativer Geschäftstätigkeit (FAS 121, Abschn. 18)	N/A	N/A	N/A	N/A	N/A
Beschreibung der immateriellen Vermögenswerte, Angabe der Gründe und des Zeitpunktes des Ausscheidens sowie des Buchwertes zum Bilanzstichtag (FAS 121, Abschn. 19a)	N/A	N/A	N/A	N/A	N/A
Angabe der von der Abwertung betroffenen Segmente des Unternehmens, falls eine Segmentierung erfolgte (FAS 121, Abschn. 19b)	N/A	N/A	N/A	N/A	N/A
Angabe des Betrages des Abwertungsverlustes (FAS 121, Abschn. 19c)	N/A	N/A	N/A	N/A	N/A
Angabe eines Bewertungsverlustes bei wertaufhellenden Ereignissen nach dem Bilanzstichtag (FAS 121, Abschn. 19d)	N/A	N/A	N/A	N/A	N/A
Angabe der Position in der GuV, in denen Abwertungsverluste erfasst worden sind (FAS 121, Abschn. 19e)	N/A	N/A	N/A	N/A	N/A

	Atoss Software AG	*Bäurer AG*	*Betasystems AG*	*Broadvision Inc.*	*CAA AG*
Falls anwendbar, Angabe des Einkommens, das mit den immateriellen Vermögenswerten erzielt wurde und das im Ergebnis aus der operativen Geschäftstätigkeit enthalten ist (FAS 121, Abschn. 19f)	N/A	N/A	N/A	N/A	N/A
5.5. Forschungs- und Entwicklungsaufwendungen					
Angabe des Betrages der Forschungs- und Entwicklungsaufwendungen, die Aufwand der Periode darstellen (FAS 2, Abschn. 13)	Ja	Ja	Ja	Ja	Ja

Tabelle 10: Empirische Auswertung der Abschlüsse der Unternehmen, die nach US-GAAP Rechnung legen (Tabelle 2 von 5)

1. Unternehmen	***Caatoosee AG***	***CPU Softwarehouse AG***	***Datadesign AG***	***Gauss Interprise AG***	***Graphisoft N.V.***
1.1. Sitz des Unternehmens	Deutschland	Deutschland	Deutschland	Deutschland	Ungarn
1.2. Nemax All-Share Branche	Internet	Internet	Internet	Internet	Software
1.3. Art des Abschlusses	Konzernabschluss	Konzernabschluss	Konzernabschluss	Konzernabschluss	Konzernabschluss
1.4. Bilanzstichtag	31. März 2002	31. Dezember 2001	31. Dezember 2001	31. Dezember 2001	31. Dezember 2001
1.5. Angewandte Rechnungslegungsgrundsätze	US-GAAP	US-GAAP	US-GAAP	US-GAAP	US-GAAP
1.6. Besonderheiten	Befreiender Konzernabschluss gemäß § 292a HGB	Befreiender Konzernabschluss gemäß § 292a HGB	Befreiender Konzernabschluss gemäß § 292a HGB	Befreiender Konzernabschluss gemäß § 292a HGB	N/A
1.7. Aussage des Bestätigungsvermerks des Abschlussprüfers	Uneingeschränkter Bestätigungsvermerk	Uneingeschränkter Bestätigungsvermerk	Uneingeschränkter Bestätigungsvermerk	Uneingeschränkter Bestätigungsvermerk	Uneingeschränkter Bestätigungsvermerk
2. Angaben zum Unternehmen					
Beschreibung der Geschäftstätigkeit	Ja Bemerkung: Entwicklung und Vertrieb von Softwareprodukten für die Informationslogistik	Ja Bemerkung: Entwicklung und Vertrieb von Software für das Aktiv- und Passivgeschäft von Banken	Ja Bemerkung: Entwicklung und Vertrieb von Software zur Datenverarbeitung, Datenbearbeitung sowie Beratung	Ja Bemerkung: Entwicklung und Vertrieb von Softwarelösungen zur Verwaltung und Verteilung von Inhalten (Enterprise Content Management)	Ja Bemerkung: Entwicklung und Vertrieb von Computer Aided Design (CAD)- und Facility-Management CAFM-Softwareprodukten
3. Bestandteile des Abschlusses					
3.1. Pflichtbestandteile gemäß US-GAAP					
Bilanz einschließlich Vorjahresangaben (CON 5, Abschn. 13)	Ja	Ja	Ja	Ja	Ja
GuV einschließlich Vorjahresangaben (CON 5, Abschn. 13)	Ja	Ja	Ja	Ja	Ja
Comprehensive Income einschließlich Vorjahresangaben (FAS 130, Abschn. 6 i.V.m. CON 5, Abschn. 13)	Ja	Ja	Ja	Ja	Ja
Kapitalflussrechnung einschließlich Vorjahresangaben (CON 5, Abschn. 13)	Ja	Ja	Ja	Ja	Ja
Anhang	Ja	Ja	Ja	Ja	Ja

	Caatoosee AG	*CPU Softwarehouse AG*	*Datadesign AG*	*Gauss Interprise AG*	*Graphisoft N.V.*
Ergebnis je Aktie einschließlich Vorjahresangaben im Anhang und in der Gewinn- und Verlustrechnung (FAS 128, Abschn. 40 u. 36 i.V.m. Abschn. 6)	Ja	Ja	Ja	Ja	Ja
Eigenkapitalveränderungsrechnung einschließlich Vorjahresangaben (FAS 129, Abschn. 3 i.V.m. CON 5, Abschn. 13)	Ja	Ja	Ja	Ja	Ja
3.2. Pflichtbestandteile eines befreienden Konzernabschlusses gemäß § 292a HGB					
Konzernlagebericht (§ 292a Abs. 2 HGB)	Ja	Ja	Ja	Ja	N/A
Konsolidierter Anlagespiegel (§ 292a Abs. 2b HGB i.V.m. DRS 1, Abschn. 195)	Ja	Ja	Ja	**k.A.**	N/A
4. Allgemeine Darstellung der relevanten angewandten Rechnungslegungsmethoden					
Beschreibung des Ansatzes und der Bewertung selbst erstellter immaterieller Vermögenswerte (APB 22, Abschn. 12)	Ja	Ja	Ja	Ja	Ja
Beschreibung der Abschreibungsmethoden für selbst erstellte immaterielle Vermögenswerte (APB 22, Abschn. 12)	N/A	N/A	N/A	N/A	Ja
Spezifizierung der Arten von Entwicklungsaufwendungen	• Softwareentwicklungs-kosten	• Softwareentwicklungs-kosten	• Softwareentwicklungs-kosten	• Softwareentwicklungs-kosten	• Softwareentwicklungs-kosten
Angaben zur Anwendung von industriespezifischen Rechnungslegungsmethoden und zur Anwendung ungewöhnlicher oder innovativer Methoden (APB 22, Abschn. 12b-c)	N/A	N/A	N/A	N/A	N/A

	Caatoosee AG	*CPU Softwarehouse AG*	*Datadesign AG*	*Gauss Interprise AG*	*Graphisoft N.V.*
5. Softwareproduktions- und Softwareentwicklungsaufwendungen als selbst erstellter immaterieller Vermögenswert					
5.1. Bilanzstruktur und Kennzahlen					
5.1.1. Anteile der Bilanzpositionen an der Bilanzsumme					
Anteil erworbener immaterieller Vermögenswerte an der Bilanzsumme	2,9 %	1,3 %	0,6 %	23,2 %	1,2 %
Anteil selbst erstellter immaterieller Vermögenswerte an der Bilanzsumme	0,0 %	0,0 %	0,0 %	0,0 %	0,9 %
Anteil der Geschäfts- und Firmenwerte an der Bilanzsumme	43,7 %	4,8 %	2,4 %	30,5 %	5,9 %
Anteil der geleisteten Anzahlungen auf immaterielle Vermögenswerte an der Bilanzsumme	0,0 %	0,0 %	0,0 %	0,0 %	0,0 %
Anteil des Sach- und Finanzanlagevermögens an der Bilanzsumme	8,1 %	9,7 %	12,8 %	15,5 %	35,1 %
Anteil des Umlaufvermögens an der Bilanzsumme	45,3 %	84,2 %	29,6 %	30,8 %	56,9 %
Anteil der latenten Steuern und der Rechnungsabgrenzung an der Bilanzsumme	0,0 %	0,0 %	54,6 %	0,0 %	0,0 %
Bilanzsumme	100,0 %	100,0 %	100,0 %	100,0 %	100,0 %
5.1.2. Selbst erstellte immaterielle Vermögenswerte					
Ausweis von wesentlichen Einzelpositionen in der Bilanz bzw. im Anhang	N/A	N/A	N/A	N/A	Ja
Anteil der selbst erstellten immateriellen Vermögenswerte an den ausgewiesenen immateriellen Vermögenswerten	0,0 %	0,0 %	0,0 %	0,0 %	11,4 %
Anteil der selbst erstellten immateriellen Vermögenswerte am ausgewiesenen Anlagevermögen	0,0 %	0,0 %	0,0 %	0,0 %	2,1 %
Anteil der selbst erstellten immateriellen Vermögenswerte am ausgewiesenen Eigenkapital	0,0 %	0,0 %	0,0 %	0,0 %	1,1 %

	Caatoosee AG	*CPU Softwarehouse AG*	*Datadesign AG*	*Gauss Interprise AG*	*Graphisoft N.V.*
5.1.3. Kennzahlen zu Forschungs- und Entwicklungsaufwendungen und aktivierten Softwareentwicklungsaufwendungen					
Forschungs- und Entwicklungsintensität (Verhältnis der ausgewiesenen Forschungs- und Entwicklungsaufwendungen zu den Nettoumsatzerlösen der analysierten Periode)	16,1 %	8,9 %	20,4 %	36,4 %	18,9 %
Aktivierungsrate (Verhältnis der aktivierten Softwareentwicklungsaufwendungen zu den gesamten Forschungs- und Entwicklungsaufwendungen der analysierten Periode)	N/A	N/A	N/A	N/A	0,0 %
5.2. Zur Vermarktung bestimmte, selbst erstellte Software					
5.2.1. Angaben zu Aktivierungskriterien					
Aktivierung beginnt mit der technologischen Realisierbarkeit (FAS 86, Abschn. 5)	Ja	Ja	k.A.	Ja	Ja
Aktivierung endet mit Freigabe für die Vermarktung (FAS 86, Abschn. 6)	k.A.	Ja Bemerkung: Markteinführung der Softwareprodukte	k.A.	k.A.	Ja
Aktivierungszeitpunkt ist die technologische Realisierbarkeit mit Abschluss des detaillierten Designs (FAS 86, Abschn. 5 i.V.m. Abschn. 4a)	N/A	N/A	k.A.	N/A	k.A.
Aktivierungszeitpunkt ist die technologische Realisierbarkeit mit Fertigstellung eines Arbeitsmodells (FAS 86, Abschn. 5 i.V.m. Abschn. 4b)	Ja	Ja	k.A.	Ja	k.A.
Benennung von Gründen, die zur Nichtaktivierung von Softwareproduktionsaufwendungen führten	Unklar	Ja Bemerkung: Unwesentlichkeit der Kosten	Ja Bemerkung: Direkte Zuordnung der Kosten nicht möglich	Ja Bemerkung: Unwesentlichkeit der Kosten	k.A.

	Caatoosee AG	*CPU Softwarehouse AG*	*Datadesign AG*	*Gauss Interprise AG*	*Graphisoft N.V.*
5.2.2. Angaben zur Folgebewertung					
Angabe der Abschreibungsmethode (FAS 86, Abschn. 8 i.V.m. APB 22, Abschn. 13)	N/A	N/A	N/A	N/A	Ja
Angabe der Nutzungsdauer (FAS 86, Abschn. 8 i.V.m. APB 22, Abschn. 13)	N/A	N/A	N/A	N/A	k.A.
Angabe des Bruttowertes der aktivierten Aufwendungen zum Bilanzstichtag (FAS 86, Abschn. 11a)	N/A	N/A	N/A	N/A	Ja
Angabe des Betrages der Abschreibungen der aktivierten Entwicklungsaufwendungen zum Bilanzstichtag (FAS 86, Abschn. 11b)	N/A	N/A	N/A	N/A	k.A.
Buchwert zum Bilanzstichtag (APB 12, Abschn. 5b)	N/A	N/A	N/A	N/A	Ja
Betrag der kumulierten Abschreibungen (APB 12, Abschn. 5c)	N/A	N/A	N/A	N/A	(Ja) Bemerkung: Angabe in Summe mit den kumulierten Abschreibungen für erworbene immaterielle Vermögenswerte und dem Firmenwert
5.3. Selbst erstellte Software für den internen Gebrauch					
5.3.1. Angaben zur Aktivierung					
Aktivierung erfolgt nach Abschluss der Planungs- und Konzeptionsphase (SOP 98-1, Abschn. 21 i.V.m. Abschn. 41 i.V.m. APB 22, Abschn. 12)	N/A	N/A	N/A	N/A	N/A
5.3.2. Angaben zu den aktivierten Kostenbestandteilen					
Aktivierung von Materialeinzelkosten (SOP 98-1, Abschn. 31a i.V.m. Abschn. 41 i.V.m. APB 22, Abschn. 12)	N/A	N/A	N/A	N/A	N/A

	Caatoosee AG	*CPU Softwarehouse AG*	*Datadesign AG*	*Gauss Interprise AG*	*Graphisoft N.V.*
Aktivierung von Personaleinzelkosten (SOP 98-1, Abschn. 31b i.V.m. Abschn. 41 i.V.m. APB 22, Abschn. 12)	N/A	N/A	N/A	N/A	N/A
Aktivierung bestimmter Fremdkapitalkosten (SOP 98-1, Abschn. 31c i.V.m. Abschn. 41 i.V.m. APB 22, Abschn. 12)	N/A	N/A	N/A	N/A	N/A
Aktivierung bestimmter Kosten für umfassende Erweiterungen während der Betriebsphase (SOP 98-1, Abschn. 24f. i.V.m. Abschn. 41 i.V.m. APB 22, Abschn. 12)	N/A	N/A	N/A	N/A	N/A
5.3.3. Angaben zur Folgebewertung					
Beginn der Abschreibung bei Fertigstellung (SOP 98-1, Abschn. 38 i.V.m. Abschn. 41 i.V.m. APB 22, Abschn. 12)	N/A	N/A	N/A	N/A	N/A
Angaben zur Abschreibungsmethode (SOP 98-1, Abschn. 36 i.V.m. Abschn. 41 i.V.m. APB 12, Abschn. 5d)	N/A	N/A	N/A	N/A	N/A
Angaben zur Nutzungsdauer (SOP 98-1, Abschn. 37 i.V.m. Abschn. 41 i.V.m. APB 12, Abschn. 5d)	N/A	N/A	N/A	N/A	N/A
Angabe der Abschreibungen der Periode (SOP 98-1, Abschn. 36 i.V.m. Abschn. 41 i.V.m. APB 12, Abschn. 5a)	N/A	N/A	N/A	N/A	N/A
Angabe der kumulierten Abschreibungen (SOP 98-1, Abschn. 36 i.V.m. Abschn. 41 i.V.m. APB 12, Abschn. 5c)	N/A	N/A	N/A	N/A	N/A

	Caatoosee AG	CPU Softwarehouse AG	Datadesign AG	Gauss Interprise AG	Graphisoft N.V.
5.4 Pflichtangaben zu wertberichtigten Softwareproduktions- und Softwareentwicklungsaufwendungen					
5.4.1. Pflichtangaben bei außerplanmäßigen Abschreibungen auf aktivierte Softwareproduktionsaufwendungen					
Vergleich der aktivierten und noch nicht um planmäßige Abschreibungen verminderten Softwareproduktionsaufwendungen mit dem erzielbaren Betrag („Net Realizable Value") (FAS 86, Abschn. 10 i.V.m. APB 22, Abschn. 12)	N/A	N/A	N/A	N/A	k.A.
Angabe der Beträge außerplanmäßiger Abschreibungen auf den „Net Realizable Value" (FAS 86, Abschn. 11b)	N/A	N/A	N/A	N/A	Unklar
5.4.2. Pflichtangaben bei außerplanmäßigen Abschreibungen auf aktivierte Softwareentwicklungsaufwendungen, die weiter genutzt werden					
Anwendung von FAS 144 (FAS 144, Abschn. 49)	N/A	N/A	N/A	N/A	N/A
Ausweis des Abschreibungsbetrages als Teil des Einkommens aus operativer Geschäftstätigkeit (FAS 121, Abschn. 13)	N/A	N/A	N/A	N/A	N/A
Beschreibung der Vermögenswerte und der Umstände, die zur Abwertung führten (FAS 121, Abschn. 14a)	N/A	N/A	N/A	N/A	N/A
Angabe des Abwertungsverlustes und der Methode, die zur Bestimmung des „Fair Value" benutzt worden ist (FAS 121, Abschn. 14b)	N/A	N/A	N/A	N/A	N/A
Angabe der Position in der GuV, in dem der Abwertungsverlust erfasst worden ist (FAS 121, Abschn. 14c)	N/A	N/A	N/A	N/A	N/A

	Caatoosee AG	*CPU Softwarehouse AG*	*Datadesign AG*	*Gauss Interprise AG*	*Graphisoft N.V.*
Angabe der von der Abwertung betroffenen Segmente des Unternehmens, falls eine Segmentierung erfolgte (FAS 121, Abschn. 14d)	N/A	N/A	N/A	N/A	N/A
5.4.3. Pflichtangaben bei außerplanmäßigen Abschreibungen auf aktivierte Softwareentwicklungsaufwendungen, die nicht weiter genutzt sondern abgestoßen werden					
Anwendung von FAS 144 (FAS 144, Abschn. 49)	N/A	N/A	N/A	N/A	N/A
Ausweis des Abschreibungsbetrages als Teil des Einkommens aus operativer Geschäftstätigkeit (FAS 121, Abschn. 18)	N/A	N/A	N/A	N/A	N/A
Beschreibung der immateriellen Vermögenswerte, Angabe der Gründe und des Zeitpunktes des Ausscheidens sowie des Buchwertes zum Bilanzstichtag (FAS 121, Abschn. 19a)	N/A	N/A	N/A	N/A	N/A
Angabe der von der Abwertung betroffenen Segmente des Unternehmens, falls eine Segmentierung erfolgte (FAS 121, Abschn. 19b)	N/A	N/A	N/A	N/A	N/A
Angabe des Betrages des Abwertungsverlustes (FAS 121, Abschn. 19c)	N/A	N/A	N/A	N/A	N/A
Angabe eines Bewertungsverlustes bei wertaufhellenden Ereignissen nach dem Bilanzstichtag (FAS 121, Abschn. 19d)	N/A	N/A	N/A	N/A	N/A
Angabe der Position in der GuV, in denen Abwertungsverluste erfasst worden sind (FAS 121, Abschn. 19e)	N/A	N/A	N/A	N/A	N/A

	Caatoosee AG	*CPU Softwarehouse AG*	*Datadesign AG*	*Gauss Interprise AG*	*Graphisoft N.V.*
Falls anwendbar, Angabe des Einkommens, das mit den immateriellen Vermögenswerten erzielt wurde und das im Ergebnis aus der operativen Geschäftstätigkeit enthalten ist (FAS 121, Abschn. 19f)	N/A	N/A	N/A	N/A	N/A
5.5. Forschungs- und Entwicklungsaufwendungen					
Angabe des Betrages der Forschungs- und Entwicklungsaufwendungen, die Aufwand der Periode darstellen (FAS 2, Abschn. 13)	Ja	Ja	Ja	Ja	Ja

Tabelle 11: Empirische Auswertung der Abschlüsse der Unternehmen, die nach US-GAAP Rechnung legen (Tabelle 3 von 5)

1. Unternehmen	***Heiler Software AG***	***IBS AG***	***Internolix AG***	***Intershop Communications AG***	***IXOS Software AG***
1.1. Sitz des Unternehmens	Deutschland	Deutschland	Deutschland	Deutschland	Deutschland
1.2. Nemax All-Share Branche	Internet	Software	Internet	Internet	Software
1.3. Art des Abschlusses	Konzernabschluss	Konzernabschluss	Konzernabschluss	Konzernabschluss	Konzernabschluss
1.4. Bilanzstichtag	31. September 2001	31. Dezember 2001	31. Dezember 2001	31. Dezember 2001	30. Juni 2001
1.5. Angewandte Rechnungslegungsgrundsätze	US-GAAP	US-GAAP	US-GAAP	US-GAAP	US-GAAP
1.6. Besonderheiten	Befreiender Konzernabschluss gemäß § 292a HGB	Befreiender Konzernabschluss gemäß § 292a HGB	Befreiender Konzernabschluss gemäß § 292a HGB	Befreiender Konzernabschluss gemäß § 292a HGB	Befreiender Konzernabschluss gemäß § 292a HGB
1.7. Aussage des Bestätigungsvermerks des Abschlussprüfers	Uneingeschränkter Bestätigungsvermerk	Uneingeschränkter Bestätigungsvermerk	Uneingeschränkter Bestätigungsvermerk	Uneingeschränkter Bestätigungsvermerk	Uneingeschränkter Bestätigungsvermerk
2. Angaben zum Unternehmen					
Beschreibung der Geschäftstätigkeit	Ja Bemerkung: Entwicklung und Vertrieb von Catalog-Management und Electronic-Procurement-Lösungen	Ja Bemerkung: Entwicklung und Vertrieb von Software mit Schwerpunkt Produktionssteuerung, Produktionsautomatisierung und Qualitätsmanagement	Ja Bemerkung: Entwicklung und Vertrieb Internet basierter Electronic Commerce Lösungen für Anbieter von Produkten und Dienstleistungen	Ja Bemerkung: Entwicklung und Vertrieb von Electronic Business Standard-Softwarelösungen	Ja Bemerkung: Entwicklung und Vertrieb von Softwarelösungen für das Management von Business-Dokumenten in einer SAP R/3 Systemumgebung
3. Bestandteile des Abschlusses					
3.1. Pflichtbestandteile gemäß US-GAAP					
Bilanz einschließlich Vorjahresangaben (CON 5, Abschn. 13)	Ja	Ja	Ja	Ja	Ja
GuV einschließlich Vorjahresangaben (CON 5, Abschn. 13)	Ja	Ja	Ja	Ja	Ja
Comprehensive Income einschließlich Vorjahresangaben (FAS 130, Abschn. 6 i.V.m. CON 5, Abschn. 13)	Ja	Ja	Ja	Ja	Ja
Kapitalflussrechnung einschließlich Vorjahresangaben (CON 5, Abschn. 13)	Ja	Ja	Ja	Ja	Ja

	Heiler Software AG	*IBS AG*	*Internolix AG*	*Intershop Communications AG*	*IXOS Software AG*
Anhang	Ja	Ja	Ja	Ja	Ja
Ergebnis je Aktie einschließlich Vorjahresangaben im Anhang und in der Gewinn- und Verlustrechnung (FAS 128, Abschn. 40 u. 36 i.V.m. Abschn. 6)	Ja	Ja	Ja	Ja	Ja
Segmentberichterstattung einschließlich Vorjahresangaben (FAS 131, Abschn. 25ff. i.V.m. Abschn. 1)	Ja	Ja	Ja	Ja	Ja
3.2. Pflichtbestandteile eines befreienden Konzernabschlusses gemäß § 292a HGB					
Konzernlagebericht (§ 292a Abs. 2 HGB)	Ja	Ja	Ja	Ja	Ja
Konsolidierter Anlagespiegel (§ 292a Abs. 2b HGB i.V.m. DRS 1, Abschn. 195)	Ja	Ja	Ja	(Ja)	Ja
4. Allgemeine Darstellung der relevanten angewandten Rechnungslegungsmethoden					
Beschreibung des Ansatzes und der Bewertung selbst erstellter immaterieller Vermögenswerte (APB 22, Abschn. 12)	Ja	Ja	Ja	Ja	Ja
Beschreibung der Abschreibungsmethoden für selbst erstellte immaterielle Vermögenswerte (APB 22, Abschn. 12)	Ja	Ja	Ja	Ja	Ja
Spezifizierung der Arten von Entwicklungsaufwendungen	• Softwareentwicklungskosten	• Softwareentwicklungskosten	• Softwareentwicklungskosten	• Softwareentwicklungskosten	• Softwareentwicklungskosten
Angaben zur Anwendung von industriespezifischen Rechnungslegungsmethoden und zur Anwendung ungewöhnlicher oder innovativer Methoden (APB 22, Abschn. 12b-c)	N/A	N/A	N/A	N/A	N/A

	Heiler Software AG	*IBS AG*	*Internolix AG*	*Intershop Communications AG*	*IXOS Software AG*
5. Softwareproduktions- und Softwareentwicklungsaufwendungen als selbst erstellter immaterieller Vermögenswert					
5.1. Bilanzstruktur und Kennzahlen					
5.1.1. Anteile der Bilanzpositionen an der Bilanzsumme					
Anteil erworbener immaterieller Vermögenswerte an der Bilanzsumme	0,6 %	6,8 %	3,9 %	0,4 %	0,8 %
Anteil selbst erstellter immaterieller Vermögenswerte an der Bilanzsumme	0,0 %	6,5 %	0,0 %	0,0 %	0.0 %
Anteil der Geschäfts- und Firmenwerte an der Bilanzsumme	0,0 %	11,4 %	39,7 %	11,8 %	0,6 %
Anteil der geleisteten Anzahlungen auf immaterielle Vermögenswerte an der Bilanzsumme	0,0 %	0,7 %	1,4 %	0,0 %	0,0 %
Anteil des Sach- und Finanzanlagevermögens an der Bilanzsumme	84,1 %	7,9 %	9,1 %	13,1 %	13,2 %
Anteil des Umlaufvermögens an der Bilanzsumme	4,5 %	66,7 %	45,9 %	74,7 %	85,4 %
Anteil der latenten Steuern und der Rechnungsabgrenzung an der Bilanzsumme	10,8 %	0,0 %	0,0 %	0,0 %	0,0 %
Bilanzsumme	100,0 %	100,0 %	100,0 %	100,0 %	100,0 %
5.1.2. Selbst erstellte immaterielle Vermögenswerte					
Ausweis von wesentlichen Einzelpositionen in der Bilanz bzw. im Anhang	N/A	Ja	N/A	N/A	N/A
Anteil der selbst erstellten immateriellen Vermögenswerte an den ausgewiesenen immateriellen Vermögenswerten	0,0 %	25,4 %	0,0 %	0,0 %	0,0 %
Anteil der selbst erstellten immateriellen Vermögenswerte am ausgewiesenen Anlagevermögen	0,0 %	19,4 %	0,0 %	0,0 %	0,0 %
Anteil der selbst erstellten immateriellen Vermögenswerte am ausgewiesenen Eigenkapital	0,0 %	9,1 %	0,0 %	0,0 %	0,0 %

	Heiler Software AG	*IBS AG*	*Internolix AG*	*Intershop Communications AG*	*IXOS Software AG*
5.1.3. Kennzahlen zu Forschungs- und Entwicklungsaufwendungen und aktivierten Softwareentwicklungsaufwendungen					
Forschungs- und Entwicklungsintensität (Verhältnis der ausgewiesenen Forschungs- und Entwicklungsaufwendungen zu den Nettoumsatzerlösen der analysierten Periode)	54,1 %	14,3 %	47,0 %	22,1 %	10,6 %
Aktivierungsrate (Verhältnis der aktivierten Softwareentwicklungsaufwendungen zu den gesamten Forschungs- und Entwicklungsaufwendungen der analysierten Periode)	N/A	69,9 %	N/A	N/A	N/A
5.2. Zur Vermarktung bestimmte, selbst erstellte Software					
5.2.1. Angaben zu Aktivierungskriterien					
Aktivierung beginnt mit der technologischen Realisierbarkeit (FAS 86, Abschn. 5)	Ja	Ja	**k.A.**	Ja	Ja
Aktivierung endet mit Freigabe für die Vermarktung (FAS 86, Abschn. 6)	Ja Bemerkung: Freigabe für den Vertrieb	Ja Bemerkung: Freigabe für den Markt	**k.A.**	**k.A.**	Ja Bemerkung: Freigabe für den Markt
Aktivierungszeitpunkt ist die technologische Realisierbarkeit mit Abschluss des detaillierten Designs (FAS 86, Abschn. 5 i.V.m. Abschn. 4a)	**k.A.**	Ja	**k.A.**	N/A	N/A
Aktivierungszeitpunkt ist die technologische Realisierbarkeit mit Fertigstellung eines Arbeitsmodells (FAS 86, Abschn. 5 i.V.m. Abschn. 4b)	**k.A.**	N/A	**k.A.**	Ja Bemerkung: Entwicklung einer Betaversion	Ja
Benennung von Gründen, die zur Nichtaktivierung von Softwareproduktionsaufwendungen führten	**k.A.**	N/A	**k.A.**	Ja Bemerkung: Unwesentlichkeit der Kosten	Ja Bemerkung: Unwesentlichkeit der Kosten

	Heiler Software AG	*IBS AG*	*Internolix AG*	*Intershop Communications AG*	*IXOS Software AG*
5.2.2. Angaben zur Folgebewertung					
Angabe der Abschreibungsmethode (FAS 86, Abschn. 8 i.V.m. APB 22, Abschn. 13)	N/A	Ja Bemerkung: Planmäßige lineare Abschreibungen	N/A	N/A	N/A
Angabe der Nutzungsdauer (FAS 86, Abschn. 8 i.V.m. APB 22, Abschn. 13)	N/A	Ja Bemerkung: 3 Jahre	N/A	N/A	N/A
Angabe des Bruttowertes der aktivierten Aufwendungen zum Bilanzstichtag (FAS 86, Abschn. 11a)	N/A	Ja	N/A	N/A	N/A
Angabe des Betrages der Abschreibungen der aktivierten Entwicklungsaufwendungen zum Bilanzstichtag (FAS 86, Abschn. 11b)	N/A	Ja	N/A	N/A	N/A
Buchwert zum Bilanzstichtag (APB 12, Abschn. 5b)	N/A	Ja	N/A	N/A	N/A
Betrag der kumulierten Abschreibungen (APB 12, Abschn. 5c)	N/A	Ja	N/A	N/A	N/A
5.3. Selbst erstellte Software für den internen Gebrauch					
5.3.1. Angaben zur Aktivierung					
Aktivierung erfolgt nach Abschluss der Planungs- und Konzeptionsphase (SOP 98-1, Abschn. 21 i.V.m. Abschn. 41 i.V.m. APB 22, Abschn. 12)	N/A	N/A	N/A	N/A	N/A
5.3.2. Angaben zu den aktivierten Kostenbestandteilen					
Aktivierung von Materialeinzelkosten (SOP 98-1, Abschn. 31a i.V.m. Abschn. 41 i.V.m. APB 22, Abschn. 12)	N/A	N/A	N/A	N/A	N/A

	Heiler Software AG	*IBS AG*	*Internolix AG*	*Intershop Communications AG*	*IXOS Software AG*
Aktivierung von Personaleinzelkosten (SOP 98-1, Abschn. 31b i.V.m. Abschn. 41 i.V.m. APB 22, Abschn. 12)	N/A	N/A	N/A	N/A	N/A
Aktivierung bestimmter Fremdkapitalkosten (SOP 98-1, Abschn. 31c i.V.m. Abschn. 41 i.V.m. APB 22, Abschn. 12)	N/A	N/A	N/A	N/A	N/A
Aktivierung bestimmter Kosten für umfassende Erweiterungen während der Betriebsphase (SOP 98-1, Abschn. 24f. i.V.m. Abschn. 41 i.V.m. APB 22, Abschn. 12)	N/A	N/A	N/A	N/A	N/A
5.3.3. Angaben zur Folgebewertung					
Beginn der Abschreibung bei Fertigstellung (SOP 98-1, Abschn. 38 i.V.m. Abschn. 41 i.V.m. APB 22, Abschn. 12)	N/A	N/A	N/A	N/A	N/A
Angaben zur Abschreibungsmethode (SOP 98-1, Abschn. 36 i.V.m. Abschn. 41 i.V.m. APB 12, Abschn. 5d)	N/A	N/A	N/A	N/A	N/A
Angaben zur Nutzungsdauer (SOP 98-1, Abschn. 37 i.V.m. Abschn. 41 i.V.m. APB 12, Abschn. 5d)	N/A	N/A	N/A	N/A	N/A
Angabe der Abschreibungen der Periode (SOP 98-1, Abschn. 36 i.V.m. Abschn. 41 i.V.m. APB 12, Abschn. 5a)	N/A	N/A	N/A	N/A	N/A
Angabe der kumulierten Abschreibungen (SOP 98-1, Abschn. 36 i.V.m. Abschn. 41 i.V.m. APB 12, Abschn. 5c)	N/A	N/A	N/A	N/A	N/A

	Heiler Software AG	*IBS AG*	*Internolix AG*	*Intershop Communications AG*	*IXOS Software AG*
5.4 Pflichtangaben zu wertberichtigten Softwareproduktions- und Softwareentwicklungsaufwendungen					
5.4.1. Pflichtangaben bei außerplanmäßigen Abschreibungen auf aktivierte Softwareproduktionsaufwendungen					
Vergleich der aktivierten und noch nicht um planmäßige Abschreibungen verminderten Softwareproduktionsaufwendungen mit dem erzielbaren Betrag („Net Realizable Value") (FAS 86, Abschn. 10 i.V.m. APB 22, Abschn. 12)	N/A	Ja	N/A	N/A	N/A
Angabe der Beträge außerplanmäßiger Abschreibungen auf den „Net Realizable Value" (FAS 86, Abschn. 11b)	N/A	N/A	N/A	N/A	N/A
5.4.2. Pflichtangaben bei außerplanmäßigen Abschreibungen auf aktivierte Softwareentwicklungsaufwendungen, die weiter genutzt werden					
Anwendung von FAS 144 (FAS 144, Abschn. 49)	N/A	N/A	N/A	N/A	N/A
Ausweis des Abschreibungsbetrages als Teil des Einkommens aus operativer Geschäftstätigkeit (FAS 121, Abschn. 13)	N/A	N/A	N/A	N/A	N/A
Beschreibung der Vermögenswerte und der Umstände, die zur Abwertung führten (FAS 121, Abschn. 14a)	N/A	N/A	N/A	N/A	N/A
Angabe des Abwertungsverlustes und der Methode, die zur Bestimmung des „Fair Value" benutzt worden ist (FAS 121, Abschn. 14b)	N/A	N/A	N/A	N/A	N/A
Angabe der Position in der GuV, in dem der Abwertungsverlust erfasst worden ist (FAS 121, Abschn. 14c)	N/A	N/A	N/A	N/A	N/A

	Heiler Software AG	*IBS AG*	*Internolix AG*	*Intershop Communications AG*	*IXOS Software AG*
Angabe der von der Abwertung betroffenen Segmente des Unternehmens, falls eine Segmentierung erfolgte (FAS 121, Abschn. 14d)	N/A	N/A	N/A	N/A	N/A
5.4.3. Pflichtangaben bei außerplanmäßigen Abschreibungen auf aktivierte Softwareentwicklungsaufwendungen, die nicht weiter genutzt sondern abgestoßen werden					
Anwendung von FAS 144 (FAS 144, Abschn. 49)	N/A	N/A	N/A	N/A	N/A
Ausweis des Abschreibungsbetrages als Teil des Einkommens aus operativer Geschäftstätigkeit (FAS 121, Abschn. 18)	N/A	N/A	N/A	N/A	N/A
Beschreibung der immateriellen Vermögenswerte, Angabe der Gründe und des Zeitpunktes des Ausscheidens sowie des Buchwertes zum Bilanzstichtag (FAS 121, Abschn. 19a)	N/A	N/A	N/A	N/A	N/A
Angabe der von der Abwertung betroffenen Segmente des Unternehmens, falls eine Segmentierung erfolgte (FAS 121, Abschn. 19b)	N/A	N/A	N/A	N/A	N/A
Angabe des Betrages des Abwertungsverlustes (FAS 121, Abschn. 19c)	N/A	N/A	N/A	N/A	N/A
Angabe eines Bewertungsverlustes bei wertaufhellenden Ereignissen nach dem Bilanzstichtag (FAS 121, Abschn. 19d)	N/A	N/A	N/A	N/A	N/A
Angabe der Position in der GuV, in denen Abwertungsverluste erfasst worden sind (FAS 121, Abschn. 19e)	N/A	N/A	N/A	N/A	N/A

	Heiler Software AG	*IBS AG*	*Internolix AG*	*Intershop Communications AG*	*IXOS Software AG*
Falls anwendbar, Angabe des Einkommens, das mit den immateriellen Vermögenswerten erzielt wurde und das im Ergebnis aus der operativen Geschäftstätigkeit enthalten ist (FAS 121, Abschn. 19f)	N/A	N/A	N/A	N/A	N/A
5.5. Forschungs- und Entwicklungsaufwendungen					
Angabe des Betrages der Forschungs- und Entwicklungsaufwendungen, die Aufwand der Periode darstellen (FAS 2, Abschn. 13)	Ja	Ja	Ja	Ja	Ja

Tabelle 12: Empirische Auswertung der Abschlüsse der Unternehmen, die nach US-GAAP Rechnung legen (Tabelle 4 von 5)

1. Unternehmen	***Kleindienst Datentechnik AG***	***Orad Hi-Tec Systems Ltd.***	***Pironet NDH AG***	***Poet Holdings Inc.***	***PSI AG***
1.1. Sitz des Unternehmens	Deutschland	Israel	Deutschland	U.S.A.	Deutschland
1.2. Nemax All-Share Branche	Software	Software	Software	Software	Software
1.3. Art des Abschlusses	Konzernabschluss	Konzernabschluss	Konzernabschluss	Konzernabschluss	Konzernabschluss
1.4. Bilanzstichtag	31. Dezember 2001	31. Dezember 2001	31. Dezember 2001	31. Dezember 2001	31. Dezember 2001
1.5. Angewandte Rechnungslegungsgrundsätze	US-GAAP	US-GAAP	US-GAAP	US-GAAP	US-GAAP
1.6. Besonderheiten	Befreiender Konzernabschluss gemäß § 292a HGB	N/A	Befreiender Konzernabschluss gemäß § 292a HGB	N/A	Befreiender Konzernabschluss gemäß § 292a HGB
1.7. Aussage des Bestätigungsvermerks des Abschlussprüfers	Uneingeschränkter Bestätigungsvermerk	Uneingeschränkter Bestätigungsvermerk	Uneingeschränkter Bestätigungsvermerk	Uneingeschränkter Bestätigungsvermerk	Uneingeschränkter Bestätigungsvermerk
2. Angaben zum Unternehmen					
Beschreibung der Geschäftstätigkeit	Ja Bemerkung: Entwicklung und Vertrieb verschiedenster Softwarelösungen sowie Erbringung von Dienstleistungen	Ja Bemerkung: Entwicklung und Vertrieb von Echtzeitvideo-Softwarelösungen	Ja Bemerkung: Entwicklung und Vertrieb von Produkten, Dienstleistungen und Lösungen im Bereich der Datenverarbeitung	Ja Bemerkung: Entwicklung und Vertrieb von Datenbankmanagementsystemen	Ja Bemerkung: Entwicklung und Vertrieb von Softwaresystemen und Produkten
3. Bestandteile des Abschlusses					
3.1. Pflichtbestandteile gemäß US-GAAP					Ja
Bilanz einschließlich Vorjahresangaben (CON 5, Abschn. 13)	Ja	Ja	Ja	Ja	Ja
GuV einschließlich Vorjahresangaben (CON 5, Abschn. 13)	Ja	Ja	Ja	Ja	Ja
Comprehensive Income einschließlich Vorjahresangaben (FAS 130, Abschn. 6 i.V.m. CON 5, Abschn. 13)	Ja	Ja	Ja	Ja	Ja
Kapitalflussrechnung einschließlich Vorjahresangaben (CON 5, Abschn. 13)	Ja	Ja	Ja	Ja	Ja

	Kleindienst Datentechnik AG	*Orad Hi-Tec Systems Ltd.*	*Pironet NDH AG*	*Poet Holdings Inc.*	*PSI AG*
Anhang	Ja	Ja	Ja	Ja	Ja
Ergebnis je Aktie einschließlich Vorjahresangaben im Anhang und in der Gewinn- und Verlustrechnung (FAS 128, Abschn. 40 u. 36 i.V.m. Abschn. 6)	Ja	Ja	**k.A.** **Bemerkung: Angabe nur im Anhang**	Ja	Ja
Eigenkapitalveränderungsrechnung einschließlich Vorjahresangaben (FAS 129, Abschn. 3 i.V.m. CON 5, Abschn. 13)	Ja	Ja	Ja	Ja	Ja
3.2. Pflichtbestandteile eines befreienden Konzernabschlusses gemäß § 292a HGB					
Konzernlagebericht (§ 292a Abs. 2 HGB)	Ja	N/A	Ja	N/A	Ja
Konsolidierter Anlagespiegel (§ 292a Abs. 2b HGB i.V.m. DRS 1, Abschn. 195)	Ja	N/A	Ja	N/A	Ja
4. Allgemeine Darstellung der relevanten angewandten Rechnungslegungsmethoden					
Beschreibung des Ansatzes und der Bewertung selbst erstellter immaterieller Vermögenswerte (APB 22, Abschn. 12)	Ja	Ja	Ja	Ja	Ja
Beschreibung der Abschreibungsmethoden für selbst erstellte immaterielle Vermögenswerte (APB 22, Abschn. 12)	Ja	Ja	Ja	N/A	Ja
Spezifizierung der Arten von Entwicklungsaufwendungen	• Softwareentwicklungs-kosten	• Softwareentwicklungs-kosten	• Softwareentwicklungs-kosten	• Softwareentwicklungs-kosten	• Softwareentwicklungs-kosten
Angaben zur Anwendung von industriespezifischen Rechnungslegungsmethoden und zur Anwendung ungewöhnlicher oder innovativer Methoden (APB 22, Abschn. 12b-c)	N/A	N/A	N/A	N/A	N/A

	Kleindienst Datentechnik AG	*Orad Hi-Tec Systems Ltd.*	*Pironet NDH AG*	*Poet Holdings Inc.*	*PSI AG*
5. Softwareproduktions- und Softwareentwicklungsaufwendungen als selbst erstellter immaterieller Vermögenswert					
5.1. Bilanzstruktur und Kennzahlen					
5.1.1. Anteile der Bilanzpositionen an der Bilanzsumme					
Anteil erworbener immaterieller Vermögenswerte an der Bilanzsumme	8,1 %	0,0 %	4,5 %	0,0 %	2,3 %
Anteil selbst erstellter immaterieller Vermögenswerte an der Bilanzsumme	0,0 %	0,0 %	0,6 %	0,0 %	1,6 %
Anteil der Geschäfts- und Firmenwerte an der Bilanzsumme	8,3 %	0,0 %	0,0 %	0,0 %	13,6 %
Anteil der geleisteten Anzahlungen auf immaterielle Vermögenswerte an der Bilanzsumme	0,0 %	0,0 %	0,0 %	0,0 %	0,0 %
Anteil des Sach- und Finanzanlagevermögens an der Bilanzsumme	18,3 %	18,0 %	5,4 %	5,4 %	12,3 %
Anteil des Umlaufvermögens an der Bilanzsumme	57,2 %	82,0 %	83,5 %	96,4 %	70,2 %
Anteil der latenten Steuern und der Rechnungsabgrenzung an der Bilanzsumme	8,1 %	0,0 %	6,0 %	0,0 %	0,0 %
Bilanzsumme	100,0 %	100,0 %	100,0 %	100,0 %	100,0 %
5.1.2. Selbst erstellte immaterielle Vermögenswerte					
Ausweis von wesentlichen Einzelpositionen in der Bilanz bzw. im Anhang	N/A	N/A	Ja	N/A	Ja
Anteil der selbst erstellten immateriellen Vermögenswerte an den ausgewiesenen immateriellen Vermögenswerten	0,0 %	0,0 %	12,2 %	0,0 %	9,0 %
Anteil der selbst erstellten immateriellen Vermögenswerte am ausgewiesenen Anlagevermögen	0,0 %	0,0 %	5,9 %	0,0 %	5,3 %
Anteil der selbst erstellten immateriellen Vermögenswerte am ausgewiesenen Eigenkapital	0,0 %	0,0 %	0,7 %	0,0 %	3,7 %

	Kleindienst Datentechnik AG	*Orad Hi-Tec Systems Ltd.*	*Pironet NDH AG*	*Poet Holdings Inc.*	*PSI AG*
5.1.3. Kennzahlen zu Forschungs- und Entwicklungsaufwendungen und aktivierten Softwareentwicklungsaufwendungen					
Forschungs- und Entwicklungsintensität (Verhältnis der ausgewiesenen Forschungs- und Entwicklungsaufwendungen zu den Nettoumsatzerlösen der analysierten Periode)	7,6 %	36,5 %	13,8 %	15,7 %	7,1 %
Aktivierungsrate (Verhältnis der aktivierten Softwareentwicklungsaufwendungen zu den gesamten Forschungs- und Entwicklungsaufwendungen der analysierten Periode)	N/A	N/A	11,7 %	N/A	12,1 %
5.2. Zur Vermarktung bestimmte, selbst erstellte Software					
5.2.1. Angaben zu Aktivierungskriterien					
Aktivierung beginnt mit der technologischen Realisierbarkeit (FAS 86, Abschn. 5)	Ja	Ja	Ja	Ja	Ja
Aktivierung endet mit Freigabe für die Vermarktung (FAS 86, Abschn. 6)	Ja Bemerkung: Markteinführung	k.A.	Ja Bemerkung: Markteinführung	k.A.	k.A.
Aktivierungszeitpunkt ist die technologische Realisierbarkeit mit Abschluss des detaillierten Designs (FAS 86, Abschn. 5 i.V.m. Abschn. 4a)	N/A	N/A	Ja	N/A	N/A
Aktivierungszeitpunkt ist die technologische Realisierbarkeit mit Fertigstellung eines Arbeitsmodells (FAS 86, Abschn. 5 i.V.m. Abschn. 4b)	Ja	Ja	N/A	(Ja) Bemerkung: Technische Realisierbarkeit liegt im wesentlichen bei Abschluss des Entwicklungsprozesses vor	Ja Bemerkung: Abschluss der Beta-Tests
Benennung von Gründen, die zur Nichtaktivierung von Softwareproduktionsaufwendungen führten	Ja Bemerkung: Unwesentlichkeit der Kosten	Ja Bemerkung: Unwesentlichkeit der Kosten	N/A	Ja Bemerkung: Unwesentlichkeit der Kosten	N/A

	Kleindienst Datentechnik AG	*Orad Hi-Tec Systems Ltd.*	*Pironet NDH AG*	*Poet Holdings Inc.*	*PSI AG*
5.2.2. Angaben zur Folgebewertung					
Angabe der Abschreibungsmethode (FAS 86, Abschn. 8 i.V.m. APB 22, Abschn. 13)	N/A	N/A	Ja Bemerkung: Planmäßige lineare Abschreibungen, es erfolgten außerplanmäßige Abschreibungen	N/A	Ja Bemerkung: Planmäßige lineare Abschreibungen
Angabe der Nutzungsdauer (FAS 86, Abschn. 8 i.V.m. APB 22, Abschn. 13)	N/A	N/A	Ja Bemerkung: 3 Jahre	N/A	Ja Bemerkung: 4 Jahre
Angabe des Bruttowertes der aktivierten Aufwendungen zum Bilanzstichtag (FAS 86, Abschn. 11a)	N/A	N/A	Ja	N/A	Ja
Angabe des Betrages der Abschreibungen der aktivierten Entwicklungsaufwendungen zum Bilanzstichtag (FAS 86, Abschn. 11b)	N/A	N/A	Ja	N/A	Ja
Buchwert zum Bilanzstichtag (APB 12, Abschn. 5b)	N/A	N/A	Ja	N/A	Ja
Betrag der kumulierten Abschreibungen (APB 12, Abschn. 5c)	N/A	N/A	Ja	N/A	Ja
5.3. Selbst erstellte Software für den internen Gebrauch					
5.3.1. Angaben zur Aktivierung					
Aktivierung erfolgt nach Abschluss der Planungs- und Konzeptionsphase (SOP 98-1, Abschn. 21 i.V.m. Abschn. 41 i.V.m. APB 22, Abschn. 12)	N/A	N/A	N/A	N/A	N/A
5.3.2. Angaben zu den aktivierten Kostenbestandteilen					
Aktivierung von Materialeinzelkosten (SOP 98-1, Abschn. 31a i.V.m. Abschn. 41 i.V.m. APB 22, Abschn. 12)	N/A	N/A	N/A	N/A	N/A

	Kleindienst Datentechnik AG	*Orad Hi-Tec Systems Ltd.*	*Pironet NDH AG*	*Poet Holdings Inc.*	*PSI AG*
Aktivierung von Personaleinzelkosten (SOP 98-1, Abschn. 31b i.V.m. Abschn. 41 i.V.m. APB 22, Abschn. 12)	N/A	N/A	N/A	N/A	N/A
Aktivierung bestimmter Fremdkapitalkosten (SOP 98-1, Abschn. 31c i.V.m. Abschn. 41 i.V.m. APB 22, Abschn. 12)	N/A	N/A	N/A	N/A	N/A
Aktivierung bestimmter Kosten für umfassende Erweiterungen während der Betriebsphase (SOP 98-1, Abschn. 24f. i.V.m. Abschn. 41 i.V.m. APB 22, Abschn. 12)	N/A	N/A	N/A	N/A	N/A
5.3.3. Angaben zur Folgebewertung					
Beginn der Abschreibung bei Fertigstellung (SOP 98-1, Abschn. 38 i.V.m. Abschn. 41 i.V.m. APB 22, Abschn. 12)	N/A	N/A	N/A	N/A	N/A
Angaben zur Abschreibungsmethode (SOP 98-1, Abschn. 36 i.V.m. Abschn. 41 i.V.m. APB 12, Abschn. 5d)	N/A	N/A	N/A	N/A	N/A
Angaben zur Nutzungsdauer (SOP 98-1, Abschn. 37 i.V.m. Abschn. 41 i.V.m. APB 12, Abschn. 5d)	N/A	N/A	N/A	N/A	N/A
Angabe der Abschreibungen der Periode (SOP 98-1, Abschn. 36 i.V.m. Abschn. 41 i.V.m. APB 12, Abschn. 5a)	N/A	N/A	N/A	N/A	N/A
Angabe der kumulierten Abschreibungen (SOP 98-1, Abschn. 36 i.V.m. Abschn. 41 i.V.m. APB 12, Abschn. 5c)	N/A	N/A	N/A	N/A	N/A

	Kleindienst Datentechnik AG	*Orad Hi-Tec Systems Ltd.*	*Pironet NDH AG*	*Poet Holdings Inc.*	*PSI AG*
5.4 Pflichtangaben zu wertberichtigten Softwareproduktions- und Softwareentwicklungsaufwendungen					
5.4.1. Pflichtangaben bei außerplanmäßigen Abschreibungen auf aktivierte Softwareproduktionsaufwendungen					
Vergleich der aktivierten und noch nicht um planmäßige Abschreibungen verminderten Softwareproduktionsaufwendungen mit dem erzielbaren Betrag („Net Realizable Value") (FAS 86, Abschn. 10 i.V.m. APB 22, Abschn. 12)	N/A	N/A	N/A	N/A	Ja
Angabe der Beträge außerplanmäßiger Abschreibungen auf den „Net Realizable Value" (FAS 86, Abschn. 11b)	N/A	N/A	N/A	N/A	N/A
5.4.2. Pflichtangaben bei außerplanmäßigen Abschreibungen auf aktivierte Softwareentwicklungsaufwendungen, die weiter genutzt werden					
Anwendung von FAS 144 (FAS 144, Abschn. 49)	N/A	N/A	N/A	N/A	N/A
Ausweis des Abschreibungsbetrages als Teil des Einkommens aus operativer Geschäftstätigkeit (FAS 121, Abschn. 13)	N/A	N/A	N/A	N/A	N/A
Beschreibung der Vermögenswerte und der Umstände, die zur Abwertung führten (FAS 121, Abschn. 14a)	N/A	N/A	N/A	N/A	N/A
Angabe des Abwertungsverlustes und der Methode, die zur Bestimmung des „Fair Value" benutzt worden ist (FAS 121, Abschn. 14b)	N/A	N/A	N/A	N/A	N/A
Angabe der Position in der GuV, in dem der Abwertungsverlust erfasst worden ist (FAS 121, Abschn. 14c)	N/A	N/A	N/A	N/A	N/A

	Kleindienst Datentechnik AG	*Orad Hi-Tec Systems Ltd.*	*Pironet NDH AG*	*Poet Holdings Inc.*	*PSI AG*
Angabe der von der Abwertung betroffenen Segmente des Unternehmens, falls eine Segmentierung erfolgte (FAS 121, Abschn. 14d)	N/A	N/A	N/A	N/A	N/A
5.4.3. Pflichtangaben bei außerplanmäßigen Abschreibungen auf aktivierte Softwareentwicklungsaufwendungen, die nicht weiter genutzt sondern abgestoßen werden					
Anwendung von FAS 144 (FAS 144, Abschn. 49)	N/A	N/A	N/A	N/A	N/A
Ausweis des Abschreibungsbetrages als Teil des Einkommens aus operativer Geschäftstätigkeit (FAS 121, Abschn. 18)	N/A	N/A	N/A	N/A	N/A
Beschreibung der immateriellen Vermögenswerte, Angabe der Gründe und des Zeitpunktes des Ausscheidens sowie des Buchwertes zum Bilanzstichtag (FAS 121, Abschn. 19a)	N/A	N/A	N/A	N/A	N/A
Angabe der von der Abwertung betroffenen Segmente des Unternehmens, falls eine Segmentierung erfolgte (FAS 121, Abschn. 19b)	N/A	N/A	N/A	N/A	N/A
Angabe des Betrages des Abwertungsverlustes (FAS 121, Abschn. 19c)	N/A	N/A	N/A	N/A	N/A
Angabe eines Bewertungsverlustes bei wertaufhellenden Ereignissen nach dem Bilanzstichtag (FAS 121, Abschn. 19d)	N/A	N/A	N/A	N/A	N/A
Angabe der Position in der GuV, in denen Abwertungsverluste erfasst worden sind (FAS 121, Abschn. 19e)	N/A	N/A	N/A	N/A	N/A

	Kleindienst Datentechnik AG	*Orad Hi-Tec Systems Ltd.*	*Pironet NDH AG*	*Poet Holdings Inc.*	*PSI AG*
Falls anwendbar, Angabe des Einkommens, das mit den immateriellen Vermögenswerten erzielt wurde und das im Ergebnis aus der operativen Geschäftstätigkeit enthalten ist (FAS 121, Abschn. 19f)	N/A	N/A	N/A	N/A	N/A
5.5. Forschungs- und Entwicklungsaufwendungen					
Angabe des Betrages der Forschungs- und Entwicklungsaufwendungen, die Aufwand der Periode darstellen (FAS 2, Abschn. 13)	Ja	Ja	Ja	Ja	Ja

Tabelle 13: Empirische Auswertung der Abschlüsse der Unternehmen, die nach US-GAAP Rechnung legen (Tabelle 5 von 5)

1. Unternehmen	***Trintech Group Plc.***	***Fantastic Corporation***	***Update.com Software AG***	***USU AG***	***VIZRT Ltd.***
1.1. Sitz des Unternehmens	Irland	Schweiz	Österreich	Deutschland	Israel
1.2. Nemax All-Share Branche	Internet	Internet	Software	Software	Software
1.3. Art des Abschlusses	Konzernabschluss	Konzernabschluss	Konzernabschluss	Konzernabschluss	Konzernabschluss
1.4. Bilanzstichtag	31. Januar 2002	31. Dezember 2001	31. Dezember 2001	31. März 2001	31. Dezember 2001
1.5. Angewandte Rechnungslegungsgrundsätze	US-GAAP	US-GAAP	US-GAAP	US-GAAP	US-GAAP
1.6. Besonderheiten	N/A	N/A	N/A	Befreiender Konzernabschluss gemäß § 292a HGB	N/A
1.7. Aussage des Bestätigungsvermerks des Abschlussprüfers	Uneingeschränkter Bestätigungsvermerk	Uneingeschränkter Bestätigungsvermerk	Uneingeschränkter Bestätigungsvermerk	Uneingeschränkter Bestätigungsvermerk	Uneingeschränkter Bestätigungsvermerk
2. Angaben zum Unternehmen					
Beschreibung der Geschäftstätigkeit	Ja Bemerkung: Entwicklung und Vertrieb von Electronic Payment Software, Entwicklung und Vertrieb von Point-of-Sale-Systemen und Erbringung zugehöriger Dienstleistungen	Ja Bemerkung: Entwicklung und Vertrieb von Softwarelösungen zur Bearbeitung von Multimedia-Inhalten sowie Erbringung zugehöriger Dienstleistungen	Ja Bemerkung: Entwicklung und Implementierung von Softwarelösungen auf dem Gebiet des Customer Relationship Managements	Ja Bemerkung: Entwicklung und Vertrieb von Software sowie Beratungsleistungen auf dem Gebiet der Informationstechnologie und Prozessorganisation	Ja Bemerkung: Entwicklung und Vermarktung von Software für das Management von Medieninhalten
3. Bestandteile des Abschlusses					
3.1. Pflichtbestandteile gemäß US-GAAP					
Bilanz einschließlich Vorjahresangaben (CON 5, Abschn. 13)	Ja	Ja	Ja	Ja	Ja
GuV einschließlich Vorjahresangaben (CON 5, Abschn. 13)	Ja	Ja	Ja	Ja	Ja
Comprehensive Income einschließlich Vorjahresangaben (FAS 130, Abschn. 6 i.V.m. CON 5, Abschn. 13)	Ja	Ja	Ja	Ja	Ja

	Trintech Group Plc.	*Fantastic Corporation*	*Update.com Software AG*	*USU AG*	*VIZRT Ltd.*
Kapitalflussrechnung einschließlich Vorjahresangaben (CON 5, Abschn. 13)	Ja	Ja	Ja	Ja	Ja
Anhang	Ja	Ja	Ja	Ja	Ja
Ergebnis je Aktie einschließlich Vorjahresangaben im Anhang und in der Gewinn- und Verlustrechnung (FAS 128, Abschn. 40 u. 36 i.V.m. Abschn. 6)	Ja	Ja	Ja	Ja	Ja
Eigenkapitalveränderungsrechnung einschließlich Vorjahresangaben (FAS 129, Abschn. 3 i.V.m. CON 5, Abschn. 13)	Ja	Ja	Ja	Ja	Ja
3.2. Pflichtbestandteile eines befreienden Konzernabschlusses gemäß § 292a HGB					
Konzernlagebericht (§ 292a Abs. 2 HGB)	N/A	N/A	N/A	Ja	N/A
Konsolidierter Anlagespiegel (§ 292a Abs. 2b HGB i.V.m. DRS 1, Abschn. 195)	N/A	N/A	N/A	Ja	N/A
4. Allgemeine Darstellung der relevanten angewandten Rechnungslegungsmethoden					
Beschreibung des Ansatzes und der Bewertung selbst erstellter immaterieller Vermögenswerte (APB 22, Abschn. 12)	Ja	Ja	Ja	Ja	Ja
Beschreibung der Abschreibungsmethoden für selbst erstellte immaterielle Vermögenswerte (APB 22, Abschn. 12)	Ja	Ja	Ja	Ja	Ja
Spezifizierung der Arten von Entwicklungsaufwendungen	• Softwareentwicklungs-kosten	• Softwareentwicklungs-kosten	• Softwareentwicklungs-kosten	• Softwareentwicklungs-kosten	• Softwareentwicklungs-kosten
Angaben zur Anwendung von industriespezifischen Rechnungslegungsmethoden und zur Anwendung ungewöhnlicher oder innovativer Methoden (APB 22, Abschn. 12b-c)	N/A	N/A	N/A	N/A	N/A

	Trintech Group Plc.	*Fantastic Corporation*	*Update.com Software AG*	*USU AG*	*VIZRT Ltd.*
5. Softwareproduktions- und Softwareentwicklungsaufwendungen als selbst erstellter immaterieller Vermögenswert					
5.1. Bilanzstruktur und Kennzahlen					
5.1.1. Anteile der Bilanzpositionen an der Bilanzsumme					
Anteil erworbener immaterieller Vermögenswerte an der Bilanzsumme	0,0 %	3,5 %	6,3 %	3,5 %	0,0 %
Anteil selbst erstellter immaterieller Vermögenswerte an der Bilanzsumme	0,0 %	0,0 %	0,0 %	0,0 %	0,0 %
Anteil der Geschäfts- und Firmenwerte an der Bilanzsumme	15,4 %	0,0 %	0,0 %	1,7 %	0,0 %
Anteil der geleisteten Anzahlungen auf immaterielle Vermögenswerte an der Bilanzsumme	0,0 %	0,0 %	0,0 %	0,0 %	0,0 %
Anteil des Sach- und Finanzanlagevermögens an der Bilanzsumme	17,0 %	14,5 %	8,3 %	5,0 %	14,7 %
Anteil des Umlaufvermögens an der Bilanzsumme	64,7 %	80,9 %	84,4 %	87,7 %	85,3 %
Anteil der latenten Steuern und der Rechnungsabgrenzung an der Bilanzsumme	2,9 %	1,1 %	1,0 %	2,1 %	0,0 %
Bilanzsumme			100,0 %	100,0 %	100,0 %
5.1.2. Selbst erstellte immaterielle Vermögenswerte					
Ausweis von wesentlichen Einzelpositionen in der Bilanz bzw. im Anhang	N/A	N/A	N/A	N/A	N/A
Anteil der selbst erstellten immateriellen Vermögenswerte an den ausgewiesenen immateriellen Vermögenswerten	0,0 %	0,0 %	0,0 %	0,0 %	0,0 %
Anteil der selbst erstellten immateriellen Vermögenswerte am ausgewiesenen Anlagevermögen	0,0 %	0,0 %	0,0 %	0,0 %	0,0 %
Anteil der selbst erstellten immateriellen Vermögenswerte am ausgewiesenen Eigenkapital	0,0 %	0,0 %	0,0 %	0,0 %	0,0 %

	Trintech Group Plc.	*Fantastic Corporation*	*Update.com Software AG*	*USU AG*	*VIZRT Ltd.*
5.1.3. Kennzahlen zu Forschungs- und Entwicklungsaufwendungen und aktivierten Softwareentwicklungsauf-wendungen					
Forschungs- und Entwicklungsintensität (Verhältnis der ausgewiesenen Forschungs- und Entwicklungsaufwendungen zu den Nettoumsatzerlösen der analysierten Periode)	30,1 %	129,2 %	38,4 %	10,9 %	19,5 %
Aktivierungsrate (Verhältnis der aktivierten Softwareentwicklungsaufwendungen zu den gesamten Forschungs- und Entwicklungsaufwendungen der analysierten Periode)	N/A	N/A	N/A	N/A	N/A
5.2. Zur Vermarktung bestimmte, selbst erstellte Software					
5.2.1. Angaben zu Aktivierungskriterien					
Aktivierung beginnt mit der technologischen Realisierbarkeit (FAS 86, Abschn. 5)	Ja	Ja	Ja	Ja	Ja
Aktivierung endet mit Freigabe für die Vermarktung (FAS 86, Abschn. 6)	Ja Bemerkung: Markteinführung	k.A.	k.A.	Ja Bemerkung: Markteinführung	Ja Bemerkung: Markteinführung
Aktivierungszeitpunkt ist die technologische Realisierbarkeit mit Abschluss des detaillierten Designs (FAS 86, Abschn. 5 i.V.m. Abschn. 4a)	N/A	N/A	N/A	N/A	N/A
Aktivierungszeitpunkt ist die technologische Realisierbarkeit mit Fertigstellung eines Arbeitsmodells (FAS 86, Abschn. 5 i.V.m. Abschn. 4b)	Ja	Ja	Ja Bemerkung: Abschluss der Entwicklung eines funktionierenden Prototypen	Ja	Ja
Benennung von Gründen, die zur Nichtaktivierung von Softwareproduktionsaufwendungen führten	Ja Bemerkung: Unwesentlichkeit der Kosten	Ja Bemerkung: Unwesentlichkeit der Kosten	Ja Bemerkung: Unwesentlichkeit der Kosten	Ja Bemerkung: Unwesentlichkeit der Kosten	Ja Bemerkung: Unwesentlichkeit der Kosten

	Trintech Group Plc.	*Fantastic Corporation*	*Update.com Software AG*	*USU AG*	*VIZRT Ltd.*
5.2.2. Angaben zur Folgebewertung					
Angabe der Abschreibungsmethode (FAS 86, Abschn. 8 i.V.m. APB 22, Abschn. 13)	N/A	N/A	N/A	N/A	N/A
Angabe der Nutzungsdauer (FAS 86, Abschn. 8 i.V.m. APB 22, Abschn. 13)	N/A	N/A	N/A	N/A	N/A
Angabe des Bruttowertes der aktivierten Aufwendungen zum Bilanzstichtag (FAS 86, Abschn. 11a)	N/A	N/A	N/A	N/A	N/A
Angabe des Betrages der Abschreibungen der aktivierten Entwicklungsaufwendungen zum Bilanzstichtag (FAS 86, Abschn. 11b)	N/A	N/A	N/A	N/A	N/A
Buchwert zum Bilanzstichtag (APB 12, Abschn. 5b)	N/A	N/A	N/A	N/A	N/A
Betrag der kumulierten Abschreibungen (APB 12, Abschn. 5c)	N/A	N/A	N/A	N/A	N/A
5.3. Selbst erstellte Software für den internen Gebrauch					
5.3.1. Angaben zur Aktivierung					
Aktivierung erfolgt nach Abschluss der Planungs- und Konzeptionsphase (SOP 98-1, Abschn. 21 i.V.m. Abschn. 41 i.V.m. APB 22, Abschn. 12)	N/A	N/A	N/A	Ja	N/A
5.3.2. Angaben zu den aktivierten Kostenbestandteilen					
Aktivierung von Materialeinzelkosten (SOP 98-1, Abschn. 31a i.V.m. Abschn. 41 i.V.m. APB 22, Abschn. 12)	N/A	N/A	N/A	(Ja)	N/A

	Trintech Group Plc.	*Fantastic Corporation*	*Update.com Software AG*	*USU AG*	*VIZRT Ltd.*
Aktivierung von Personaleinzelkosten (SOP 98-1, Abschn. 31b i.V.m. Abschn. 41 i.V.m. APB 22, Abschn. 12)	N/A	N/A	N/A	(Ja)	N/A
Aktivierung bestimmter Fremdkapitalkosten (SOP 98-1, Abschn. 31c i.V.m. Abschn. 41 i.V.m. APB 22, Abschn. 12)	N/A	N/A	N/A	(Ja)	N/A
Aktivierung bestimmter Kosten für umfassende Erweiterungen während der Betriebsphase (SOP 98-1, Abschn. 24f. i.V.m. Abschn. 41 i.V.m. APB 22, Abschn. 12)	N/A	N/A	N/A	(Ja)	N/A
5.3.3. Angaben zur Folgebewertung					
Beginn der Abschreibung bei Fertigstellung (SOP 98-1, Abschn. 38 i.V.m. Abschn. 41 i.V.m. APB 22, Abschn. 12)	N/A	N/A	N/A	Ja	N/A
Angaben zur Abschreibungsmethode (SOP 98-1, Abschn. 36 i.V.m. Abschn. 41 i.V.m. APB 12, Abschn. 5d)	N/A	N/A	N/A	Ja Bemerkung: Planmäßige lineare Abschreibungen	N/A
Angaben zur Nutzungsdauer (SOP 98-1, Abschn. 37 i.V.m. Abschn. 41 i.V.m. APB 12, Abschn. 5d)	N/A	N/A	N/A	(Ja) Bemerkung: 3-5 Jahre	N/A
Angabe der Abschreibungen der Periode (SOP 98-1, Abschn. 36 i.V.m. Abschn. 41 i.V.m. APB 12, Abschn. 5a)	N/A	N/A	N/A	N/A	N/A
Angabe der kumulierten Abschreibungen (SOP 98-1, Abschn. 36 i.V.m. Abschn. 41 i.V.m. APB 12, Abschn. 5c)	N/A	N/A	N/A	N/A	N/A

	Trintech Group Plc.	*Fantastic Corporation*	*Update.com Software AG*	*USU AG*	*VIZRT Ltd.*
5.4 Pflichtangaben zu wertberichtigten Softwareproduktions- und Softwareentwicklungsaufwendungen					
5.4.1. Pflichtangaben bei außerplanmäßigen Abschreibungen auf aktivierte Softwareproduktionsaufwendungen					
Vergleich der aktivierten und noch nicht um planmäßige Abschreibungen verminderten Softwareproduktionsaufwendungen mit dem erzielbaren Betrag („Net Realizable Value") (FAS 86, Abschn. 10 i.V.m. APB 22, Abschn. 12)	N/A	N/A	N/A	N/A	N/A
Angabe der Beträge außerplanmäßiger Abschreibungen auf den „Net Realizable Value" (FAS 86, Abschn. 11b)	N/A	N/A	N/A	N/A	N/A
5.4.2. Pflichtangaben bei außerplanmäßigen Abschreibungen auf aktivierte Softwareentwicklungsaufwendungen, die weiter genutzt werden					
Anwendung von FAS 144 (FAS 144, Abschn. 49)	N/A	N/A	N/A	N/A	N/A
Ausweis des Abschreibungsbetrages als Teil des Einkommens aus operativer Geschäftstätigkeit (FAS 121, Abschn. 13)	N/A	N/A	N/A	N/A	N/A
Beschreibung der Vermögenswerte und der Umstände, die zur Abwertung führten (FAS 121, Abschn. 14a)	N/A	N/A	N/A	N/A	N/A
Angabe des Abwertungsverlustes und der Methode, die zur Bestimmung des „Fair Value" benutzt worden ist (FAS 121, Abschn. 14b)	N/A	N/A	N/A	N/A	N/A
Angabe der Position in der GuV, in dem der Abwertungsverlust erfasst worden ist (FAS 121, Abschn. 14c)	N/A	N/A	N/A	N/A	N/A

	Trintech Group Plc.	*Fantastic Corporation*	*Update.com Software AG*	*USU AG*	*VIZRT Ltd.*
Angabe der von der Abwertung betroffenen Segmente des Unternehmens, falls eine Segmentierung erfolgte (FAS 121, Abschn. 14d)	N/A	N/A	N/A	N/A	N/A
5.4.3. Pflichtangaben bei außerplanmäßigen Abschreibungen auf aktivierte Softwareentwicklungsaufwendungen, die nicht weiter genutzt sondern abgestoßen werden					
Anwendung von FAS 144 (FAS 144, Abschn. 49)	N/A	N/A	N/A	N/A	N/A
Ausweis des Abschreibungsbetrages als Teil des Einkommens aus operativer Geschäftstätigkeit (FAS 121, Abschn. 18)	N/A	N/A	N/A	N/A	N/A
Beschreibung der immateriellen Vermögenswerte, Angabe der Gründe und des Zeitpunktes des Ausscheidens sowie des Buchwertes zum Bilanzstichtag (FAS 121, Abschn. 19a)	N/A	N/A	N/A	N/A	N/A
Angabe der von der Abwertung betroffenen Segmente des Unternehmens, falls eine Segmentierung erfolgte (FAS 121, Abschn. 19b)	N/A	N/A	N/A	N/A	N/A
Angabe des Betrages des Abwertungsverlustes (FAS 121, Abschn. 19c)	N/A	N/A	N/A	N/A	N/A
Angabe eines Bewertungsverlustes bei wertaufhellenden Ereignissen nach dem Bilanzstichtag (FAS 121, Abschn. 19d)	N/A	N/A	N/A	N/A	N/A
Angabe der Position in der GuV, in denen Abwertungsverluste erfasst worden sind (FAS 121, Abschn. 19e)	N/A	N/A	N/A	N/A	N/A

	Trintech Group Plc.	*Fantastic Corporation*	*Update.com Software AG*	*USU AG*	*VIZRT Ltd.*
Falls anwendbar, Angabe des Einkommens, das mit den immateriellen Vermögenswerten erzielt wurde und das im Ergebnis aus der operativen Geschäftstätigkeit enthalten ist (FAS 121, Abschn. 19f)	N/A	N/A	N/A	N/A	N/A
5.5. Forschungs- und Entwicklungsaufwendungen					
Angabe des Betrages der Forschungs- und Entwicklungsaufwendungen, die Aufwand der Periode darstellen (FAS 2, Abschn. 13)	Ja	Ja	Ja	Ja	Ja

Anhang 8: Statistische Auswertung der empirischen Analyse

Tabelle 14: Bilanzstruktur der Unternehmen des gesamten Untersuchungsgegenstandes; getrennt in angewandte Rechnungslegungsgrundsätze

Anzahl der Unternehmen n=51	Rechnungslegung nach IFRS n_i=26	Rechnungslegung nach US-GAAP n_u=25
Erworbene immaterielle Vermögenswerte	3,0%	3,5%
Aktivierte Softwareentwicklungs- oder Softwareproduktionsaufwendungen	7,9%	1,1%
Goodwill	14,8%	9,1%
Geleistete Anzahlungen	0,3%	0,1%
Summe immaterielle Vermögenswerte	26,0%	13,9%
Sach- und Finanzanlagevermögen	11,7%	15,7%
Anlagevermögen	37,7%	29,6%
Umlaufvermögen	55,9%	66,1%
Latente Steuern und Rechnungsabgrenzung	6,4%	4,3%
Bilanzsumme	100,0%	100,0%

Tabelle 15: Untersuchungsgegenstand, angewandte Rechnungslegungsvorschriften und aktivierte Softwareentwicklungs- beziehungsweise Softwareproduktionsaufwendungen

Rechnungslegungsvorschriften	**IFRS**	**US-GAAP**
Anzahl der untersuchten Unternehmen gesamt (n=51)	n_i= 26	n_u= 25
Anzahl der Unternehmen mit aktivierten Softwareentwicklungs- bzw. -produktionsaufwendungen	n_{is}= 19	n_{us}= 7
Relativer Anteil der Unternehmen mit aktivierten Softwareentwicklungs- bzw. -produktionsaufwendungen	73,1%	28,0%

Tabelle 16: Bilanzstruktur der Unternehmen des Untersuchungsgegenstandes, die aktivierte Softwareentwicklungs- beziehungsweise Softwareproduktionsaufwendungen ausweisen; getrennt in angewandte Rechnungslegungsgrundsätze

Anzahl der Unternehmen n=26	Rechnungslegung nach IFRS n_{is}=19	Rechnungslegung nach US-GAAP n_{us}=7
Erworbene immaterielle Vermögenswerte	3,3%	4,0%
Aktivierte Softwareentwicklungs- oder Softwareproduktionsaufwendungen	12,4%	4,1%
Goodwill	16,4%	9,7%
Geleistete Anzahlungen	0,5%	0,1%
Summe immaterielle Vermögenswerte	32,7%	17,9%
Sach- und Finanzanlagevermögen	7,0%	16,8%
Anlagevermögen	39,7%	34,7%
Umlaufvermögen	52,7%	62,0%
Latente Steuern und Rechnungsabgrenzung	7,6%	3,4%
Bilanzsumme	100,0%	100,0%

Abbildung 7: Absolute klassifizierte Häufigkeit des Anteils aktivierter Softwareentwicklungsaufwendungen an der Bilanzsumme der Unternehmen, die nach IFRS bilanzieren (n_{is}=19)

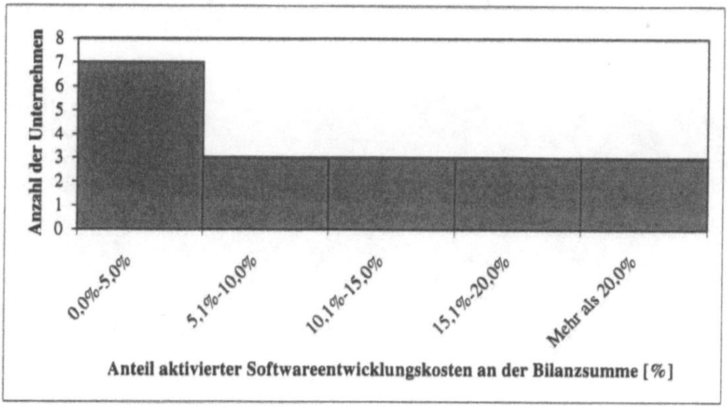

Abbildung 8: Absolute klassifizierte Häufigkeit des Anteils aktivierter Softwareentwicklungsaufwendungen an der Bilanzsumme der Unternehmen, die nach US-GAAP bilanzieren (n_{us}=7)

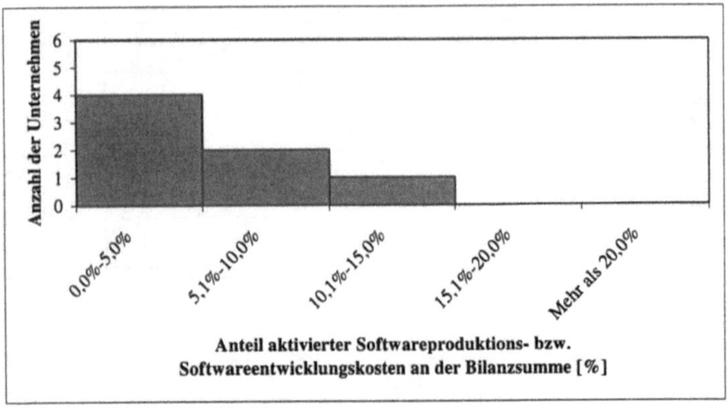

Tabelle 17: Verhältnis der Positionen des immateriellen Vermögens zu anderen Bilanzpositionen der Unternehmen, die nach IFRS Rechnung legen und aktivierte Softwareentwicklungsaufwendungen ausweisen

Anzahl der Unternehmen n_{is}=19	in [%] der immateriellen Vermögenswerte	in [%] des Anlagevermögens	in [%] der Bilanzsumme
Erworbene immaterielle Vermögenswerte	12,3%	9,5%	3,3%
Akt. Softwareentwicklungsaufwendungen	**41,1%**	**32,5%**	**12,4%**
Firmenwert	45,3%	36,0%	16,4%
Anzahlungen auf immaterielle Vermögenswerte	1,4%	1,2%	0,5%
Immaterielles Vermögen (gesamt)	100,0%	79,1%	32,7%

Tabelle 18: Verhältnis der Positionen des immateriellen Vermögens zu anderen Bilanzpositionen der Unternehmen, die nach US-GAAP Rechnung legen und aktivierte Softwareproduktions- bzw. Softwareentwicklungsaufwendungen ausweisen

Anzahl der Unternehmen n_{us}=7	in [%] der immateriellen Vermögenswerte	in [%] des Anlagevermögens	in [%] der Bilanzsumme
Erworbene immaterielle Vermögenswerte	28,6%	14,4%	4,0%
Aktivierte Softwareproduktions- bzw. entwicklungsaufwendungen	**19,0%**	**12,2%**	**4,1%**
Firmenwert	52,0%	26,5%	9,7%
Anzahlungen auf immaterielle Vermögenswerte	0,4%	0,3%	0,1%
Immaterielles Vermögen (gesamt)	100,0%	53,5%	17,9%

Tabelle 19: Aktivierte Softwareentwicklungs- bzw. Softwareproduktionsaufwendungen der Unternehmen im Verhältnis zu Forschungs- und Entwicklungsaufwendungen der Periode (Aktivierungsrate) und Forschungs- und Entwicklungsintensität

Anzahl der Unternehmen n=22*	Rechnungslegung nach IFRS n_{is}=15*	Rechnungslegung nach US-GAAP n_{us}=7
Aktivierungsrate	**46,2%**	**18,2%**
Forschungs- und Entwicklungsintensität	**26,0%**	**18,4%**
Forschungs- und Entwicklungsintensität aller Unternehmen des Untersuchungsgegenstandes*	26,1%	30,6%

*Anzahl der Unternehmen des Untersuchungsgegenstandes, die aktivierte Softwareentwicklungsaufwendungen ausweisen, bereinigt um Unternehmen, die keine Angaben der Aufwendungen für Forschung und Entwicklung offen legen.

Tabelle 20: Standardabweichung der Aktivierungsrate und der aktivierten Softwareentwicklungs- bzw. Softwareproduktionsaufwendungen der Unternehmen, getrennt in angewandte Rechnungslegungsgrundsätze

Anzahl der Unternehmen n=22*	Rechnungslegung nach IFRS n_{is}=15*	Rechnungslegung nach US-GAAP n_{us}=7
Standardabweichung der Aktivierungsrate	**31,5%**	**23,6%**
Standardabweichung der Anteil aktivierter Softwareentwicklungs- oder Softwareproduktionsaufwendungen	**9,2%**	**4,3%**

*Anzahl der Unternehmen des Untersuchungsgegenstandes, die aktivierte Softwareentwicklungsaufwendungen ausweisen, bereinigt um Unternehmen, die keine Angaben der Aufwendungen für Forschung und Entwicklung offen legen.

Tabelle 21: Spannweite der Aktivierungsrate und der aktivierten Softwareentwicklungs- bzw. Softwareproduktionsaufwendungen der Unternehmen, getrennt in angewandte Rechnungslegungsgrundsätze

Anzahl der Unternehmen n=22*	Rechnungslegung nach IFRS n_{is}=15*	Rechnungslegung nach US-GAAP n_{us}=7
Sapnnweite der Aktivierungsrate	**1,0**	**0,7**
Sapnnweite der Anteil aktivierter Softwareentwicklungs- oder Softwareproduktionskosten	**0,3**	**0,1**

*Anzahl der Unternehmen des Untersuchungsgegenstandes, die aktivierte Softwareentwicklungsaufwendungen ausweisen. bereinigt um Unternehmen, die keine Angaben der Aufwendungen für Forschung und Entwicklung offen legen.

Tabelle 22: Festlegung der Ausprägung des Kriteriums der technologischen Realisierbarkeit und tatsächliche Aktivierung von Softwareproduktionsaufwendungen

	Kriterium der technologischen Realisierbarkeit nach FAS 86		
	Abschluss des detaillierten Designs	Fertigstellung eines Arbeitsmodells	Unklar bzw. keine Angaben
Anzahl der Unternehmen, die nach US-GAAP Rechnung legen (n_u=25)	2	16	7
Anzahl der Unternehmen, die nach US-GAAP Rechnung legen und aktivierte Softwareproduktionsaufwendungen ausweisen (n_{usp}=6)	2	2	2

Abbildung 9: Verteilung der aktivierten Softwareentwicklungsaufwendungen im Verhältnis zur Aktivierungsrate der Unternehmen, die nach IAS Rechnung legen

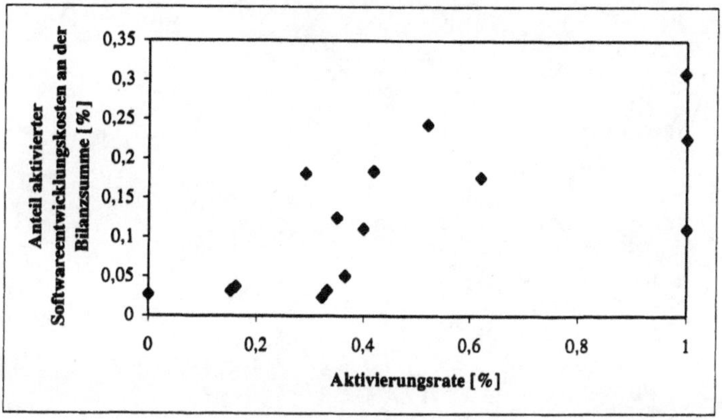

Abbildung 10: Verteilung der aktivierten Softwareentwicklungsaufwendungen im Verhältnis zur Aktivierungsrate der Unternehmen, die nach US-GAAP Rechnung legen

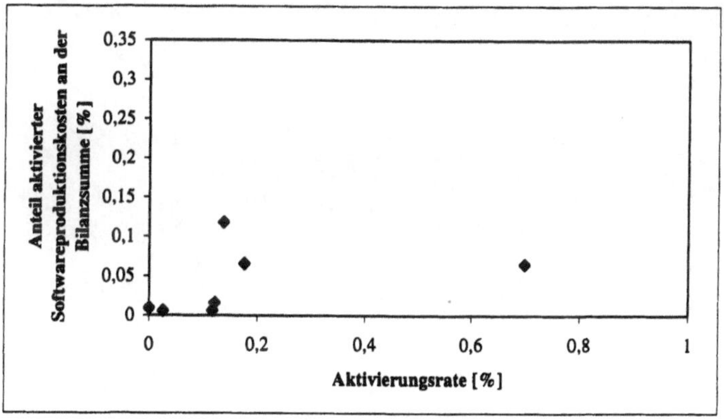

Literaturverzeichnis

Stand der Literatur: August 2003.

Stand der International Financial Reporting Standards: 31. März 2004.

Achleitner, A.-K./ Kleekämper, H. (1997), „Presentation of Financial Statements“ – Das Reformprojekt des IASC und seine Auswirkungen, in: Die Wirtschaftsprüfung 1997, S. 117 – 126.

Achleitner, A.-K./ Behr, G. (2003), International Accounting Standards, 3. Aufl., München 2003.

Ahlberg, H. (2000), in: Urheberrechtsgesetz: Kommentar, hrsg. v. Nicolini, K. u. Ahlberg, H., 2. Aufl., München 2000.

AICPA (2003), Codification of Statements on Auditing Standards, Including Statements on Standards for Attestation Engagements as of January 1, 2003, New York 2003.

AICPA (2003), Technical Practice Aids – Accounting and Auditing Publications, Technical Questions and Answers, as of January 1, 2003, New York 2003.

Aitken, M. J. (1990), A General Theory of Financial Reporting: Is It Possible?, in: The International Journal of Accounting 1990, S. 221 – 233.

Amberg, M. (1999), Individualsoftware, in: VDI-Lexikon Informatik und Kommunikationstechnik, hrsg. v. Broy, M./ Spaniol, O., 2. Aufl., Heidelberg 1999, S. 344.

Amberg, M. (1999a), Standardsoftware, in: VDI-Lexikon Informatik und Kommunikationstechnik, hrsg. v. Broy, M./ Spaniol, O., 2. Aufl., Heidelberg 1999, S. 706.

Andriole, St. J./ Freeman, P. A. (1997), Software systems engineering: the case for a new discipline, in: Software Engineering, hrsg. v. M. Dorfman u. R. H. Thayer, 1. Aufl., Los Alamitos 1997.

Antonoff, A./ Zschäpitz, H. (2002), Deutsche Aktienlandschaft vor Neuordnung, in: Die Welt vom 17. Oktober 2002, S. 17.

Atteslander, J./ Hallauer, Ph. (2000), Das IASC im Spannungsfeld internationaler Kapitalmärkte – ISOCO Endorsment für grenzüberschreitende Börsengänge und erfolgreiche Reorganisation des IASC-Meilensteine auf dem Weg zur globalen Anerkennung, in: Schweizer Treuhänder 2000, S. 1353 – 1360.

Baetge, J./ Beermann, Th. (1998), Die Bilanzierung von Vermögenswerten in der Bilanz nach International Accounting Standards und der dynamischen Bilanztheorie Schmalenbachs, in: Betriebswirtschaftliche Forschung und Praxis 1998, S. 154 – 168.

Baetge, J. (2000), „Fair Presentation" als Generalnorm der US-amerikanischen Rechnungslegung, in: US-amerikanische Rechnungslegung: Grundlagen und Vergleiche mit dem deutschen Recht, hrsg. v. Ballwieser, W., 4. Aufl., Stuttgart 2000, S. 28 – 47.

Baetge, J./ Thiele, St./ Plock, M. (2000), Die Restrukturierung des International Accounting Standards Committee – Das IASC auf dem Weg zum globalen Standardsetter?, in: Der Betrieb 2000, S. 1033 – 1040.

Baetge, J./ von Keitz, I. (2002), IAS 38, Immaterielle Vermögenswerte (Intangible Assets) in: Rechnungslegung nach International Accounting Standards. Kommentar auf der Grundlage des deutschen Bilanzrechts, Loseblattsammlung hrsg. v. Baetge, J. u.a., 2. Aufl., Stuttgart 2002.

Baginski, St. P. (2002), Trends in U.S. GAAP – Have U.S Financial Statements lost their Relevance?, in: Schweizer Treuhänder, S. 783 – 790.

Ballwieser, W. (1997), Grenzen des Vergleichs von Rechnungslegungssystemen – dargestellt anhand von HGB, US-GAAP und IAS, in: Aktien- und Bilanzrecht, Festschrift für Bruno Kropff, hrsg. v. Forster, K. H./ Grunewald, B. u. Lutter, M., 1. Aufl., Düsseldorf 1997, S. 371 – 391.

Ballwieser, W. (2001), Anforderungen des Kapitalmarkts an Bilanzansatz- und Bilanzbewertungsregeln, in: Zeitschrift für kapitalmarktorientierte Rechnungslegung 2001, S. 160 – 164.

Ballwieser, W. (2002), Informations-GoB – auch im Lichte von IAS und US-GAAP, in: Zeitschrift für kapitalmarktorientierte Rechnungslegung 2002, S. 115 – 121.

Balzert, H. (2001), Lehrbuch der Software-Technik – Software-Entwicklung, 2. Aufl., Heidelberg 2001.

Baumöl, U./ Borchers, J./ Eicker, S. u.a. (1996), Einordnung und Terminologie des Software Reengineering, in: Informatik-Spektrum Nr. 19, 1996, S. 191 – 195.

Beck, K. (2000), Extreme Programming Explained: Embrace Change, 1. Aufl., Boston 2000.

Becker, Chr. (2000), Rechtsqualität und Geltungsbereich der IAS, in: Internationale Rechnungslegung und Prüfung: betriebswirtschaftliche und juristische Aspekte: HGB, IAS, US-GAAP und ISA, hrsg. v. Blomeyer, W./ Peemöller, V.-H., 1. Aufl., Herne 2000, S. 305 – 329.

Behr, G./ Gusinde Ph. (1999), Besondere Anforderungen an die Rechnungslegung von Wachstumsunternehmen – Investororientierung als Erfolgsfaktor im Wachstumsprozess, in: Schweizer Treuhänder 1999, S. 153 – 160.

Behr, G./ Leibfried, P. (2001), Rechnungslegung in der New Economy – Die Krise an den Neuen Märkten ist auch eine Krise der Berichterstattung, in: Schweizer Treuhänder 2001, S. 1127 – 1132.

Behrens, S./Müller, U. (2002), Die Todesglocken läuten, in: Die Welt vom 17. Oktober 2002, S. 16.

Behringer, S. (2003), Internationale Rechnungslegung nach IAS – Implikationen für den deutschen Mittelstand, in: Betrieb und Wirtschaft 2003, S. 535 – 538.

Bertschinger, P. (2001), IAS versus US GAAP – Gemeinsamkeiten, Unterschiede und Tendenzen, in: Schweizer Treuhänder 2001, S. 775 – 782.

Birk, A. (2003), Ziele und Grundsätze der Rechnungslegung nach HGB, US-GAAP und IAS, in: Internationale Rechnungslegung: Aspekte und Entwicklungstendenzen, hrsg. v. Kremin-Buch, B./ Unger, F./ Welz, H., 1. Aufl., Sternenfels 2003.

BITKOM, Hrsg. (2002), Kennzahlen zur ITK-Branchenentwicklung , hrsg. v. Bundesverband der Informationswirtschaft, Telekommunikation und neue Medien e.V., Berlin 2002.

BITKOM, Hrsg. (2002a), Wege in die Informationsgesellschaft – Status quo und Perspektiven Deutschlands im internationalen Vergleich, hrsg. v. Bundesverband der Informationswirtschaft, Telekommunikation und neue Medien e.V., Berlin 2002.

Boecking, H.-J. (2002), IAS für Einzel- und Konzernabschluss! – Replik zum Beitrag von Zabel, IAS zwingend für Einzel- und Konzernabschluss?; zugleich Würdigung der Aussagen der Deutschen Bundesbank zur Umsetzung der Mitgliedsstaatenwahlrechte im Rahmen der EU-Verordnung und eine Empfehlung an den Gesetzgeber, in: Die Wirtschaftsprüfung 2002, S. 925 – 928.

Boehm, B. W. (1997), A Spiral Model of Software Development and Enhancement, in: Software Engineering, hrsg. v. M. Dorfman u. R. H. Thayer, 1. Auflage, Los Alamitos 1997.

Born, K. (2001), Bilanzanalyse International: Deutsche und ausländische Jahresabschlüsse lesen und beurteilen, 2. Aufl., Stuttgart 2001.

Born, K. (2002), Rechnungslegung international – Einzel- und Konzernabschlüsse nach IAS, US-GAAP, HGB und EG-Richtlinien, 3. Aufl., Stuttgart 2002.

Brandner, H. E. (2001), Zur Rechtsstellung eines angestellten Programmierers, in: Gewerblicher Rechtsschutz und Urheberrecht 2001, S. 883 – 885.

Braude, E. J. (2001), Software engineering: an object-oriented perspective, 1. Aufl., New York 2001.

Brauer, W. (1999), Algorithmus, in: VDI-Lexikon Informatik und Kommunikationstechnik, hrsg. v. Broy, M./ Spaniol, O., 2. Aufl., Heidelberg 1999, S. 11 – 12.

Breker, N./ Naumann, K. P./ Tielmann, S. (2000), Der Wirtschaftsprüfer als Begleiter der Internationalisierung der Rechnungslegung (Teil I), in: Die Wirtschaftsprüfung 1999, S. 140 – 154.

Broy, M./ Siedersleben, J. (2002), Objektorientierte Programmierung und Softwareentwicklung – Eine kritische Einschätzung, in: Informatik-Spektrum Nr. 25, 2002, S. 3 – 11.

Buchholz, R. (2003), Internationale Rechnungslegung; Die Vorschriften nach IAS, HGB und US-GAAP im Vergleich – mit Aufgaben und Lösungen, 3. Aufl., Berlin 2003.

Budde, D. W./ Steuber, E. (1999), Börsennotierte Gesellschaften und internationale Rechnungslegung – Trend zur Vereinheitlichung der unternehmerischen Rechnungslegung, in: Schweizer Treuhänder 1999, S. 503 – 508.

Bundesministerium des Innern, BMI (1997), Entwicklungsstandard für IT-Systeme des Bundes: Vorgehensmodell in der Fassung vom Juni 1997, Allgemeiner Umdruck Nr. 250/1, Bonn 1997.

Bundesministerium des Innern, BMI (1997a), Das V-Modell als Entwicklungsstandard für IT-Systeme – der effektive Weg zu hochwertigen Systemen: Kurzbeschreibung, Allgemeiner Umdruck Nr. 250/1, Bonn 1997.

Bundesministerium des Innern, BMI (1997b), Entwicklungsstandard für IT-Systeme des Bundes: Handbuchsammlung – Tailoring und projektspezifisches Modell in der Fassung vom Juni 1997, Allgemeiner Umdruck Nr. 250/3, Bonn 1997.

Busse von Colbe, W. (1995), Zur Anpassung der Rechnungslegung von Kapitalgesellschaften an internationale Normen, in: Betriebswirtschaftliche Forschung und Praxis 1995, S. 373 – 391.

Busse von Colbe, W. (1998), Rechnungslegung und Rechnungswesen, in: Lexikon des Rechnungswesens: Handbuch der Bilanzierung und Prüfung, der Erlös-, Finanz-, Investitions- und Kostenrechnung, hrsg. v. Busse von Colbe, W./ Pellens, B., 4. Aufl., München 1998, S. 599 – 602.

Busse von Colbe, W. (2001), Anpassung der EG-Bilanzrichtlinien an die IAS – Konsequenzen für das deutsche Bilanzrecht, in: Zeitschrift für kapitalmarktorientierte Rechnungslegung 2001, S. 199 – 205.

Chandler, R. A. (1992), The International Harmonization of Accounting: In Search of Influence, in: The International Journal of Accounting 1992, S. 222 – 233.

Chasteen, L. G./ Flaherty, R. E./ O'Connor, M. C. (1998), Intermediate Accounting, 6. Aufl., New York 1998.

Cockburn, A. (2002), Agile Software Development Joins the „Would Be" Crowd, in: Cutter IT Journal, January 2002, S. 6 – 12.

Coenenberg, A. G. (2001), International Accounting Standards (IAS) – ohne Enforcement stumpfes Schwert, Editorial, in: Die Betriebswirtschaft 2001, S. 403 – 406.

Coenenberg, A. G. (2003), Jahresabschluß und Jahresabschlußanalyse: Betriebswirtschaftliche, handelsrechtliche, steuerrechtliche und internationale Grundlagen – HGB, IAS, US-GAAP, 19. Auflage, Landsberg/ Lech 2003.

Coldewey, J. (2002), Agile Entwicklung Web-basierter Systeme – Einführung und Überblick, in: Wirtschaftsinformatik 2002, S. 237 – 248.

Conger, S. A. (1998), The new software engineering, 3. Aufl., Belmont 1998.

Comer, E. R. (1997), Alternative Software Life Cycle Models, in: Software Engineering, hrsg. v. M. Dorfman u. R. H. Thayer, 1. Aufl., Los Alamitos 1997.

Cotting, R./ Boemle, M. (2000), True and fair View-Konzept versus Fair Presentation – Analyse auf der Grundlage von IAS, US GAAP und VE RRG. In: Schweizer Treuhänder 2000, S. 788 – 794.

Dangerfield, A./ Lampert, B. (2003), International Accounting Standards, 3. Aufl., Zürich 2003.

d'Arcy, A./ Leuz, Chr. (2000), Rechnungslegung am Neuen Markt – Eine Bestandsaufnahme, in: Der Betrieb, Heft 8, 2000, S. 385 – 391.

d'Arcy, A./ Grabensberger, S. (2001), Die Qualität von Quartalsberichten am Neuen Markt – Eine empirische Untersuchung, in: Die Wirtschaftsprüfung 2001, S. 1468 – 1479.

Dawo, S. (2003), Immaterielle Güter in der Rechnungslegung nach HGB, IAS/ IFRS und US-GAAP, Aktuelle Rechtslage und neue Wege der Bilanzierung und Berichterstattung, 1. Aufl., Herne 2003.

Decker, U. (2000), in: Urheberrechtsgesetz: Kommentar, hrsg. v. Nicolini, K./ Ahlberg, H., 2. Aufl., München 2000.

Deifel, B./ Hinkel, U./ Paech, B u.a. (1999), Die Praxis der Softwareentwicklung: Eine Erhebung, in: Informatik-Spektrum, Nr. 22, 1999, S. 24 – 35.

Delaney, P. R./ Epstein, B. J./ Nach, R. u.a. (2002), GAAP 2002 – Interpretation and Application of Generally Accepted Accounting Principles 2002, New York 2002.

Den Adel, K. J. (1999), The Value-Relevance of Alternative Accounting Treatments of Software Development Costs, Working Paper, zugl. Diss. an der Universität Iowa, 1999.

Deutsche Börse AG (2001), Regelwerk Neuer Markt (NM), Stand: 18.10.2001, Frankfurt am Main 2001.

Deutsche Börse AG (2001a), Neuer-Markt-Report: Zugang zum europäischen Kapitalmarkt – Schlüssel für Wachstum, hrsg. v. der Deutschen Börse AG, Frankfurt am Main 2001.

Deutsche Börse AG (2002), Rundschreiben vom 1. Juli 2002, Frankfurt am Main 2002.

Deutsche Börse AG (2002a), Rundschreiben vom 25. September 2002, Frankfurt am Main 2002.

Drury, C. (2001), Management Accounting for Business Decisions, 2. Aufl., London 2001.

Eckey, H.-F./ Kosfeld, R./ Dreger, C. (2002), Statistik: Grundlagen – Methoden –Beispiele, 3. Aufl., Wiesbaden 2002.

Eckstein, J. (2000), XP-eXtreme Programming, Working Paper, 2000.

Eichborn, R. v. (1997), Der Kleine Eichborn, Wirtschaft und Wirtschaftsrecht Englisch – Deutsch, 4. Aufl., Köln 1997.

Eisele, W. (2002), Technik des betrieblichen Rechnungswesens, 7. Aufl., München 2002.

Ekkenga, J. (2001), Neuordnung des Europäischen Bilanzrechts für börsennotierte Unternehmen: Bedenken gegen die Strategie der EG-Kommission, in: Betriebs-Berater 2001, S. 2362 – 2369.

Encenarcao, J. L./ Ehmke, D. (1999), Benutzerschnittstelle, in: VDI-Lexikon Informatik und Kommunikationstechnik, hrsg. v. Broy, M./ Spaniol, O., 2. Aufl., Heidelberg 1999, S. 66 – 67.

Engel-Ciric, D. (2002), Einschränkung der Aussagekraft des Jahresabschlusses nach IAS durch bilanzpolitische Spielräume, in: Deutsches Steuerrecht 2002, S. 780 – S 784.

Ensthaler, J./ Möllenkamp, H. T. (1994), Reichweite des urheberrechtlichen Softwareschutzes nach der Umsetzung der EG-Richtlinie zum Rechtsschutz der Computerprogramme, in: Gewerblicher Rechtsschutz und Urheberrecht 1994, S. 151 – 158.

Epstein, B. J./ Mirza, A. A. (2002), Interpretation and Application of International Accounting Standards 2002, New York 2002.

Ernst, Chr. (2001), EU-Verordnungsentwurf zur Anwendung der IAS: Europäisches Bilanzrecht vor weitreichenden Änderungen, in: Betriebs-Berater 2001, S. 823 – 829.

Ernst & Young (1998), Financial Reporting Developments: Accounting for the Costs of Computer Software Developed or Obtained for Internal Use, 1. Aufl. New York 1998.

Fahrion, H.-J./ Winterhoff, H. W. (2002), Fair Presentation, in: Handwörterbuch der Rechnungslegung und Prüfung, hrsg. v. Ballwieser, W. u.a., 3. Aufl., Stuttgart 2002, Sp. 736 – 750.

FASB (1998), Q&A 86 – Computer Software: Guidance on Applying Statement 86, revised 1998, Norwalk 1998.

FASB (2002), Financial Accounting Standard 144, New York 2002.

FASB (2003), Original Pronouncements – Accounting Standards as of June 1, 2003, Volume I, New York 2003.

FASB (2003a), Original Pronouncements – Accounting Standards as of June 1, 2003, Volume II, New York 2003.

FASB (2003b), Original Pronouncements – Accounting Standards as of June 1, 2003, Volume III, New York 2003.

Fischer, T./ Vielmeyer, U. (2001), Bilanzierung der Aufwendungen für die Erstellung von Internetauftritten nach US-GAAP, IAS, HGB, in: Betriebs-Berater 2001, S. 1294 – 1301.

Fischer, N./ Iannaconi, T. E./ Lechner H. W. (2001), United States - Individual Accounts, in: TRANSACC Transnational Accounting, hrsg. v. Dieter Ordelheide u. KPMG, 2. Aufl., New York 2001, S. 2851 – 2986.

Fischer, N./ Iannaconi, T. E./ Klöble, M. (2001), United States - Group Accounts, in: TRANSACC Transnational Accounting, hrsg. v. Dieter Ordelheide u. KPMG, 2. Aufl., New York 2001, S. 2987 – 3054.

Foegen, M./ Battenfeld, J. (2001), Die Rolle der Architektur in der Anwendungsentwicklung, in: Informatik-Spektrum Nr. 24, 2001, S. 290 – 301.

Förschle, G./ Helmschrott, H. (1997), Der Neue Markt an der Frankfurter Wertpapierbörse, in: Wirtschaftsprüferkammermitteilungen 3/ 1997, S. 188 – S. 194.

Förschle, G./ Holland, B./ Kroner, M. (2001), Internationale Rechnungslegung: US-GAAP, HGB und IAS, 5. Aufl., Heidelberg 2001.

Förschle, G./ Helmschrott, H. (2001), Neuer Markt an der Frankfurter Wertpapierbörse – Ratgeber rund um den Börsengang an den Neuen Markt, 3. Aufl., Frankfurt/ Main 2001.

Francioni, R. (1997) Innovative Börsenentwicklungen – der Neue Markt, in: Handbuch Corporate Finance – Konzepte, Strategien und Praxiswissen für das moderne Finanzmanagement, hrsg. v. Achleitner, A.-K. u. Thoma, G. F., Loseblattsammlung, Köln 1997.

Freidank, C.-Chr. (2000), Internationale Rechnungslegungspolitik und Unternehmenswertsteigerung, in: Investororientierte Unternehmenspublizität: Neue Entwicklungen von Rechnungslegung, Prüfung und Jahresabschlussanalyse, hrsg. v. Lachnit, L./ Freidank, C.-Chr., 1. Aufl., Wiesbaden 2000.

Friedewald, M./ Rombach, H. D./ Stahl, P. u.a. (2001), Softwareentwicklung in Deutschland: Eine Bestandsaufnahme, in: Informatik-Spektrum Nr. 24, 2001, S. 81 – 90.

Friedewald, M./ Blind, K./ Edler, J. (2002), Die Innovationstätigkeit der deutschen Softwareindustrie, in: Wirtschaftsinformatik, Nr. 44, 2002, S. 151 – 161.

Friedrich, H. (1999), Der Weg zum Projekterfolg – Management objektorientierter Software-Entwicklungsprojekte, in: Theorie und Praxis der Wirtschaftsinformatik 210, 1999, S. 23 – 36.

Frizlen, U./ Möhrle, M. (2001), Aktivierung eigenentwickelter Programme in den Bilanzen der Softwarehersteller nach HGB und US-GAAP, in: Zeitschrift für kapitalmarktorientierte Rechnungslegung 2001, S. 233 – 243.

Fuchs, M./ Stibi, B. (2000), IOSCO-SEC-EU-Kommission – Entscheidende Schritte auf dem Weg zu einer international anerkannten Rechnungslegung?, in: Finanz Betrieb Beilage 2000, S. 1 – 9.

Fülbier, R.-U./ Honold, D./ Klar, A. (2000), Bilanzierung immaterieller Vermögenswerte – Möglichkeiten und Grenzen der Bilanzierung nach US-GAAP und IAS bei Biotechnologieunternehmen, in: Recht der internationalen Wirtschaft 2000, S. 833 – 844.

Galler, B. (2000), Informationswert der Berichterstattung nach US-GAAP und IAS aus Investorsicht im Vergleich zum HGB, in: Internationale Rechnungslegung und Prüfung: betriebswirtschaftliche und juristische Aspekte: HGB, IAS, US-GAAP und ISA, hrsg. v. Blomeyer, W. und Peemöller, V.-H., 1. Aufl., Herne 2000, S. 423 – 451.

Gelhausen, H.-F./ Pape, J./ Schruff, W. u.a. (2002), Konzeptionelle Grundlagen (Framework, IAS 1), in: Rechnungslegung nach Internationalen Standards. Kommentar, hrsg. v. Gelhausen, H.-F./ Pape, J./ Schruff, W. u.a. unter Mitwirkung von Fey, G./ Böckem, H./ Borchmann, Th. u.a., Loseblattsammlung, Stuttgart 2002.

GfK Marktforschung (2000), Analyse und Evaluation der Softwareentwicklung Deutschland Eine Studie für das Bundesministerium für Bildung und Forschung, Nürnberg 2000.

Glaum, M./ Street, D. (2002), Rechnungslegung der Unternehmen am Neuen Markt – Die Einhaltung der Ausweispflichten nach IAS und US-GAAP, in: Kapitalmarktorientierte Rechnungslegung 2002, S. 122 – 138.

Goebel, A. (1994), Konzernrechnungslegung nach den International Accounting Standards – Konzepte, Inhalte und Möglichkeiten einer Annäherung durch deutsche Muttergesellschaften, in: Der Betrieb 1994, S. 2457 – 2464.

Goebel, A./ Heinrich, Chr. (1995), Die bilanzielle Behandlung immaterieller Vermögenswerte nach den IAS – Die Inhalte des Exposure Draft E50 „Intangible Assets“ vor dem Hintergrund des deutschen Rechnungslegungsrechts, in: Deutsches Steuerrecht 1995, S. 1484 – 1488.

Göbel, St. (1999), Internationalisierung der externen Rechnungslegung von Unternehmen – Probleme des Übergangs von der Rechnungslegung nach HGB auf US-GAAP oder IAS, in: Der Betrieb 1999, S. 293 – 298.

Groß, W. (2002), Kapitalmarktrecht – Kommentar zum Börsengesetz, zur Börsenzulassungsverordnung, zum Verkaufsprospektgesetz und zur Verkaufsprospektordnung, 2. Aufl., München 2002.

Haberstumpf, H. (1993), Der urheberrechtliche Schutz von Computerprogrammen, in: Rechtsschutz und Verwertung von Computerprogrammen, hrsg. v. Lehmann, M. unter Mitarbeit von Brandi-Dohrn, M. u.a., 2. Aufl., Köln 1993, S. 69 – 168.

Hahn, K. (2001), Deutsche Rechnungslegung im Umbruch – Stand und Entwicklungstendenzen der deutschen Rechnungslegung vor dem Hintergrund neuer EU-Vorgaben, in: Deutsches Steuerrecht 2001, S. 1267 – 1272.

Haller, A. (1994), Die Grundlagen der externen Rechnungslegung in den USA unter besonderer Berücksichtigung der rechtlichen, institutionellen und theoretischen Rahmenbedingungen, 4. Aufl., Stuttgart 1994.

Haller, A./ Eierle, B. (1998), Ideenfindung und –verarbeitung zur Entwicklung von Rechnungslegungsstandards beim „Financial Accounting Standards Board", in: Der Betrieb 1998, S. 734 – 739.

Haller, A./ Walton, P. (2000), Unternehmenspublizität im Spannungsfeld nationaler Prägung und internationaler Harmonisierung, in: Unternehmenspublizität im internationalen Wettbewerb, hrsg. v. Walton, P., ins Deutsche übertragen und wesentlich bearbeitet von Haller, A./ Eierle, B., 1. Aufl., Stuttgart 2000, S. 3 – 72.

Haller, A./ Schloßgangl, M. (2003), Notwendigkeit einer Neugestaltung des Performance Reporting nach International Accounting (Financial Reporting) Standards, in: Zeitschrift für kapitalmarktorientierte Rechnungslegung 2003, S. 317 – 327.

Hartung, J. (1999), Statistik: Lehr- und Handbuch der angewandten Statistik, hrsg. v. Hartung, J./ Elpelt, B./ Klösener, K.-H., 12. Aufl., München 1999.

Hay, P. (2000), U.S.-amerikanisches Recht: ein Studienbuch, 1. Aufl., München 2000.

Hayn, S. (1994), Die International Accounting Standards (Teil I) – Ihre grundlegende Bedeutung für die internationale Harmonisierung der Rechnungslegung sowie eine Darstellung wesentlicher Unterschiede zu den einzelgesellschaftlichen Normen des HGB, in: Die Wirtschaftsprüfung 1994, S. 713 – 721.

Hayn, S. (1996), Die Bilanzierung immaterieller Vermögenswerte im internationalen Vergleich (Teil I), in: Internationales Steuerrecht 1996, S. 354 – 360.

Hayn, S. (1997), Internationale Rechnungslegung: Ursachen, Wirkungen und Lösungsansätze zur Überwindung internationaler Rechnungslegungsdivergenzen, hrsg. v. Küting, K./ Wöhe, G., 1. Aufl., Stuttgart 1997.

Healy, P. M./ Myers, S. C./ Howe, Chr. D. (1999), R&D Accounting and the Tradeoff Between Relevance and Objectivity, in: Journal of Accounting Research 2002, S. 677 – 710.

Heinrich, L.-J. (1992), Wirtschaftsinformatik-Lexikon, 4. Aufl., München 1992.

Heintges, S. (2003), Best Practice bei der Umstellung auf internationale Rechnungslegung – Erfahrungen aus der Praxis, in: Der Betrieb 2003, S. 621 – 627.

Helbling, C. (2001), Rechnungslegung im Wandel – Langfristige Entwicklungen auf dem Gebiete der Rechnungslegung, in: Schweizer Treuhänder 2001, S. 295 – 302.

Helbling, C. (2001a), Zur Bedeutung der US GAAP – Aktuelle Entwicklungen bei den Rechnungslegungsnormen und Konsequenzen aus den US GAAP, in: Schweizer Treuhänder 2001, S. 763 – 774.

Helleman, v. J./ Slomp, S. (2002), The Changeover to International Accounting Standards in Europe, in: Betriebswirtschaftliche Forschung und Praxis 2002, S. 213 – 229.

Hengst, St. (2001), Softwarehäuser und DV-Dienste – Wachstumsbereiche im IT-Biz, in: Economics Mai 2001, hrsg. v. Deutsche Bank Research, Frankfurt am Main 2001.

Hering, E. (2000), Handbuch der praktischen und technischen Informatik, 2. Auflage, Berlin 2000.

Hesse, W. (1992), Software-Entwicklung: Vorgehensmodelle, Projektführung, Produktverwaltung, 1. Aufl., München 1992.

Heyd, R. (2003), Internationale Rechnungslegung, 1. Aufl., Stuttgart 2003.

Highsmith, J. (2000), Extreme Programming, in: e-Business Application Delivery, Februar 2000, S. 3 – 17.

Hitz, J.-M./ Kuhner, Chr. (2000), Erweiterung des US-amerikanischen conceptual framework um Grundsätze der Barwertermittlung – Inhalt und Bedeutung des Statements of Financial Accounting Concepts No. 7, in: Die Wirtschaftsprüfung 2000, S. 889 – 902.

Hoeren, Th. (2000), in: Urheberrechtsgesetz: Kommentar, hrsg. v. Nicolini, K. u. Ahlberg, H., 2. Aufl., München 2000.

Hoffmann, W.-D. (2003), § 13 Immaterielle Vermögenswerte, in: Haufe IAS-Kommentar, hrsg. v. Lüdenbach, N./ Hoffmann, W.-D., 1. Aufl., Stuttgart 2003.

Hommel, M. (2001), Neue Goodwillbilanzierung – das FASB auf dem Weg zur entobjektivierten Bilanz?, in: Betriebs-Berater 2001, S. 1943 – 1949.

Hütten, Chr./ Brakensiek, S. (2000), „Deutsche US-GAAP" ohne eine SEC – Auto ohne Bremsen?, in: Betriebs-Berater 2000, S. 870 – 872.

Hütten, Chr./ Lorson, P. (2000), Internationale Rechnungslegung in Deutschland Teil 1: Begriff und bisherige Phasen der Internationalisierung, in: Betrieb und Wirtschaft 2000, S. 521 – 527.

Hütten, Chr./ Lorson, P. (2000a), Internationale Rechnungslegung in Deutschland Teil 2: Möglichkeiten der Internationalisierung in Deutschland, in: Betrieb und Wirtschaft 2000, S. 609 – 619.

Hütten, Chr./ Lorson, P. (2000b), Internationale Rechnungslegung in Deutschland Teil 3: Grundlagen der angelsächsischen Berichterstattung, in: Betrieb und Wirtschaft 2000, S. 801 – 811.

Hütten, Chr./ Lorson, P. (2000c), Internationale Rechnungslegung in Deutschland Teil 4: Die Rechnungslegungssysteme der USA und des IASC – Internationale Rechnungslegung in Deutschland, in: Betrieb und Wirtschaft 2000, S. 985 – 997.

IASB (1998), Basis for Conclusions to IAS 38, Intangible Assets, and IAS 22 (revised 1998), Business Combinations, and Summary of Changes to Exposure Draft E60, Intangible Assets, and IAS 22 (revised 1993), Business Combinations, London 1998.

IASC (2001), IASB Constitution, approved on 24 May 2000, London 2001.

IASB (2002), IASB Insight October 2002, London 2002.

IASB (2002a), ED-3 Business Combinations; Exposure Draft of Proposed Amendments to IAS 36-Impairment of Assets, IAS 38-Intangible Assets, London 2002.

IASB (2002b), Exposure Draft of Proposed Improvements to International Accounting Standards, London 2002.

IASB (2003), International Accounting Standards 2003, as of January 1, 2003, London 2003.

IASB (2004), International Accounting Standards 2004, as of March 31, 2004, London 2004.

Ilg, P./ Hasler, S. (2001), Die aktuelle Verbreitung von IAS an den grössten Börsen Europas, in: Schweizer Treuhänder 2001, S. 339 – 342.

ISO/ IEC (1995), International Standard 12207: Information technology – Software life cycle processes, Genf 1995.

Jacobson, I./ Booch, G./ Rumbaugh, J. (1999), The unified software development process, 1. Aufl., Reading 1999.

Janke, G. (2003), Was sind eigentlich IAS/ IFRS, in: Betrieb und Wirtschaft 2003, S. 397 – 400.

Jeter, D. C./ Chaney, P. K. (2001), Advanced Accounting, 2. Aufl., New York 2001.

Josuttis, N. (1999), Architektur und Konzeption, in: Erfolgreich mit Objektorientierung: Vorgehensmodelle und Managementpraktiken für die objektorientierte Softwareentwicklung, hrsg. v. Oestereich, B., 1. Aufl., München 1999, S. 57 – 89.

Kahle, H. (2002), Informationsversorgung des Kapitalmarkts über internationale Rechnungslegungsstandards, in: Zeitschrift für kapitalmarktorientierte Rechnungslegung 2002, S. 95 – 107.

Kahle, H. (2003), Zur Zukunft der Rechnungslegung in Deutschland: IAS im Einzel- und Konzernabschluss?, in: Die Wirtschaftsprüfung 2003, S. 262 – 274.

Kählert, J.-P./ Lange, S. (1993), Zur Abgrenzung immaterieller von materiellen Vermögensgegenständen, in: Betriebs-Berater 1993, S. 613 – 618.

Keitz, I. v. (1997), Immaterielle Güter in der internationalen Rechnungslegung: Grundsätze für den Ansatz von immateriellen Gütern in Deutschland im Vergleich zu den Grundsätzen in den USA und nach IASC, zugl. Diss. in Münster (Westfalen) 1996, 1. Aufl., Düsseldorf 1997.

Keitz, I. v. (2003), Praxis der IASB-Rechnungslegung: Derzeit (noch) uneinheitlich und HGB-orientiert, in: Der Betrieb 2003, S. 1801 – 1806.

Kenny, S. Y./ Larson, R. K. (1995), The Development of International Accounting Standards: An Analysis of Constituent Participation in Standard-Setting, in: The International Journal of Accounting 1995, S. 283 – 301.

Kieso, D. E./ Weygandt, J. J./ Warfield, T. D. (2001), Intermediate Accounting, 10. Aufl., New York 2001.

Kirsch, H. (2003), Gestaltungspotenzial durch verdeckte Bilanzierungswahlrechte nach IAS/ IFRS, in: Betriebs-Berater 2003, S. 1111 – S. 1116.

Kirsch, H.-J. (2003), Zur Frage der Umsetzung der Mitgliedstaatenwahlrechte der EU-Verordnung zur Anwendung der IAS/ IFRS, in: Die Wirtschaftsprüfung 2003, S. 275 – 278.

Kleekämper, H./ Kuhlewind, A.-M./ Alvarez, M. (2002), Ziele, Organisation, Entwicklung und Bedeutung des IASB, in: Rechnungslegung nach International Accounting Standards. Kommentar auf der Grundlage des deutschen Bilanzrechts, Loseblattsammlung hrsg. v. Baetge, J. u.a., 2. Aufl., Stuttgart 2002.

Klug, U. (1982), Juristische Logik, 4. Aufl., Berlin 1982.

Knorr, L./ Ebbers, G. (2001), IASC Individual Accounts, in: TRANSACC Transnational Accounting, hrsg. v. Ordelheide, D. u. KPMG, 2. Aufl., New York 2001, S. 1451 – 1560.

Kocher, H. (1999), Steuerung objektorientierter Projekte, in: Erfolgreich mit Objektorientierung: Vorgehensmodelle und Managementpraktiken für die objektorientierte Softwareentwicklung, hrsg. v. Oestereich, B., 1. Aufl., München 1999, S. 173 – 227.

Köhler, St./ Benzel, U./ Trautmann, O. (2002), Die Bilanzierung von ERP-Software im Internetzeitalter, in: Deutsches Steuerrecht 2002, S. 927 – 932.

Kotler, Ph. (1999), Grundlagen des Marketing, 2. Aufl., München 1999.

KPMG (Hrsg.) (1999), International Accounting Standards – Eine Einführung in die Rechnungslegung nach den Grundsätzen des IASC, 1. Aufl. , Stuttgart 1999.

KPMG (Hrsg.) (2003), Rechnungslegung nach US-amerikanischen Grundsätzen, 3. Aufl., Düsseldorf 2003.

Krawitz, N./ Albrecht, Chr./ Büttgen, D. (2000), Internationalisierung der deutschen Konzernrechnungslegung aus Sicht deutscher Mutterunternehmen – Ergebnisse einer empirischen Studie zur Anwendung und Folgeregelung von § 292a HGB, in: Die Wirtschaftsprüfung 2000, S. 541 – 556.

Küting, K. (2000), Die Rechnungslegung in Deutschland an der Schwelle zu einem neuen Jahrtausend – Bestandsaufnahme und Ausblick, in: Zeitschrift für Deutsches Steuerrecht (DStR) 2000, S. 38 – 44.

Küting, K. (2000a), Perspektiven der externen Rechnungslegung – Auf dem Wege zu einem umfassenden Business Reporting, in: Betriebs-Berater 2000, S. 451 – 456.

Küting K. (2001) unter Mitarbeit von Dawo, S./ Dürr, U./ Elprana, K., Bilanzierung und Bilanzanalyse am Neuen Markt – Wege zur umfassenden Unternehmensanalyse, 1. Aufl., Stuttgart 2001.

Küting, K./ Weber, C.-P. (1994), Internationale Bilanzierung: Rechnungslegung in den USA, Japan und Europa, 1. Aufl., Berlin 1994.

Küting, K./ Hayn, S. (1995), Unterschiede zwischen den Rechnungslegungsvorschriften von IASC und SEC/ FASB vor dem Hintergrund einer internationalisierten Rechnungslegung in Deutschland (Teil II), in: Deutsches Steuerrecht 1995, S. 1642 – 1648.

Küting, K./ Harth, H.-J. (1999), Herstellungskosten von Inventories und Self-Constructed Assets nach IAS und US-GAAP (Teil I) – Vergleich zu den Vorschriften des HGB, in: Betriebs-Berater 1999, S. 2343 – 2392.

Küting, K./ Turowski, Ph./ Pilhofer, J. (2001), Umsatzrealisation im Zusammenhang mit Mehrkomponentenverträgen – Aktuelle Entwicklungstendenzen in der US-amerikanischen Rechnungslegung, in: Die Wirtschaftsprüfung 2001, S. 305 – 317.

Küting, K./ Ulrich, A. (2001), Abbildung und Steuerung immaterieller Vermögensgegenstände (Teil I) – Werttreiber im normativen Zwangskorsett, in: Die Betriebswirtschaft 2001, S. 953 – 960.

Küting, K./ Harth, H.-J./ Leinen, M. (2001), Anmerkungen zur international vergleichenden Jahresabschlussanalyse, in: Die Wirtschaftsprüfung 2001, S. 861 – 867.

Küting, K./ Dürr, U./ Zwirner, Chr. (2001), Internationalisierung der Rechnungslegung in Deutschland – Ausweitung durch die Unternehmen des SMAX ab 2002, in: Zeitschrift für kapitalmarktorientierte Rechnungslegung 2001, S. 1 – 13.

Küting, K./ Zwirner, Chr. (2001), Besonderheiten der Bilanzierung bei Start-Up-Unternehmen – Bedeutung der immateriellen Vermögenswerte bei Unternehmen des Neuen Marktes, in: Bilanzen & Controlling 2001, S. 173 – 179.

Küting, K./ Pilhofer, J./ Kirchhof, J. (2002), Die Bilanzierung von Software aus der Sicht des Herstellers nach US-GAAP und IAS, in: Die Wirtschaftsprüfung 2002, S. 73 – 85.

Küting, K./ Dawo, S. (2003), Die Bilanzierung immaterieller Vermögenswerte nach IAS 38 – gegenwärtige Regelungen und geplante Änderungen: Ein Beispiel für die Polarität von Vollständigkeitsprinzip und Objektivierungsprinzip, in: Betriebswirtschaftliche Forschung und Praxis 2003, S. 397 – S. 416.

Kuhlewind, A.-M. (1997), Grundlagen einer Bilanzrechtstheorie in den USA, zugl. Dissertation München 1996, 1. Aufl., Frankfurt/ Main 1997.

Kußmaul, H. (2000a), Internationale Rechnungslegungssysteme im Vergleich – Aktiva, in: Steuerberater 11/ 2000, S. 424 – 432.

Labhart, P. A./ Volkart, R. (2001), Reflektierung von immaterielle Aktiven in der Rechnungslegung – Relevanz von Intangibles als Bewertungsgrössen, in: Schweizer Treuhänder 2001, S. 1155 – 1162.

Langecker, A./ Mühlberger, M. (2003), Berichterstattung über immaterielle Vermögenswerte im Konzernabschluss: Vergleichende Gegenüberstellung von DRS 12, IAS 38 und IAS 38 rev., in: Zeitschrift für kapitalmarktorientierte Rechnungslegung 2003, S. 109 – 122.

Langmann, R (1999), Bedienoberfläche, in: VDI-Lexikon Informatik und Kommunikationstechnik, hrsg. v. Broy, M./ Spaniol, O., 2. Aufl., Heidelberg 1999, S. 62.

Lassmann, W./ Picht, J./ Rogge, R. u.a. (2001), Wirtschaftsinformatik Kalender 2002, hrsg. v. Lassmann, W., Ettlingen 2001.

Lehmann, M. (1993), Das neue Software-Vertragsrecht – Verkauf und Lizenzierung von Computerprogrammen, in: Neue juristische Wochenzeitung 1993, S. 1822 – 1826.

Lesshaft, K./ Ulmer, D. (1993), Urheberrechtliche Schutzwürdigkeit und tatsächliche Schutzfähigkeit von Software, in: Computer und Recht 1993, S. 607 – 615.

Leuz, Chr. (2003), IAS versus U.S.-GAAP: Information Assymetry – Based Evidence form Germany's New Market, in: Journal of Accounting Research 2003, S. 445 – 472.

Lippert, M./ Roock, St./ Wolf, H. (2002), Software entwickeln mit eXtreme Programming, 1. Aufl., Heidelberg 2002.

Loewenheim, U. (1999), in: Urheberrecht: Kommentar, hrsg. v. Schricker, G., 2. Aufl., München 1999.

Lüdenbach, N. (2001), International accounting standards: der Ratgeber zur erfolgreichen Umstellung von HGB auf IAS, 1. Aufl., Freiburg im Breisgau 2001.

Lüdenbach, N. (2003), § 2 Darstellung des Abschlusses, in: Haufe IAS-Kommentar, hrsg. v. Lüdenbach, N./ Hoffmann, W.-D., 1. Aufl., Stuttgart 2003.

Lüdenbach, N./ Hoffmann, W.-D. (2002), Der lange Schatten des Übergangs auf die IAS-Rechnungslegung, in: Deutsches Steuerrecht 2002, S. 231 – 234.

Lüdenbach, N./ Hoffmann, W.-D. (2003), § 1 Framework (Grundlagen), in: Haufe IAS-Kommentar, hrsg. v. Lüdenbach, N./ Hoffmann, W.-D., 1. Aufl., Stuttgart 2003.

Lück, W. (1975), Materiality in der internationalen Rechnungslegung, 1. Aufl., Wiesbaden 1975.

Marly, J. (1995), Urheberrechtsschutz für Computersoftware in der Europäischen Union: Abschied vom überkommenen Urheberrechtsverständnis, zugl. Diss. Frankfurt/ Main 1993/ 1994, 1. Aufl., Frankfurt/ Main 1995.

Marly, J. (1997), Softwareüberlassungsverträge, 2. Aufl., München 1997.

Martin, R. C. (2003), Agile software development principles, patterns and practices, 1. Aufl., Upper Saddle River 2003.

Meek, G. K. (2000), Vereinigte Staaten von Amerika, in: Unternehmenspublizität im internationalen Wettbewerb, hrsg. v. Walton, P., ins Deutsche übertragen und wesentlich bearbeitet von Haller, A./ Eierle,B., 1. Aufl., Stuttgart 2000, S. 153 – 204.

Meyer, C./ Spreiter, F. (1999), Die Rechnungslegung der USA – Konzeptionelle und institutionelle Grundlagen, in: Schweizer Treuhänder 1999, S. 509 – 518.

Merkt, H. (2001), Entwicklungen des Gesellschafts- und Kapitalmarktrechts in den USA – Vorbild für Deutschland und Europa?, in: Zeitschrift für Zeitschrift für kapitalmarktorientierte Rechnungslegung 2001, S. 143 – 149.

Merz, St./ Wirsing, M. (1999), Vererbung, in: VDI-Lexikon Informatik und Kommunikationstechnik, hrsg. v. Broy, M./ Spaniol, O., 2. Aufl., Heidelberg 1999, S. 777 – 778.

Michalski, L. (1993), Die Neuregelung des Urheberrechtsschutzes von Computerprogrammen, in: Der Betrieb 1993, S. 1961 – 1963.

Moritz, H.-W. (1993), Softwarelizenzverträge Teil 1: Rechtslage nach der Harmonisierung durch die EG-Richtlinie über den Rechtsschutz von Computerprogrammen, in: Computer und Recht 1993, S. 257 – 268.

Munter, P. (2001), Capitalization, Amortization, and Net Realizable Value Testing of Software Costs, in: Software Industry Accounting, hrsg. v. Morris, J. M., 2. Aufl., New York 2001, Kap. 6.

Neumann, B. (1999), Instantiieren, in: VDI-Lexikon Informatik und Kommunikationstechnik, hrsg. v. Broy, M./ Spaniol, O., 2. Aufl., Heidelberg 1999, S. 352 – 353.

Neumann, H. A. (1995), Objektorientierte Entwicklung von Software-Systemen, 1. Aufl., Bonn 1995.

Niehus, R. J./ Thyll, A. (2000), Konzernabschluß nach U.S.-GAAP, Grundlagen und Gegenüberstellung mit den deutschen Vorschriften, 2. Aufl., Stuttgart 2000.

Noack, J./ Schienmann, B. (1999), Objektorientierte Vorgehensmodelle im Vergleich, in: Informatik-Spektrum Nr. 22, 1999, S. 166 – 180.

Nobes, Chr./ Parker, R. (1991), Comparative International Accounting, 3. Aufl., Cambridge 1991.

Nobes, Chr. (2003), On the myth of "Anglo-Saxon" financial accounting: a comment, in: The International Journal of Accounting 2003, S. 95 – 204.

Noll, D. (1998), Accounting for Internal-Use Software, in: Journal of Accountancy, September 1998, S. 95 – 98.

O'Brien, F. J. (2001), The AICPA Task Force on Accounting for the Development and Sale of Computer Software, in: Software Industry Accounting, hrsg. v. Morris, J. M., 2. Aufl., New York 2001.

OECD (2000), OECD Information Technology Outlook 2000, Paris 2000.

OECD (2002), OECD Information Technology Outlook 2002 – Highlights, Paris 2002.

Oestereich, B. (1999), Planung und Prozeßmanagement objektorientierter Projekte in: Erfolgreich mit Objektorientierung: Vorgehensmodelle und Managementpraktiken für die objektorientierte Softwareentwicklung, hrsg. v. Oestereich, B., 1. Aufl., München 1999, S. 93 – 169.

Oser, P./ Vater, H. (2001), Bilanzierung von Stock Options nach US-GAAP und IAS, in: Der Betrieb 2001, S. 1261 – 1268.

Ossadnik, W./ Barklage, D. (2003), Anspruch und Wirklichkeit der Wertorientierung von Unternehmen des Neuen Marktes – Analyse des Scheiterns eines Börsensegments, in: Der Betrieb 2003, S. 1285 – 1290.

o.V. (2002), Radikale Börsen-Reform: Der Neue Markt wird abgeschafft, in: Die Welt vom 27. September 2002, S. 1.

o.V. (2002b), Kurznachrichten internationale Rechnungslegung, in: Der Betrieb 2002, S. 1624.

Pagel, B.-U./ Six, H.-W. (1994), unter Mitarbeit von Kösters, G., Software Engineering Band 1: Die Phasen der Software-Entwicklung, 1. Aufl., Bonn 1994.

Paschke, M./ Kerfack, R. (1996), Wie klein ist die „kleine Münze"? – Der Schutz von Computerprogrammen nach der Urheberrechtsnovelle 1993, in: Zeitschrift für Urheber- und Medienrecht 1996, S. 498 – 502.

Passavant, O. (1995), Softwareschutz und Softwareverträge in einzelnen Ländern: USA, in: Der internationale Softwarevertrag, hrsg. v. Hanns Ullrich u. Eberhard Körner, 1. Aufl., Heidelberg 1995, S. 1075 – 1096.

Peemöller, V. H./ Finsterer, H./ Neubert, M. (1999), Bilanzierung von Unternehmen des Neuen Markts nach IAS und US-GAAP, in: Betriebs-Berater 1999, S. 1103 – 1107.

Pellens, B. (2001), unter Mitarbeit von Bonse, A./ Fülbier, R. U./ Gassen, J. u.a., Internationale Rechnungslegung, 4. Aufl., Stuttgart 2001.

Pellens, B./ Fülbier, R. U. (2000), Immaterielle Vermögensgegenstände in der internen und externen Unternehmensrechnung, in: Wertorientierte Konzernführung: Kapitalmarkt-orientierte Rechnungslegung und integrierte Unternehmenssteuerung, hrsg. von Küting, K./ Weber, C.-P., 1. Aufl., Stuttgart 2000, S. 123 – 139.

Pellens, B./ Sellhorn, T. (2001), Goodwill-Bilanzierung nach SFAS 141 und 142 für deutsche Unternehmen, in: Der Betrieb 2001, S. 1681 – 1689.

Pirker, S. (1997), Bilanzierung von Software: Rechnungslegung aus der Sicht des Herstellers; nach österreichischen, deutschen und internationalen Vorschriften (IAS/ US-GAAP/ EG-RL), 1. Aufl., Wien 1997.

Pohlmann, P. (1998), Substanz- und Kapitalerhaltung, in: Lexikon des Rechnungswesens: Handbuch der Bilanzierung und Prüfung, der Erlös-, Finanz-, Investitions- und Kostenrechnung, hrsg. v. Busse von Colbe, W./ Pellens, B., 4. Aufl., München 1998, S. 679 – 683.

Pomberger, G. (1993), Grundlagen des Software engineering: Prototyping und objektorientierte Software-Entwicklung, 1. Aufl., München 1993.

Porter, T. L./ Drago, D. M. (1999), Comparative Analysis of IAS 38 (1998), Intangible Assets, and U.S. GAAP including APB Opinion No. 17, Intangible Assets, in: The IASC-U.S. Comparison Project: A Report on the Similarities and Differences between IASC Standards and U.S. GAAP, hrsg. v. FASB, 2. Aufl., Norwalk 1999.

Prinz, U. (2003), Reform der deutschen Rechnungslegung: Gedanken und Anregungen an den Gesetzgeber zur Umsetzung der Mitgliedsstaatenwahlrechte der IAS/ IFRS-Verordnung aus praktischer Sicht, in: Deutsches Steuerrecht 2003, S. 1359 – S. 1364.

Raffournier, B. (2000), International Accounting Standards, in: Unternehmenspublizität im internationalen Wettbewerb, hrsg. v. Walton, P., ins Deutsche übertragen und wesentlich bearbeitet von Haller, A./ Eierle, B., 1. Aufl., Stuttgart 2000, S. 73 – 152.

Ranker, D./ Wohlgemuth, F./ Zwirner, Chr. (2001), Die Bedeutung immaterieller Vermögenswerte bei Unternehmen des Neuen Marktes und daraus resultierende Implikationen für eine kapitalmarktorientierte Berichterstattung, in: Zeitschrift für kapitalmarktorientierte Rechnungslegung 2001, S. 269 – 278.

Reifer, D. J. (2002), How Good Are Agile Methods?, in: IEEE Software Juli/ August 2002, S. 14 – 17.

Reinhold, M. (1999), V-Modell ´97, in: Erfolgreich mit Objektorientierung: Vorgehensmodelle und Managementpraktiken für die objektorientierte Softwareentwicklung, hrsg. v. Oestereich, B., 1. Aufl., München 1999, S. 39 – 54.

Reinhold, M./ Kocher, H./ Oestereich, B. u.a. (1999), Einführung, in: Erfolgreich mit Objektorientierung: Vorgehensmodelle und Managementpraktiken für die objektorientierte Softwareentwicklung, hrsg. v. Oestereich, B., 1. Aufl., München 1999, S. 15 – 35.

Röhl, K. F. (2001), Allgemeine Rechtslehre: Ein Lehrbuch, 2. Aufl., Köln 2001.

Rojahn, S. (1999), in: Urheberrecht. Kommentar, hrsg. v. Schricker, G., 2. Aufl., München 1999.

Rossmanith, J. (2000), Die Bedeutung des Materiality-Grundsatzes für die Rechnungslegungs- und Prüfungspraxis – Ein Vergleich zwischen dem anglo-amerikanischen und kontinentaleuropäischen Rechtskreis, in: Schweizer Treuhänder 2000, S. 801 – 808.

Rost, P. (1991), Der internationale Harmonisierungsprozeß der Rechnungslegung: Theorie, Praxis, Perspektiven, zugl. Diss. Gießen, 1. Aufl., Frankfurt/ Main 1991.

Roth, F./ Foley, M. (2001), Accounting Issues specific to New Economy Companies – Raised standards required of accounting professionals, in: Schweizer Treuhänder 2001, S. 1163 – 1173.

Ruhnke, K./ Nehrlich, Chr. (2003), Abbildung von Filmrechten in einem IAS/ IFRS-Jahresabschluss, in: Die Wirtschaftsprüfung 2003, S. 753 – 763.

Sack, R. (1991), Computerprogramme und Arbeitnehmer-Urheberrecht unter Berücksichtigung der Computerprogramm-Richtlinie der EG vom 14.5.1991, in: Betriebs-Berater 1991, S. 2165 – 2173.

Sauer, K. P. (1988), Bilanzierung von Software: Rechnungslegung für Anwendersoftware nach Handels- u. Steuerrecht unter Berücksichtigung US-amerikanischer Vorschriften, 1. Aufl., Wiesbaden 1988.

Scarbrough, P./ McGee, R./ Sakurai, M. (1993), Accounting for Software Costs in the United States and Japan: Lessons from Differing Standards and Practices, in: The International Journal of Accounting 1993, S. 308 – 324.

Schäfer, W. (1994), Wirtschaftswörterbuch Band II: Deutsch – Englisch, 4.Aufl., München 1994.

Schellhorn, M./ Weichert, S. (2001), Ansatz und Bewertung von Forschungs- und Entwicklungskosten nach IAS 38 im Vergleich zu IAS 9, in: Deutsches Steuerrecht 2001, S. 865 – 868.

Schildbach Th. (1998), Rechnungslegung nach US-GAAP – ein Fortschritt für Deutschland? , in: Rechnungslegung und Steuern international, Sonderheft 40, Zeitschrift für betriebswirtschaftliche Forschung (zfbf) 1998, S. 55 – 81.

Schildbach, Th. (1999), Rechnungslegung nach US-GAAP: Hoffnung und Wirklichkeit (Teil I), in: Betriebs-Berater 1999, S. 359 – 365.

Schildbach, Th. (1999a), Rechnungslegung nach US-GAAP: Hoffnung und Wirklichkeit (Teil II), in: Betriebs-Berater 1999, S. 411 – 415.

Schildbach, Th. (2001), US-GAAP: amerikanische Rechnungslegung und ihre Grundlagen, 2. Aufl., München 2001.

Schildbach, Th. (2003), Prinzipienorientierung – wirksamer Schutz gegen Enronitis?, in: Betriebswirtschaftliche Forschung und Praxis 2003, S. 247 – 266.

Schneider, D. (1993), Betriebswirtschaftslehre Band 1: Grundlagen, 1. Aufl., München 1993.

Schreiber, U./ Kahle, H. (2002), Periodisierung, in: Handwörterbuch der Rechnungslegung und Prüfung, hrsg. v. Wolfgang Ballwieser u.a., 3. Auflage, Stuttgart 2002, Sp. 1639 – 1648.

Schricker, G. (1999), in: Urheberrecht: Kommentar, hrsg. v. Schricker, G., 2. Aufl., München 1999.

Schuetze, W. P. (1993), What is an Asset?, in: Accounting Horizons, Nr. 3/ 1993, S. 66 – 70.

Schweitzer, M./ Küpper, H.-U. (1995), Systeme der Kosten- und Erlösrechnung, 6. Aufl., München 1995.

Schwickert, A.-C. (1997), Web Site Engineering-Modell – theoretische und methodische Erfahrungen aus der Praxis, in: Theorie und Praxis der Wirtschaftsinformatik Juli 1997, S. 22 – 35.

Schwickert, A.-C. (2001), Web Site Engineering – Ökonomische Analyse und Entwicklungstechnik für eBusiness Präsenzen, 1. Aufl., Stuttgart 2001.

SEC, Securities Exchange Commission (2002), Staff Accounting Bulletins, as of 1. December 2002, Elektronische Publikation, New York 2002.

SEC, Securities Exchange Commission (2002a), SEC Guidelines. Rules and Regulations, New York 2002.

Seicht, G. (1998), Kosten-Nutzen-Analyse, in: Lexikon des Rechnungswesens: Handbuch der Bilanzierung und Prüfung, der Erlös-, Finanz-, Investitions- und Kostenrechnung, hrsg. v. Walther Busse von Colbe und Bernhard Pellens, 4. Aufl., München 1998, S. 450 – 453.

Shere, K. D. (1988), Software engineering and management, 1. Aufl., Englewood Cliffs 1988.

Spanheimer, J./ Koch, Chr. (2000), Internationale Bilanzierungspraxis in Deutschland – Ergebnisse einer empirischen Untersuchung der Unternehmen des DAX und MDAX sowie des Neuen Marktes, in: Die Wirtschaftsprüfung 2000, S. 301 – 310.

Spautz, W. (2000), in: Urheberrechtsgesetz: Kommentar, hrsg. v. Nicolini, K. u. Ahlberg, H., 2. Aufl., München 2000.

Standard & Poors, Hrsg. (2002), Global Software Industry, New York 2002.

Stickel, E. (1997), Gabler-Wirtschaftsinformatik-Lexikon, hrsg. v. Stickel, E., 1. Aufl., Wiesbaden 1997.

Stolowy, H./ Haller, A./ Klockhaus, V. (2001), Accounting for brands in France and Germany compared with IAS 38 (intangible assets), An illustration of the difficulty of international harmonization, in: The International Journal of Accounting 2001, S. 147 –167.

Strahringer, S. (2003), Im Zentrum neuer Konzepte: die Änderbarkeit von Software, in: Praxis der Wirtschaftsinformatik Juni 2003, S. 5 – 17.

Streim, H. (2000), Die Vermittlung von entscheidungsnützlichen Informationen durch Bilanz und GuV – Ein nicht einlösbares Versprechen der internationalen Standardsetter, in: Betriebswirtschaftliche Forschung und Praxis 2000, S. 111 – 131.

Sunder, S. (2003), Politisch-ökonomische Betrachtungen zum Zusammenbruch der Rechnungslegung in den USA, in: Die Wirtschaftsprüfung 2003, S. 141 – 150.

Tilch, H./ Arloth, F. u.a. (2001), Deutsches Rechts-Lexikon: in drei Bänden, hrsg. v. Tilch, H./ Arloth, F., 3. Aufl., München 2001.

Timmers, P. (2000), Electronic Commerce: Strategic Models for Business-to-Business Trading, 3. Aufl., Chichester 2000.

Versteegen, G. (2000), Projektmanagement mit dem rational unified process, 1. Aufl., Berlin 2000.

Vogenauer, S. (2001), Die Auslegung von Gesetzen in England und auf dem Kontinent: eine vergleichende Untersuchung der Rechtssprechung und ihrer historischen Grundlagen. 2. Aufl., Tübingen 2001.

Vorwold, G. (2000), Das Modell „FASB" in den USA – Ein Fehlschlag, in: Internationales Steuerrecht 2000, S. 599 – 607.

Wagenhofer, A. (2002), Die Rolle der Standards des IASB in der Internationalisierung der Rechnungslegung, in: Betriebswirtschaftliche Forschung und Praxis 2002, S. 230 – 245.

Wagenhofer, A. (2003), Internationale Rechnungslegungsstandards – IAS/IFRS, Grundkonzepte/ Bilanzierung, Bewertung, Angaben/ Umstellung und Analyse, 4. Aufl., Wien 2003.

Wagner, F. W. (2002), Assets, in: Handwörterbuch der Rechnungslegung und Prüfung, hrsg. v. Wolfgang Ballwieser u.a., 3. Aufl., Stuttgart 2002, Sp. 102 – 111.

Walleyo, S. (2001), Software nach HGB und IAS, in: Bilanzbuchhalter und Controller 2001, S. 25 – 30.

Wehrheim, M. (2000), Die Bilanzierung immaterieller Vermögensgegenstände ("Intangible Assets") nach IAS 38, in: Deutsches Steuerrecht 2000, S. 86 – 88.

Weinstein, J. A. (2001), Legal Aspects of Software, in: Software Industry Accounting, hrsg. v. Morris, J. M., 2. Aufl., New York 2001, Kapitel 10.

Wendlandt, K./ Vogler, G. (2003), Bilanzierung von immateriellen Vermögenswerten und Impairment-Test nach Überarbeitung von IAS 36 und IAS 38, in: Zeitschrift für kapitalmarktorientierte Rechnungslegung 2003, S. 66 – S. 74.

Wiebe, A. (1993), Rechtsschutz für Software in den neunziger Jahren, in: Betriebs-Berater 1993, S. 1094 – 1103.

Williams, J. R. (2002), Miller GAAP Guide 2002 – Restatement and Analysis of Current FASB Standards, 17. Aufl., San Diego 2002.

Wimmers, J./ Rode, T. (2003), Der angestellte Softwareprogrammierer und die neuen urheberrechtlichen Vergütungsansprüche, in: Computer und Recht 2003, S. 399 – 405.

Winnefeld, R. (2002), Bilanz-Handbuch: Handels- und Steuerbilanz, rechtsformspezifisches Bilanzrecht, bilanzielle Sonderfragen, Sonderbilanzen, 3. Auflage, München 2002.

Wirtz, B. W. (2000), Electronic Business, 1. Aufl., Wiesbaden 2000.

Wirtz, B. W./ Lihotzky, N. (2001), Internetökonomie, Kundenbindung und Portalstrategien, in: Die Betriebswirtschaft 3/ 2001, S. 285 – 302.

Wise, R./ Morrison, D. (2000), Beyond the Exchange: The Future of B2B, in: Harvard Business Review, Heft November-Dezember 2000, S. 87 – 96.

Wittmann, E. S. (2001), General Industry Perspective, in: Software Industry Accounting, hrsg. v. Morris, J. M., 2. Aufl., New York 2001, Kapitel 1.

Wohlgemuth, M./ Ständer, U. (2003), Der Bewertungsmaßstab „Herstellungskosten“ nach HGB und IAS – Darstellung der Besonderheiten und kritische Gegenüberstellung, in: Die Wirtschaftsprüfung 2003, S. 203 – 211.

Woll, A. (1992), Wirtschaftslexikon, 6. Aufl., München 1992.

Wollmert, P./ Achleitner, A.-K. (1997), Konzeptionelle Grundlagen der IAS-Rechnungslegung (Teil 1), in: Die Wirtschaftsprüfung 1997, S. 209 – 219.

Wollmert, P./ Achleitner, A.-K. (2002), Konzeption der IAS-Rechnungslegung, in: Rechnungslegung nach International Accounting Standards, Kommentar auf der Grundlage des deutschen Bilanzrechts, Loseblattsammlung hrsg. v. Baetge, J. u.a., 2. Aufl., Stuttgart 2002.

Wollmert, P./ Hey, J. (2002), Einzelfragen bei der Bilanzierung von echten Aktienoptionen nach US-GAAP, in: Der Betrieb 2002, S. 1061 – 1068.

Wostrack, G. (1998), Inkrementelle Entwicklung mit dem V-Modell, in: Inkrementelle und objektorientierte Vorgehensweisen mit dem V-Modell 97, hrsg. v. Dröschel, W., 1. Aufl., München 1998.

Wüstemann, J. (1996), US-GAAP: Modell für das deutsche Bilanzrecht?, in: Die Wirtschaftsprüfung 11/ 1996, S. 421 – 431.

Zabel, M. (2002), IAS zwingend für den Konzern- und Einzelabschluss? – Stellungnahme zu Böcking, WPg 2001, S. 1433ff.; zugleich ein Plädoyer für eine intensive Diskussion der Vor- und Nachteile kapitalmarktorientierter Rechnungslegungs- und Publizitätsgrundsätze für nicht kapitalmarktorientierte Unternehmen, in: Die Wirtschaftsprüfung 2002, S. 919 – 924.

Zeitler, F.-Chr. (2003), Rechnungslegung und Rechtsstaat – Übernahme der IAS oder Reform des HGB?, in: Der Betrieb 2003, S. 1529 – 1534.

Zielke, W./ Kronner, M. (2003), Umstrukturierung der deutschen Börse, in: Finanz Betrieb 2003, S. 44 – 48.

Zwirner, Chr./ Ranker, D./ Wohlgemuth F. (2001), Rechnungslegung am Neuen Markt – Grundlagen, Anforderungen und Auswertung, in: Steuer- und Bilanzpraxis 2001, S. 473 – 483.

Rechtsquellenverzeichnis

BörsG: Börsengesetz in der Fassung der Bekanntmachung vom 9. September 1998, in: BGBl. I 1998, S. 2682.

BörsZulV: Börsenzulassungsverordnung, Verordnung über die Zulassung von Wertpapieren zur amtlichen Notierung an einer Wertpapierbörse in der Fassung der Bekanntmachung vom 9. September 1998, in: BGBl. I 1998, S. 2832.

Europäische Union (2002), Verordnung (EG) Nr. 1606/ 2002 des Europäischen Parlaments und des Rates vom 19. Juli 2002 betreffend die Anwendung internationaler Rechnungslegungsstandards, in: Amtsblatt der Europäischen Gemeinschaften, L 243/ 1 vom 11.9.2002, Brüssel, 2002.

HGB: Handelsgesetzbuch vom 10. Mai 1897, in: RGBl. 1897, S. 219, in der Fassung der Bekanntmachung vom 19. Juli 2002, in: BGBl. I 2002, S. 2681.

KapAEG: Kapitalaufnahmeerleichterungsgesetz, in der Fassung der Bekanntmachung vom 24. April 1998, in: BGBl. I 1998, S. 707.

UrhG: Gesetz über Urheberrecht und verwandte Schutzrechte (Urheberrechtsgesetz) vom 9. November 1965, in: BGBl I 1965, S. 1273, in der Fassung der Bekanntmachung vom 23. Juli 2002, in: BGBl. I 2002, S. 2852.

WpHG: Gesetz über den Wertpapierhandel (Wertpapierhandelsgesetz) vom 26. Juli 1994, in: BGBl. I, S.1749, in der Fassung der Bekanntmachung vom 17. September 1998, in: BGBl. I, S. 2709.

Verzeichnis der Geschäftsberichte

Stand: Mai 2002.

Abit AG (2002), Geschäftsbericht für das Geschäftsjahr 2001, Meerbusch 2002.

Atoss Software AG (2002), Geschäftsbericht für das Geschäftsjahr 2001, München 2002

Bäurer AG (2002), Geschäftsbericht für das Geschäftsjahr 2001, Hüfingen-Behla 2002.

Betasystems AG (2002), Geschäftsbericht für das Geschäftsjahr 2001, Berlin 2002.

b.i.s. Börseninformationssysteme AG (2001), Geschäftsbericht für das Geschäftsjahr 2000/ 2001, Rimpar 2001.

Brain International AG (2002), Geschäftsbericht für das Geschäftsjahr 2001, Breisach 2002.

Brainforce AG (2002), Geschäftsbericht für das Geschäftsjahr 2001, Wien 2002.

Brainpower N.V. (2002), Geschäftsbericht für das Geschäftsjahr 2001, Amsterdam 2002.

Broadvision Inc. (2002), Geschäftsbericht für das Geschäftsjahr 2001, Redwood City 2002.

CAA AG (2002), Geschäftsbericht für das Geschäftsjahr 2001, Filderstadt 2002.

Caatoosee AG (2002), Geschäftsbericht für das Geschäftsjahr 2001/ 2002, Leonberg 2002.

COR AG (2002), Geschäftsbericht für das Geschäftsjahr 2001, Leinfelden-Echterdingen 2002.

CPU Softwarehouse AG (2002), Geschäftsbericht für das Geschäftsjahr 2001, Augsburg, 2002.

Datadesign AG (2002), Geschäftsbericht für das Geschäftsjahr 2001, München 2002.

Dicom Plc. (2002), Geschäftsbericht für das Geschäftsjahr 2001, Berkshire 2002.

Easy Software AG (2002), Geschäftsbericht für das Geschäftsjahr 2001, Mülheim an der Ruhr 2002.

Fabasoft AG (2002), Geschäftsbericht für das Geschäftsjahr 2001/ 2002, Linz/ Puchenau 2002.

Fantastic Corporation (2002), Geschäftsbericht für das Geschäftsjahr 2001, Zug 2002.

FJA AG (2002), Geschäftsbericht für das Geschäftsjahr 2001, München 2002.

Gauss Interprise AG (2002), Geschäftsbericht für das Geschäftsjahr 2001, Hamburg 2002.

Graphisoft N.V. (2002), Geschäftsbericht für das Geschäftsjahr 2001, Budapest 2002.

Group Technologies AG (2002), Geschäftsbericht für das Geschäftsjahr 2001, Karlsruhe 2002.

Heiler Software AG (2001), Geschäftsbericht für das Geschäftsjahr 2000/ 2001, Stuttgart 2001.

I:FAO AG (2002), Geschäftsbericht für das Geschäftsjahr 2001, Frankfurt am Main 2002.

IBS AG (2002), Geschäftsbericht für das Geschäftsjahr 2001, Höhr-Grenzhausen 2002.

Infor Business Solutions AG (2002), Geschäftsbericht für das Geschäftsjahr 2001, Friedrichsthal 2002.

Internolix AG (2002), Geschäftsbericht für das Geschäftsjahr 2001, Wiesbaden 2002.

Intershop Communications AG (2002), Geschäftsbericht für das Geschäftsjahr 2001, Hamburg 2002.

Intraware AG (2002), Geschäftsbericht für das Geschäftsjahr 2001, Petersberg 2002.

IXOS Software AG (2001), Geschäftsbericht für das Geschäftsjahr 2000/ 2001, Grasbrunn 2001.

Kleindienst Datentechnik AG (2002), Geschäftsbericht für das Geschäftsjahr 2001, Augsburg.

Mensch und Maschine AG (2002), Geschäftsbericht für das Geschäftsjahr 2001, Wessling 2002.

MIS AG (2002), Geschäftsbericht für das Geschäftsjahr 2001, Darmstadt 2002.

Mosaic Software AG (2002), Geschäftsbericht für das Geschäftsjahr 2001, Meckenheim 2002.

Nemetschek AG (2002), Geschäftsbericht für das Geschäftsjahr 2001, München 2002.

Nexus AG (2002), Geschäftsbericht für das Geschäftsjahr 2001, Villingen 2002.

Norcom Information Technology AG (2002), Geschäftsbericht für das Geschäftsjahr 2001, München 2002.

NSE Software AG (2002), Geschäftsbericht für das Geschäftsjahr 2001, München 2002.

Orad Hi-Tec Systems Ltd. (2002), Geschäftsbericht für das Geschäftsjahr 2001, Tel Aviv 2002.

P&I Informatik AG (2001), Geschäftsbericht für das Geschäftsjahr 2000/ 2001, Wiesbaden 2001.

Parsytec AG (2002), Geschäftsbericht für das Geschäftsjahr 2001, Aachen 2002.

PC-Ware Information Technologies AG (2002), Geschäftsbericht für das Geschäftsjahr 2001, Leipzig 2001.

Pironet NDH AG (2002), Geschäftsbericht für das Geschäftsjahr 2001, Köln 2002.

Poet Holdings Inc. (2002), Geschäftsbericht für das Geschäftsjahr 2001, San Mateo 2002.

ProDV AG (2002), Geschäftsbericht für das Geschäftsjahr 2001, Dortmund 2002.

Prout AG (2002), Geschäftsbericht für das Geschäftsjahr 2001/ 2002, Darmstadt 2002.

PSI AG (2002), Geschäftsbericht für das Geschäftsjahr 2001, Berlin 2002.

Softing AG (2002), Geschäftsbericht für das Geschäftsjahr 2001, Haar 2002.

SoftM AG (2002), Geschäftsbericht für das Geschäftsjahr 2001, München 2002.

Trintech Group Plc. (2002), Geschäftsbericht für das Geschäftsjahr 2001/ 2002, Dublin 2002.

Ultimaco Safeware AG (2001), Geschäftsbericht für das Geschäftsjahr 2000/ 2001, Oberursel 2001.

Update.com Software AG (2002), Geschäftsbericht für das Geschäftsjahr 2001, Wien 2002.

USU AG (2001), Geschäftsbericht für das Geschäftsjahr 2000/ 2001, Möglingen 2001.

Valor Computerized Systems Ltd. (2002), Geschäftsbericht für das Geschäftsjahr 2001, Tel Aviv 2002.

VIZRT Ltd. (2002), Geschäftsbericht für das Geschäftsjahr 2001, Tel Aviv 2002.

Kolibri 360 GmbH
Ferdinand-Jühlke-Straße 7
99095 Erfurt, Deutschland
produktsicherheit@kolibri360.de